网上证券交易
法律监管问题研究

冯 果 等◎著

人民出版社

目 录

第一章　网上证券交易对
法律监管的挑战

　　网上证券交易是伴随着互联网技术的发展而产生的一种新兴的证券交易方式。这种交易方式改变了传统的证券交易模式,将计算机网络技术广泛应用于证券交易的各个环节,为证券市场参与者带来了各种便利和好处。自其诞生以来,迅速在世界范围内广泛传播开来,甚至已经有人预言网上交易将在不远的将来替代传统的纸质证券交易方式,成为证券交易的基本手段,虚拟的网上证券交易市场最终也将替代物质性的传统证券交易市场。当然,这毕竟还仅仅是预言,现阶段受各种条件和因素的影响,通过互联网进行的证券活动除了在美国、韩国等少数国家的证券交易市场中占据了显著的地位外,在其他国家,尤其是网络技术不够普及和发达的国家,还处于刚刚起步的阶段。各国对网上证券交易的监管也是随着网上交易的发展亦步亦趋,小心而谨慎。

　　虽然网上证券交易的最终发展态势并不明朗,但网上交易给证券监管部门带来的挑战却是不言而喻的。监管部门不得不为应对这种新型证券交易方式而对原有的基于传统证券交易方式的法律监管制度给予修改。从世界范围内看,鉴于各国网上证券交易发展程度的不同,各国证券市场监管机构的应对方式和手段各不相同,应变水平也各有高低。比较而言,美国因为其网上证券交易发展得早,普及程度高,其证券监管水平也相对更高,为各国所争相借鉴和效仿;包括我国在内的大部分国家的网上证券交易发展层次并不高,相应的监管也相对滞后。但无论如何,市场监管的方式和手段是随着监管对象的变化而改变的,网上证券交易给证券立法及证券市场监管带来的挑战是世界各国证券监管部门和立法机构所共同面临的问题。

1

第一节　网上证券交易的产生和发展状况

一、网上证券交易概述

（一）网上证券交易的概念和基本分类

网上证券交易或称在线证券交易，是指证券交易当事人通过互联网开展的证券交易活动及其他相关活动。① 具体说来，是指投资者通过因特网、局域网、专网等各种网络资源，进行与证券交易相关的活动，如获取即时资讯，分析市场行情，投资咨询，网上委托并利用网络下单到实物证券交易所或网上虚拟交易所，从而实现支付、交割和清算等实时证券交易的买卖过程。网上证券交易有广义和狭义之分，广义上的证券交易包括初级市场（证券发行市场）和次级市场（二级交易市场），狭义的网上证券交易主要是指二级交易市场的证券买卖行为。基于网上证券交易影响的全方位性，本书并非单纯地立足于狭义的交易行为，而是就发行市场和交易市场的交易行为一并纳入考察的范围。

除此之外，网上证券交易参照不同的标准，可以有不同的划分方法，常见的划分标准主要有以下三类：（1）按照电子化的程度不同，分为完全的网上证券交易和不完全的网上证券交易。前者是指证券交易的各个环节全部在网络上进行，投资者足不出户即可完成证券交易的整个过程，目前只有美国等个别发达市场经济国家采取了此种模式，但因其充分的便利性，代表着未来证券交易的方向；后者是指在证券交易的开户、委托、清算和交割等环节中只有其中一部分环节是通过网络进行的证券交易。我国目前实行的是不完全的网上证券交易，其在一定程度上限制了网上证券交易优势的发挥。（2）按照是否需要借助经纪商或做市商等中介机构，网上证券交易可以分为网上直接证券交易和网上间接证券交易。前者指不借助经纪商或做市商等中介机构而直接通过网络下达交易指令给证券交易所或其他交易系统而完成的证券交易；而后者则是指必须借助或委托经纪商或做市商才能完成的网上证券交易。我国目前实行的是间接的网上证券交易。（3）依照进行证券交易的地域范围划分，

---

　　① 参见高富平、张楚编著：《电子商务法》，北京大学出版社2002年版，第195页。

网上证券交易可以分为国内网上证券交易和全球性网上证券交易。前者指在本国范围内进行的网上交易,后者指在全球范围内进行的网上交易,由于法律制度上的差异及有关国际清算和交割技术的不成熟,全球性的网上证券交易现在尚未形成。[①]

（二）网上证券交易的兴起

随着各项新技术的发展与应用,人类社会也在不断地发生着改变,人们的生活方式、物质生产和提供服务的模式也随着科学技术的不断进步而日新月异。这其中,计算机网络技术的产生与发展对我们的生活影响尤其巨大。自20世纪70年代开始,互联网对人类社会生活的影响经历了三个阶段,分别是电子邮件阶段、信息发布阶段和电子商务阶段。[②] 尽管第三个阶段即电子商务阶段兴起的时间并不长,但其发展非常迅猛。如果说电子邮件和信息公告牌给人们日常的人际交流和信息获取方式带来了革命性的变化,那么,借助于互联网的在线交易则给我们传统的商业活动带来了新的活力和前所未有的冲击。网上证券交易正是在互联网大范围地渗入人类社会商业活动而产生的电子商务交易模式中的一种,是电子商务在证券交易领域中的集中体现,因此,网上证券交易也被称为证券电子商务。在美国,网上交易称为在线证券交易(Securities Trading Online),国际证券委员会组织(IOSCO)的报告则表述为互联网上证券活动(Securities Activity On the Internet)。

网上证券交易最早出现于美国。自20世纪90年代初开始,美国的一些证券公司提出对其证券经纪服务实施全面改善,逐步在其证券经纪业务当中引入网络技术,大大提高了证券经纪服务的效率,为广大的证券投资者所接受。此后规模不断扩大,网络技术的运用也进一步拓展到证券市场的各个领域,运用网络技术的方式也更加多样化。现如今,网络技术在证券市场中的应用不仅表现在证券市场行情信息和上市公司信息的发布和传播,还表现在通过网络提供证券投资咨询服务、在网上直接开设证券交易账户、证券买卖成交

---

① 参见齐爱民、冯兴俊、周平、崔聪聪:《网上证券交易法律问题研究》,武汉大学出版社2004年版,第5～7页。

② 参见孔翔:《网上证券交易与监管》,深圳证券交易所综合研究所2000年研究报告,第18页。

后直接在网上交割等,甚至于证券发行企业可以直接在网络上招募股份开展证券发行活动,并且其在证券市场中适用的领域还在不断扩展,适用的技术更是越来越先进,市场上接受这种交易方式的投资者和证券商也越来越多,市场管理者也基本上认可了这种突破传统媒介技术手段的证券交易方式。

网上证券交易的兴起是券商积极参与市场竞争的结果,最终给投资者带来莫大的好处。网上证券交易能够在世界范围内迅速发展起来,主要是因为其具有一般的证券交易方式不可比拟的优势:首先,网上证券交易代理费用低廉。尤其在互联网普及程度比较高的国家,网上证券交易的交易成本相比于传统的证券交易方式而言要低得多,这一点吸引了大批的个人投资者。第二,基于互联网技术的信息及交易指令传递更快速、便捷、公平和自由。利用互联网传递证券信息具有覆盖面广、信息量大、种类丰富、速度更快的优势,大大加快证券市场的信息流通速度,缩短证券投资者之间获取证券信息的时间差,提高信息的完备性和有效性;加之互联网的信息传递的特性,使得证券交易在 24 小时内全天候、全地区展开成为可能,实际上延长了市场交易的时间,扩充了市场的容量。第三,券商透过网络向投资者提供的中介服务更好、更具个性化。网上交易在现阶段本身就是提高券商服务质量的重要手段,互联网在为客户提供信息资讯服务方面具有独特、鲜明的优势,它可以为客户提供全面、周到、高效、优质的专业化信息服务,以满足那些不同层面、不同信息偏好的客户的需求。

(三)网上证券交易发展的层次和类别

目前,在美国,基于互联网的网上证券交易活动包含了三个层次:互联网股票交易经纪、互联网上直接公开发行股票(即 DPO,Direct Public Offer)和网上直接撮合证券买卖(相当于网上股票交易所的电子通讯网络,即 ECNs,Electronic Communications Networks)。[①] 其中,基于互联网的股票经纪是现阶段比较常见的网上证券交易形式,其实质就是券商以互联网作为工具向客户提供股票经纪服务,也是我们一般理解的狭义的网上证券交易活动;网上直接公开发行股票这一形式是由美国的一家名为"春街"(Spring Street Brewing)的啤酒公司首创的,1995 年该公司的老板 Andrew Klein 绕过投资银行和证券公

---

① 参见孔翔:《网上证券交易与监管》,深圳证券交易所综合研究所 2000 年研究报告,第
29 页。

司而直接在该公司网站上向社会公众发行公司股票,起初该行为受到了美国证券交易委员会(SEC)的干预,在作了一些技术上的修改之后最终得以完成。此后,相继又有几起成功的互联网网上直接公开发行活动,奠定了网上直接公开发行股票市场的基础,在此基础上还出现了专门提供网上直接公开发行股票服务的中介公司。如今,此种网上证券交易形式在美国已经不算少见。网上直接撮合证券买卖是最具革命性的网上证券交易形式,因为这种形式使互联网站直接替代证券交易所作为证券交易市场的载体,只需有一个网站作为虚拟的证券交易场所来撮合证券交易双方的买卖就可以替代整个证券市场的功能,而不像现今的证券交易所需要巨大物质空间和庞大人力资源支持。这种网上证券交易形式也正是互联网网上证券交易发展的最高层次,但这种形式还没有发展起来,在美国也仅有为数不多的几个私营性的网上交易所。目前,除美国与欧盟部分国家和地区外,网上证券交易主要还是指互联网股票经纪服务形式,这种方式也是世界范围内发展最快、规模最大的网上证券交易形式,我们一般所说的网上证券交易指的也就是互联网股票经纪业务,我们称之为狭义的网上证券交易活动。

依据网上交易佣金管制制度的不同,网上交易可以划分为两种基本交易模式,即自由佣金制度模式和固定佣金制度模式。自由佣金制度模式的特点是以尽可能低的费用折扣来吸引投资者进行网上交易,同时配备实时信息、在线咨询服务等全方位的投资顾问服务。美国在1975年放开了证券经纪的固定费率制而采取浮动佣金制。这就刺激经纪公司必须选择最高效、最经济的服务手段:一方面努力降低运营成本从而可以给客户提供更加优惠的折扣;另一方面努力寻求技术上的支持以提高服务水准来吸引客户。到了20世纪90年代,信息技术得到空前的发展,一些"折价经纪商"通过引进网络技术为客户提供更廉价的经纪服务,于是"超折价经纪商"应运而生。目前,网上交易费用大约是普通证券交易费用的10%～20%,这也是网上证券交易在美国迅猛发展的原因之一。但是在实行固定佣金制的国家,这种低成本优势却因为监管者实行固定佣金费率制度无法显现出来,券商无法自主决定代理价格,网上证券交易在这些国家无法发展起来。日本就曾是一个明显的例子。日本的网络普及程度及相应的技术水平都不逊于美国,但因为很长时间一直都没有放开交易佣金费率,网上交易与一般交易没有佣金费用上的比较优势,这使得日本的网上交易一直没有发展起来。直到 21 世纪初,日本政府放开证券交易佣金费率之后,网上证券交易才迅速发展起来。目前,世界各国的佣金制度呈现出由固定佣金制向自由佣金制转变的趋势,绝大多数的国家都实行了自由佣金制。而单从网上证券交易的发展角度看,放开网上交易的佣金费率也势在必行。因为网上交易成本远比传统的证券交易要低,建立在一般的纸质交易基础上的固定佣金标准显然不适于网上交易。包括日本、泰国等原本实行固定佣金制度的国家都已经放开了证券交易的佣金费率,一些仍在实施固定佣金制的国家也纷纷准备放开佣金管制。我国已放弃证券交易固定佣金制,于 2002 年 5 月 1 日起开始实行有上下限的浮动佣金制。佣金制度的放开,有利于发挥网上证券交易的低成本优势,促进网上证券交易市场的成长,相信不久之后,固定佣金制下的网上证券交易模式将成为历史。

(四)网上证券交易商的业务模式

网上交易的诞生从某种意义上说就是证券商为改善服务而在证券经纪服务中引入互联网技术的结果。在网上证券交易发展的早期,网上交易的发展主要是由证券商推动的,监管者对网上证券市场基本上主要还是以被动监管为主,并没有起到引导推动的作用(当然在网上交易发展到一定阶段,监管机构在对网上交易有了一定的了解和认识之后,采取了一些措施和手段,在对网上交易进行监管的同时也在推进网上交易的正常发展)。即便是网上证券交易市场发展到相对比较成熟的阶段,证券商仍然是推动互联网技术在证券市场领域更深和更广泛使用的主要力量之一。证券商的发展往往决定着整个市场的发展,说证券商是网上交易市场的核心并不为过。

市场上提供网上交易服务的证券商的类型各有不同,其利用网络技术提供服务的形式也是彼此有别。整体而言,其使用网络技术主要应用在两个方面,即网上交易平台的建设和网上交易数据的传递。在网上交易系统平台的建设方面,证券商根据自身情况和实际需要可以分别选择三种不同的模式:(1)公共平台模式或接入模式。券商与 IT 公司合作,IT 公司负责建立网上交易的公共平台,多家证券公司接入该平台进行交易。(2)券商与 IT 公司战略联盟模式。券商与 IT 公司一对一的紧密合作。(3)券商自有平台模式。一是券商自建平台模式,即有实力的券商自己建立网上交易网站,提供经纪服务。另一种是券商整体收购 IT 网站模式,该模式下券商整体收购 IT 网站,迅速构建自己的网上交易平台。① 这三种模式当中,第一种适合于一些小型的证券商,相当于几个小的证券商和一个 IT 公司结成联盟共同提供网上证券交易。证券商在网络技术方面的投入很低,可以利用其有限的资源集中投入到业务拓展方面去。第二种模式比较适合于一些中型的证券商,其本身虽然没有足够的实力自建网上交易平台,或者并不想在网上交易领域投入太多的精力,但可以凭借其在传统证券领域的业务优势将之用于网上的发展。也就是以网络作为其拓展业务的工具。但是这两种模式的缺陷在于券商对证券交易信息和数据的控制非常少,主要的技术控制在与之合作的 IT 公司手中,券商不掌握核心技术,在网上交易市场中也缺乏其核心竞争力。最后一种模式往往为一些大型的证券商所采用,他们也是网上证券交易市场的主要竞争者。拥有自己的网上交易平台,可以自主地开发一系列网上交易的服务内容,吸引更多的客户,他们提供的网上交易服务也会更加专业化,也更加具有竞争力。自主建立网上交易平台的证券商在网上交易的数据流程模式选择方面,主要有两种选择:(1)分散模式。即"营业部+网上交易平台模式"。基于营业部的分散模式是网上交易的初级阶段被普遍采用的交易模式,其最大的缺陷是仍以营业部为主营销渠道,网上交易模式受营业部数量及分布的影响,无法拓展非营业部覆盖地区的网上交易业务。另外,因其发展以营业部为依托,所以也无法大规模减少营业部,降低经营成本。(2)集中模式。即"券商总部+虚拟的网上证券营业部模式"。由券商总部单独设立一个虚拟的网上证券营业部,对网上交易业务实行集中管理。集中式管理,不仅可以对客户保证金进行有效控制,降低经营风险,还可以避免营业部各自为政,搞"小而全"的低水平重复建设造成的投资浪费。集中模式下可根据实际情况形成一个或几个接口统一对交易所。② 不同模式的选择与证券商自身的需要及市场的发展程度有很大的关系,应该说,伴随者网络技术的进步,证券商利用网络开展证券交易服务的形式还会有所创新,同时也进一步推动网上证券交易市场的发展。

---

① 参见贺金凌:《网上证券交易及其发展模式研究(内容提要)》,深圳证券交易所综合研究所 2002 年研究报告。

② 参见贺金凌:《网上证券交易及其发展模式研究(内容提要)》,深圳证券交易所综合研究所 2002 年研究报告。

（五）我国的网上证券交易活动的界定

中国证监会 2000 年发布的《网上证券委托暂行管理办法》（以下简称《暂行办法》）是我国目前唯一调整网上证券交易活动的专门规则，规范的是证券商的网上股票委托业务，也就是所谓的互联网股票经纪服务，对其他的网上交易活动形式没有涉及。

《暂行办法》中网上委托具体是指：证券公司通过互联网，向在本机构开户的投资者提供用于下达证券交易指令、获取成交结果的一种服务方式。《暂行办法》的第三条还对"互联网"作了明确的限定，即"本办法中的互联网是指因特网或其他类似技术形式的通用性公共计算机通信网络，不包括证券公司租用公共通信设施建设的专门用于委托业务的电话拨号网或其他形式的计算机网络"。监管机构通过对业务范围和网络形式的限制将我国的网上证券交易界定在一个比较狭窄的范畴内，这其中固然有立法技术的考虑。我国的网上证券交易还处于起步阶段，交易的形式主要还是网上股票委托买卖，监管机构如此规范无可厚非，但显然这仅仅是一个"暂行"的规定。证券市场中出现的互联网上证券活动内容要比监管者规定的"网上证券委托"丰富得多。

《暂行办法》作为我国目前唯一的直接规范网上证券活动的法律依据还显得比较简单，主要只是证券公司就其开展网上委托业务的资格的审查标准、开展网上委托业务应当遵守的基本准则以及一些比较简易的监管措施等加以规定。可以看出就目前状况而言，无论是我们的网上交易市场、证券公司提供的网上交易服务的内容和形式，还是监管机构的监管措施都处于一个初级阶段。但是网上证券交易市场的发展伴随着互联网技术的进步而一日千里，目前市场上出现的大量的网上证券交易活动，远远超过了监管机构的规则约束的范畴，对网上交易活动进行重新界定显得非常迫切。

一般来说，在网上股票经纪业务层次上，广义的网上证券交易不仅包括通过互联网实现证券交易活动本身，还包括通过互联网提供证券信息服务、投资咨询服务、个性化的投资理财服务等等，也就是说在网上委托业务基础上出来的一系列信息增值服务都可以被认为是网上证券交易活动的一部分。但网上交易的内涵从来就不是一成不变的，网络技术的不断发展决定了网上证券交易活动的内容会越来越丰富，作为市场的监管者，证券监管机构应该对网上证券交易的发展给予适时的关注。

(六)国外对网上证券交易活动的关注

目前,随着网上证券交易在世界范围内的蔓延发展,各国监管机构对网上证券交易活动大多有了相当充分的认识,尤其是那些网上证券交易比较发达的国家,已经逐渐发展出一套相对完善的网上交易监管体系。而这是建立在对网上证券交易活动的认识基础之上的。

各国对网上证券交易问题的关注主要集中在互联网对证券市场的发展前景的影响、网上交易的欺诈问题、互联网上的信息管制问题、在网上交易环境中对投资者的教育问题和跨国网上交易服务问题等。国际上对网上证券交易的认识不仅仅局限于互联网上的证券交易行为方面,而是包括一切在互联网上进行的与证券有关的活动。因此,国际证券委员会组织(IOSCO)称之为互联网上证券活动。

各国在考察了网上证券活动的诸种表现之后,得出互联网对证券市场的影响不像人们最先设想的那样带有极强的颠覆性,监管机构在经历了最初的恐慌之后认识到互联网引入证券市场是社会发展的必然,而只要很好地监管和利用,互联网会给投资者、证券行业甚至证券监管带来莫大的益处。在这个认识的基础上,各国已经普遍将关注的重点放在如何防范和降低网上交易环境中的证券风险方面。根据 IOSCO 的报告,称网上证券交易环境中的风险可以分为两种,一种是证券市场中固有的但是被互联网提升的风险包括操作风险等;另一种是互联网带来的风险。而从监管者的角度看,风险主要在于网上欺诈方面,包括投资者接受网上的欺诈性信息等。学术界也比较关注这个问题。另外,就是跨国交易问题,互联网作为一种便捷而廉价的工具使得券商在全球范围内提供证券服务更加容易,而如何推动和监管此类活动成为各国监管机构非常头疼的问题,尤其是关于统一市场标准方面,尽管方案繁多,却很难获得统一。

二、境外网上交易发展概况及其特点

(一)美国

美国是世界上最早发展网上证券交易的国家。1995 年,客户首次通过互联网完成交易委托,短短 5 年时间,网上交易发展迅速,已经成为美国市场上一种重要的交易方式。1996 年全美大约有 330 万个网上金融交易账户,此后 3 年每年的增长速度达到 61%,2000 年达 1400 万个。1997 年网上股票交易额占全美股票交易额的14%,是前两年的2倍以上。2000年初SEC一项研究表明:美国大约有160家经纪商提供网上交易服务,网上交易量每天超过50万笔,网上交易的客户超过730万,网上经纪的资产超过10000亿美元。

美国的券商是推动网上证券交易发展的主要动力。摩根斯坦利添惠(Morgan Stanley dean witter)控股的Discover Brokerrcage Direct公司,从1995年8月开始提供网上证券经纪业务,是全美最早提供互联网经纪服务的券商之一。美国最大的互联网券商嘉信理财(Charles Schwab),在1995年对计算机网络的了解几乎为零,1997年秋才开始涉足互联网经纪,1998年末其每周的互联网经纪额超过2000亿美元,占其总经纪量的一半以上,占美国互联网日经纪量的30%,其客户总数高达550万,客户总资产为1443亿美元。美国传统的证券商美林(Merrill Lynch),于1999年6月宣布开启其互联网经纪业务,而此前美林在1998年还曾抨击说网上交易将对"美国人的财经活动构成严重威胁"。继美林之后,摩根、所罗门联邦(Salomon Smith Barney)、潘思·韦伯(Pain Webber)等传统大型券商相继开展互联网经纪业务。如今美国券商网上经营模式主要有三种,即传统经纪商兼网上经纪商模式(如美林)、折扣经纪商提供的网上经纪业务(如嘉信)以及纯粹网上经纪商模式(E-trade)等三种模式。"美林模式"主要特点在于传统的老牌证券商凭借其专业化的经纪队伍和庞大的市场研究力量,在占据传统证券交易市场巨大份额的同时,介入新兴网上交易市场,为客户提供多种理财服务和交易手段;"嘉信模式"特点在于公司以网上交易为突破,同时为投资者提供网上交易、电话委托及店头交易服务,其没有美林等老牌券商的庞大的传统业务资源,就把发展的重点放在通过技术手段创新服务模式,有效降低成本,提高服务质量上面;"E-Trade模式"实质就是纯粹的网上券商,所有的证券的交易都在网上进行,以Web的方式提供纯虚拟的投资与服务,公司自身没有有形的营业网点存在。其特点是用比较低的折扣佣金吸引对价格在意而对服务要求不高的自助投资者。因为其没有营业网点,运营成本非常低,价格成为这类公司的主要竞争手段。①

---

① 参见《美国网上证券交易发展现状与启示》,http://www.ebo.net.cn/list.asp? Unid = 4574。

（二）欧洲主要国家

在欧洲，网上证券交易的发展水平不一，这和欧洲各国的经济发展水平相似。网络的普及率是决定网上交易发展水平的主要因素之一，而网络的普及率又和经济发展水平有莫大的关联。整个欧洲网上交易较为发达的国家是瑞典，瑞典也是世界上网上交易渗透率最高的国家之一。最新调查数据显示，在 21 世纪初，瑞典网上股票投资者就约占投资者总数的 53%，同样的调查统计在英国是 36%，德国是 32%，法国是 30%，整个欧洲的平均值大约为 31%。①

根据 2000 年的报告显示，在法国，70% 的网上用户会通过互联网查询股票价格，64% 的用户通过互联网获取上市公司信息，59% 的用户通过互联网查询自己的证券账户，51% 的用户通过互联网搜取投资信息，36% 的用户通过互联网进行网上交易。法国的网上经纪业务虽然比欧洲其他国家发展要晚，但是发展非常快，已经有大约 30 家证券经纪商向投资者提供网上经纪服务，大约有 20% 至 25% 的证券交易指令是通过网上经纪商发出的。法国还于 2000 年 1 月成立了一个名为"在线经纪商"（Brokers on line）的专门性组织，作为代表网上证券经纪商专门利益的团体，到 2001 年 2 月，该组织已经有了 21 个成员。

在德国，大约有 53% 的互联网用户利用互联网获取股票市场信息，23% 的用户通过互联网来完成其股票交易。德国的网上证券交易与网上银行联系非常紧密，70% 的在线银行客户通过互联网进行证券交易活动。

意大利的网上交易发展也非常快，据专业机构估计，大约有 25 万人通过互联网进行证券交易，1999 年到 2000 年，在线客户大约增加了 360%。尽管没有官方数据统计，但据估计意大利证券交易所日常交易量的 10%～13% 是通过网上交易完成的。

荷兰的计算机及网络的普及率在欧洲仅次于北欧国家。据预计其网上证券交易账户将从 1999 年的 5 万个增加到 2004 年的 96 万个，高于欧洲的平均水平。到 2001 年 1 月，荷兰共有 11 个互联网证券经纪商。大约有 70% 的网

---

① IOSCO：Report On Securities Activity On The Internet ⅡⅠ，p. 10. ，October 2003，available at http：//www. iosco. org/library/pubdocs/pdf/IOSCOPDl59. pdf.

上账户集中在荷兰最大的三家银行手中。①

此外,德国、法国在美国之后也建立了自己的网上证券交易的电子交易所。英国的伦敦股票交易所于 1997 年 10 月起开始采用电子交易方式,11 月伦敦国际期货证券交易所也开始采用新的电子交易方式,身穿醒目红色或黄色马甲的证券交易员在现场以手势和电话交易的方式成为历史。

欧洲的网上交易发展非常迅猛,网上交易的形式主要包括一些网上证券咨询、信息咨询、投资理财服务、网上认购等。而且,欧洲的网上银行的发展也比较好,其网上证券服务往往和网上银行服务联合推出,网上证券交易客户大部分也都是网上银行的客户。此外,欧洲的电子通信技术非常发达,通过手机的 WAP 功能开通网上证券服务的国家也非常多,在亚洲的新加坡也开通了类似的服务。

(三)亚洲主要国家和地区

亚洲国家和地区的网上证券交易发展起步晚,大部分是在 1997 年亚洲金融危机之后才发展起来的,而且各国的发展也不均衡。但发展势头猛,发展速度非常快,呈现一种爆炸式的发展态势,其中尤以韩国的网上交易最为发达。此外,日本、新加坡及我国的香港、台湾地区的网上交易也在快速发展中。

韩国是亚洲最先向客户提供网上证券交易的国家之一。如果仅从网上证券交易额和股市交易总额的比率来说,韩国已经超过了美国,成为世界上网上证券交易比例较高的国家。在韩国,网上证券交易的市场极为集中,在其 20 多家从事网上证券交易的证券公司中,其中最大的五家公司占据了 95% 的市场份额。② 1997 年至 1998 年初,所有韩国的大型证券经纪商都开设了网上交易服务,并将佣金收费从原来的 0.5% 降到了现在的 0.1% ~ 0.25%。网上证券交易额占市场份额的比例有了急速的提高,大宇证券、三星证券、现代证券、LG 证券和 Paishin 证券,这五家最大的经纪商的网上股票交易总额从 1998 年

① 关于欧洲各国的网上证券活动的统计数据均来自国际证券委员会组织(IOSCO)2001 年 6 月出具的报告:Report On Securities Activity On The Internet Ⅱ,ANNEX Ⅱ:New Development, available at http://www.iosco.org/library/pubdocs/pdf/IOSCOPDl20.pdf.
② 参见中国证监会、深圳证券交易所:《中国证券市场发展与创新》(上册),中国财政经济出版社 2001 年版,第 271 页。

的5万亿韩元猛增到1999年前7个月的111万亿韩元,网上交易额占股票交易总额的26%。据韩国证券业协会的数据,2000年头7个月,这五家大型证券公司的网上证券交易额已突破100万亿韩元。另据韩国证券承销商协会的统计,2000年5月份的网络证券交易金额达到全国总交易额的56.9%,网络证券交易账户的总数为310万户,约占韩国目前交易账户的34.4%。而韩国金融监督院的统计显示,2000年一季度各证券公司网上证券交易手续收益额达到1202亿韩元,比1999年第四季度增加123.4%。顾客开设的账户到5月底已达到62万个,在全部交易账户中所占的比重超过10%。随着股市的活跃,网上交易数额也迅猛增长,2000年7月份的网上交易额是1999年1月份的100倍,4月份的网上交易额超过了1998年的总额,到2005年底网上证券投资者人数占投资者人数之比达到81%。①

日本证券业最早引入网上证券交易的券商是大和证券,其于1996年4月开始实施网上证券交易。但在网上证券业务开展的早期阶段,网络券商的数量增长十分缓慢。1997年年底由仅有的1家增至5家,1998年增加20家,截至1999年8月底,日本大约只有14万个网上经纪账户。而且主要都集中在大和证券、野村证券和Matsui三家大型券商手中,占到日本所有账户的75%。但随后的以佣金自由化和券商设立有许可制转化为登记制为内容的金融大革命,为券商的发展提供了一个自由竞争的环境,从而为网上证券交易的快速发展提供了契机。据日本证券业协会的数字显示,2002年4月~9月日本个人通过互联网买卖股票的金额为14.6万亿日元,占个人买卖股票总金额的52%,首次突破了50%大关,同时也比上半个年度(2001年10月~2002年3月)增长了17%。网上交易手续费低是吸引日本个人投资者大量上网买卖股票的重要原因。截止到2005年3月,日本的网上投资者人数已经超过694万人,比2004年同期增长了40%。②

在马来西亚,2000年1月吉隆坡股票交易所开通了可用于网上交易的网站。到2000年11月,吉隆坡股票交易所共批准14家股票经纪公司向它们的

---

① Maricel E. Estavill, Online Stock Trading Touted, Business World, 2006, (3).

② Masato Inoue, Online Trading Takes off in Japan, Knight Ridder Tribune Business News, 2005, (11).

客户提供基于互联网的电子客户指令系统,这个数字比 1999 年增加了一倍,使用这个系统的注册账户大约有 8000 个。另外,还有两个股票经纪公司获准通过 WAP 提供股票交易服务。

新加坡的网上交易发展非常迅猛。2000 年全年,其网上交易量占其整个市场交易量的 3.8% 。而 2000 年 10 月 1 日新加坡政府放开证券交易手续费率管制后,其网上证券交易量占整个市场的比重由该年前三季度的 3.4% 增至第四季度的 5.5% 。截止到 2001 年 5 月 31 日,共有 14 家证券商提供网上交易服务,其中没有纯粹的网上证券交易经纪商。另外,在新加坡基于互联网的 IPO(Initial Public Offerings,首次公开发行股票)非常普遍,在 2000 年下半年发起的 41 起 IPO 中,通过互联网预定认购的数额占到整个发行数额的 75% 。①

我国台湾地区的网上证券经纪业务增长非常迅速。1997 年 7 月 1 日,人信证券在台湾率先推出网上证券交易,拉开了台湾网上证券交易快速发展的序幕。在短短四年左右的时间里,台湾网上证券交易所占的比例、网上证券交易开户数和开办网上证券交易的券商数量都出现了显著的增长。1997 年 12 月,台湾网上交易所占的比例只有 0.03% 。到 2001 年 6 月,网上交易所占的比例就已经高达 8.73% ,在不到四年的时间里,网上交易所占的比例增长了 290 倍。1997 年开办网上交易的券商只有 4 家,1998 年为 23 家,到 2001 年 7 月就达到了 98 家。1997 年台湾网上交易开户数只有 5169 人,2001 年 3 月达到 170.3 万人,在三年多的时间里增长了 320 倍左右。②

我国香港地区的网上交易发展比较晚,大多数公司是在 1998 年底和 1999 年初才开办网上经纪业务,而且一些比较大的证券公司进入此领域也比较晚。其网上交易仍然处于发展的初期阶段。根据香港证监会 2000 年 4 月的一份问卷调查显示,调查当月,其网上交易成交量只占其证券市场总成交量的 1.3% ,在线经纪商占其注册商总数的 4% 。而根据另一份研究报告指出,2000 年,通过电子途径进行交易的客户数占整个证券市场开户数的 13% ,

---

① Report On Securities Activity On The Internet Ⅱ , ANNEX Ⅱ , pp. 174 – 175. , June 2001, available at http://www. iosco. org/library/pubdocs/pdf/IOSCOPDl20. pdf.

② 参见姚文平:《台湾网上证券交易发展的启示》,载《证券时报》2001 年 2 月 18 日。

2001 年则为 11%。① 截至 2000 年 4 月底,共有 28 家证券商提供网上交易服务,比 1999 年 9 月增长了 180%,242 家证券商计划在未来 12 个月内开展网上证券交易业务,其他并不打算开展此方面的业务的券商一般都是比较小型的券商。而券商所提供的在线服务包括证券买卖、金融产品实时报价、提供研究资料和投资意见、发布证券发售要约(例如首次公开招股、股份配售等)、证券保证金融资、期货买卖、基金买卖、股票借贷和金融产品交易配对设施等。其中提供或打算提供前三项服务的券商比较多。② 尽管从当时的调查报告看,香港的网上证券交易发展比较晚,但发展速度非常快。

综上所述,网上证券交易的发展有如下特点:

首先,网上证券交易方式已逐渐被认同,伴随着互联网技术的发展,网上证券交易在世界各地传播开来。但就整个发展现状来看,网上证券交易在经历了早期的爆炸式的发展阶段之后,在未来的相当一段时期内都将处于一个比较稳定的发展过程中。目前主要的形式还只是券商提供的网上股票买卖的经纪业务,尚未发展到以网络替代证券交易所的网上直接撮合证券交易的比较高级的阶段。

其次,数据显示,在网上证券交易发展的初期,网上证券交易的交易额和其占整个证券交易市场的份额比例都在成倍甚至数倍的增长,各国几乎都是如此,于是当时就有各研究机构纷纷作出预测,预言网上证券交易将呈现出持续的爆炸式的增长态势。但是,在经历了发展初期市场膨胀阶段之后,使用互联网进行市场信息分析和进行各种交易的用户人数呈现出一种缓慢而稳定的增长态势。另一方面,网上证券交易的技术进步却从未停滞,网上证券活动领域中关于对互联网的新的使用方式越来越多,互联网上的新技术也总是会实时地用于网上证券活动中。

再次,目前网上证券交易发达的国家诸如美国和韩国,其互联网技术和互联网的普及程度相对于中国内地和泰国、菲律宾等网上证券交易发展相对滞后的发展中国家而言要完善和高出许多。可见,作为发展网上证券交易的基

---

① 参见李兆麟、闫宇虹:《证券交易商业务活动 6 年调查的比较》,香港证监会研究论文,2003 年 4 月,第 8 页。

② 参见香港证监会就注册交易商在截至 2000 年 4 月 30 日使用网上交易设施的情况进行的问卷调查,http://www.hksfc.org.hk/chi/bills/html/consultation/onlinesurvey-c.doc.

本的技术物质基础,网上证券交易的发展离不开互联网的发展。

最后,网上证券交易的发展还受到各国政府相关政策的制约,相比较美国、韩国和瑞典,英国、德国和日本的网上证券交易远不如前者普及和发达,英国等国之所以其网上交易滞后,尽管有各方面原因,但是政府采取的相关政策是其中主要的原因之一。例如,在实行固定佣金制度的国家和地区,其网上交易的费用与一般的证券交易费用差别不大,很难吸引大量的个人投资者参与进来,故而其网上交易占整个证券交易的比例很低,网上证券交易很难发展起来。这一点从日本在放开交易佣金费率前后其网上证券交易量的对比就可以看出来。

三、我国境内网上证券交易发展概况
(一)我国境内网上证券交易的起源及发展现状

我国券商最早开始尝试开办网上交易业务是在1996年底,此后一年,网上交易一直停留在观望、开发和试用阶段,到1998年才真正开始发展起来。最早是闽发证券和中国华融信托投资公司于1997年推出的网上交易系统。其中,闽发证券深圳营业部在4个月内的网上交易开户数达到1000多人,而中国华融信托投资公司湛江营业部1998年末的网上交易占到总交易额的20%。此后,君安证券、华泰证券、国通证券等公司相继推出网上交易。但是,由于各种客观条件,如电脑和网络的普及率、人们的观念、法律法规等,网上交易一直没有名正言顺地开展起来,没有获得很大的发展。2000年4月,证监会颁布《网上证券委托暂行管理办法》,对网上交易的业务资格和运作方式作出明确规定后,券商的积极性才调动起来。进入2001年以来,网上证券委托交易业务加快了发展速度。2001年2月首批23家证券公司经证监会批准获得网上证券交易资格,此后陆续有证券公司获得经营网上委托业务的资格。截止到2003年12月,已经有包括国泰君安、深圳蔚深、申银万国、海通证券、福建闽发、国通证券、银河证券、平安证券等大型券商在内的98家证券公司获准开通了网上委托交易业务。

据中国证监会信息中心提供的统计数据显示,2006年6月份,中国的证券公司网上委托交易量约为4506.31亿元,占沪、深证券交易所6月份股票(A、B股)、基金总交易量18296.02亿元(双边计算)的24%,比2005年6月

上升了 5.38%。通过对上报报表中客户数的统计,网上委托的客户开户数达627.20 万户,占沪、深交易所开户总数一半 3763.01 万户的 16%,比 2006 年 5 月增加了约 3.38 万户。从 2003 年以来,网上交易客户数的增长范围在20%~40% 左右,但是交易量同 2003 年 1 月相比大幅增长了 10 倍左右,网上交易量占比从 20% 增长到 50%。从 2006 年抽样的证券交易情况中可以看出,日均网上交易占比最高的招商证券为 66.7%,最低的中信证券为 43.3%。在高峰交易日,网上交易占比普遍达到 50%,①网上交易已经成为目前国内券商最主要的交易手段。

券商对待网上交易的态度由早年的投石问路,发展到今天的大刀阔斧。以银河证券为例,2003 年底,中国银河证券网上交易成交量为 645 亿元,占公司总交易量的 16.60%,2004 年 9 月,其网上成交量就突破 1000 亿元,占公司总成交量的 25.56% 以上,截至 2006 年 12 月 31 日,中国银河证券网上证券交易开户数累计达 106.39 万户,约占公司总开户数的 34.23%,占公司交易量的 49.66%,到 2007 年 2 月网上交易占公司股票基金交易总量的 55.74%,9 月网上交易所占比例已经达到 70% 左右。② 尤其是近几年来,随着我国互联网用户群的几何级增长,以及证券行业向集中交易、集中清算、集中管理和规模化、集团化经营方式的转换,网上证券交易正在步入移动交易的时代,网上证券交易已经开始突破 Web+PC 的网上交易模式,投资者开始大量借助电脑、手机、机顶盒、手提式电子设备等信息终端机进行网上证券交易,交易实现方式呈现出多元化的趋势。可以预见,在日趋激烈的竞争驱动下,我国网上证券交易必将在短时间内进入一个高速发展阶段。

(二)我国境内网上证券交易业务情况

我国目前开展的网上证券交易主要是网上股票买卖经纪业务。中国证监会于 2000 年 3 月发布《网上证券委托管理办法》(以下简称《办法》),其中第二条规定:网上委托是指证券公司通过互联网,向在本机构开户的投资者提供用于下达证券交易指令、获取成交结果的一种服务方式。《办法》明确规定了

---

① http://shanghai.csrc.gov.cn.
② 参见郑旭:《银河证券网上交易的现状、问题及对策》,东北财经大学硕士学位论文,第 18 页。

网上委托交易的方式。因该办法是目前为止我国唯一的关于网上证券交易的规范文件,也就是说,我国不允许证券发行公司通过互联网直接公开发行公司证券,也不允许有关网站开展撮合证券交易业务。

1. 业务种类

目前,我国的网上证券交易市场业务主要分为两块。即投资咨询服务和网上股票买卖中介服务。前者主要出现在一些财经类专业网站上,如和讯网、证券之星网、赢时通网等。这些网站因为没有直接进行网上证券交易的资格,因此,主要的业务精力都放在为投资者提供投资咨询服务方面。主要包括提示市场行情、市场政策和趋势、为投资者提供投资咨询和选股建议,甚至为发行股票的公司提供网上路演服务。此外,还在网上推销其设计的证券信息处理软件等。这类网站的信息服务往往涉及整个金融市场,包括股票、债券、基金、期货、外汇甚至保险市场等,领域非常广。另外,它们凭借手机短信服务普遍都提供了手机理财服务。而一些券商自建的官方网站则主要提供网上股票买卖委托服务,当然也会提供一些信息服务,但往往不如专业财经类网站那么丰富和细致,其建立网站的主要目的既是作为宣传自己的窗口,也将之作为网上证券委托买卖的交易平台,其他的一些信息服务都是围绕这两个目的而实施的。此外,这类网站上还都设有模拟炒股的栏目,以吸引更多的互联网用户。除了以上两类之外,以建设"完全交易类网站"为目标的"飞虎证券网",通过与西南证券的合作,在开展网上证券交易的同时,还开发了大量的特色网上金融服务,比如新股合作配售与新股联合申购、自动配售、E讯通讯短信服务、网上银证转账、证券典当等创新金融服务,可谓在业界独树一帜。最后,无论哪种服务主体,基本都在网上开设了投资常识教育服务,向投资者介绍证券投资的基本知识,使投资者可以直接在网上了解到需要的证券知识。可以看出,尽管我国的网上交易的基本形式比较单一,但是网上交易市场的服务品种还是非常丰富的,并且新的服务品种还在不断地开发出来,相信其他网上交易形式的出现只是早晚的事情。

2. 券商的网上交易业务模式及其发展过程

我国券商发展网上交易业务先后出现有三种不同的模式,即所谓"自建网站模式"、"券商与网站或IT技术公司合作模式"和"网上经纪商模式"。

"自建网站模式"是指传统券商建立自己的网站作为提供网上证券交易服务

的平台,用户可以直接通过券商的网站下达证券买卖的委托指令。一些大型的券商一般都是采用这种模式,包括国泰君安、平安、中信、银河等。"券商与网站或 IT 技术公司合作模式"是指券商凭借网站或 IT 技术公司提供技术支持,或者以网站作为其证券交易平台,或者由 IT 技术企业为其开发专门的网上行情分析和交易的软件作为其开展网上证券交易的基础。2000 年 9 月,广东证券股份有限公司一举整体性收购盛润 stock2000 财经证券网站(www. stock2000. com. cn),除网站名称外,网站原有的一切都不作改变,实际上使得 Stock2000 成为第一个获得证券"户口"的 IT 公司,从而也开启了券商与 IT 公司合并的先河,使得更多的券商和网络公司通过这种方式得以进入网上证券交易市场。第三种模式则是一种纯粹网上经纪商模式。飞虎证券网(www. fayhoo. com)将自己定位于"交易类证券网站",通过与西南证券、中国建设银行结成的长期战略合作关系,建立一种由银行保管资金、券商保管股票、网站提供交易服务平台的分工合作的独特模式,为业界鲜见。

早期,我国券商主要都是通过与 IT 企业合作的方式开展网上交易服务,由 IT 企业提供相关的网络技术支持,负责开设网络站点,为客户提供投资资讯,而证券公司以营业部的身份在后台为客户提供网上证券交易的通道。这种方式通过借助 IT 公司的技术构建起一个网上交易的窗口,其实质不过是通过双方的技术合作开辟一个新的业务领域(对双方而言都是如此)。2000 年后,网上证券交易主要都是由证券公司自己独立开展,因为此时各家券商都看到了网上交易的良好前景,纷纷加大网络技术方面的投入,引入专门的网络技术人才自主开设证券服务网站,依靠自己开发网上客户,同时可以掌握网上交易的自主权。目前一些大型的证券公司都有自己的网站,纷纷推出本公司的网上交易系统,客户可以直接进入证券公司的交易系统,不再经过 IT 公司。这一模式也符合《办法》中第 11 条"证券公司必须自主决策网上委托系统的建设、管理和维护。有关投资者资金账户、股票账户、身份识别等数据的程序或系统不得托管在证券公司的合法营业场所之外"的规定。而早期介入网上证券交易的一些网络公司则把业务领域转向提供投资资讯、开发相关软件方面。

3. 网上交易的佣金制度

我国自 2002 年 5 月 1 日起实行浮动佣金制。此前,一直实行的都是固定佣金制,即规定证券商按照上交所和深交所分别制定的佣金费率收取交易佣金。在没有放开佣金费率之前,网上交易市场上的交易费用的收取非常混乱。各券商为了争夺市场,纷纷自主降低佣金收取标准,在推出网上交易的众多券商中,绝大部分的券商都将佣金费率下调了40%至50%,甚至有的网站交易费用降了90%。因为网上证券交易的成本降低,各证券服务商开出的佣金费率自然不可能很高,而如果按照原有的证券交易手续费率收取交易佣金,那么加上上网费用,投资者需要支付的交易费用不降反升,这就使得网上交易相比于传统的店头交易等而言没有了成本优势。于是证券商在经纪服务成本大大降低的情况下为争夺市场调低服务价格也就可以理解了。一时间要求监管部门放开佣金管制的呼声越来越高,证监会也终于在经过广泛调查和深入研究的基础上,于2002年4月宣布自5月1日起废弃固定佣金制而改采在最高限额内向下浮动的浮动佣金制,受到市场的普遍欢迎。网上证券交易市场的价格竞争得到了很好的规制。

(三)我国境内网上证券交易发展的特点

我国网上交易的发展从过程上看,有如下特点:

第一,起步早,但发展相对缓慢。我国最早的网上交易可以追溯到1996年,相比于其他一些国家,起步并不算晚。但是,我们的网上交易发展却比较缓慢,从1997年到2000年,基本处于停滞状态,因为受到各种各样的因素影响,比如网络的普及程度低,上网费用比较高,相关政策不明朗等。2000年后,随着《网上委托暂行管理办法》的出台和相关政策的明确,网络技术的发展,网民数量的增加,网上交易开始发展起来,特别是进入2004年以后,网上证券委托交易的发展步伐开始加快,逐步演变成为最为重要的委托形式。但是,从交易类型及交易总量来看,我国与美国、韩国等网上交易发达国家的差距还是比较明显。

第二,网上证券交易市场的发展过程呈现出一定程度的无序。我国网上证券交易的发展最早处于一种"无法无据"的状态,各种交易模式、网上证券服务的内容都比较混乱,因为市场准入门槛没有设立,市场服务标准也没有建立起来,所以网上证券交易基本处于一种无序状态。特别在网上交易发展的早期,一些网上交易软件在设计时未考虑系统的吞吐量、交易的安全性等问题,有的厂商甚至对交易数据基本上没有加密,带来了巨大的安全隐患。中国证监会发布了《网上委托暂行管理办法》之后,市场相对有序一些,市场基本的门槛和服务标准也相对建立起来了。但是,一方面,相关的政策法律法规还是显得不足。仅就证券监管领域而言,一个仅仅有三十五条条文的《办法》显然还不足以承担树立网上交易这一新兴证券交易方式最基本市场标准的任务,而且该办法充其量也仅仅是一个部门规章,其立法效力层次不高,与网上交易的发展前景和其复杂程度不相适应;另一方面,相关的配套法律法规仍显不足。网上证券交易涉及到的法律问题不仅仅是证券监管的问题,还涉及到大量的网上交易规制的问题,而我国关于电子商务方面的法律法规还远远不够。此外,证券监管部门的监管力度和监管方式仍有待加强和改进,这方面,美国证券交易委员会(SEC)对网上交易的监管方式值得借鉴。

　　第三,我国的网上证券交易主要是指网上股票经纪服务,层次不高,类型单一。网上证券交易有三个层次,即互联网股票交易经纪、互联网上直接公开发行股票和网上直接撮合证券买卖。相对而言,无论从网络技术的需求,还是证券交易的复杂性和监管的复杂程度,网上股票交易经纪业务都属于比较简单的网上证券交易形式。即便是网上证券经纪业务,我们的很多证券商也没有完全发展起来,有一些证券公司把网站仅仅作为其宣传企业形象的途径,或者是一种从众行为①。美国的网上交易发展的初期也曾经历过无序发展过程,这段时期 SEC 还没有制定出相关的法律法规给予规范,往往这段时期,恰恰是一个新兴行业的创新最佳时期,缺少有关的法律规制,从业者往往可以发展一切其认为可以获得利益的业务形式,这些业务形式往往具有自发性,能够给参与者带来巨大的利益,当这些形式发展到一定程度,市场监管者即针对其对社会的影响制定相关的法律规范给予规制,从而将之纳入法律的框架内。而在我国,无论是在证券监管部门发布相关市场标准之前还是之后,都只存在着网上证券委托这一网上交易形式,这从一个侧面反映出我国的网络技术发展水平不高,我们的证券市场的发展还远不成熟。总而言之,我们要发展网上证券交易还有较长的路要走。

---

① 参见孔翔:《网上证券交易与监管》,深圳证券交易所综合研究所 2000 年研究报告,第 52 页。

第二节　网上证券交易的法律分析

网上证券交易作为一种新兴的非传统的证券交易方式,相比于一般的诸如柜台交易、电话委托等交易方式,有着不可比拟的优势,同时也不可避免地会带来一些问题,这些共同构成了网上证券交易鲜明的特点。互联网技术的特殊性,给通过互联网实施的在线证券交易,带来了信息传递成本低、快速便捷的优势,同时也引来了信息传播自由开放难于管制的缺陷和网络技术的风险性。对于市场监管者而言,既要考虑如何充分利用网上证券交易的优越性,更要考虑如何应对网上证券交易的缺陷与风险。监管机构在实施对网上证券交易的监管过程中,必须要有相应的法律法规作为依据和手段。我们对网上交易进行一系列事实性实证研究之后,需要对网上证券交易行为进行相应的法律性质分析,这是建立健全网上证券交易法律规范的前提。从法学的角度看,网上证券交易活动本质上是一种新出现的社会现象,这一现象在其出现之初并没有明确的法律规范,是借助于新兴的媒介实施的证券交易行为,传统的证券法律规范当中并没有对此进行明确的认定和规范。将网上证券交易活动纳入法律框架内有两种方式:一种是通过灵活解释原有的证券法律法规,将网上证券交易作为与柜台交易、电话委托等对等的法律活动看待,监管机构通过在网上交易活动中贯彻一般的证券交易原则来实施监管活动;另一种就是建立一套新的法律法规,根据现实的状况从法律上确立网上证券交易这一新兴的证券交易方式的存在。前一种方式表现出一种对法律进行扩张解释以应对社会进步的态度,后一种方式则完全是革命式的,为应对新出现的社会现象而制定出适应这一新发展的法律规范。而无论是哪种方式,依据传统的法律原理和原则对之进行法律性质方面的分析都是非常必要的。只有确定了网上证券交易活动的法律意义上的性质后才可能将其纳入法律规范当中,确立它的合法性。

一、网上证券交易活动主体的法律问题

　网上证券交易活动的主体主要包括投资者和提供网上交易服务的证券公

司或证券类网站。其中网上证券交易的投资者与传统证券交易活动中的投资者在法律性质上没有本质区别,投资者的法律地位在为网上证券投资行为的过程中并不因其完成交易行为的媒介的改变而改变。但需要注意的是,投资者在网上的"面目"并非是其生理实体,而是一系列数据所表征的投资者信息的集成。这正体现出了网上证券交易的虚拟性。另外,提供网上证券服务的证券商和网站与普通的民商事主体一样,可以享有法律所规定的权利和义务,承担相应的法律责任。但是,个人是否可以成为网上证券交易的中介经纪人或自主设立网站提供网上证券交易的中介经纪人或自主设立网站提供其他网上证券服务的主体是一个法律上需要明确的问题。这个问题无法单纯适用传统的证券法律规范去处理。因为网上证券服务的内容很多,网上交易经纪服务仅仅是其中一项,个人可否通过自己建立的网站向投资者提供在线投资咨询、信息传送、投资理财等网上证券服务还是值得考虑的。当然,这涉及到立法者具体的立法选择的问题,是给予严格的监管还是给予开放式的督导,需要立法者根据市场发育情况及配套的法律法规是否完善等客观状况作出决定。尽管如此,关于网上交易的投资者和证券商的法律界定与传统的证券交易也没有本质上的区别。而需要特别加以探讨的是网上证券交易中的"电子代理人"(Electronic Agent)的法律地位问题。

现代网上交易过程中,一些投资者采用智能化证券交易软件系统,按照预先设计好的程式自动发出要约、承诺,并具有简单判断的功能,自动完成交易过程,较少需要甚至不需要人工的介入。这种网上自动交易系统不仅在网上证券交易中被使用,类似的自动交易系统在网上购物、网上银行、企业之间的电子批发商务(即"B to B")等领域都有广泛应用,它被欧美一些国家的法律或商会、行业组织在法律上命名为"电子代理人"。美国《统一计算机信息交易法》中先使用了电子代理人一词,其中将电子代理人定义为:"为某人用来代表该人对电子讯息或对方的行为采取行动或作出反应,且在作出此种行动或反应之时无须该人对该电子讯息或对方的行为进行审查或作出反应的一个计算机程序,或电子手段或其他自动化手段。"①联合国贸法会在草拟的《统一

---

① 美国《统一计算机信息交易法》第102条(a)项第27点,转引自阚凯力、张楚主编:《外国电子商务法》,北京邮电大学出版社2000年版,第30页。

电子签名规则》(1999 年 2 月第 3 稿)第 8 条"强化证书的内容"中,也使用了电子代理人一词,此后许多国家都普遍接受了这个概念。

电子代理人缺乏独立思维的判断能力,不具有独立的人格和财产,并且没有独立的利益,无法享受交易带来的收益,同时也不能用自己的财产来承担责任,依据传统法理其不具有法律人格,从而也就不可能具有独立的缔约能力。但是,"电子代理人"已经日益被广泛地应用于网上证券交易过程中,起到了辅助当事人订立、履行合同的作用,尤其是在没有人工介入的情形下能够独立订立和履行合同。因此,关于"电子代理人"的法律地位问题,有必要给予重新审视。

电子代理人实质上就是一种能够执行"人"的意思的、智能化的交易工具。从构成上看,它是具有自动化功能的软件、硬件,或其结合;从商业用途看,可用于搜索某一商品或服务的价格,完成在线买卖,或对交易发出授权,将之形容为"人造商人",倒更为合适,它在功能上要比一般的自动柜员机复杂得多。① 相当于是交易方的"智能型"代理人,其与一般意义上的代理人的区别就在于其自身没有独立的财产、没有独立的利益需求,从而也就没有独立的法律人格。但这并不意味着其"代理"订立和履行的证券交易合同必然无效。证券交易作为一种合同行为,双方当事人只要以法律允许的方式达成合意,合同就可以成立。由于"电子代理人"的交易程序和交易条件都是通过本人所认可或者控制的,"电子代理人"的信息自动交流和处理,都是遵从用户预先设定好的程序而作出的反应,当事人可以在程序运行过程中随时予以介入,当事人的意思表示通过事先编制或认可的程序得到了全面反映。一般而言,"电子代理人"订立的合同,与自然人之间直接信息交流订立的合同一样,也具有合同当事人的合意。所以,由电子代理人订立和履行的网上证券交易合同应该具有法律上的效力,其所为的网上证券交易行为可以产生法律上的后果。美国在《统一计算机信息交易法》中就规定:"合同可以表明协议存在的任何方式订立,包括要约和承诺,或承认合同存在的双方以及电子代理人的操作过程。"②该法明确认可了电子代理人订立合同的能力。1992 年,欧共体委

---

① 参见张楚:《电子商务法初论》,中国政法大学出版社 2000 年版,第 266 页。
② 美国《统一计算机信息交易法》第 102 条(a)项第 27 点,转引自阚凯力、张楚主编:《外国电子商务法》,北京邮电大学出版社 2000 年版,第 46 页。

员会提出的《通过 EDI 订立合同的研究报告》指出,可以把对计算机("电子代理人")的运作拥有最后支配权的人,视为该计算机("电子代理人")所发出的要约或承诺的责任人。我国合同法也规定,"当事人订立合同由书面、口头和其他形式","书面形式是指合同书、信件和数据电文(包括电报、电传、传真、电子数据和电子邮件)等可以有形地表现所载内容的形式"。因此,在法律上可以确认电子代理人"代理行为"的合法性。当然,在明确了电子代理人的"行为"的有效性之后,还需要特别规范电子代理人发生错误的责任承担问题、电子代理人的双方代理问题等,尽管这些问题的处理仍然离不开基本的法律原则,但是仍有其具体的特殊性,网上证券交易监管方面的法律规范必须要有明确的规范。

二、网络证券的法律性质

电子信息技术的发展,使有形的实物证券逐渐走向无形化,证明股权关系的股票和债权关系的债券不再是实物凭证,而变成了电子符号,没有实物凭证的股权关系和债权关系被储存在电脑中,以电子符号的形式证明发行人和持有人之间的权利义务关系,这样的证券就被称之为电子证券,电子证券进入互联网交易时,我们称之为网络证券,或称之为网上证券。网络证券自然也就成为网上证券交易行为的客体。

网络证券是一种虚拟证券、电子证券,以无形的电子符号的虚拟形式存在,是其区别于传统的纸质证券的最重要特征。证券原本就是虚拟资本的记载客体,这种客体的存在形式最初是纸质的书面凭证,上面一般记载持有者的姓名、地址、享有的权利等内容。随着社会的发展,证券的存在形式也虚拟化了。实际上目前在我国证券市场上,社会公众持有的股票,投资者看到的也只是股票账户上的数字。较之于传统的纸面证券而言,权利持有人由原先对纸面证券的支配,演进为对证券账户中的电子数据或电子记录的支配。

我国现行法律没有对证券的具体形式作出明确具体的规定,但至少法律没有对网络证券的虚拟形式作出禁止性的规定。从我国目前的证券市场运行情况来看,监管部门和司法部门并没有否认电子证券的法律效力,事实上,恰恰是监管部门和司法部门默认了这种虚拟证券法律效力,才使得我国证券市场通过运用电子信息技术发展到目前这一阶段。但苦于我国电子商务领域的立法活动滞后,目前为止并不见有相关的法律规范明确确立电子证券的法律效力。

随着电子信息技术的普及和发展,交易行为的书面形式逐渐为电子化虚拟形式所替代是一个基本的趋势。① 但虚拟化的电子证券完全可以发挥纸质书面形式的作用。原因在于股份制度和证券市场经过几百年的发展,已经逐渐完备和成熟,股票和债券所涵盖的权利义务关系已被法律所明确规定,因而这种权利义务关系的外在躯壳形式已不重要。书面形式的记载、对照、交流功能,电子证券的存在形式都具备。每笔以电子符号记录的相同性质的证券,其名称、种类、票面金额及代表的股份数、发行者的详细情况、证券持有人的名称住址等资料都被记录到相关机构的电脑中,并且留有备份,其解释不可能因人而异或被人有意歪曲,也不存在欺诈、伪证以及因世事变迁或距离遥远而改变。正是由于电子证券具备传统纸质证券的功能,并且具有传统纸质证券无法比拟的优势,如成本低、交易方便等,适应现代经济发展的需要,因而逐步取代了传统纸质证券。

然而,电子证券形式的合法性并不必然带来网络证券的合法性,当电子证券通过互联网进行买卖等形式的交易而转化为网络证券时,监管部门有可能会因为否认某种网上证券交易行为的效力进而同时否认网络证券的效力。比如,我国法律并不允许证券发行人直接在网上公开发行股票,那么,投资者通过 DPO 形式认购的该电子证券也是无效的。DPO 形式发行的股票就是一种典型的网络证券,但在我国,并不承认它的法律效力。

所以,网络证券虽然本质上属电子证券,但因为互联网技术的特殊性,一般的电子证券与进入互联网进行交易的电子证券即网络证券并不完全相同。它的效力是与网上证券交易行为的效力联系在一起的。因为网络证券是电子证券通过互联网进行交易行为时转化而来的,是一种动态的存在,没有网上证券交易行为,也就没有网络证券。网上交易行为无效,网络证券的形式也没有

---

① 随着证券市场流通量的激增,为避免"证券洪流危机"与流通市场的麻痹,自 20 世纪晚期以来,G—30 集团(G—30 Recommandations)、国际证券服务业协会(ISSA2000)均提出在证券发行、交割诸阶段实现无纸化的建议。由此证券非移动化、电子化成为各国证券交割制度的新的发展趋势。

法律效力。

三、关于如何规范网上证券交易行为的法律问题

如前所述,我国目前所指的网上证券交易行为可以分为广义和狭义两种不同的意义。狭义的网上证券交易行为仅指基于互联网的股票委托买卖行为,广义的网上证券交易行为则除了指以上行为外,还包括网上信息发布行为、网上路演、网上风险提示行为及其他已出现和未出现的新型网上证券活动。狭义的网上证券交易行为与传统的证券交易行为在法律性质上没有本质的区别,也属于股票买卖的代理行为,仅仅在一些具体制度上因为互联网的使用而有所不同,但规制的基本原则和法理还是一样的。而广义的网上证券交易行为则比较复杂,尤其是其包含有很多不同的活动形式,只能根据具体情况一一认定。

关于网上证券交易行为特别要注意的是,一些全新的互联网技术引入到网上证券交易过程中往往会带来一些新型的交易行为形式,这些行为在原有的法律规范中可能无法找到"合法"的依据,这就涉及到如何认定这类行为的法律效力的问题。法律总是或多或少地落后于生活,尤其是在面临着日新月异的网上证券交易市场的时候,这种落差会来得更快。基于这一特征,对于认定网上交易活动的法律效力的问题上不应该遵循严格的"法定主义",法律应该从消极的一面去规范网上交易活动,即规定哪些行为不能为。法律未禁止的行为则都具有法律效力,这样,网上证券交易的发展才不会受到法律规范的阻碍。当然,基于网上交易行为创新的不可预知性,对一些新出现的行为方式进行一定的禁止性规范也是非常有必要的。监管者的职责也就是监督那些层出不穷的新型的网上交易行为方式对市场参与者和市场的负面影响,也就是减少因互联网技术进步而给市场带来的消极影响。

第三节 网上证券交易给法律监管带来的挑战

网上证券交易以不同于传统的证券交易方式的面目出现,给监管部门的证券监管活动带来了巨大的挑战。因为原有的监管制度是建立在一般的证券

交易活动形式基础上的,一些监管手段和方式已经不适于对网上证券交易市场的监管了。网上证券交易有着不同于传统证券交易的特殊性,这些特殊性逼迫着市场监管者对原有的监管方式、监管手段进行修正和改革,以期适应这一新兴市场交易手段的出现。事实上,关于互联网对证券市场的影响,曾经存在着两种截然相反的观点,一种观点认为互联网不过是信息交流的一种媒介而已,互联网的使用其本身不会改变传统的市场监管原则;另一种观点则认为,互联网的使用将给整个证券市场带来一场革命,它将重置证券商和客户的关系、消融对证券市场管辖的地域界线、出现一批超越监管者控制范围的高效的金融服务提供商,不然至少也会给证券市场带来一整套新的风险。关于此类争论,国际上已经有了比较一致的认识。无论是监管的实务部门还是理论界,普遍的看法是证券监管的基本原则和制度并不会因为交易媒介而发生改变。① 应该说,网上证券交易的出现是证券市场引入新技术提高市场效率促进市场发展的结果,原有的市场秩序并没有发生根本的改变,市场监管的原则和基本制度仍然适用,包括诸如"三公"原则、保障投资者利益原则、信息披露制度等等,网络媒介的适用并没有彻底颠覆传统的市场监管体制。但是,传统的证券市场监管体制的改良却是势在必行。随着网上证券交易的发展而作出渐进式的改革是传统法律监管应对网上证券交易发展挑战的指导性原则。同时我们可以大胆预言,网络作为未来社会生活的重要工具成为证券交易市场的基本交易媒介是大势所趋,甚至网上证券交易成为证券市场交易的唯一方式也并不会让人感到奇怪,现行的证券市场监管体制随着网上交易的发展一起变革并最终发展成为纯粹的网上证券交易监管体制完全有可能。

但就目前而言,我们探讨网上证券交易对法律监管带来的挑战,仍然需要立足于现状分析。互联网的引入,使得证券交易的方式发生了改变,同时引入了一系列的交易风险,这些都是我们研究法律监管变革的前提。尽管通过互

---

① ICSCO1998 年提出的关于互联网上证券活动的第一个报告中确立了这一基本理念,此后为各国监管机构所认可,并已经体现在它们实际的监管活动中了。关于这个问题,我们可以从包括国际证券委员会(ICSCO)、美国证券交易委员会(SEC)、香港证监会(SFC)等机构的报告、研究资料或是权威人士的演讲中了解到。如:Report On Securities Activity On The Internet I、II、III(1CSCO),Report to the Congress:The Impact of RecentTechnological Advances on the Securities Markets(SEC),《互联网监管指引》(SFC)等。

联网传播的信息本身与通过电话、传真等方式传播的信息没有什么不同,但互联网提供了几种新的信息传播方式。这些新的通讯方式使得信息的传播更加容易、更加具有实时性、成本更低。此外,互联网通讯还具有互动性、超链接、分散性、匿名性、灵活性等特点,这些特点为证券业提供了新的机会,也对证券交易的监管者提出了新的挑战。

一、网上证券交易活动的特殊性①

(一)电子化及虚拟性

网上证券交易活动的客体是网络证券。网络证券是电子证券在进入互联网交易过程中转变而来的证券形式。本质上属于电子证券。与传统证券完全不同,电子证券是证明发行人和持有人之间的权利义务关系的电子符号,不具有纸质性特征。网上证券交易就是通过互联网传递这种非纸质的证券完成证券交易的,整个行为过程都是通过互联网信息技术在网上完成,传递的都是一连串的电子信号,没有任何物质性的实物证明。这是网上证券交易不同于传统的证券交易方式的最大特征之一。网络证券以无形的电子符号的虚拟形式存在,使得网上证券交易呈现出虚拟性的特征。无论网上交易如何进行,传递的都是一些电子信息指令,这些指令本身没有实物形态,都是以电子信息的形式存在,人们看不见也摸不着,一切的财富都成为一些简单或复杂的数字系统。这一虚拟化的特征为网络犯罪提供了很好的机会,网络黑客可以通过破译用户的账户密码或股票交易密码而轻而易举地获得账户内以数据表征的大笔财富。

网上证券交易的电子化使得对证券交易行为和过程的认定方法和程序需要重新制定,而监管部门对此的监管也更需要根据电子认证系统来辨别网上证券交易的合法性。如此,则证券监管部门至少需要对电子认证系统有所掌握,并对网络证券的认证进行必要的进一步的监督管理。

---

① IOSCO1998 年的报告:Securities Activity On the Internet,Report by the Technical Committee (pp. 9 - 13.)及深圳证券交易所综合研究所 2000 年研究报告:《网上证券交易与监管》(第 93 ~ 97 页)主要是从互联网的特征角度去阐释的,本书在论及此问题时借鉴了以上两份研究报告的内容。

网上交易的虚拟性使得证券监管部门需要担负起监管网上交易客户、证券商及银行网上交易账户的安全责任,虚拟化的财富形式和交易形式加重了监管部门的监管负担,也要求监管部门需要引进相关的网络安全监督专业人员对网上证券交易活动进行实时性监督。

(二)自由和开放性

首先,互联网为用户提供了互动式的通讯方式。图形、语音、文字等通讯媒体在互联网上组合,创造了生动逼真的网站和信息,随着语音识别和虚拟现实技术的发展和改进,因特网站及信息的互动性日益增强。例如,网上互动的信息交换为投资者提供了多项选择,包括网上支付或邮寄交易指令,从而使得投资者能够即时作出决策。然而,这样一种环境可能会诱导投资者作出冲动的、缺乏思考的投资决策,在一个怀疑受到操纵、缺乏透明度的市场,这容易造成市场的过度反应。

其次,互联网允许网站的发起人、公告栏和新闻组建立电子链接,又称"超文本"或"超链接",电子链接允许网站内(内部超链接)及网站间(外部超链接)的信息和材料互相链接。访问者在进入一个网站时通常首先看到网站的主页,主页相当于一本书的封面和目录,它可能包含着连接网站内其他信息的内部超链接,也可能包含连接到其他网站内信息的外部超链接。超链接使得访问者可以在文件之间快速、方便地移动,从而使他们能找到想要的信息。超链接创造了实体书籍无法达到的不同信息源的虚拟链接。正是这种交叉索引的机制使得互联网成为一个独特而又有价值的信息搜索工具。超链接可以在没有必需的警告和解释的情况下,将投资者从一个网站或一份文件当中带到网站或文件之外。不适当地使用超链接是监管者关心的一个问题,因为超链接能够给不合法的证券信息披上一层合法的外衣。例如,一个从事非法或未经批准的证券发行的网站可能包含着一个连接监管机构主页的超链接。链接的存在似乎隐含着监管机构已经审核和批准了发行,但事实上却没有。此外,可能产生的问题还有:是否由一个站点到另一个站点的超链接隐含着被链接的站点所包含的信息是原站点同意的,等等。

最后,因特网是一个开放的网络,没有人能控制和操纵它。它是高度分散的系统,由数以百万计的计算机和子系统组成。信息在因特网上传递时,被分成许多小的信息包,这些信息包通过不同的路径传送,在到达目的地时才被重新组装起来。由于网络的不同部分能力及质量有差异,这样就存在着连接延误甚至失败的风险。例如,一些网络服务供应商可能没有足够的计算机容量和电话线处理大量的访问请求,这可能导致连接延误或失败,潜在地导致部分投资者先于他人获得信息,从而导致机会的滥用。当然,这些风险可能会随着通讯技术的改进和采用更大的系统容量而化解。

互联网的互动性、超链接性和分散性使得网上证券交易活动显得自由而开放。投资者可以在网上自由地获得各种证券信息,自由地发出交易指令,可以平等地获取信息,平等享受交易机会。但是缺少限制的自由和开放更容易给投资者带来不必要的投资风险,人们可以借助互联网更加随意地参与到证券市场当中去,却不能因此而缺少必要的规则秩序,监管者需要在因便捷而伴生的自由面前建立必要的市场秩序,包括提醒投资者注意网上交易可能面临的风险、严格网上的证券信息传播和发布,同时也提醒投资者注意网上信息的真实性,要求券商在其网上交易系统的容量限度内开展网上交易委托业务等等。

(三)跨国性

网络的触角伸向世界各地,将整个世界联系在一起,世界范围内的信息传递在瞬间即可完成,这使得网上交易的市场不再因为人类交通手段的约束而存在区域的限制。网上交易市场中,国家之间的地域界线将逐渐消失,投资者无论身在何处,都可以通过互联网进入任何一个国家的证券交易市场进行证券投资。当然,从技术角度而言网上交易完全可以在不同国家之间实现。但是,跨国交易问题还涉及到大量的不同国家交易规则的统一问题,不同的国家市场发育水平参差不齐,跨国资本的流通门槛各有高低。因此,如今跨国网上证券交易并不繁荣,主要是一些网上券商通过互联网向国外的投资者提供比较低层次的证券咨询及中介服务。但是据一份资料显示,如果欧洲和美国能就跨国网上证券交易达成"相互认可"(mutual recognition),则双方的跨国交易量将增加50%,交易成本将下降60%。① 目前,世界各国已经认识到跨国网上交易的意义,并已经就推动跨国交易和加强对跨国交易的监管等方面进

---

① IOSCO：Report On Securities Activity On the Internet Ⅲ, October 2003, available at http://www. iosco. org/library/pubdocs/pdf/IOSCOPDl59. pdf.

行了广泛的探讨。人们已经预见到网上交易的跨国性会带来一系列的国际法问题。例如证券交易的管辖、解决证券交易纠纷适用的准据法、跨国征税问题等。而这些问题也还不仅仅属于传统的国际法问题,其中的网络因素增加了解决这些跨国性法律问题的复杂程度。因为跨国性的虚拟交易活动涉及的不光是国际法问题,还涉及到网络法的问题,这无疑又给证券监管者提出了一个头疼的问题。幸而国际性的证券监管组织已经成立,跨国性的证券监管交流已经有了相当的发展,而证券国际委员会(IOSCO)已于1997年成立了互联网特别小组,以应付互联网在全球证券市场的广泛应用,相信国际证监会会在跨国性网上证券交易活动的监管协调方面发挥更重要的作用。

(四)迅捷性

第一,一般来说,互联网通讯采用万维网、电子公告栏、电子邮件、文件传输协议、个人广播网络等渠道。这些方式的共同特点是信息传播的广泛性及实时性。互联网传递信息的及时便捷的优势使得网上证券交易可以在瞬间完成,不同于传统的证券交易活动有大量的中间环节和大量的人力参与。这一方面节省了投资者的时间,可以使投资者及时抓住瞬间的市场交易行情,另一方面,也避免了由于人力主观因素带来的过失风险。这也是吸引投资者采用此种交易方式的原因之一。这些通讯方式可以使信息的传递在瞬间完成,监管者对信息传递过程的掌握会更加困难。

第二,因特网有几种"匿名"工具可以使得用户在因特网上进行活动时保证其隐私不被泄露。这些匿名工具允许用户隐藏他们的身份、国籍和住址。例如,用户可以在因特网上下载一个名为"匿名者"的软件,当用户发送信息时,这个软件可以起到中间人的作用,掩盖用户的身份和信息来源。匿名性对那些希望做生意而又保持隐私的人来说是一个很有吸引力的特征。然而,"匿名者"可能被用于非法目的。例如,非法闯入者可能会利用"匿名者"冒名顶替,或是篡改电子邮件信息。此外,资金可以通过因特网匿名转账,使得调查资金去向和投资人变得非常困难。

第三,与电视和报纸广告不同,由于有能力控制网站内的信息,互联网对证券业的成员来说是一个灵活的媒体,网站内的信息可以在几分钟内被容易而廉价地删除或更新。新的功能和服务可以很容易地添加进去。网站内信息的暂时性为市场的参与者节约了大量的开支,但同时也向监管者提出了监管和取证问题。例如,网站内错误的证据和误导的信息可以很快删除或改变,这对监管机构的调查取证带来了困难。

毫无疑问,借助于互联网可以在瞬间完成一次证券交易活动,获取和传递市场信息也是一样。一切的活动都可以在一瞬间完成,极大地方便了市场参与者,同时也可以提高市场的交易容量,但是这也使得大量的证券活动很难被即时监控到,事后确认一些交易行为或是一些违法行为对于监管者来说是非常头疼的问题。针对这个问题,监管机构唯有要求市场参与者保留有关的交易数据、做好备份,同时投入大量的人力物力加强对互联网上非法活动的监控和检查,以期尽量减少证券交易纠纷,约束网上证券欺诈等非法行为。

二、网上证券交易对传统交易方式和监管体制的冲击和挑战

基于网上交易的虚拟性、开放性、跨国性及迅捷性等特殊性,网络与证券市场的结合不仅改变了传统的证券交易方式,而且对传统的证券交易制度和监管体制造成了强烈的冲击和挑战。

(一)对传统的证券发行市场及发行体制产生了强烈的冲击和挑战

在传统的证券交易和发行体制下,通常是由证券发行人和承销商相互配合共同完成证券的发行任务,但在网络进入证券市场后,证券发行人可以直接利用网络覆盖面广、适应性和互动性等优势,绕开证券承销商而直接向投资者发售证券,由此产生证券发行市场非中介化的问题。证券发行市场的非中介化,对证券发行市场的积极影响主要表现为可以减少发行成本,提高发行效率。但其负面影响也同样不可忽视。一方面,由于缺少专业机构的参与,会加大投资者对投资信息的评价成本,增加投资者的投资风险;另一方面,由于缺乏承销商的监督,发行人可以在未经证券监管机构核准的情形下直接向投资者发行证券,从而规避监管部门对证券发行的监管,进而对证券发行监管体制造成冲击,甚至会产生颠覆性的影响。此外,如前所述,网络的无国界性,也与现行的证券发行的地域性特征产生了冲突,使各国的证券监管机构不得不面临证券发行管辖权的困扰。[①]

---

① 参见齐爱民、冯兴俊、周平、崔聪聪:《网上证券交易法律问题研究》,武汉大学出版社 2004 年版,第 22~23 页。

（二）意思表示工具的改变深刻地影响着传统的证券交易规则

网络对证券交易的主要影响在于它改变了证券交易的形式及当事人义务履行的方式。在传统的证券交易活动中，当事人以口头形式、书面形式抑或默示形式进行意思表示，经过长期的实践，形成了一套完整的意思表示规则。但在网上证券交易中，当事人通过计算机网络进行意思表示，从而产生了一种新的意思表示形式——电子形式。意思表示工具的变化使得意思表示的效力具有特殊性，意思表示的归属问题、意思表示的生效时间问题、能否撤回和撤销以及意思表示的误传或不到达等都需要法律予以重新界定。①

（三）对券商及交易所等交易主体也产生了深远的影响

证券交易电子化、网络化的直接后果，是摆脱了投资者对券商等中介机构的依赖，投资者可以直接入市进行交易，从而使券商的生存和发展面临严重的挑战，不得不拓展新的服务业务和领域，实现业务创新和提升服务质量。而基于 ECN 产生的另类交易系统（Alternative Trading Systems，ATSs）已经向传统证券交易所的垄断地位发出了有力的挑战，成为交易所的强劲对手，迫使证券交易所的组织机构进行调整。其中一个最为重要的变化就是交易所的非互助化（demutualization）改革，即传统的互助性的会员制交易所纷纷向商业化运作的公司制转变，以改变自己互助性的会员制治理结构，实现交易所交易权、经营权与所有权的分离，交易资格与所有权剥离。② 交易所的商业化改革给传统的证券交易体制构成了强有力的冲击和挑战，如何对待与解决交易所营利需求与交易所肩负的自律监管职能之间固有的利益冲突，成为一个广泛争论的话题。此外，网络交易突破了时空限制，许多投资者可以在网上进行频频交易，从而出现了众多的"当日交易者"。当日交易增加了证券的流动性，提高

---

① 参见齐爱民、冯兴俊、周平、崔聪聪：《网上证券交易法律问题研究》，武汉大学出版社2004年版，第24页。

② 交易所非互助化改制已经成为一个全球化的现象，促成这一现象的主要原因就是电子通讯网络的迅速鹊起和发展，彻底改变了证券市场的生存基础，不仅打破了传统交易所的垄断地位，也促使传统交易所之间展开激烈竞争。而交易所非互助化正是传统交易所应对证券市场电子化与网络化发展的对策之一。参见于绪刚：《交易所非互助化及其对自律的影响》，北京大学出版社2001年版。

了证券市场的效率,但也进一步加大了证券市场的投机性和波动性,给传统的
投资者保护增加了难度。①

(四)对信息披露制度的影响

网络的出现,对传统的信息披露制度产生了极大的影响。一方面,网络的
运用,既降低了信息披露的成本,又满足了信息披露及时性的要求,极大地方
便了信息披露义务人和投资者;另一方面,网络信息披露也增加了信息真实性
的甄别难度和信息披露不实时的责任认定难度。这一切都需要不断调整原有
的信息披露规则。

(五)使传统的交易监管体制捉肘见襟

首先,网上证券交易不受区域的限制,迫使证券市场的风险监管方式由区
域性监管向业务监管方向转变;其次,由于电子网络通讯的出现,因其兼具券
商和交易所的功能,从而向传统的对券商和交易所实行分类监管的证券监管
方式提出了新的挑战;另外,网络的应用使建立在"物理隔离"基础上的监管
效用大大削弱,而支付风险的增加,又必然使分业监管的监管体制难以实现有
效控制金融系统风险的金融监管目标。这一切必然会加速混业经营和混业监
管的进程。②

此外,网上证券交易对传统的证券诉讼制度以及税收征纳制度等也有着
不可低估的影响。

三、网上证券交易活动的技术性风险及法律监管面临的挑战

网上证券交易对传统的交易方式和交易监管体制构成了强有力的冲击和
挑战,使传统的交易监管理念以及监管体制面临着变革。而网络证券交易活
动的风险也为证券交易监管提出了许多新的挑战。

网上证券交易的风险与网上证券交易的特殊性是密不可分的,正是这些
不同于传统证券交易方式的特殊所在带来了不同于传统证券市场固有风险的

---

① 参见齐爱民、冯兴俊、周平、崔聪聪:《网上证券交易法律问题研究》,武汉大学出版社
2004 年版,第 26~27 页。
② 参见齐爱民、冯兴俊、周平、崔聪聪:《网上证券交易法律问题研究》,武汉大学出版社
2004 年版,第 26~27 页。

一系列"新型风险"。① 根据风险的来源,可以分为两大类,即互联网技术提高的传统风险和互联网技术引入的风险,前者比如网上欺诈和洗钱、交易身份的确认风险、网上身份被盗的风险、隐私风险等,后者主要源自于网络技术的弱点,比如蠕虫病毒的增长,黑客对核心骨干网的入侵以及来自于宽带连接的风险和新的网络技术、协议和标准,比如 SOAP,SUN 公司的 J2EE 和微软公司的. NET,这些都可以使第三方通过 HTFP(网络服务协议)控制远处的不安全计算机成为可能。② 此外,还有人将网上交易风险归纳为"网络风险、交易风险和信息风险",或者分为"交易风险、结算风险和其他技术性风险"。我们认为,网上证券交易的风险归根结底主要包括两大风险,即网络技术性风险和信息风险。网络技术性风险主要是指基于互联网的安全技术相对性而产生的交易信息传输、交易密码的保密、交易者的身份确认等方面的风险,这方面的风险是网上证券交易所固有的风险;网上交易的信息风险则主要是指基于互联网的信息传递的自由和开放性而产生的证券信息传递的风险,主要包括信息传递中断的风险、信息传递迟延的风险和虚假信息传播的风险等,这类风险在传统的证券交易市场中也存在,但网络技术的运用在一定意义上加大了信息传播领域的风险。

控制证券市场风险一直是维护一国金融体系稳定的重心之一,而网上证券交易所凸现的这种高风险特征正在使各国的现有证券监管体制的有效性面临着新的威胁。证券监管体制的改良其中很重要的内容,就是为了要应对网上证券交易中出现的"新型风险"给证券市场秩序带来的不稳定,因此,关于网上证券交易的风险的研究很有必要。具体来说,网上证券交易所带来的技

---

① 国家信息产业部电子信息中心和蓝田市场研究公司作出的一个调查显示,80% 的网民对网上交易的安全性表示担心,针对网上证券交易的风险性,投资者最为关注四个问题:1. 网上证券交易系统是否稳定,网上交易是否会因网络繁忙或其他原因出现迟延、中断或数据错误,从而导致投资者利益受损。2. 交易数据是否保密,能否被非法拦截、窃听、破译和篡改。3. 不怀好意者是否有可能采用相似的名称和外观仿冒合法交易站点误导使用者,进而骗取投资者的数据资料。4. 网上证券交易服务机构内部人员是否能够利用自己掌握的内部系统或数据信息,从事非法挪用资金、破坏交易系统等活动。(转引自《网上证券交易安全分析》,载《计算机世界》2002 年 8 月 12 日 G19 版。)可见投资者对网上交易的安全性还心存比较大的疑虑,监管部门对网络风险的监管力度和效果将很大程度上决定网上证券交易的发展状况。

② IOSCO:Report On Securities Activity On the Internet Ⅲ,p. 4,October 2003,available at http://www. iosco. org/library/pubdocs/pdf/IOSCOPDl59. pdf.

术性风险主要包括以下几个方面①：

（一）交易信息传输的风险

投资者通过互联网所下的委托单，经过客户端的电脑加密后，通过互联网传输到证券公司的交易服务器上，再由证券公司的交易服务器负责将加密的信息转换成明文，进行各种处理。当投资者查询自己的账户时，证券公司的交易主机收到投资者发送的请求后，将投资者的计算机进行数据包的解密，最终显示在投资者的主机上，投资者就可以看到自己的账户信息。在互联网上进行的证券交易一般都要经过远距离的传输，在远距离的传输过程中，一方面需要将投资者的信息准确无误地传送到证券公司；另一方面，又要求在传输过程中不使投资者的资料泄露。这就对互联网的技术提出了新的要求。现在随着互联网技术的发展，许多新技术都能够较好地解决电子商务的数据传输问题。

在互联网上最常用到的加密规则一般是 CA（Certification Authority）认证和各种加密算法。在网上证券交易中最常用的为安全套层协议 SSL（Security Socket Layer），而银行系统中最常用到的是安全电子交易协议 SET（Securre Electronic Transaction），这两种加密协议是目前比较通用的加密协议，也是比较先进的加密算法。在 SSL 和 SET 加密算法中，只要加密的强度足够，即使在互联网上传输的加密信息被截获，也很难被破译成明文。然而随着互联网技术的高速发展，现有的加密技术所能维持的安全期间将不会太久，可能在未来的某天，现在的加密算法就会被非常容易地破解开。

互联网的开放性使得在互联网上传播的数据比起在券商内部局域网上的数据更容易被人获取。网上证券交易服务器上一般有一个或若干个固定的端口负责接收网上证券交易委托单的数据包，通过扫描这些端口的情况，就可以将投资者的委托数据包截获。如果此时加密技术已经不能有效地保障网上加密数据的安全，则互联网上传输的数据的安全性将会大打折扣。

（二）交易确认的风险

1. 交易方身份确认的风险

传统的证券交易中，交易双方往往可以通过相关的证券交易合同、单据等

---

① 参见葛音：《网上证券交易法律监管问题研究》，武汉大学经济法专业硕士学位论文，2003 年 6 月。

书面文件上手写签名或印章来鉴别交易对方,以确认交易行为的发生。但在虚拟性、电子化的网上证券交易过程中,通过手写签名和印章进行交易方的身份鉴别已经不可能,这就需要一定的网络身份确认规则的建立以在网络虚拟环境中确认交易方的真实身份。目前,交易者身份的确定可采用的身份认证技术有口令字技术、公开密匙技术、电子签名技术和数字证书技术等。① 即便如此,因为网上交易的双方并不是面对面地进行交易,交易方身份的确认很有可能因为认证技术的漏洞或使用该技术时的人为疏忽而出现误差,从而引起交易活动的纠纷出现。

2. 交易行为抵赖的风险

因为网上证券交易的虚拟性和迅捷性,使得交易行为可以在瞬间"悄无声息"地完成。当交易一方发现交易行为对自己不利时,很可能会否认这一交易行为。而一旦交易行为被抵赖掉,则必然有一方受损,交易安全无法实现,网上证券交易便无法开展起来。因此,交易行为的认证规则也是不可缺少的。监管部门必须要求交易双方在为交易活动时的数据必须带有自身特有的、无法被别人复制的信息,以保证交易发生纠纷时有所对证。

(三)密码被盗的风险

1. 交易密码被盗的风险

与传统的证券交易系统一样,网上证券交易系统主要通过客户号(即股东代码)和交易密码作为交易对象的识别标志。客户号一般情况下比较容易得到,所以交易密码就成为识别交易对象的一把钥匙。网上证券交易除了因为将交易密码设置成为生日等特殊的数字而被人猜测、破译并盗用以外,还会因为网上证券交易所具有的特殊性质而造成交易密码的泄露。随着全球互联网的发展,出现了许多提供上网服务的机构,如网吧等。由于网吧内上网一般可以享受到较快的网速、舒适的环境以及低廉的上网费用,故而受到了许多人的青睐,越来越多的投资者利用网吧进行网上证券交易。如果有人在网吧的计算机上预先安装了键盘截获程序,则在网吧进行网上证券交易的投资者的资料将暴露无遗;再加上网吧经营者的技术水平参差不齐,有些网吧的计算机常常感染上病毒,其中一些病毒可以在远程计算机上监控受感染的计算机的

---

① 参见胡静:《电子商务认证法律问题》,北京邮电大学出版社 2001 年版,第 7 页。

情况,如键盘输入等,从而造成投资者的资料外泄。此外,在互联网上传输的证券委托数据包也存在被人截取、破译的可能性,这也是造成交易密码泄露的原因之一。

2. 保证金账户的资金密码被盗用的风险

在证券公司开户的投资者拥有两种账户,一种是保证金账户,另一种是股东账户。保证金账户管理的是投资者存在证券公司的资金,而股东账户与股东代码挂钩,主要负责股票的买卖。证券公司会让投资者同时设置两种密码:资金密码和交易密码。投资者进行网上交易所采用的交易密码和资金密码一样存在着被盗用的风险。部分投资者为图方便,常常将资金密码设置为与交易密码相同。这种情况下,一旦交易密码被盗用,保证金账户的资金就非常容易被盗用。资金密码被盗取的途径与交易密码被盗取的途径相同,此处不再详述。

3. 资金被盗用后追索的风险

网上证券交易作为电子商务的一种,由于在网上交易以及基于网上交易的"银证转账"过程中不涉及物料的配送,因而比其他种类的电子商务更为方便、快捷,也更具有发展前景。网上"银证转账"系统牵涉到的交易各主体分别为银行、证券公司及投资者三方。在开通"银证转账"功能前,需要在相应的银行办理一张具有银证转账功能的提款卡。如采用以银行为发起方的"银证转账"模式,投资者只需登录到银行的网站,选择"银证转账"功能,就可以利用这张特殊的提款卡与证券公司营业部的保证金账户对接,这种一一对应的关系,将资金调入调出。目前转账功能在银行系统中已经被普遍实现,常见的个人转账功能分为通过银行的柜台进行无折转账、通过自动柜员机(ATM)进行转账以及通过互联网进行不同账户之间的账务互转等三种。[①] 而一旦投资者的这种"一卡通"之类的存款凭证的账号和密码被盗用,或投资者的"银证转账"的银行卡的账号或密码被盗用,则投资者的有价证券可能被人非法售出,并将售出款项划拨到银行卡中,再经过银行卡的转账功能(这里主要指网上转账)转移到其他的银行卡上,造成资金的追索比较困难。

---

① 参见中国证监会、深圳证券交易所:《中国证券市场发展与创新》(上册),中国财政经济出版社 2001 年版,第 282~283 页。

（四）证券信息传播的风险

1. 互联网上虚假信息造成的风险

互联网现在已经成为一种广泛、实时的通讯方式，它的低成本、互动性、超链接性、分散性、匿名性、灵活性等特点，一方面使互联网使用起来极为方便，另一方面也会被别有用心的人所利用，以达到其不法目的。

开展网上证券交易的证券公司都拥有自己的网站，并通过这些网站为投资者提供个性化服务；各种独立的证券类网站也办得有声有色，部分网站还提供了电子布告栏系统 BBS 服务，投资者可以在网站上自由发言，互相交流。一些著名网站的 BBS 系统访问量非常大，对证券市场的影响力甚至超过了大型的证券公司。不少证券网站还提供链接服务，使得投资者可以通过其网站访问到其他相互关联的网站上。与此同时，这些网站所提供的允许外部人员发布信息的开放接口也很容易被不法分子用来发布"恶意"的虚假信息，人为扰乱证券市场。

2. 行情在互联网上传播迟延的风险

网上证券交易的行情信息在传送过程中需要经过许多中间环节。从网站的数据源开始要经过许多网关、服务器的转发，才能到达投资者的计算机。由于互联网技术的发展才短短十几年，许多技术手段还很不成熟，信息在互联网的传输过程中经常会遇到阻隔。即使在美国这样互联网技术高度发达的国家，网上证券交易行情传输的延迟也不可避免。根据 SEC 的统计数字，在美国网上交易使用者对网上证券交易抱怨最多的问题中，对"不准确的报价"（相当一部分是由于网上证券交易的传输迟延所引起）的投诉在所有投诉中占第 11 位。

（五）其他技术风险

1. "防火墙"被攻破的风险

从理论上说，凡是与互联网直接相连的计算机都有受到黑客攻击的可能性。利用防火墙技术的核心思想就是在不安全的网站环境中构造一个相对安全的子网环境。通过利用防火墙技术设置前置机将证券公司和银行服务器与互联网隔离，加之在互联网交易机上转发的全是密文，这样，即使互联网交易机遭到攻击，其最大的风险只是系统停止运作，而不会造成失密或数据破坏。

实际上，尽管存在"防火墙"等所谓网络安全工具，网络服务器仍然不时地受到黑客的攻击。国内外都发生过"防火墙"被攻破的先例,所以安装了"防火墙"并不等于万无一失,"防火墙"只能挡住一部分网络攻击,对网络服务器提供有限的保障。要保证网上交易的尽可能安全,除了安装类似"防火墙"的必要安全设备并定期进行更新以外,还应该建立完善的巡查、登记制度,同时配备专业的网络维护人员并不断对其进行培训,提高他们的技术水平。只有这样,才能最大程度地保障网上交易的安全。

2. 开放的交易系统的风险

在传统的证券交易过程中,证券交易的电子数据仅仅局限在"证券公司——证券交易所"的有限范围内进行传输、处理。从某种意义上来说,可以将"证券公司——证券交易所"构成的网络看做一个封闭的网路。随着网上证券交易的开通,证券公司通过互联网与外界网络有了联系,原来封闭的网路已经成为一种开放的系统。二者相比,后者系统维护的难度要大于前者,容易遭受开放环境中的一些因素影响,包括恶意的攻击。

而网上证券交易与传统的证券交易相比,除了是一种开放的交易系统外,还需要提供全天候的服务,即 7×24 小时的服务。一方面,由于网上证券交易的系统长时间地暴露在互联网的环境中,对交易系统的安全性、稳定性提出了更高的要求,从而使系统本身需要全天候的维护人员;另一方面,现行的证券公司 8 小时上下班的机制已远远不能满足网上交易系统对人员的要求。为了解决这一问题,现在许多证券公司已经将下属的从事网上证券交易的电子商务部门从证券公司中分离出来,让电子商务部门按照网络公司的模式进行运作,从自身体制上保障系统的安全。

3. 网上券商潜在的技术风险

网上证券交易系统是一个比较庞大的系统,系统的开发需要许多人力与技术的支持。就我国目前的状况而言,证券公司网上证券交易系统的开发主要采用与其他网络公司合作的方式,由网络公司提供技术支持,开发包括网站、委托交易软件在内的网上证券交易系统。对于部分大的证券公司来说,是由本公司的人员进行网上证券交易系统的维护;而一些小的证券公司甚至将除了与本公司的柜台系统接口外的其他部分都交由网络公司进行维护。这就造成主要技术掌握在网络公司手中,证券公司的技术部门只负责对已经建设好的网上证券交易系统提供运行维护。大多数证券公司无法掌握网上证券交易的核心技术,一旦系统发生较为严重的故障,就要求助于网络公司。而众所周知的是,目前国内几乎所有的互联网公司都是靠风险投资基金运转,其中包括一些在网上证券交易系统上做得非常成功的网络公司,如盛润、赢时通等。网络公司风险式的经营模式产生了网络泡沫破灭的现象,越来越多的网络公司难以筹措资金,一些小的网络公司甚至破产或濒临倒闭。上述消极影响难免不会波及到与证券公司有紧密联系的网络公司。一旦这些公司发生财务危机甚至破产,证券公司开展网上证券交易的系统就失去了技术支持。即使这些证券公司可以在日后找到新的合作伙伴,本公司的网上交易或多或少会受到一些影响,从而给整个网上证券交易带来风险。

因此,为了确保网上交易的安全,尽可能降低交易风险,出于对整个网上证券交易市场的安全性考虑,监管机构应该要求证券公司自己尽快掌握网上证券交易的核心技术,应该督促开展网上交易的证券公司成立控股或独资的网络公司,逐步将目前由外面的网络公司所掌握的核心技术转移到自己手中。

第二章 网上证券交易监管的目标、
原则及监管体制

为了应对网上证券交易对传统证券监管的影响,国际证券委员会组织(IOSCO)于 1997 年在其技术委员会(Technical Committee)下专门设立了一个互联网任务小组(Internet Task Force,后改为 Internet Project Team)研究互联网上证券活动,为世界各国证券监管机构应对网上交易活动提供建议。该小组先后于 1998 年 9 月、2001 年 6 月和 2003 年 10 月出具了三份关于互联网上证券活动的报告,其中 1998 年提交的报告中,提出了证券监管机构应对网上证券交易的几条原则:(1)证券监管的基本原则不因交易媒介而改变;(2)只要符合证券监管的基本原则,监管机构如果没有必要就不应当阻止市场和市场参与者合法地使用互联网;(3)在互联网环境中,监管机构执行规定时应致力于市场的透明度和政策的一贯性;(4)各监管机构应合作和分享信息,以便更有效地监察网上的证券活动;(5)监管机构应认识到电子媒介及其使用仍然还在不断发展中。① 该报告确立的这五条原则,给各国证券监管机构传达了一个基本的监管思路:网上证券交易属于证券交易的范畴,其性质并没有发生改变,改变的仅仅是交易的媒介手段。传统的证券交易监管的目标、原则等在网上证券交易中仍然有意义,只是需要在传统监管体制框架内作出适应于互联网的变通。证券机构在面对网上交易发展的时候,首先需要具有保障和促进网上证券交易的发展的观念,因为毕竟网上证券交易本身具有传统交易

---

① IOSCO:Securities Activity On the Internet, Report by the Technical Committee, p. 2, September 1998,available at http://www.iosco.org/library/pubdocs/pdf/IOSCOPD83.pdf.

方式不可比拟的优势,不应该因为网上交易带来的系统性风险而有意限制其发展,这与社会进步的大趋势是相悖的。其次,面对网上交易带来的变化,监管机构需要特别注意在政策的制定和执行方面具有高度的透明度和前后的一贯性以及加强监管机构尤其是国际间不同国家的监管机构之间的信息交流和监管合作。另外,还需要注意的是,监管机构对网上交易的监管应该尊重计算机及互联网空间(即所谓的赛博空间,cyberspace)自身的运行规则,电脑世界的软硬件有其自己的结合方式和程序,其本身就有很好的秩序,它都是通过一套固定的编码为基础实现的,这些编码就如同现实世界中的法律一样,规范着电脑空间。因此,对网上交易的监管应该遵循互联网自身的运行规则。①

第一节　网上证券交易监管的意义和目标

一、网上证券交易监管的意义

市场制度的建立很重要的目的就是要保障市场参与者们以合法的乃至符合道德要求的手段获得合法的利益。法律的存在一方面是确立起市场的参与者们赖以遵循的规则标准,所有的市场参与主体进行市场交易活动都能够找到相应的行为方式标准;另一方面,法律以其强制力作为保障约束市场参与主体的行为,迫使他们遵循已确立的市场制度或者在他们违反了市场行为准则时给予惩罚和制裁。一般的商品交易市场,有了法律的规制就足够了,但是证券市场因为具有不同于其他一般市场的复杂性和广泛的影响力,而需要有必要的政府监管部门在市场之上进行监管。其一方面是保障一般的证券交易法能够得到实行;另一方面是依据证券监管法对证券市场的参与者的行为进行监督、管理和引导。因为证券市场稳定性弱,法律的事后被动监督远远不够,需要有一个专门的监管机构主动针对证券市场上出现的新问题、新情况采取应对措施,不然,证券市场的发展必然混乱。而网上交易监管就是监管部门针

---

① John G. Moon, The Dangerous Territoriality of American Securities Law: A Proposal for an Integrated Global Securities Market, Journal of International Law & Business, Fall 2000, 21 NW. J. INTLL. &BUS. 131.

对网上证券交易这一新出现的证券交易方式采取的新的监管活动。因为,借助于网络进行证券交易本身不违背证券交易的法律原则,恰恰是技术进步对人类交易制度的贡献,是制度进步的表现,但这种交易方式的创新是证券交易法所无法给予明确规范的,如果没有监管机构的及时应对,很可能造成极大的市场混乱,给一个国家的资本市场带来巨大的负面影响。因此,网上证券交易监管的意义非常重大,它的出现本身就是证券监管理念的最直观的体现。

网上证券交易作为一种具有良好发展前景的证券交易方式兴起于证券市场,其发展速度之快、影响之广泛是前所未有的。通过互联网,证券交易变得更加便捷,证券交易活动也更具有开放性。网上交易已经以不可逆转的势头发展起来,而其给投资者、证券商甚至证券发行人带来的益处随着其发展而为越来越多的人所认可、接受。证券监管部门对此采取的态度自然不能因为网上交易的巨大风险而因噎废食地对之进行阻止或限制,相反正应该以控制网上交易风险促进网上交易发展为基本方向,加强对网上证券交易的疏导和监管。总的来说,加强网上交易市场监管有以下意义:

(一)加强网上交易市场监管是保障广大投资者权益,进而推动网上交易市场发展的需要

投资者是证券市场的支撑者,没有投资者,证券交易市场也就没有了买方,市场也就发展不起来。只有相应的证券监管才能保障投资者利益,让投资者放心地参与证券市场的交易活动。因此,网上交易市场监管与传统的证券监管同样都具有保障投资者权益的意义。

与之不同的是,从现在开始的一段时间内网上证券交易尚处在一个发展期,投资者对网上交易的兴趣和信心将决定他们是否涉足网上证券交易,从而直接影响到网上证券交易的发展前景与潜力,网上证券交易监管可以给投资者一定的保证,增强他们对这一新兴市场的信心,吸引更多的投资者加入这一新兴市场。另外,监管机构还可以向投资者提供必要的投资教育,告知投资者基本的投资常识和潜在风险,帮助投资者了解使用互联网进行证券交易的方法,在这一层面扩大使用网上交易方式的投资者的数量,从而推动网上证券交易市场的发展。

任何投资者进入证券市场都是以获得某项权益和收益为前提的,监管的目的就是要让投资者在进入这一市场时对其取得收益和权益获得保障有信心。而网上交易市场偏偏因为其是一个新兴市场,各方面制度还不成熟,再加上网上交易本身所面临的巨大风险,如果缺乏有力的监管,投资者是不敢轻易介入的。因此只有通过加强网上交易市场的监管,切实保护投资者的合法权益,一方面加强对信息披露的监管,使其能充分了解网上证券交易商的资信以及交易的风险状况,提高网上证券交易的透明度;另一方面对网上证券交易的风险实现最大限度的有效控制,减低投资者可能面临的风险。只有这样,才会有大量的投资者参与进来,使得网上证券交易市场更加繁荣。

(二)加强网上交易市场监管是维护市场良好秩序的需要

良好的市场秩序是市场发育的前提,一个混乱的市场不可能繁荣兴旺。由于网上证券交易市场存在着类似网上蓄意欺诈的诸多安全隐患,例如,电子交易结算、电子交易的证明制度都还没有建立起来,即便有了相应的法律法规仍然会因为技术发展的不可预测性而使得这种交易过程有空可钻。网上证券交易监管不仅是对交易双方不法行为的监督,更重要的是防止第三方利用特殊的网络技术手段对正常交易活动进行干扰。这是传统证券监管所没有的内容。此外,对网上证券交易服务提供商的市场竞争行为也需要加强监管。随着网上证券交易成本的大大降低,通过降低交易佣金即价格手段来争夺市场的情况会更加普遍,花样也会更多。特别是将来各证券公司在提供服务、技术创新等方面展开竞争时,将涉及到更多、更复杂的法律问题,这些都需要监管部门的严厉监管,以期维护良好的网上证券交易市场秩序。因此为保证网上交易的顺利进行,必须对证券市场活动加强监督检查,对非法的网上交易活动严厉查处,以保护正当交易,维护良好的证券市场秩序。

(三)加强网上交易市场监管是提高证券市场效率的需要

一个发达高效的证券市场必定是一个信息灵敏的市场。及时、准确和全面的信息是证券市场参与者作出发行股票和进行交易等决策的重要依据。而这一点在以高效、快速著称的网上交易中显得尤为重要。网上证券交易相比于传统证券交易具有显著的信息优势,这种信息优势成为吸引投资者进入网上交易市场的主要因素之一。然而,具有这种信息优势的市场交易方式并不必然使得整个市场具有更高的效率,因为信息的优势往往也伴随着一些问题存在。网上交易的市场监管恰恰可以针对这一问题采取有效措施,这样既可以防止因信息自由化而带来的负面效应在证券市场中显现出来,同时,也推进信息传递的有序和制度化。如此,网上交易的市场效率就可以充分体现出来了。所以,在网上交易中,既要有现代化的信息通讯系统和组织严密的网络机构,又离不开与之相适应的完善的市场监管来筛选信息并确保信息安全、迅速传输。

(四)加强网上交易市场监管是发展和完善证券市场监管体系的需要

网上证券交易在世界范围内都处于刚刚起步的阶段。尽管在目前,其主要还表现为一种新兴的交易手段,即传统证券交易方式的补充而存在。但在不少国家和地区,网上交易市场已经成为证券市场的一个重要组成部分,而原有的市场监管在这一分支市场领域却显得苍白无力,加强网上交易市场的监管将成为完善现有证券市场监管体系的重要内容。当然,传统的证券监管当中的一些原则、方式、手段甚至法律法规一部分仍然可以适用于网上证券交易市场的监管。不过,网上证券交易毕竟有不少不同于传统证券交易市场的特性,这些特性不能仅仅靠简单地照搬传统的监管原则和制度来解决,相反需要制定一系列新的原则和制度。这些新的原则和制度作为证券市场监管体系的一部分,本身就是对证券市场监管体系的发展和完善,也是传统的监管制度应对新兴市场的改革与进步的表现。尤其是在网上证券交易市场日益发达的情况下,加强对网上证券交易的监管是弥补市场监管体系漏洞的客观需要。

二、网上证券交易监管的目标

根据 ICSCO 的观点,证券监管的目标主要有三个:(1)保护投资者利益;(2)保障证券市场的公平、有效和透明;(3)降低系统风险。[1] 这三个目标在国际上也获得了广泛认可。网上证券监管本质上仍属于整个证券监管体系中的一部分,尽管相比于普通的证券监管有其特殊性,但基本的监管目标与一般证券监管也还是相一致的。因为,网上证券交易仍然也属于证券市场的范畴,对网上交易的监管目标显然不可能背离以上三个方面,但具体到市场的各个方面而言,我们可以总结出以下几点:

---

① IOSCO:Objectives and Principles of Securities Regulation,p. 1,May 2003,available at http://www. IOSCO. org/library/pubdocs/pdf/lOSCOPDl54,pdf.

（一）保护投资者尤其是个人投资者的利益，保障合法的网上证券交易活动

众所周知，证券市场的参与主体包括投资者、证券商、证券发行人等等，其中投资者又可以分为个人投资者（散户）、大户和机构投资者，在任何一个证券市场中个人投资者往往占据了相当大的比重，他们和其他类型的投资者共同构成了整个证券市场的基础。但是，这些个人投资者相对于证券商、证券发行人及其他大户和机构投资者，无论是在承担经济责任的能力还是在信息的获取渠道等方面都处于弱势地位。尤其是在网上交易市场中，因为交易的专业性和复杂性，个人投资者拥有的交易知识和风险意识往往显得更为不足，其利益更加容易受到损害。一旦他们的利益得不到保障，在证券交易市场中不能基于预期安全获利，那么其进入证券市场的热情必然受挫；而缺少了作为占投资者大多数的个人投资者，证券市场也必然无法发展起来。当然，对除个人投资者之外的包括机构投资者在内的投资人的利益也需要给予保护，毕竟他们也是证券市场的参与者，也是证券市场存在和发展的基础。所以，网上证券交易监管的首要目标就是保护投资者尤其是个人投资者的利益。

在保护投资者利益的基础上，保障合法的网上交易活动也是网上证券监管的目标。而保护投资者利益在一定意义上也需要对网上合法的交易活动给予保障，因为在网上交易市场中，投资者参与网上交易的活动是其获得投资利益的方式；通过合法的网上交易活动获得合法的证券投资利益既是投资者参与市场活动的目的，也是其参与市场交易活动的一条准则。当然，保障合法的网上交易活动也不仅仅是维护了投资者利益，而是对合法交易行为的各方利益的维护，我们在强调投资者利益的保护的同时，通过保障合法的网上交易活动来维护市场交易各方的利益也是必要的。此外，保障合法的网上交易活动是促成整个市场得以顺利运转的根本保证，市场交易活动是市场运转的基本内容之一，合法的网上交易活动无法得到保障，正常的市场秩序也就无法建立。因此，保障合法的网上交易活动也必然成为网上证券交易监管的目标之一。

（二）监督证券中介机构依法经营

证券市场中狭义的证券中介机构仅仅是指那些提供专门性中介咨询服务的机构，比如投资咨询机构、律师事务所、会计师事务所等。广义的证券中介机构还可以包括提供证券买卖代理服务的证券商。对于狭义的证券中介机构而言,在网上交易市场中,基于服务媒介即互联网络的开放性,提供中介服务的样式非常丰富,一些损害市场交易秩序的行为也就有更大的滋生空间,因此,监督这些中介机构合法经营,自然成为网上证券交易监管应有的内容。当然,相比之下,对网上证券经纪服务商的监管显得就更为重要了。

券商作为证券市场中证券交易的桥梁,具有重要意义,事实上,对券商的监管一直以来都是证券监管的核心之一。特别是在网上交易市场中,网上交易活动在很大程度上都要依赖于证券商建立的网上交易平台进行,核心的网上交易活动都是通过网络由投资者和网上交易商共同完成的,监督这类证券中介机构是非常重要的。

当然,首要的还是需要建立起监管网上券商的法律规范。没有一定的行为准则,无论是证券商或是监管者都会显得无所适从。但是,因为网上证券交易属于证券交易工具的创新,这种创新一般而言都是自证券商开始的,所以往往缺少相应的专门的法律法规。这时,监管者们将不得不以有关的市场交易基本法规及基本的法律原则作为约束券商行为的依据。当监管者对这一市场交易方式获得比较成熟的认知之后,可以先行通过较低层次的规范形式对此进行管理和引导,直到最后由立法机关制定出相应的法律作为其为行为的基本准则。

对于监管部门来说,无论是在相应的立法出台之前还是之后,对网上券商的监管都是整个网上交易监管的核心。特别是在网上证券交易发展的早期,没有任何相关的立法,监管者一方面要承担监督证券交易中介机构依据基本的法律法规和法律原则为市场行为;另一方面,也是为网上证券交易监管摸索经验,作为将来立法的基础。

(三)防止人为操纵、欺诈等不法行为,维护网上资讯传播的正常秩序

互联网介入证券交易活动给监管部门带来了巨大的挑战,其中之一就是传播信息的自由性。比如,通过网站提供的电子布告栏系统BBS服务,任何人都可以在网站上自由发言。如今,一些著名网站的BBS系统访问量非常大,对证券市场的影响力甚至超过了大型的证券公司。此外,通过一些网站提供的链接服务,投资者还可以自由地访问到其他相互关联的网站上。这样的自由度和开放性,使得一些不法分子有机会恶意发布虚假信息、人为地操纵证券市场。如前所述,网上证券交易给证券监管带来的风险从根本上来说可以分为两类,其中之一就是信息传播的风险。基于互联网的开放性、信息传递的自由性,利用互联网传播虚假证券信息的活动就不可避免,通过发布欺骗性信息人为操纵市场的行为将更加普遍。建立一套完善的网上证券资讯的传播规则,严格监控市场中的欺诈、内幕交易、人为操纵市场等扰乱市场秩序的行为,维护正常的证券资讯传播秩序,牵涉到整个网上交易市场能否正常运转,投资者能否认可网上交易的安全性和可靠性等这类市场发展的根本性问题。可见,相比于传统的证券交易监管,在网上交易市场中维护一个正常的网上信息传播的秩序非常重要。

(四)运用和发挥证券市场机制的积极作用、限制其消极影响

市场机制并不是万能的,尤其是证券市场机制。因为证券市场的特殊性,市场失灵很可能会产生巨大的社会破坏力,人类历史上几次大型的经济危机有不少都是从资本市场爆发出来的。证券监管机构的出现正是为了尽量避免这种情况的发生,即通过有效的手段运用和发挥证券市场机制的积极作用,限制其消极影响。这一点在针对网上证券交易的监管方面,另有其特殊性。尽管网上交易并没有脱离一般的证券交易范畴,但毕竟市场交易工具发生了改变,(物理性的)交易市场被搬到了互联网上,而原有的证券市场机制不可能如同交易市场一样原封不动地移植到网络上,所以网上证券监管目标中很重要的一点,就是要让传统的证券市场机制在网上交易环境中充分发挥积极作用,并尽量限制其消极的一面在网络环境中被放大。或者我们可以认为,网上监管机构需要在网络环境中"再造"[①]一个市场机制,而这一机制显然又离不开传统的证券市场机制,它是以传统证券市场机制为基础的。网上证券监管机构对网络环境的证券市场机制进行再造的过程中,一方面要借鉴传统市场机制,取菁去芜,发挥其积极的作用,控制其缺陷在网上交易市场的蔓延;另一方面需要补充一些传统市场机制所没有的、适应于新的市场环境的特殊制度

---

① 这里用"再造"一语似乎不够科学,因为市场机制严格而言是自发而生的,立法者只是通过立法将这一机制表述为一整套行为准则,作为市场参与者行为的规范,同时,在其制定规范的过程中也会有主观的制度设计,当然此设计不可能是背离基本规律即市场机制的。所以,此处所称的"再造市场机制"实际是指立法者的规范制度设计。

规范。

第二节　网上证券交易的监管理念和原则

一、网上证券交易的监管理念

市场总是在急速地吸收那些能够提高市场效率和增进信息流动效率的新技术,而且这个步伐在不断地加快。当前信息和通信技术(主要是指互联网技术)的发展使得证券市场透明度和运转效率更高、市场的容量也更大。互联网技术不仅对证券市场的影响已经普遍深入,而且还延伸到所有的证券业领域。未来,持续发展的技术产生的影响会越来越广。个人投资者凭借一台电脑和一个调制解调器就可以前所未有地接触到各种信息;互联网通过影响投资者与市场之间的互动关系对整个资本市场产生了巨大的影响;各种各样的证券从业者都已经向个人和机构投资者提供了进行在线商务交易的机会。然而另一方面,尽管在线交易已经有了大量的经验,但是,绝大部分的证券交易还是通过传统的方式进行,因为这种新技术根本上还在持续的发展和改变过程中。除非新的技术可以统一标准,或者消费者和投资者普遍认可新技术是从事交易的有效和安全的方式,否则新技术所蕴涵的大量的潜在的益处无法充分实现。

网上证券交易的监管不应该简单套用传统的证券监管理念去指导现实的网上证券交易监管活动。互联网的使用,使得传统证券交易形式发生彻底的改变。对于市场监管者而言,互联网的一些特性极大地显现在网上证券交易过程中,证券监管机构面临着一系列新的市场风险,而传统市场中已存在的风险也因为互联网的出现而更易爆发:对于投资者而言,互联网给投资者带来更低的交易成本、更完善的服务的同时也给投资者带来了大量的投资风险,进入投资领域的专业性知识的要求也更高;对于证券经纪商来说,互联网的引入彻底地改变了其经营竞争方式,对核心技术的掌握和提供更高品质的服务是其在网络时代延揽客户的唯一手段。面对如此的场景,市场监管者的监管理念需要改进。

首先,监管机构应充分认识到网上证券交易还处在一个不断发展的过程中,与此同时,网上证券交易的监管应该以推进网上证券交易的发展为目标。考察世界各国的网上交易发展状况,在网上证券交易刚起步的阶段,用户数和交易量的指标一般都会呈现出一种爆炸式的增长态势。但经历过一段时期之后,这两方面的增长速度会逐渐放缓并保持一个比较稳定的增长态势;而在技术进步方面,则是日新月异、不断发展的网络技术往往会在第一时间被用于网上证券交易领域。监管机构在制定监管法规时,尤其要认识到这一点。大量的监管问题会随着网络技术的进步而自然解决,同时,还会有新的监管问题随着网络技术的发展而显现。而这一进程是无可扭转的,监管机构在面对此状况之际,灵活应对是一方面,积极推进也是其应承担的责任,正所谓"疏导胜于塞堵",不应该试图去阻挠市场参与者及市场"合法"地使用网络技术。毕竟互联网技术给市场参与者及整个市场带来了巨大的利益,丰富、及时的各种信息可以更快速和便捷地传递到市场的各个角落,其传递费用还相当低廉。同时,投资者可享受到的证券中介服务也更加完善和趋于个性化、人性化。从市场参与者的角度及市场自身的发展规律而言,网络技术在证券市场中的广泛运用正是社会进步的一个缩影。因此,监管机构在认识到网上证券交易发展的客观趋势的同时,通过其市场调节手段主动地积极地推动网上证券交易的有序发展也是符合证券市场发展的客观规律的。

其次,监管者是否需要重新建立一整套新的监管手段。这是自互联网被用于证券交易以来一直被关注的问题。市场监管的目的就是为了保护投资者和提升市场的公平与效率。因此,这个问题实际上就转化为原有的监管手段在网络时代是否还能达到以上的目的。① 从目前各国监管的实践和有关的研究结果来看,现阶段,互联网对证券交易的影响还处于一个稳步提升的过程中,原有的证券监管方式仍然适用于对网上证券活动的监管,关于网上证券交易活动的规范属于证券交易法律体系中的特别规范,而推倒原有的监管体系似乎很不理智,也没有必要。申言之,证券监管的基本原则不会因交易媒介的改变而改变。至少现在看来,网络仅仅是在一定意义上改变了投资者的行为方式,因而监管者似乎稍稍调整一下其监管方法即可达至监管的主要目标。

---

① 参见前 SEC 专员 Laura S. Unger 在 1999 年 9 月 22 日作的演讲 "Regulating on Internet Time", available at http://www. sec. gov/news/speech/speecharchive/1999/spch298. htm.

但人们的认识总有一个不断深化的过程,随着互联网技术向证券市场的不断渗透,越来越多的人开始意识到互联网对证券交易的影响将是深远的,甚或是革命性的。为此,监管机构面对网上证券交易必然会经历由被动应付到主动调整的过程,随着互联网技术的不断进步并在证券交易领域中被更好地运用,监管规则和监管手段的变革将是不可避免的。

再次,网上证券监管的策略正从被动应付向主动规范转变。从目前世界各国的情况看,各国的监管机构在应对网上证券交易的过程中都采取了"兵来将挡,水来土掩"的策略。即在依循原有的交易规则的基础上,就网上交易出现的问题进行特别的处理,处理的方式也是在原有的监管机制下作出的,区别在于仅仅是将网上证券交易作为个案来处理。SEC早已明确了一个原则,即联邦证券法的义务性规范平等地适用于电子和纸质媒介的证券交易。① 之所以采取这样的策略,一方面是因为网上证券交易在世界各国的发展还处于起步阶段,网上证券交易的形式还不是很复杂;另一方面,出于谨慎的考虑,监管机构在其自己对网上交易不是十分了解的情况,也不会妄然采取异于常态的调节手段。但是这并不是意味着传统的监管手段应对网上证券交易就已经足够了。从美国的经验看,在早期,其对网上证券交易的态度是在不改变原有的监管原则的基础上就网上证券交易的特殊性进行特别的规制,关于网上证券交易的问题比较少,SEC作出的决定也往往是针对个别情况,显现出其策略上的被动性。后来网上证券交易发展到一定规模,SEC关于网上证券交易的规范也就逐渐发展起来,包括对开展在线业务的证券经纪商进行的规范、对投资者教育方面的规范、对网上信息披露的规范等,形成了一套有别于原有监管规范的网上交易规范。而IOSCO则通过分别在亚洲、美洲和欧洲召开关于网上证券活动的圆桌会议,邀请各地区有代表性的证券监管机构与会,就互联网对证券活动的影响进行讨论,并成立了专门的工作组,对应用在证券交易活动中的网络技术的发展进行监控,每隔一段时间出具一份关于网上证券活动的发展状况以及监管建议的报告。这些都可以看做是监管者们对网上证券交易的主动回应。从现在的发展情况看,各国对网上证券监管的态度已经由早期

---

① Robert A. Prentice, The Internet and It's Challenges For The Future of Insider Trading Regulation, Harvard Journal of Law & Technology, Winter 1999, 12 Harv. J. Law & Tec 263.

的被动应付向现在的主动规制转变了,关于网上证券交易的基本运作情况及发展前途已经可以有比较好的把握,监管者可以对网上证券交易作出基本的规范了。

最后,网上证券监管面临着对跨国网上证券活动的管理问题,加强国际间的监管是网上证券监管的必有内容。因特网给证券业带来了巨大的变化,一个重要的结果就是使得相比于以前个人投资者们可以更有力地控制自己的资金和投资行为。他们可以不用离开自己的书桌而轻松地获得公众公司的报告、交易的份额甚至可以参与到该公司的 IPO 当中去。包括 SEC 在内的世界大部分的证券监管机构都已经认识到网上证券交易的这些益处,同时也看到了金融和投资公司使用因特网的数量只会增长这一趋势。然而,管理机构有责任将这些益处和保护投资者和市场的活动很好地结合在一起,投资者教育、市场监督和强制措施等都属于在这方面的尝试。而通过与那些私营互联网服务商的更广泛的合作可以提高投资者对网上欺诈的认知,同时也有利于加强对市场的监管。但是因为互联网的开放性,在以上任何一个方面,都需要有效的国际合作。① 网络技术将整个世界联系在一起,地球从未变得这么小过。市场经济在制度上统一了世界各国的国内市场,网络技术则在技术上使得市场的统一成为可能。各国证券市场随着网络技术的应用而联系在了一起,跨国证券交易可以更容易地完成。通过网络的跨国证券交易带来了大量的监管冲突,这就要求各监管机构通力合作彼此协调,在具体事件的监管权限的划分方面进行协商,同时通过交流监管经验、交换意见,发展出一系列统一的基本的监管原则和方法,从制度层面上减少相关的监管冲突,提高整个市场的透明度,保护投资者利益,推进网上证券交易在各国、各地区乃至整个世界范围内的发展。IOSCO 作为国际证券监管机构的合作组织,在网上证券交易兴起以来一直都致力于促进应对网上证券交易活动领域的国际合作,并且已经取得了相当不错的成绩。各国监管机构对此领域的国际合作也表现得非常积极,一些区域性的国际合作组织也陆续出现。

总之,互联网对证券市场的影响正在日益加深,监管者面对的是一个不断

---

① Christine T. Jarmer, Interntional Internet Securities Fraud and SEC Enforcement Efforts: An Update, Tulane Law Review, May/June 1999, 73 Tul. L Rev. 2121.

发展变化的市场,对于如此情形,监管部门需要建立一种全新的监管理念来指导一个全新的监管领域,而这一理念需要具有前瞻性、长远性和实用性。SEC于1997年给国会呈递的一个关于新技术(主要是指互联网技术)对证券市场影响的报告中指出的,监管机构面对新技术的挑战,需要具备以下三个方面的认识:(1)要密切留意新技术的增长给投资者和市场带来的益处,同时要通过对证券法采取灵活的解释来鼓励试验和创新;(2)采取有效的方式保持增进电子媒介给市场带来的益处的目标与保护投资者及市场使其远离欺诈和滥用行为两方面之间的平衡;(3)随着技术进步的进程,持续性地保持与市场参与者和联邦、州及国际监管机构的协调同步是必要的。① 技术已经成为证券市场中的核心角色,监管机构对市场的调节总是要考虑到技术在证券市场中的发展情形,必须充分认识到正在改变的技术环境对监管的挑战。它应该寻求在鼓励创新和使用新技术和保护投资者利益及维持有序市场方面保持平衡。监管者既要鼓励提供那些伴随互联网技术出现的有益的证券产品和服务,同时又要保证互联网不成为市场欺诈和滥用市场优势地位的新的媒介;同时,随着技术的不断成熟和市场接受度的上升,监管者也需要加强和其他的政府监管机构、市场参与者和技术专家的联系。SEC提出的这些理念很值得我们去借鉴和思考,我们在监督国内市场的发展过程中,有必要从这些方面着手,展开对国内网上交易市场的调节和监督。

二、网上证券交易的监管原则

网上交易监管首先须要坚持传统证券监管的基本原则,包括诸如"公开、公平、公正"原则、保护投资者利益原则、信息披露原则、保持政策法规连续性原则、国家监管与行业自律相结合原则等。在这个前提下,基于网上交易的特殊性而产生出网上交易监管的特别原则,这些原则是监管机构对网上交易活动进行监管需要特别遵循的。

(一)安全至上原则

传统证券交易监管的安全问题主要是针对证券市场可能存在的系统风

① SEC:Report to the Congress:The Impact of Recent Technological Advances on the Securities Markets,1997,available at http://www.sec.gov/news/studies/techrp97.htm.

险,其主要目标是维护证券市场乃至整个金融市场与社会的稳定,而网上证券交易的发展则对此提出了新的课题。相比于传统的证券市场的安全问题,网上交易的安全问题更偏重于网络技术的安全性。由于受到技术与监管水平的限制,目前的互联网并不是一个绝对安全的系统,它在提高市场效率的同时,也带来了一系列新的风险。为此,首先需要建立网上交易的技术性门槛。网上交易活动中交易数据在传输过程中可能因为主观或客观的原因丢失或被盗取、拦截,致使交易无法完成。这就要求监管者必须对网上交易服务提供者的服务资格给予监督,尤其是其技术是否达到基本的标准需要严格实质的督察。同时与网络安全部门合作处理因为以上原因致使交易无法完成的责任认定和追求问题。其次,必须督促市场相关各方做好记录保存工作,网上交易的虚拟化和电子化特征使得一切的交易过程都是以电子数据为内容的信息传递过程,如果不给予信息的保存备份,必将交易完成之后证据的消灭,使得证券交易活动完成与否、证券交易争议和责任认定缺乏资料证明,而记录备份就是将证券交易实在化的手段,对证券交易的记录的监管也是整个证券交易监管的重心之一。再次,应该容许多种证券交易形式的共存,这可以降低网上证券交易的系统性风险。网上交易因为其不可比拟的优越性在证券市场中的比重越来越高,容许多种证券交易方式(如纸面交易、电话交易等)共同存在,一旦网上交易系统崩溃就不至于整个证券市场也随之崩溃。

保障网上证券交易活动的安全是整个网上证券交易市场得以发展起来的基础,是保护投资者利益、保障合法证券交易活动这一监管目标的客观要求。目前我国网络基础设施还比较落后,网络安全技术与国外相比尚有较大差距,网上证券交易自始存在着较大的安全隐患,安全问题不仅是投资者最为担忧的问题,也是制约网上交易发展的首要因素。为此,必须通过法律手段对网上交易的风险予以有效控制,以确保其安全性。

(二)严格规范信息发布原则

信息公开是各国证券法通用的基本原则,由它所确立的信息披露制度也是证券法律监管的基本制度之一,它贯穿于证券发行与交易的全过程。信息公开的真实、准确、完整是保护证券投资者利益的基本要求。网上证券交易亦是如此。

互联网的出现和应用将我们带入了一个信息爆炸的时代,使我们的信息量空前增长,获得信息的速度大大提高,在一定程度上改善了传统证券交易中信息不对称的情况,有利于更好地实现信息公开的要求;另一方面,由于网上信息高度开放,信息获取成本低,因此也容易发生信息泛滥、良莠不齐、真伪难辨等问题,加大了信息公开的难度。因为网络的介入,使得证券信息的发布渠道比之原先要广泛、及时、方便得多。上市公司和网上证券商都可以在自己的网站上发布有关的证券市场信息,有的网站还设有专门的 BBS 论坛甚至聊天室,此外还有 E-mail、新闻组、聊天工具等都是网上传播信息的主要方式。而且随着网络的普及,通过网上各种方式获取信息的人越来越多,网上信息对社会的影响力也越来越大。借助于网络,证券信息可以通过各种各样的渠道传递,而信息对证券市场具有非常重要的意义,证券监管部门对网上的信息发布及传播必须采取严格监管措施。否则,会有大量的虚假、欺诈性甚至恶意捣乱的伪信息出现在网上,而证券市场对信息的反应又非常敏感,于是必然会导致证券市场的混乱。因此非常有必要确立一套新的网上公共信息披露规则,而不能简单适用传统证券市场信息披露的规则。比如,传统的公共证券信息都是通过指定的渠道披露的。而互联网的信息披露功能是非常惊人的,如何通过互联网披露相关的证券信息是监管需要思考的问题。已经采取的做法包括有上市公司通过电子邮件告知当事的持股股东、在公司网站上发布信息及由公司的领导人员和有关的分析人士一起在适当的时候在网上公布公司的有关信息等。① 但是这些方法都存在一些问题,因为信息传递可能不够广泛,会造成一些不公平交易的行为出现。显然采取任何一种单一的做法都无法满足网上证券信息披露公众性的要求。所以,监管必须根据现时情况,在广泛调查研究的基础上尽快确立一套网上信息发布规则,从制度上先确立起一个规范,约束信息发布和传播行为,并依此规则对网上信息的发布进行实时的监督,鼓励相关的自律组织对其成员的信息发布行为进行督导,尽量减少不良信息扰乱市场的情况出现。

　　总之,对于网上证券信息的监管,我们既要发挥互联网传播信息的优势,同时需要对在互联网上散发证券信息(包括市场行情、投资咨询信息、上市公司信息、教育信息等)必须进行严格的规范,防止信息欺诈等信息违法行为在

---

　　①　Robert A. Prentice, The Internet and It's Challenges For The Future of Insider Trading Regulation, Harvard Journal of Law & Technology, Winter 1999, 12 Harv. J. Law & Tec263.

网上的蔓延和膨胀。这就要求我们建立起一套不同于传统信息披露规则的网上证券信息的发布规则。这套规则的指定必须以严格信息发布原则为指导。

(三)适时性与一贯性相结合原则

互联网的发展日新月异,相应地,网上证券交易的发展变化也非常之快,因此对网上交易业务的监管必须保持适度的灵活性,以适应技术的不断革新和市场的快速变化。互联网技术正处于快速发展的过程中,其对网上交易业务的诸多潜在影响目前尚不可知,这就使得一些市场监管的法律法规可能很快变得不合时宜。针对这种情况,监管部门需要的是灵活的监管方法,适时调整原有法规,以应对不断产生的新的监管问题。在制定法规时,对可预料的情况能细则细,对不能预料的情况,宜粗不宜细,以便适时调整。在对券商交易平台的要求方面,也应随着技术的发展和更先进的技术平台的出现而相应提高对券商的要求。

另一方面,监管政策及制定的法规也应该保持一定的一贯性,朝令夕改的法律政策只能让市场参与者无所适从,市场也得不到稳定的发展,不利于提高市场的透明度。监管机构应该对网上证券交易的发展有一个宏观的认识,有一个持续性的前后一致的态度,应该及早建立起关于网上证券交易的基本规则,奠定市场发展的基调,在一个基本的法律框架下行使其监管职能。在政策的发展方面,应该保持政策的前后连续性,突然间彻底地改换监管体制和监管秩序也是不可取的。一个具有极高透明度的证券市场首先是一个法律规范明确的稳定的市场。不稳定的监管政策和策略,只会让市场参与者对市场失去信心,不利于网上交易的健康发展。

适时性是网上证券交易所依赖的网络技术的实时发展所决定的,政策法规的一贯性也是市场稳定发展的需要。在适时性和一贯性方面,监管机构应该注意把握好二者的平衡,在监管方式和手段发展的基本方向上应该保持前后的一贯性和连续性,在制定和执行具体的监管规则方面则需要根据市场的变化进行适时地灵活地调整。

(四)加强投资者教育原则

互联网技术在证券市场中的应用,使得加强对投资者教育显得尤为重要。仅仅在防止欺诈方面,对投资者事前的教育远比事后的补救有效率得多。因

为互联网的国际性和潜在的匿名性增加了受欺诈的投资者追回被骗资金的难

度。在一个欺诈行为被发现之前,欺诈者所留下的因特网地址只是一串电子符号,无法追踪他的所在,可能他根本就不在国内,而其在国内的银行账户不过是让投资者将资金转移到国外金融机构的通道而已。

我们可以看到的是,一方面,互联网的引入使得证券交易活动的专业性更强,信息风险更大,投资者为网上证券交易行为必然会遇到相当多的困难,主要是专业知识的不足以及辨别风险的能力欠缺。这就要求证券监管机构、自律性组织和证券商给予投资者相应的知识帮助,包括提醒投资者注意可能的诈骗活动的信息,告诫投资者提防信息的真伪及信息所揭示的交易机会的风险,向当前的和潜在的投资者提供关于证券市场、证券市场监管机构、行业性自律组织和有关券商的信息及当前所实施的法律、法规和条例等知识。另一方面,互联网的运用使得监管机构可以通过这一便捷的方式向投资者提供一系列的教育指引,比如提供归档文件和经审定的证券公司的数据库,提醒投资者注意投资风险、在线交易欺诈等,帮助投资者通过超链接选择第三方网站信息研究市场行情,传达强制性的监管决定,为包括投资者在内的市场参与者提供关于网上交易发展方向的指引,接受投资者的投诉信并给予解释等。1999年12月美国金融协会华盛顿州分会的证券部最早设立了在线投资资源中心(IORC),专门研究投资者在线教育的问题,2001年1月北美证券管理者协会(NASAA)将该中心纳入其官方计划的一部分,并一直致力于改进在线投资教育的工作。2003年该机构在提供更多的投资教育资源、投资者警告、增加关于在线交易的新闻等方面作出了改进。此外,它还提供了一种用于自我评估的工具,来帮助投资者决定是否需要考虑在线交易的投资方式。[1] 现在的研究还认为,仅仅提供了这些信息还不够,投资者并不会自然的接受这些信息,因为这些信息可能因为太长太深奥,语言不够通俗而无法为其所接受。因此,要求互联网公布的这些教育信息应该"诱惑"投资者去学习和了解,给他们提供边学边操作的机会。[2] 监管机构至少应该在四个方面提醒投资者注意:(1)

---

[1]　SEC：Final Report：2003 Conference on Federal-State Securities Regulation, June 2003, available at http://www.sec.gov/info/smallbus/ffedst2003.htm.

[2]　IOSCO：Report On Securities Activity On The Internet Ⅲ,p.4,October 2003,available at http://www.iosco.org/library/pubdocs/pdf/IOSCOPDl59.pdf.

信息有可能是用来操纵股票价格的虚假信息,尤其是那些发布在电子公告牌上的信息;(2)一些通过点击推荐在线经纪商的方式可能是已经向经纪商收取了费用的,不是所有的建议都是完全客观的;(3)网页上的信息应该是合法有效的;(4)与经过授权的经纪公司进行交易。①

SEC 前任主席阿瑟·列维特(Arthur Levitt)对于投资者教育曾有非常精辟的描述:"从投资者出发是对投资者保护的最基础和有效的层面。"在 20 世纪 90 年代末美国股市处于牛市的时候,许多投资者都抱怨因为他们不了解在线交易,使得他们失去了通过在线投资谋利的机会。投资者要保护自己远离在线交易的潜在陷阱的话,在投资前必须要有一个告知自己了解什么是在线交易的前期意识。就我们一般的感觉而言,显然绝大多数的投资者在不知道如何玩之前是不会在纸牌游戏中贸然投下 5000 美元的赌注的。现在,已经有一些在线投资者认识到在线交易一样会带来巨大的投资损失。② 不仅投资者自己要注意学习,同时,在线经纪商也应该承担起向投资者提供这方面教育信息的责任。可以在其网站中设置超链接内容,直接链接到监管机构的网站上来。随着投资者投诉增多,一些经纪商在其网站上也可以上传一些直接教育性的知识,比如投资领域的术语解释、回答一些比较普遍的问题、公布行业内部的信件和演讲。证券商向投资者公众公开使其了解在线交易的风险和益处是非常必要的。否则投资者可能会发出很多不可实现的投资指令。经纪商应该彻底地公布在线交易的局限和风险。

加强投资者教育原则是保障投资者利益原则在网上证券交易活动中的进一步发展。投资者在网上交易市场中,面临的是更加难辨真伪的信息,对信息的甄别往往需要比较专业性的知识,同时互联网的应用也使得有关机构对投资者的教育更加方便,对投资者的个别指导通过 E-mail 的方式都可以实现。SEC 在其网站上就专门设立了投诉中心,专门受理投资者针对一些欺诈或可能的欺诈行为的投诉,并定期将对这些投诉的回复公布在网站上供人们查阅。

---

① IOSCO:Report On Securities Activity On The Internet lll,p. 4,October 2003,available at http://www. iosco. org/library/pubdocs/pdf/IOSCOPDl59. pdf.

② Jason F. Bedell, Web Site Outages:Isn't it Time to Do More ? Oregon Law Review,Spring 2003. 82 Or. L Rev. 159.

加强对投资者的教育,可以使得投资者对证券交易活动了解得更明确,对自身利益的保护也更有利。

(五)国际合作监管原则

互联网全球化的性质使得位于不同地域和国家的金融服务提供商与投资者之间的联系更加快捷和紧密,促进了跨国证券活动的发展。传统的地理界线的概念已经消失,在互联网上信息交流不受国境限制,所以只要资金能够自由出入,投资者便可以在互联网上进行跨国交易。跨国交易的问题早已存在,只是这些问题在互联网面前就显得更加严峻,也是互联网给证券监管带来的挑战当中非常重要的一个问题。基于互联网的跨国交易给全球的证券监管机构同时带来了利益和挑战。跨国交易可以扩大市场,促进市场交易更加流畅,可以减少交易费用,降低资产成本,促进经济增长。但另一方面,互联网上的跨国证券交易如果没有得到很好的控制,将妨碍监管机构对投资者的保护和执行国家的证券法律。

网络金融业务环境的开放性、交易信息传递的快捷性强化了国际金融风险的传染性。网络经济的发展使得各国之间的市场屏障大大减少。网络金融业务和客户的相互渗入和交叉,巨额国际投机资本的流动,使国与国之间的风险相关性日益增强。因此,一个国家单独进行金融风险的控制将会事倍功半,金融监管和金融风险控制的国际性协调日益重要。

在 IOSCO 出具的研究报告中,跨国交易和国内交易始终作为两个并行部分加以阐述,足见其对跨国网上交易的重视。跨国网上交易首先涉及到管辖权问题,这需要各国的证券监管部门甚至各国政府之间的协调与合作来解决。即便管辖权问题得到了解决,一国监管机构对跨国交易行为的监管也需要其他国家监管机构的协助。所以,网上交易的监管离不开国际合作。各国的网上交易发展状况不完全相同,监管相对滞后的国家需要网上交易监管比较成熟的国家的帮助,而且这种帮助比传统的证券监管合作涉及的范围要广泛得多。

当然,因为各国的网络技术秘密往往和本国的国家利益密切相关,国际间的网上交易监管合作同样面临着如何在保护本国网络安全的前提下开展相关的交流与合作活动的问题。

第三节 网上证券交易的监管体制

一、网上证券交易市场的基本结构

网上证券交易市场主要由市场管理者、市场直接参与者和辅助人构成。市场管理者主要是指市场监管机构,还可以包括证券交易所等;市场直接参与者包括投资者、证券商、证券发行人等;辅助者主要指提供其他中介服务的中介机构、提供证券信息的网站,主要指相关的因特网内容提供商,即(ICP)以及网上交易系统的技术提供商和因特网服务提供商(ISP)等。

(一)市场管理者

市场监管机构是保障市场得以安全、稳定运行的市场管理机构。面对网上证券交易市场的特殊性,监管机构需要在监管理念上,进而在监管体制上、监管原则上、监管方式上作出一些改变。尽管这种改变并非是根本性的,但是,监管需要拿出足够的时间和精力来应对。世界各国的证券监管机构对此也非常重视,它们一方面在对国内网上交易发展状况的了解研究的基础上加强这方面的监管,以维护国内市场的稳定发展;另一方面也在积极地寻求对于网上证券交易监管的国际合作与交流,借鉴经验,促进本国的网上交易市场的发展。

证券交易所在网上交易中属于比较特殊的主体,它既是市场的管理者,也是市场的被管理者。因为随着网络技术的发展,网上证券交易所的出现成为必然,而基于网络的普及和低成本,建立一个网上交易所需要的人力物力方面的投入不是很高,大量的私人营利性的网站可以充当网上交易所的角色,对此,这些"网上证券交易所"必然成为监管机构管理的对象。

另一方面,现代证券监管体制的基本趋势就是政府监管与行业自律相结合。证券交易所作为证券市场的载体,也承担着部分的市场管理职能,其需要面对的问题和监管机构一样,只是在具体的范围和领域上有所区别罢了。

(二)市场直接参与者

投资者是市场中的买方,包括个人投资者和机构投资者。互联网的发展使得不同的投资者在接受信息方面更加平等,降低了个人投资者因为信息不对称而遭受损失的风险。更重要的是,网上证券交易市场中的投资者享有更多的自主权和交易便利,也可以享受到证券商提供的更全面的服务。但其往往需要具备比较基础的专业性的知识,以及对网上交易风险防范的心理。这些既需要投资者主动学习的意识,也需要证券商及监管机构有意识地指导。

证券发行人或者说上市公司是证券市场的卖方。在纯粹的网上交易市场中,其可以通过两种方式发行其证券:一种是通过网络直接向投资者发行;另一种是通过网上证券交易所发行。这两种方式在市场发达的美国都已经出现。但是在我国,所谓的网上发行主要还是指证券发行人通过证券商提供的网上委托交易平台,向投资者推介其发行的证券,由投资者通过证券商委托认购。这种方式与一般的网上证券委托没有本质的区别,在网上证券交易市场还不是很成熟的国家比较盛行。

提供网上证券交易服务的证券商是网上交易市场的支柱,主要包括纯粹经营网上证券交易服务的网上经纪商和提供包括网上交易服务在内的全方位服务证券经纪商。网上证券交易行为通常都是在证券商搭建的网上交易平台上完成的。对网上证券商的规范是监管机构管理网上交易市场的基本内容之一。

(三)市场参与辅助人

网站不仅可以作为发布证券信息的场所,而且是证券市场监管者向投资者发布引导性指令和建议的地方。证券商可以通过网站向投资者提供投资咨询服务、个性理财服务和证券委托业务服务等。在网上证券交易发展的高级阶段,网站甚至可以替代证券交易所直接在其上进行证券的发行与转让。因此,对于网站的信息约束,一直是近年来网上证券交易监管关注的热点。在网上证券交易市场中,证券网站可以分为两种,即券商开设的网站和提供纯粹网上证券信息服务的网站。前者除了提供信息服务之外,主要还是以网站作为网上证券交易的平台,提供网上委托交易服务。后者则是以提供证券信息为主要服务内容的互联网内容提供商(ICP),这类网站往往仅仅提供一些投资咨询服务,类似于一些提供中介咨询服务的场所。对于券商建立的网站可以纳入到对券商的监管制度体系中去,而对后者则适用监管机构对网站的专门的监管规则了。

网上交易系统的技术服务提供商之所以也被纳入网上证券交易市场的范畴,是因为其掌握了网上交易市场的技术内容,而对于市场来说,对网络技术方面的监督是非常必要的。因为网络技术的特殊性,网上交易系统的采购如不加以严格监督,就很可能造就网上交易信息传输的风险。因此,对网上交易系统的技术性监管,往往是从对网上交易系统的购买合同开始的,网上交易系统的技术服务提供商,自然也被纳入了监管者的监管视野当中。

与前者类似,互联网服务提供商(ISP)因为向投资者和券商提供互联网接入服务,而被纳入到网上证券交易市场的体系中来。一方面是要对其网络接入的安全性负责;一方面,必要时还需要其帮助确认网上交易的实际交易人以及保存有关的数据等。

网上证券交易的其他中介机构包括律师事务所、会计师事务所、投资咨询服务公司等,网络的普及使得现在已经有大量的此类中介机构开通了其自己的网站,有的甚至直接在网上提供一些包括涉及证券在内的中介服务。在美国,此类中介服务被称为是投资顾问服务。在网上交易市场中他们既需要遵循原有的市场规则,同时,在使用网络进行关于证券方面的服务时也需要遵守有关的网上证券市场的特殊规则。

二、网上证券交易的监管主体

网上证券交易具有证券交易和电子商务的双重属性,与此相适应,网上证券交易监管主体同样呈现出多样化的特点,即网上证券交易活动的监管主体可能不仅局限于传统的证券监管机构及证券自律组织,还包括与网上交易活动有关的工商、公安等其他政府监管机构和社会组织。但至少从目前来看,互联网技术在证券市场的运用,只不过是证券交易方式的革新,互联网技术的诞生和应用还没有彻底改变原有的监管体系,以政府监管部门为主体的多层次的监管体系仍然适用于网上证券交易。尽管在各国证券市场发展的漫长历史中,逐步形成了各具特色的证券监管体制,但在积极探寻政府监管和证券市场平衡关系的过程中,发达国家及相当多的发展中国家(或地区)都逐步建立起了以政府监管部门为主体,行业自律监管、社会监督为辅助的多层次、规范化和制度化的监管体系。这一证券监管主体体系也构成了网上证券交易监管的基础。

(一)政府监管主体

在 20 世纪 30 年代以前,西方国家对证券市场的监管侧重于自由放任,由市场自发调节。但 30 年代股市和经济危机的爆发,迫使美国政府率先成立了全国性的专门证券监管机构——美国证券交易委员会,加强对证券市场的统一监管,开创了证券集中监管的先河。随着证券投机和欺诈活动的大幅增加,政府监管的必要性、可行性及重要意义已成为社会共识,保护投资者利益,维护证券市场健康发展,已经成为现代市场经济社会中政府的一项重要职责,各国都在市场起伏动荡的洗礼中不断强化和完善证券监管体制。一方面,韩国、新加坡等新兴证券市场,都以政府集中监管下的行业自律监管的集中立法型管理模式为范本,来构建本国的证券监管体制;另一方面,原本采用自律型监管体制的国家和地区,如英国和中国香港等,也都在证券市场和经济发展的客观形势推动下,逐渐将一些长期由自律组织行使的监管职能纳入政府监管职权范围之内,集中统一监管成为现代证券监管的发展趋势。[①]　德国也在合并八家股票交易所后,于 1993 年底制定出内幕交易法和持股信息规则,并于 1994 年成立了德国证监会,强化政府监管职责。[②]　20 世纪 90 年代以前,日本证券及其他金融衍生产品市场没有单独的监管机构,与银行等监管机构一同归大藏省监管。90 年代初日本开始进行中央省厅改革,设立金融厅专司证券现货及衍生产品市场的监管,1992 年成立证券监督委员会,将原金融厅的日常监督性监督职能剥离出来由其承担,证券交易监督委员会接受金融厅监督。

　　为了应对网上证券交易的挑战,各国政府监管机构,如美国的证券交易委员会(SEC)、英国的金融监管局(FSA)、澳大利亚的证券与投资委员会(the Australian Securities & Investmens Commission, ASIC)、新加坡金融监管局(the Monetary Authority of Singapore, MAS)等都纷纷修改相关规则,承担起证券交

---

　　①　如作为自律管理的发源地,英国于 1986 年对伦敦证券交易所和整个证券业进行了被称为"大震"的重大变革,《金融服务法》的颁布标志着英国第一次以专门、统一的国家立法形式对证券业并展直接管理,使管理模式由自律为主导向集中监管与自律监管相结合转化。根据 1986 年《金融服务法》,证券投资局(SIB)管理整个投资活动,但在实践中,证券投资局将管理的权力授予主要的自律组织,如证券和期货监管委员会(SFA)、投资管理监管组织(IMRO)和私人投资监管局(PLA)。《金融服务法》授权贸工部对违反《公司法》的行为如内幕交易、欺诈和各类保险领域的不正当行为进行调查,对保险业实施监管,为了应对证券市场发展的需要,确保伦敦金融中心的地位,1997 年 10 月,英国政府建立了一个统一的综合的金融监管机构(英国金融监管局,Financial Services Authority, FSA),以取代原来的证券投资局,并将证券和期货监管委员会(SFA)、投资管理监管组织(IMRO)等三个自律组织和九个被承认的职业团体的管理职能纳入其旗下,负责对银行业、寿险公司、房贷协会、互助基金等金融业实施全面的监督管理,形成了全新的集中监管模式。

　　②　参见王远均:《网络银行法律监管制度研究》,法律出版社 2008 年版,第 156 页。

易监管的主要职责,成为网上证券交易监管的主要担当者。① 如早在1997年SEC向国会所作的关于技术进步(主要是互联网技术)对证券市场的影响的报告中就将技术对证券市场的影响分为四个方面阐述,即公众公司、投资公司(共同基金)、投资顾问、二级市场,最后说明了委员会针对网络技术的影响采取的一些综合性和专门性的措施。② 由于SEC只是将互联网技术看做是交易方式的革新,并不认为互联网技术的诞生和应用会彻底改变原有的监管体系,因此,SEC通常都是对证券业中因使用互联网引发的具体问题进行个案处理,分别由各个监管部门负责应付各自监管领域内因利用网络技术而引发的问题。同时利用互联网加强对市场的监管,对投资者的保护以及与其他机构的合作。另外,SEC还采取了一些专门的措施加强对网上证券活动的监管。比如,委员会通过灵活适用和解释《1933年证券法》和《1934年证券交易法》加强对网上违法活动的监督和惩罚,因为这两部法律对于欺诈活动的技术基础都没有作明确规定。此外,委员会还发布了大量的执行规则和有关的解释(rules and releases),以适应监管的需要;SEC的投资者教育与帮助事务办公室(OIEA)在SEC的官方网站中专门建立了一个网页,提供关于公众公司提交给委员会的报表、SEC的相关信息及近期采取的有关监管措施,还通过网站链接提供关于投资知识的一些电子手册,并且和执行部门合作在网页上公布关于证券欺诈的警告信等。除了在自己的网站上外,SEC还通过执行部在新闻组及与证券相关的在线商务服务领域发布有关的风险警告;在线监控方面,SEC建立了一支经过专门培训的网上执法队,每周定期开展专门针对网上非法证券活动的监控,使得委员会对网上潜在的严重的欺诈活动能够采取适时的应对措施。SEC还在其网站中建立了一个在线投诉中心,投资者可以通过电子邮件等方式将那些可能的非法活动报告给委员会,而后有关的投诉会分别投递给委员会的各个不同部门,由它们具体处理。这样做的效果非常明显,使得委员会对传统的或基于互联网的欺诈活动都有了很好的监控;SEC还非常注意加强与其他部门和国外监管机构的广泛合作。在美国国内,SEC与其

① Howard M. Friedman, Securities Regulation in Cyberspace, the 3th ed. , Aspen Publishers, 2007 Supplement, § 8.01－8.10.

② SEC:Report to the Congress:The Impact of Recent Technological Advances On the Securities Markets,1997,available at http://www. sec. Gov/news/studies/techrp97. htm.

他部门协调建立网上交易活动的执法标准,建立了与司法部、FBI、公平交易委员会、通信委员会及其他民事或刑事执法机关的合作。同时还与包括全国证券商联合会、纽约证券交易所和北美证券管理者联合会等自律性组织有密切合作。① 另外,SEC 的国际事务办公室负责建立一套比较稳定的国际合作框架,以解决与网络技术有关的问题。积极谋求与各国证券监管机构的联系合作,建立国际性的证券监管组织,提供技术上的协助与培训等。在国际证券活动的调节和管理方面,SEC 通过证券国际委员会(ICSCO)和美洲国家证券管理委员会(COSRA)等国际组织讨论包括互联网等在内的所有证券监管议题,并在其中发挥了积极的作用。

此外,在美国已经实施其自己的因特网证券欺诈计划的 23 个州中的 14 个州,都有工作人员利用搜索引擎进行网上搜寻欺诈行为,其他 9 个州也都对在线公告板、消息群以及聊天室进行监督。每个州用来网上监督的时间不等,从每天半小时、每周两小时到每月一次。另外,各州也通过 NASAA 与联邦机构一道共同进行备受瞩目的监管行动。②

我国目前实行的是分业监管的金融监管体制,中国证监会及其派出机构是证券交易的政府监管机构,同样是网上证券交易的集中监管主体,其下设的证监会信息中心具体负责证券期货业网络与信息安全保障工作,工商部门、公安部门、商务主管部门及税务等相关部门在相关的活动中配合证监会进行监管。

证券市场发展的历史告诉我们,在证券监管主体体系中,政府监管居于主导的、核心的地位,具有不可替代的功能。计算机技术在证券交易领域内的运用,对政府监管能力提出了更高的要求,要求监管主体实现组织的网络化、管理业务的网络化、管理手段的电子化和信息传递的网络化及信息数字化。如何实现政府的有效监管,各国政府还作了积极的探索,即便在证券集中监管体制下,对网络证券交易的监管根据机构设置及权限配置的不同也形成了分散式、集中式和折中式及纵向式、横向式和协调式等不同模式。对此,我们在本节稍后再作进一步的介绍。

---

① SEC:Report to the Congress:The Impact of Recent Technological Advances On the Securities Markets,1997, available at http://www.sec.gov/news/studies/techrp97.htm.

② Howard M. Friedman, Securities Regulation in Cyberspace, the 3th ed., Aspen Publishers, 2007 Supplement, §13.03.

(二)自律监管主体

自律一开始就是证券业的基石,其先于政府监管而存在,可谓源远流长。共同的利益是自律动机产生的基础,无序、混乱、盲目的市场状态,特别是证券业所具有的危机发生的连续性,迫使证券经营机构以自觉的行为和互相监督的方式,实现证券业的健全稳定,并在此基础上实现其利益。加之证券业自律监管所具有的政府监管所不可替代的优势,如自律组织比政府更熟悉证券业运作的实际情况,自律组织在执法检查、纪律监控方面比政府监管更具有灵活性和预防性等,确保了证券业自律监管一直有着强大的社会根基和生命力。在不同程度上发挥证券业自律组织在证券监管中的作用,已经成为许多国家和地区对证券市场进行监管的重要手段。在自律性管理为主的国家,证券业自律组织的作用自不待言。在强调政府集中统一监管的国家,发挥自律组织的作用也得到了高度重视。在集中监管型的美国,纽约证券交易所(NYSE)、纳斯达克(NASDAQ)、全美证券交易商协会(NASD)、全美期货业协会(National Futures Association)等这些自律自治组织在证券监管实践中发挥了巨大作用。如美国全国证券交易商协会监管公司(NASDR)一个主要的任务就是对因特网予以监管,寻找导致 NASDAQ 股票市场价格和数量波动的信息。为此该公司专门开发出一个名为 NetWatch 的搜索引擎,对聊天室、网络公告板以及网站利用,预先编制好程序的语句(经常出现于欺诈性推销活动中)进行搜索。NetWatch 也对被监视网站的信息流量进行记录,当发现其网页发生重大改动,需要进一步调查时,则提示告知管理机构。NASDR 也设立了一个在线投诉中心,投资者如果相信自己遭受到经纪人或经纪公司的欺诈,就可以通过该中心,提交客户在线电子投诉。而北美证券管理协会(NASAA)则在防范网络欺诈、维护网上证券交易健康发展方面,同样扮演了极为积极的角色,其鼓励投资者用电子邮件向其揭发网络可能出现的证券欺诈行为。投资者可以利用这一机制转发他们所收到的可疑电子邮件。到 1998 年底,NASAA 已经向 26 个州的管理机构转发投资者投诉。[①]

IOSCO 在其著名的文件《证券监管的原则和目标》中明确指出:自律组织

---

① Howard M. Friedman, Securities Regulation in Cyberspace, the 3th ed., Aspen Publishers, 2007 Supplement, § 13.03.

是监管者实现证券监管目标的重要组成部分,证券监管体制应该充分利用自律组织,这些组织应该在各自称职的领域,根据市场的规模以及复杂程度承担直接的监管职责。① 因此,自律在证券市场中的基础性地位,时至今日也未曾动摇,证券市场的健康发展,包括网上证券交易的有序进行,均离不开证券从业人员的自我约束和自我管理。可以说,证券交易所、证券商协会等行业组织也是网上交易自我监管的主要力量。

1. 证券交易所

证券交易所一直是证券监管的主要力量。在证券市场发源地美国,1972年美国的"梧桐树协议"②实际上就是历史上证券自律监管的雏形。早在1934年美国 SEC 设立之前,美国纽约证券交易所就已经作为自律监管机构单独监督会员券商,并制定与执行发行人的上市规则(包括公司治理标准)。③从交易所早期的发展历史来看,交易所最早由会员发起设立,会员制定和执行交易所的规则,会员之间的纠纷亦由交易所裁决,交易所会员的代表为证券经纪商及证券业的代表。随着时间的推移,交易所监管的范围也超出了会员监管本身,即除了对会员资格的要求、对会员持续的监管以及对会员交易过程的监管外,大部分交易所也承担上市的监管职责,即规定上市条件并且对上市公司进行持续的监管。美国前任 SEC 的委员罗伯塔·卡梅尔(Roberta Karmel,2000)曾经概括了 NYSE 和 NASDAQ 履行自律职能的范围,罗伯塔·卡梅尔认为,自律的内容包括:上市公司的治理和信息披露;交易所的市场以及专家、大厅经纪人、做市商的监视和惩戒;监督会员公司在财务上和经营上符合要求(financial and operational compliance)以及公正和公平地对待顾客。④

---

① Objectives and Principles of Securities Regulation, IOSCO, February 2002.

② 1772 年 5 月 27 日,24 位证券交易商在华尔街 68 号门口的一棵梧桐树下签订了一个协议,史称"梧桐树协议"(Buttonwood Agreement),他们商定,以后每周用几个上午在这棵树下聚会,规则有三条:只在会员间进行交易,不准外人参加,交易按规定收取佣金。一般都将这个根本不起眼的事件作为纽约股票交易所的诞生之日。而这三条规则也成为后来交易所的基本规则。转引自《中国经营报》2003 年 5 月 19 日。

③ http://nyse.com/nyse/historical.htm.

④ Benn Steil, Changes in Ownership and Governance of Securities Exchanges: Causes and Consequences, in Robert E. Litan and Anthony M. Santomero, eds. Brookings-Wharton Papers on Financial Services, Washington D. C., Brookings Institution Press, 2002.

证券交易所自律监管的法理基础是交易所和监管对象(包括证券商和上市公司)之间契约性的法律关系。详言之,在会员制交易所中,交易所对会员的监管基于会员共同制定的章程,而章程本质上是会员之间的一种协议,会员加入交易所意味着会员对章程的承认。如果证券商不接受交易所的章程,证券商可以不进入该市场而选择其他证券市场,证券公司拥有选择权。只要不违反法律,章程以及交易所的会员规则可以对会员资格和会员行为作出比法律更为严格的要求,会员也有义务遵守章程以及交易所的规则。交易所对上市公司进行监管的根据,则是上市公司和交易所之间的上市协议,双方的权力(权利)义务建立在彼此的合意之上。上市公司一旦签订上市协议,就表明了上市公司接受了交易所制定的上市规则,上市公司必须遵守交易所的上市条件以及持续性的上市要求,交易所也可以依据上市规则对其进行监管,要求上市公司履行公司治理和信息披露等义务,交易所对违反上市规则的行为亦可以采取相应的处罚措施。上市公司同样也有选择市场的权利,拟上市的公司可以选择在不同的证券交易所上市。① 因此,证券交易所监管之实质是券商、上市公司和其他证券市场参与者基于契约而形成的自我约束,属于典型的自律监管。也正是由于自律建立在协议的基础之上,证券商和上市公司更能自觉接受并遵守交易所的规则。

值得注意的是,计算机技术在证券市场的广泛运用,特别是另类交易系统(ATSs)的出现以及在证券市场上不断增加的市场份额,使传统的交易所面临巨大的竞争压力,由此推动了交易所的改革。交易所公司化改革浪潮的兴起,使交易所在追逐利润和有效监管方面就发生了冲突。证券交易所自律监管和商业利益面临的潜在的冲突②,引发了交易所监管职能存废的巨大争论。尽管如此,完全废除交易所具有数百年历史的自律监管,实难以被各界人士所接受,因此,在实行非互助化改造后,交易所并没有因为其性质和组织形式的变化而放弃其监管职责。"交易所和政府监管者作为共同监管者(Co-

---

① 参见谢增毅:《证券交易所自律监管的全球考察:困境与出路》,载王保树主编:《商事法论集》第 11 卷,法律出版社 2006 年版。

② 这种潜在的冲突表现在以下几个方面:(1)基于成本和收益的考虑,可能减少监管资源的投入;(2)为了实现营利的目的,交易所可能放松对上市公司及会员的监管以提高收入;(3)滥用监管权力,实行歧视待遇,包括对竞争对手滥用监管权力;(4)提高收费或者收取不合理的费用等。

regulation）以确保市场的公正性和有效性，并保护投资者和防止欺诈。交易所从互助性的组织转变为营利性的公司并不必然导致这种监管关系的根本性变革"①，交易所主要是通过对自律进行改良和完善来解决交易所面临的挑战，其核心是将交易所的运营和监管职能相剥离，其中最为典型的就是 NASDAQ 模式。这种模式是在公司制的自律组织中，通过内部的组织结构调整，将交易所的市场职能和监管职能分开，以此来减少可能发生的利益冲突问题。② 通过设立两个独立的法律实体，自律组织的监管职能和市场职能一定程度上得到了分离。即便如此这种分离也只能是相对的，实际上 NASDAQ 仍然保留制定上市规则和交易规则的部分权力，③因为市场运营与监管很难完全割裂。正是由于交易所互助化后，自律的基础仍在，自律的动机尚存，交易所作为自律监管的主体地位并不会消失。

尽管我国 2005 年修订的《证券法》确立了证券交易所自律组织的地位，强化了交易所自律监管职能，把许多本属于交易所的权限由证监会转移到交易所，但证券交易所自律监管职能的实现，除了立法上对交易所自律监管地位和职权的确认，更需要良好的外部环境。目前，阻碍我国交易所自律监管职能发挥的主要障碍，在于交易所缺乏独立性，政府监管者对证券交易所存在许多不当干预，政府监管者和证券交易所之间并没有建立起良性互动的关系。其作为中国证监会附属机构的角色并未真正改变，从而难以实现自律监管。④因此，进一步推进我国交易所制度改革，充分发挥证券交易所自律监管功能也是保证网上证券交易正常有序进行的客观需要。

2. 行业组织

（1）证券业行业协会

券商是证券市场的主要参与者，行业自律监管离不开证券业行业协会的

---

①　Lisa Fried, Plans Debated for Stock Markets' For-profit Coversion, N. Y. L. J, September 1999, 30.

②　NASD 现在由一个控股的母公司和两个从事业务的子公司组成；子公司包括纳斯达克股票市场（NASDAQ）和 NASD 监管公司（NASD Regulation, Inc.），分别从事市场经营和自律监管职责。纽约证券交易所、澳大利亚证券交易所均采用此种模式。

③　参见谢增毅：《证券交易所自律监管的全球考察：困境与出路》，载王保树主编：《商事法论集》第 11 卷，法律出版社 2006 年版。

④　本书第三章就自律监管困境与我国制度选择问题将作专门的探讨。

自律监管。在证券市场发展初期,伴随着证券业和证券市场的发展,一些国家的证券交易商在交易过程中自发形成了一些自律组织,但受当时市场发育程度的限制,自律组织基本处于分散和无组织状态,规模小、自律管理目标不明确,缺乏有效的自律监管手段。1929～1933 年世界范围经济危机的爆发,使证券业行业组织也得到了充分的发展,自律监管成为其很重要的一项职责。目前,无论是成熟市场还是新兴市场,证券业协会都在政府监管部门的授权下,积极地发挥着自律、传导和服务的功能,成为政府监管的有力补充和助手。

进入 20 世纪 90 年代后,为了进一步建立和完善多层次的证券市场结构,以美国全美证券交易商协会为代表的一些国家和地区的行业自律组织,大大扩展了场外交易的功能。美国、韩国、日本的证券交易商协会均负责场外市场证券的注册与监管。随着电子通讯技术的发展,这些国家均设立了自动报价系统,将分散的场外交易连成了一个整体,如美国的 NASDAQ 和 OTCBB 系统、日本的 JADDAQ 系统、韩国的 KOSDAQ 系统等。尤其是近年来,为了克服监管重叠,提高监管效率,在北美国家出现了自律组织整合的趋势。2007 年 7月 30 日,美国全国证券交易商协会(NASDA)和纽约证券交易所的监管、执行和仲裁职能整合为一体,形成一个单一的自律监管组织——金融行业监管局(The Financial Industry Regulation Authority,FINRA)。FINRA 监管着全美接近5000 家证券经纪公司及其 17.3 万家分支机构和多达 67.7 万人的注册证券代表。① 经过两年多的准备,2008 年 6 月加拿大投资交易商协会(IDC)和市场监管服务公司(RS)直接整合为一个独立的自律组织——加拿大投资业监管组织(IIROC),以形成更为有效的自律监管,包括对所有匿名交易的电子通

---

① 美国金融业监管局(FINRA)是美国最大的非政府的证券业自律监管机构,由美国证券商协会(NASD)与纽约证券交易所中有关会员监管、执行和仲裁的部门合并而成。其核心目标是加强投资者保护和市场诚信建设,通过高效监管,辅以技术服务,实现此目标。负责监督管理所有与公众交易的证券公司;对注册登记人的专业培训、测试和发放许可;仲裁与调解;通过合同替代纳斯达克证券交易市场公司(Nasdaq Stock Market Inc.)、美国证券交易所有限公司(the American Stock Exchange, LLC)以及国际证券交易所有限公司(the International Securities Exchange, LLC)管理市场;以及管理交易报告设施和其他柜台设施等行业设施。FINRA 将投资者教育作为投资者保护的最佳形式。FINRA 认识到网络具有信息公开、查询便捷、传播广泛等特点,充分利用网络平台开展投资者教育。FINRA 采取媒体宣传和召开研讨会等多种形式,帮助投资者了解金融知识,熟悉基础的投资工具。详见《美国投资者教育简介》,http://www.sac.net.cn/newcn/investoredu/infodetail.jsp? id=1209535979100&type=CMS.STD.

讯网络(ECNs)的监管。[①]

中国证券业协会成立于1991年,是目前唯一的全国性证券业自律组织,其会员可以是依法批准成立的证券交易所、专门经营证券业务的证券公司和兼营证券业务的金融机构及团体。根据《证券法》等的有关规定,其为非营利性的社团法人,接受中国证监会的业务指导和监督管理。不过,我国证券市场始终是政府推动型的新型市场,我国证券监管模式的建立又主要着眼于集中统一的格局,没有给行业自律和自治留下足够的空间,证券业协会人员行政化,运作规程行政化,定位上行政隶属化,使证券业协会一直没有摆脱"二政府"的尴尬处境。我们认为,为了网上证券交易的稳定和健康发展,需要进一步理顺监管体制,发挥证券业行业协会的监督与管理作用。

(2)电子商务协会

网上证券交易本身也属于电子商务的范畴,电子商务协会在约束会员企业,促进电子商务规范化、法制化方面也有着积极的作用。如借鉴国外的经验,历经两年多的准备,中国电子商务协会于2005年4月18日正式发布了我国电子商务领域的第一个行业规范——《网络交易平台服务规范》。该《规范》规定要求网络平台尽快建立健全交易规则、交易安全保障制度、信息披露和审核制度、交易者的身份审核制度、商业秘密保护制度、应急机制、不良信息及垃圾邮件举报处理机制等,对网络交易平台进行有效的信息监管,并与经营主体签订合同界定双方的权利义务,明确了交易平台对交易记录的保存义务及责任承担等问题。[②]《规范》的出台对净化电子商务环境,提高企业诚信意识都起到了积极的推进作用。

(3)其他中介行业组织

证券市场参与者除证券公司外,还有其他众多的中介咨询与服务机构,其同样发挥着媒介证券发行人与投资者的关系。包括会计师事务所、律师事务所、资产评估机构、证券投资咨询机构和证券资信评估机构等在内的证券中介

---

① 《出席 ICSA 第21届年会情况的报告》,http://www.sac.net.cn/newcn/info_detail.jps? info_id.;此外,在美国 ECNs 被要求作为证券商来对待,从而被要求置于 NASQ 的监管之下。详见 Howard M. Friedman,Securities Regulation in Cyberspace,the 3th ed.,Aspen Publishers,2007 Supplement,§18.

② 参见阿拉木斯主编:《网络交易法律实务(上)》,法律出版社2006年版,第145～160页。

正在发挥着越来越大的作用。这些中介机构不仅参与市场服务,而且也是重要的社会监督力量,同时其自身的行为也需要接受相关政府机构及行业组织的监管。

鉴于监管主体具有多元化、监管体系多层次化的特点,网上证券交易的健康发展需要充分发挥政府监管和自律监管及社会监督的密切配合,但在网上证券交易刚刚处于起步阶段,法制环境相对落后的情况下,政府监管应该具有核心和主导地位。

三、网上证券交易的监管内容

网上证券交易监管的内容依据对象的不同,可以分为对证券商的监管、对证券发行人的监管、对证券网站的监管、对证券交易所的监管和对其他中介机构的监管;依据行为对象的不同,可以分为对网上证券发行行为的监管、对网上证券转让行为的监管、对网上资讯发布和传播行为的监管、对网上证券欺诈行为的监管、对网上交易纳税的监管和对跨国交易行为的监管等。具体而言,网上证券交易监管包括以下几个方面:

(一)对证券商的监管

对网上证券商的监管是网上证券交易监管的主要内容,从世界范围内来看,各国对网上证券商的监管都非常重视。美国证券监管的两部基本法律(《1933 年证券法》和《1934 年证券交易法》)当中的《1934 年证券交易法》就是主要用于规范证券商的。

关于对证券商的监管,SEC 主要从六个方面对提供网上交易服务的注册证券经纪公司进行监管:(1)证券公司向投资者提供的有关交易和作出投资决定的信息;(2)广告;(3)客户交易的完成情况;(4)处理客户交易容量的能力;(5)安全措施;(6)对证券公司员工使用互联网的监督。① 并进而对网上证券经纪公司特别提出了四点要求,一是在快速增长中保证服务质量;二是要按最有利于客户的方式执行他们的交易指令;三是向客户提供内容充分而平实易懂的资讯信息;四是网上广告性宣传不要使投资者产生不现实的收益预

---

① SEC:Office of Compliance Inspections and Examinations:Examinations of Broker-Dealers Offering Online Trading:Summary of Findings and Recommendations,January25,2001,available at http://www. sec. gov/news/studies/online. htm.

期。全美证券商协会的规则,特别是第 2210 条,是监管证券经纪公司广告的基本依据。目前 SEC 正与证券业自律组织合作,规范网上证券投资的广告活动。另外在日本,监管当局吸收了来自证券公司和科研院所的金融、法律等方面的专家,组成"金融服务业电子商务的进展与行政监督研究会",专门就日本证券等金融服务业电子商务的进展与行政监督展开研究。研究会选择了:(1)向客户提供书面信息的电子化;(2)利用电子手段公开企业信息;(3)在销售和促销时的商品说明和信息提供;(4)处理纠纷等;(5)关于跨境交易的对策;(6)与第三者的关系;(7)新型金融信息服务与金融服务业;(8)店铺/营业场所的作用和电子化等八个优先课题进行了全面的研究。在韩国,监管机构专门制定了网上证券经纪公司设立许可制度,支持和规范本国网上证券经纪公司的发展。其他亚太国家和地区的证券监管机构也针对网上证券交易和网上证券经纪公司的监督和管理作了专题研究,出台了一些相关的管理办法。①

(二)对其他网上交易主体的监管

第一,对上市公司的网上监管。包括诸如可以要求上市公司通过网络披露公司信息,澄清市场上有关其公司的虚假传言和不良信息,同时也要保证其披露的信息的真实性;允许上市公司在网上召开股东大会,这样可以使小股东方便行使其权利。当然,证券监管部门对其合法性进行必要的监督。另外,对于上市公司利用互联网技术进行其他的证券活动的行为,监管部门应当抱着鼓励创新的监管理念给予适时的审查,依据是否有利于证券市场发展的原则作出认可与否的决定。第二,对网上虚拟证券交易所的监管。当网上证券交易发展到一定的阶段,网上证券交易所必然会出现。目前这种网上虚拟交易所仅在美国等少数国家存在,而且是营利性的私营性质。对这类区别一般证券交易所的"另类"证券交易系统,监管部门的监管自然不可缺少。美国对此类交易系统的监管采取了灵活的监管规则,对另类交易系统可以允许其注册为经纪交易商,也可以注册为交易所,注册之后则受制于相应的监管规则。

(三)对网站及网上信息发布与传播行为的监管

第一,对于券商自己建立的网站,可以要求其在网站上披露必要的网上证

---

① 参见崔文霞:《海外网上证券经纪公司的监管》,载《证券时报》2001 年 8 月 23 日。

券信息。所谓必要的网上证券信息是指券商向投资者作出的关于网上证券交易本身的解释和说明,对使用其所提供网上交易系统的方法的说明,对在系统出现问题时的处理办法的说明等。以美国为例,SEC 要求网上经纪商对网上交易的相关信息进行披露的主要内容包括:网上经纪商应该对委托的输入、处理、结算的方法进行一般的说明;在系统出现问题时对相应的处理办法及投资者可以选择的其他交易方式进行说明;在系统出现问题时应当及时通知客户,并详细说明在系统出现问题时如何撤销没有成交的委托单;在存在系统容量问题时,应该说明利用限制性定价委托单与市价定单相比会起到保护投资者的作用。第二,对证券类网站的监管。首先,对披露证券信息的网站实行许可证制度。根据网站的技术水平和证券信息采集能力及公信力作为是否授予许可证的判断标准。另外,对授予许可证的网站名单公开,同时警告网民,尽量不要采信未有许可证的网站发布的市场信息。其次,对网站上的信息进行严格监管。比如,网站上发布的投资咨询信息是否符合有关的法律法规,网上的信息是否真实、是否具有误导性等,对通过网络发布谣言和扰乱市场秩序的行为进行监督和制裁。再次,对于网站网页链接信息的管理。网页上一般都会有网站连接(hyper-link)设置,即通过一个网站可以直接连接到其他一系列的相关联的网页上,对此类网页上的信息责任需要根据具体情况作出认定。最后,对于使用电子邮件、聊天室、聊天工具和 BBS 等方式传播证券相关信息的行为进行监督。配合网上信息安全管理机关处理利用以上网络工具非法传播证券信息的行为,特别要注意一些网络流言在投资者和证券市场中的产生和蔓延。第三,对网上非法发布和传播证券信息行为的监管。非法的网上证券信息发布和传播行为主要是指利用互联网发布和传播虚假信息,操纵市场价格,损害投资者利益的行为,即网上证券欺诈行为。对此类违法行为,监管机构需要建立起一套发现、审查及提起诉讼或惩罚的机制。首先,监管机构应该派专人收集或主动寻找此类行为。这方面美国的经验值得借鉴。SEC 一方面设立了网上投诉中心,接受投资者关于有网上欺诈嫌疑的行为的投诉;另一方面,则成立了专门的网上执法队,每周都会定期在网上搜寻证券欺诈活动,①

---

① SEC:Repoat of the Congress:The lmpact or Recent Technological Advances on the Securities Markets,1997,available at http://www. sec. gov/news/studies/techrp97. htm.

从源头上遏制网上欺诈行为的出现。其次,监管机构对网上欺诈行为应该进行严格而审慎的审查。因为网络技术的特殊性,关于网上欺诈的认定标准和一般的证券欺诈还是有不同之处,尤其是在网上发布和传播证券信息的责任认定方面,要比一般的网上欺诈责任主体的认定复杂得多。最后,对于网上证券欺诈行为的责任追究机制也需要建立起来,这是遏制网上证券欺诈行为的根本保障。

（四）对跨国网上证券活动的监管

电脑空间的无处不在消融了提供跨国交易服务的实际性的障碍。大量的证券公司都倾向于利用网络的全球性特质提供跨国交易服务而不顾服务接受地所在国的法律规范。对这类行为的监管主要涉及到监管的管辖权限问题,包括对外国证券网站信息的监督,对跨国证券交易行为的管辖权划分标准的设定,以及监管决定在他国的执行方式等等。首先是跨国网上证券活动的认定问题,即明确哪些跨国活动可以被认定为法律意义上的、需要纳入监管对象范畴的行为。其次是管辖权的划分问题,哪些行为该由提供服务一方的国家的监管机构监管,哪些行为该由接受服务一方的国家的监管机构监管,这些都需要给予明确的界定。关于网上跨国证券活动的监管问题主要通过国际性的合作来解决,包括通过国际会议讨论制定一个统一的标准,国家之间订立一些双边或多边的条约划定管辖权限,建立联合机构对一些涉及面比较广的跨国证券交易行为进行裁决等等。

事实上,对于跨国网上交易的监管,ICSCO 在各大洲召集的圆桌会议都有不同的建议。部分亚洲和美洲国家的代表就提议,跨国证券交易的监管采纳在银行界普遍使用的"东道国"(Home-Host)原则,这样可以使各国监管机构的监管权限依据跨国交易的中介的确定被明确划分开。这样就使得那些提供跨国服务的中介,只需要依据一套监管规则。在如何确定监管责任的划分问题上,有部分参与者建议,可以通过确认交易过程中涉及有关的监管利益归属作为标准。但是这一方式会面临一个问题,就是一个国家的监管权力为他国所替代。这与各国的国内法会有冲突,而且此原则还必然会带来大量的跨国仲裁问题。另外有一些代表,尤其是欧洲的代表建议,跨国监管采取类似于欧盟的护照系统"共同认可"(Mutual Recognition)的方式,即所有的监管机构签署一个协议,所有的跨国服务商依据一套一致的资格规则授予提供服务的资格,各国监管机构均认可这种资格,并依据统一的规则进行监管。有参与者甚至建议 ICSCO 来推行此方式。但是人们认为这套类似于欧盟规则的方式,并不适合那些除欧盟国家之外的采取不同法律系统的国家。而在美洲的圆桌会议上,有参与者提出监管机构可以通过建立"安全港"(Safe Harbors)来促进跨国交易的发展,即指明哪些行为可为,哪些行为不可为,并尽量使这些规则透明化。总之,对于跨国交易的监管,迫切需要的就是尽快建立起一套统一的交易监管标准,有人建议,可以先从统一各个大的地域范围内的标准开始。但是仅从亚太地区看,各个国家的证券市场处于不同的发展阶段,结构也不同,这样很难建立起一个统一性的标准。而且,各国的监管规则是建立在各国立法之上的,不在法律上协调也就不可能在监管规则标准上达成一致,有人建议采取严格的标准来改进这种基于不同国家不同监管制度下的交易问题。美洲圆桌会议的一些参与者认为,没有国家在权限方面的协调,也就不可能达成国际性的一致,而且无视初级市场的监管问题的协调也是没有意义的。尽管在这方面有巨大的障碍,但是人们相信,通过互相加强对彼此监管体制的了解有助于实现这一目标,ICSCO 的亚太地区委员会已经在这方面作出努力了。[1]

四、网上证券交易监管的新工具——互联网

互联网技术引入证券市场,一方面给投资者及证券商带来巨大的便利;另一方面,也给证券市场的监管者提供了一种全新的监管手段,即依赖于互联网对证券市场进行监管。如今几乎全世界的监管机构都认识到互联网是非常有价值的监管工具。它们和证券市场及市场的参与者一样都认识到了互联网的益处并开始使用这种全新的手段。它们不仅是去应对(新出现的)监管问题,而且也利用互联网来提高自身的监管效力。[2] 一般认为证券监管主要有两大内容,一为披露信息,一为禁止非法行为。监管机构将互联网主要用于前者,

---

① IOSCO:Report on Securities Activity onThe Internet HI,pp. 28 - 30. ,October 2003,available at http://www. iosco. org/library/pubdocs/pdf/IOSCOPDl59. pdf.

② IOSCO:Report on Securities Activity onThe Internet II,June 2001,pp. 14 - 15,available at http://www. IOSCO. org/library/pubdocs/pdf/IOSCOPDl20. pdf.

即包括投资者教育,证券发行人提交有关文件,中介机构注册信息的公开,发布建议、规则、通知和公告以及开展网上调查等诸多领域。①

在投资者教育领域,已经有很多监管机构利用它们的网站来加强对投资者的教育。在一些国家中,招股说明书、投资顾问表和公司财务报告等有关信息可以通过监管机构的网站查找到。

中介机构注册信息方面,一些监管机构在公布发行人的信息之外,还会公布提供证券发行服务的已注册或被许可的中介机构的信息,甚至有一些监管机构还会在其网站上发布有关这些中介机构可为及不可为的行为的信息让投资者和企业知晓。

在发布建议、规则、通知和公告方面,绝大多数监管机构已经将互联网的使用作为其公开咨询活动过程中的一部分。尽管传统的纸质交流也需要,但是通过互联网的通信正在成为监管者、市场参与者和投资者之间对话的重要媒介。对于投资者而言,尤其是小投资者,监管机构这种主动提供投资建议的方式更受到欢迎,同时,也有利于提高监管的透明度。

在网上调查方面,监管者可以通过互联网了解投资者使用网络的情况。调查有助于监管机构知晓投资者的知识和经验状况、投资者对公司的预期、交易行为和投资者是如何看待风险的等等。

尽管互联网主要被用于监管机构强化信息披露,提高市场透明度方面,但是在查究非法证券交易活动方面也有其应用之处。比如,SEC就在其网站上设立了一个投诉中心,允许公众就一些有违规操作嫌疑的市场行为向委员会投诉。因为投诉的方式非常简便,因此自投诉中心设立以来,收到了非常好的效果。当然,对于证券欺诈等违法行为而言,互联网给它们提供了更加便利的"舞台",监管机构在这方面面临的挑战比在传统证券市场中人得多。然而不可否认的是,互联网给投资者带来便利的同时,也给监管机构带来了便利。

监管机构可以充分利用互联网的优势进一步提高证券市场的透明度,使得证券交易在一个更加公平的环境中进行。

---

① Arthur B. Laby. , Looking Beyond National Bound Aries Models of Securities Regulation in the United States, Fordham International Law Journal, 2000, Fordham Int'l L. J. 20.

五、网上证券交易的法律框架

(一)网上证券交易法律规范体系

网上证券交易涉及的法律问题非常多,涉及面也相当广,包括市场参与主体的法律身份界定、识别和认证问题、网上证券欺诈的法律问题、网上交易的税收法律问题、跨国交易的管辖权和准据法的问题、利用互联网规避法律的问题、黑客攻击及盗取密码和证券交易资金等网络犯罪问题、网络阻塞导致交易损失的法律责任问题和网上证券交易的监管法律规则问题等。这些法律问题都与网上证券交易有关,发展网上交易,这些配套的法律法规急需出台。

我国至今并没有制定所谓的网上证券交易法,当然,不光是网上证券交易法,包括整个网络法律规范也非常寥寥,很多关于网络的法律规范散见于诸如刑法、合同法等部门法当中,仅在很少部分领域制定了相关的法规或规章。可以说,我国的网络立法才刚刚起步。网上证券交易的法律规范涉及很多范畴,包括一般的网上交易法律、特殊的证券交割法律、网络监督法律和网上证券交易监管法律制度等,我国涉及这些制度的立法基本都还处于空白状态。

在网上交易的法律制度建设方面,美国的经验值得借鉴。20 世纪 90 年代中期以来,美国国会陆续对互联网及互联网商务的一些具体问题制定了法案。这些法案主要包括:网络免税法案(*Internet Tax Freedom Act*);网络公平法案(*Net Fair Act of 1998*);电子隐私权法案(*Electronic Privacy Bill of Right Act of 1998*);儿童网上隐私保护法案(*Children's On Line Privacy Protection Act of 1998*);纳税人互联网帮助法案(*Taxpayers Internet Assistance Act of 1998*);电子信箱保护法案(*Electronic Mail-box Protection Act of 1997*);电子信箱使用者保护法案(*E-mail User Protection Act of 1998*);互联网上禁赌法案(*Internet Gambing Prohibition Act of 1998*);数字签名和电子印鉴法(*Digital Signatureand Electronic Au-thentication Law of 1998*,该法案旨在许可金融机构使用电子印鉴技术,并相应地对 1968 年银行法的相关内容作修正)等等。① 这些网络法的出台,对美国 SEC 履行网上交易的监管活动提供了强有力的法律保障。网上证券交易属于互联网上商务活动即电子商务活动中的一种,其涉及到的很多

---

① 参见贺金凌:《我国网上证券交易的发展现状、问题与若干建议》,http://www. drcnet. com. cn。

法律问题不仅仅是证券市场的法律问题,更多的还是网络法律的问题,构筑起一套健全的网络法律体系,尤其是电子商务法律体系,对于包括网上证券交易活动在内的一切电子商务活动都有重大意义,这是具有紧迫性立法需求。

(二)网上证券交易的法律渊源体系

网上证券交易监管所依据的法律可以大致分为几个层次:首先,最高层次的是关于网上交易活动的基本法律。可以是专门制定的规范网上证券交易的一部法律,也可以在电子商务法当中设专章规范网上证券交易活动。其中后者相对而言比较可取,因为网上证券交易还处于发展的早期阶段,网上证券交易目前的地位仍然属于证券交易形式中的一种,除了在美国外其发展形式也比较单一,因此,在一定时期内不需要专门制定一部关于网上证券交易的法律。在作为电子商务基本法的《电子商务法》中专设一章规定网上证券交易的基本原则、内容作为开展网上证券交易活动的根本依据,也是证券监管部门进行网上证券交易监管的最基本的依据。其次,由证券监管部门制定网上证券交易的一些具体执行法规,这些法规是基本法原则的细化,可以通过多种形式公布于众。比如由监管机构发布专门的条例规章,发布一些网上交易的指引性文件等。同时,关于网上证券监管的一些组织设定,监管的方式和手段等都可以由监管部门在这一层次的规范中制定。另外,监管机构还可以在其官方网站上通过发布警告信,公布对投资者投诉的答复等形式向市场传达监管的原则和思想。再次,就是一些自律性的规范文件。由包括证券交易所、自律性质的证券业协会组织发布的一些网上交易服务的规则和倡议文件,作为市场自律性的规范约束网上证券市场参与者的证券行为。最后,在其他一些部门法律中关于网上证券交易的法律规范也属于网上证券交易法律渊源体系的一部分。比如税法当中的网上交易税收制度规范,网上安全法律中涉及网上证券交易信息保密的规范以及关于电子商务的基础法包括电子认证法、电子交易工具法、电子签名法等。

六、网上证券交易监管机制

(一)美国的网上证券交易监管机制

美国证券市场的监管机构主要美国证券交易委员会(SEC),最高委员会由五名专员组成,均由总统根据参议院的建议任命并由参议院同意。为保证委员会的中立性,不能有超过三人以上的专员来自同一个政党,其中一人被提名为证券交易委员会的主席。专员的任期为5年。专员们经常开会讨论解决一些比较重大的问题,包括解释联邦证券法律(laws)、修改现有的规则(rules)、计划新的关于改变中的市场环境的规则和执行这些法律和规则。①SEC共有4个部和18个办公室构成,并在全国设有11个分支机构。四个部门分别是公司金融部、投资管理部、市场监管部和执行部,负责基本的证券市场的监管职责。另外的18个办公室中,与在线交易涉及较多的主要是信息技术办公室和投资者教育与帮助办公室。1997年SEC向国会所作的关于技术进步(主要是互联网技术)对证券市场的影响的报告中将技术对证券市场的影响分为四个方面阐述,即公众公司、投资公司(共同基金)、投资顾问、二级市场,最后说明了委员会针对网络技术的影响采取的一些综合性和专门性的措施。② SEC只是将互联网技术看做是交易方式的革新,并不认为互联网技术的诞生和应用会彻底改变原有的监管体系,这一点在其早期的研究报告中就已经指明,并且此观点一直坚持到现在。因此,SEC通常都是对证券业中因使用互联网引发的具体问题进行个案处理,分别由各个监管部门负责应付各自监管领域内因利用网络技术而引发的问题。同时利用互联网加强对市场的监管,对投资者的保护以及与其他机构的合作。另外,SEC还采取了一些专门的措施加强对网上证券活动的监管。比如,委员会通过灵活适用和解释《1933年证券法》和《1934年证券交易法》,加强对网上违法活动的监督和惩罚,因为这两部法律对于欺诈活动的技术基础都没有作明确规定。此外,委员会还发布了大量的执行规则和有关的解释(rules and releases),以适应监管的需要;SEC的投资者教育与帮助事务办公室(OIEA)在SEC的官方网站中专门建立了一个网页,提供关于公众公司提交给委员会的报表、SEC的相关信息及近期采取的有关监管措施,还通过网站链接提供关于投资知识的一些电子手册,并且和执行部门合作在网页上公布关于证券欺诈的警告信等。除了在

---

① SEC:The Investor's Advocate:How the SEC Protects Investors and Maintains Market Integrity, available at http://www.sec.gov/about/whatwedo.shtml.

② SEC: Report to the Congress:The Impact of Recent Technological Advances On the Securities Markets,1997, available at http://www.sec.gov/news/studies/techrp97.htm.

自己的网站上外,SEC 还通过执行部在新闻组及与证券相关的在线商务服务领域发布有关的风险警告;在线监控方面,SEC 建立了一支经过专门培训的网上执法队,每周定期开展专门针对网上非法证券活动的监控,使得委员会对网上潜在的严重的欺诈活动能够采取适时的应对措施。SEC 还在其网站中建立了一个在线投诉中心,投资者可以通过电子邮件等方式将那些可能的非法活动报告给委员会,而后有关的投诉会分别投递给委员会的各个不同的部门,由它们具体处理。这样做的效果非常明显,使得委员会对传统的或基于互联网的欺诈活动都有了很好的监控;SEC 还非常注意加强与其他部门和国外监管机构的广泛合作。在美国国内,SEC 与其他部门协调建立网上交易活动的执法标准,建立了与司法部、FBI、公平交易委员会、通信委员会及其他民事或刑事执法机关的合作。同时还与包括全国证券商联合会、纽约证券交易所和北美证券管理者联合会等自律性组织有密切合作。① 另外,SEC 的国际事务办公室负责建立一套比较稳定的国际合作框架以解决与网络技术有关的问题。积极谋求与各国证券监管机构的联系合作,建立国际性的证券监管组织,提供技术上的协助与培训等。在国际证券活动的调节和管理方面,SEC 通过ICSCO 和 COSRA 等国际组织,讨论包括互联网等在内的所有证券监管议题,并在其中发挥了积极的作用。

(二)网上证券交易监管机制的三种模式

一般而言,网上证券交易的监管职权设置可以分为三种模式,即分散式、集中式和折衷式。所谓分散式就是将对网上证券交易的监管职权分别赋予原有的证券监管机构的各个部门,将网上证券交易活动的监管内容拆开。比如,网上证券的发行交由证券发行审核机关负责,网上券商资格的审核交由券商管理机构负责等。这种方式避免了新设一个机构的麻烦,只需让原有的各部门在熟悉网上交易的特点和问题之后将网上交易活动纳入其原有的监管体系内即可。包括美国、中国香港等大部分国家和地区采取的都是这种模式。集中式就是将对网上交易监管的职权交给一个专门的网上交易监管机关,由该部门专门负责对所有网上证券活动进行监管。这种模

---

① SEC:Report to the Congress:The Impact of Recent Technological Advances On the Securities Markets,1997,available at http://www.sec.gov/news/studies/techrp97.htm.

式突出了网上交易监管的专业性,实际上是在原有的监管体系之外建立一个新的网上证券交易监管体系,需要大量的人力、物力和财力作支撑。折衷式顾名思义就是建立一个新的机构但并不是将所有的监管职权都交给这个新的机构,而是由这个机构负责有关的一些联系性事务,而具体的监管职权还是交给原有的各监管部门。这种模式既突出了网上交易监管的专业性,需要投入的代价也不会像第二种模式那么大,但可能会遇到网上交易监管的效率不高等问题。

根据以上网上交易监管职权设置的模式,网上证券交易的监管机构的设置也可以分为纵向、横向及协调机制三种。纵向监管机制下,由最高证券监管机构(比如美国的证券交易委员会)设立一个专门的网上证券监管部门,由最高监管机构统一领导网上证券交易活动的监管,具体监管职责则交由新设立的这个网上证券监管部门负责。该部门具体负责两个方面的工作:具体监管和宏观协调。具体监管主要是指对网上交易市场的具体交易行为进行监督管理,包括对网上证券发行、网上证券委托买卖、网上证券信息发布等的监管;宏观协调方面则包括负责制定相关的市场准入标准,加强网上证券监管专业技术人员的培养,开展对互联网上证券交易发展情况的研究,提交制定专门的监管法规的建议,以及具体负责就网上交易活动与他国证券监管机构的交流与合作等。与之对应,在该最高证券监管机构派驻各地区的机构中配备有关的专业监管工作人员,负责专门的网上证券交易监管。横向监管机制则比较简单,不涉及新部门的设立,只是将以上职权分散于证监会的各职能部门行使,在证监会的发行监管部门、市场监管部门、上市公司监管部门等内部增加网上交易方面的监管职能。这种机制就不将网上证券监管单独划开作为一个独立的监管系统,也不需要在各派出机构当中设置相关的专业监管人员。而所谓协调机制实际上是监管者在设计监管体制时在纵向模式和横向模式之间选择的一种折衷模式,这种模式的弹性非常大,具体的部门设置可以根据市场发展的状况和监管的需要调整。一般来说,这种模式主要表现为仍然是由最高监管机构设立一个新的部门,这个部门具体只负责关于网上交易的宏观建议和研究,必要时联络和协调各具体监管部门实施特别的监管活动等非具体的监管职能,相当于一个协调和研究机构,主要负责关于网上证券交易监管的宏观性的协调工作。这种协调机制只是在最高监管机构内部设立一个新的部门,也不涉及在派出机构当中增设专门人员的问题。虽然这种模式不同于前两种模式那样在制度设计上走极端,但也容易引发市场监管的效率低下等问题。

可以说这三种机制各有利弊,从来就不存在绝对完美的制度。采用何种模式应该根据本国的实情和网上交易发展的现状决定。

(三)网上证券交易监管机制模式的选择

从与网上交易发展状况协调的角度看,横向机制比较适合网上交易发展程度不高的情况,因为这时网上交易在整个证券市场中所占的比重不大,新型的交易行为还不多,有关的配套法规还没有建立起来,这时的监管往往都是由监管机关依据传统的证券法律法规进行机动性比较强的调整,不涉及整个体制改革的问题。纵向机制则比较适合网上交易发展到一定程度的阶段,这时有关的网上交易法规已经初步建立起来,监管行为更显专业化,需要一个专门性的机构专职负责,这时设立一个独立的网上交易监管机构是比较可取的。协调机制则介于二者之间,其适合的情况比较宽,可以说在任何情况下都可以尝试,但也需要注意协调监管的效率问题。

从政府对市场的管理策略看,纵向监管对市场的管理比较集中,属集权性机制。这种机制对市场的管理往往比较严格,对市场的引导主动性非常强,监管机构对市场走向的控制力更强。但不利于市场的创新,市场自发性的创造被限制得比较死;横向机制则正好相反,属分散性机制。市场监管者对市场的发展奉行宽松的监管理念,放任市场自发性的创新活动,依据基本的市场监管原则和法律规范对违反这些原则的行为进行监督和惩处。这种机制往往也容易导致监管者对市场的控制力弱,可能使得市场的发展偏离正常的轨道,一旦监管不及时或不恰当会带来巨大的负面后果。同样,协调机制介于两者之间,既非集权性也不是分散性的监管机制。

美国的网上证券交易监管采取的无疑是横向监管机制的模式,这和美国的市场监管理念有关,美国奉行的是自由市场经济,强调国家对市场尽量少的干预,因此,其对网上证券活动的监管显得被动性更强一些。而且美国奉行的是判例法,法官对市场行为的判断往往不死守法律的框架,对于日新月异的网上证券活动通常都能给予适时的规范,这与一般的成文法国家不同,面对新兴的市场行为,法官往往会因为法律规定而无法作出裁判,司法对网上证券活动的调整就显得不够灵活,适时性也不够。这也是影响监管机制模式选择的因素之一。可见,对网上证券交易监管机制的选择受到很多因素的影响,监管者需要根据多方面的状况谨慎设计监管体制,同时,这一体制还要和市场监管的法律规范相协调。

网上证券交易是伴随着计算机互联网技术的发展而产生的一种新兴的证券交易方式。这种交易方式改变了传统的证券交易模式,将计算机网络技术广泛应用于证券交易的各个环节,为证券市场参与者带来了各种便利和好处,但给证券监管部门带来的挑战也是不言而喻的。这种挑战根源于网上证券交易所具有的虚拟性、开放性、无国界性及由此而带来的交易方式及交易制度的变革。我们应该认识到,借助于网络进行证券交易本身不违背证券交易的法律原则,恰恰是技术进步对人类交易制度的贡献,是制度进步的表现,但这种交易方式的创新是证券交易法所无法给予明确规范的,如果没有监管机构的及时应对,很可能造成极大的市场混乱,给一个国家的资本市场带来巨大的负面影响。因此,面对网上证券交易的兴起,各国政府既没有因网上交易的巨大风险而因噎废食地对之进行阻止或限制,也没有听之任之,而是采取积极的措施加以应对,以控制网上交易风险、促进网上交易发展为基本方向,加强对网上证券交易的疏导和监管。强化网上证券交易监管既是保障投资者权益,进而推动网上证券交易市场发展的需要,也是维护良好的证券市场秩序,发展和完善证券监管体系的客观要求。

就监管的指导思想而言,我们认为:监管机构应充分认识到网上证券交易还处在一个不断发展的过程中,与此同时,网上证券交易的监管应该以推进网上证券交易的发展为目标,监管策略从被动应付向主动规范转变,不断探求监管手段的创新。为此,要密切留意新技术的增长给投资者和市场带来的益处,同时要通过对证券法采取灵活的解释和修改来鼓励试验和创新;采取有效的方式保持增进电子媒介给市场带来的益处的目标与保护投资者及市场,使其远离欺诈和滥用行为两方面之间的平衡。

关于监管原则,我们主张:证券监管的目标和基本原则不会也不应因交易媒介的改变而改变,因此网上交易监管首先需要坚持传统证券监管的基本原则,包括诸如"公开、公平、公正"原则、保护投资者利益原则、信息披露原则、保持政策法规连续性原则、国家监管与行业自律相结合原则等。在此前提下,基于网上交易的特殊性,监管机构对网上交易活动进行监管还需遵循安全至上、适时性与一贯性相结合、加强投资者教育及国际合作等原则。

就网上证券交易监管机构及其职权设置来看,有分散式、集中式和折衷式三种类型,三种类型均有其优点和不足,如何设置应由本国的国情和法律文化所决定。

第三章　网上证券交易市场
主体及其监管

　　网上证券交易的快速兴起正在影响着证券市场结构和证券市场主体的行为方式。交易方式及信息传播途径的改变,在深刻地影响着市场结构的同时,也给投资者保护这一证券法的核心价值目标之实现增加了新的难度,如何加强对相关市场主体的监管成为监管当局的一个很大的难题。本章将从网络技术对市场主体的影响入手,集中探讨网络证券经纪商及新型电子交易市场的监管问题。

第一节　网络证券经纪商市场准入及其监管

一、网络证券经纪商监管面临的新难题

　　基于互联网的网上证券交易包括:互联网股票经纪、互联网上股票直接发行、互联网上直接撮合证券买卖三个层次。由新技术带来的不同层级的网上证券交易对作为传统中介的券商而言,产生的影响各不相同。互联网上股票直接发行以及互联网上直接撮合证券买卖是网上证券交易的较高形式,此二者对券商的证券服务业的影响可以说是根本性的。它们使证券发行人和投资者绕开了券商,从而彻底改变了证券投资者、发行者及券商三者之间的关系,使证券服务行业不得不面临重新定位的问题。① 由于随后的有关章节将对网

──────────

　　① 但正如国外学者所分析的,网上证券交易的发展,证券商等证券服务行业并不会随之消失,只不过会迫使其在服务质量和服务特色上的不断提升,并催生一些新的服务领域和内容,如

上证券交易系统,证券交易所的地位及监管作专门的分析和探讨,因此,本节仅从投资者保护角度去分析网上证券委托交易所带来的证券经纪商监管难题。

(一)证券经纪商监管的必要性

证券经纪商①是证券业发展到一定阶段的产物,其发展程度也是衡量证券市场成熟度的重要标志。其产生的原因在于随着证券交易量的增大,一方面证券交易场所有限的容量无法满足所有大众投资者都直接进入交易所进行交易;另一方面管理者也难以对证券交易进行监管。因而各个国家和地区的证券法开始确立证券交易的入场特许制度,即只有经过证券交易所特别认可或同意的个人和机构才能直接进入证券交易场所或交易系统进行交易,也就是说大众投资者只能通过委托中介机构进行证券交易。券商向投资者提供特殊中介服务的证券经纪业务由此产生,并很快成为券商的核心业务,而对证券经纪商的监管也随之成为证券监管的重要内容。

之所以要加强对证券经纪商的监管,首先是基于投资者保护的客观需要。保护投资者是维系市场信心、促进市场繁荣的前提。因此,IOSCO 会及各国政府均将“投资者保护”作为证券监管的首要任务。“当越来越多的初次加入的投资者为寻求未来收益的安全,支付家庭开支,送孩子上大学而进入市场时,这一任务就更加紧迫了。”②在证券经纪业务活动中,券商和投资者之间构成了貌似平等的委托交易的代理关系,但由于证券发行和交易中涉及很强的专业性和技术性,投资者和作为职业经营者的券商无论在信息的拥有还是在决

信息验证、智能代理人设计、谈判技巧及投资顾问、财务分析等将会显得愈发重要。未来的证券服务业也必将凤凰涅槃、浴火重生。See Howard M. Friedman, Securities Regulation in Cyberspace, the 3th ed. , Aspen Publishers,2007 Supplement, Foreword, p. xxvii.

① 尽管对于券商的概念和分类各国界定并不相同,但通常认为券商是经常性地经营证券业务的专业性组织和个人。根据其在证券交易中所充当的角色及从事证券交易活动的性质不同又可作出不同的分类:接受证券发行人委托为发行人销售证券的为证券承销商(underwriter);用自有资金以自己名义买卖证券并独立承担证券交易风险的为证券自营商(dealer);而接受投资者委托指令协助投资者买卖证券或者进行其他证券投资活动并收取一定的费用作为报酬的券商则为证券经纪商(broker)。周友苏主编:《新证券法论》,法律出版社 2007 年版,第 468 ~ 474 页。

② The Investor's advocate: How the SEC Protects Investor and Maintains Market Integrity, available at http://sec. gov/about/what we do. sthml.

策的形成上都处于非均衡的地位。券商因其拥有的特殊专业技能和信息优势而处于主导地位,而大众投资者则通常处于被动接受的弱势地位。加之证券经纪商是以获取佣金为目的,佣金的多少与其创造的客户交易量大小直接相关,吸引客户和增加交易量是证券经纪人赖以生存的基础,利益诱惑经常驱使经纪人不惜违背职业道德,向客户提供不真实、不准确的信息或诱导交易,以获取高额的佣金,损害投资者利益。此外,挪用和占用客户账户保证金或证券的情形也时有发生,券商的破产和倒闭也使委托其代为理财的投资者蒙受巨大的财产损失。因此,基于保护投资者利益的需要,必须对证券经纪商进行监管和约束。

同时,加强对证券经纪商的监管,也是维护公平竞争的交易秩序和维护整个金融业稳健经营的客观要求。券商之间的恶性竞争,不仅会造成整个市场的低效、无序,而且有违公平竞争的原则。金融市场风险的传递性也对券商的稳健经营提出了更高的要求。美国财政部前部长保尔森就称,即使是只有一家证券经纪交易商经营失败,就足以令举世哗然。在这次金融危机中,美国最大的五家证券经纪交易商相继出现严重的经营问题,不仅对美国的金融市场造成了巨大冲击,甚至影响了国际金融市场,其教训可谓深刻。

面对投资者利益保护、市场公平竞争及金融业稳健经营的现实要求,国际组织和各国政府都对券商准入设置了一定的门槛,即便是实行注册制的国家也不例外。如美国对券商市场准入的注册要求主要体现在以下三个方面:(1)对净资本额的要求(net capital rule)。SEC要求券商在任何时候都能保持足够的流动资产,以便在其经营出现问题时满足客户的清偿需要。券商必须根据他们经营证券品种的不同按一定比率来保持一个最小的净资本水平。根据净资本规则,净资本被定义为"资产超过负债的部分",在计算时要根据规定进行一系列认定和扣除的调整。根据美国《1934年证券交易法》规则15c3—1的"基本方法"计算,券商通常至少要保持2.5万美元净资本数额。在券商并不持有客户资金与证券,且以指定方式开展经纪业务的情况下,此最低标准为5000美元;若开展交易业务,最低标准为10万美元;若经纪商选择以包销方式开展证券承销业务,应至少保持3.5万美元的净资本。(2)对从业人员资格的要求。美国对券商的从业人员有一系列的资格约束条件,包括必须通过SRO证券资格考试等。很多证券从业人员都参加更加综合的

"Series 7"考试,如果从业人员涉及特定种类的证券如市政债券、期权交易等,可能还需要参加专门针对这些领域的考试。证券公司内部的不同人员都必须通过一定的资格认证考试,不管是内部管理人员还是负责专门接收客户交易指令的助理交易员,在上岗之前都必须参加专门的考试,而且这些专门的考试都以通过"Series 7"考试为前提。(3)对券商风险防范能力和客户利益保障措施的要求。SEC 要求券商建立防范风险的内控制度,并采取措施保护客户的资金安全和妥善管理客户托管给券商的各种证券。SEC 对于券商还有其他一些要求,如:保存全面准确的台账和交易记录、对客户的私人金融信息保密、接受监管机构的检查、积极参与反洗钱等。券商申请注册时必须按照 SEC 的要求提供全面、真实和准确的信息。如果 SEC 发现申请有下列三种情况,可以拒绝注册:(1)申请资料不完整。(2)申请者不具备从事证券业务的道德和精神水准。判断标准是先前有无证券犯罪,被发禁止令、吊销资格,申请者有无从事非诚信或道德证券交易活动。(3)申请者不具备从业资格。包括申请者的职业培训、经验、证券交易知识等。

1989 年 9 月,IOSCO 在其第 14 届年会上通过了技术委员会的报告——《证券公司资本充足率标准》。该标准是证监会国际组织的第一个关于证券公司资本充足率监管的文件。随后,在 1998 年 5 月及 1999 年 5 月,证监会国际组织的技术委员会先后发布了题为《在规定条件下,使用模型确定国际活跃证券公司最低资本标准的方法》及《确认证券公司为计算必要监管资本目的的内部市场风险模型——对监管者的指引》的报告。这三份报告适应了近几年来证券公司面临的风险特征的变化及风险管理技术发展的要求,共同建立了对证券公司进行资本监管的框架,决定了证券公司资本监管的基本方式和走向。目前,已建立以净资本为核心的证券公司风险监管体系的国家和地区有:美国、英国、欧盟、澳大利亚、中国香港、新加坡和马来西亚等。这些国家和地区均通过净资本等指标对证券公司进行风险监控,并在法律上规定了当证券公司净资本等指标低于规定标准时应限期补足,否则监管部门有权采取限制其业务活动直至关闭公司等监管措施。我国也于 2006 年始建立和实施了以净资本为核心的日常经营风险监控制度,强化风险量化和动态监控。

从各国的实际经验来看,对证券经纪商的监管措施主要包括以下内容:(1)以诚信与资质为标准的市场准入制度。即建立和完善包括机构设置、业务牌照、从业人员特别是高级管理人员在内的市场准入制度,防范不良机构和人员进入证券市场。设立证券公司必须满足的法律法规对注册资本、股东、高级管理人员及业务人员、制度建设、经营场所、合规记录等方面的设立条件。(2)以第三方存(托)管为基础的客户资产保护制度。在账户规范的基础上,实施了对经纪业务客户交易结算资金由第三方存管。(3)以信息真实透明为目标的信息公开披露制度。此种信息披露制度的设立是为了确保券商披露信息真实完整,提高券商经营活动和财务状况的透明度,有助于投资者了解券商的状况及其变化,在自主识别机构风险的基础上选择券商,并加强对券商的监督。(4)建立以净资本为核心的经营风险控制制度。强化风险量化和动态监控。(5)以风险提示为主要内容的投资者教育制度。规范券商营销行为,要求券商在营销活动的各个环节如实介绍产品并充分揭示风险,培育和增强投资者自我保护意识及自我保护能力。(6)投资者补偿制度。各国政府纷纷成立了证券投资者保护基金,以减少因券商破产而给投资者带来的损失。

(二)网络证券经纪商监管面临的新难题

网上证券交易的兴起给传统的证券经纪商带来的影响现在还无法估量。SEC 在给参议院提交的关于新技术对证券影响的报告中,就提出了以下追问:"最大的问题是网络经纪会走向何处?它是代表一个进化步骤还是一个革命性的事件?它是否只是体现经纪从基于电话的技术平台向基于互联网的技术平台发生的自然进化?或者其是否表示一场未来将采用的经纪方式的革命?它是否会成为每个经纪商必要的渠道?技术是否会推动全能券商和更大规模网上券商的业务模式发生趋同?"①尽管我们还无法推断网上证券交易是否会给传统的证券经纪业务带来颠覆性的影响,但证券经纪商以极大的热情拥抱互联网技术已经成为无可争议的事实。就证券监管而言,网上证券交易已经引发一系列难题,例如:(1)随着现代信息技术的发展,不仅券商注重通过网络开展业务,一些非证券类企业(特别是 IT 企业)也开始渗入证券领域,这些非证券类企业通过自己开设的门户网站,推介证券甚至撮合交易,这使得券商与一般证券门户网站的界限变得模糊。那么,这些门户网站是否属于证券经

① 1999 年美国《证券交易委员会报告》,第 32~97 页,转引自[美]路易斯·罗思、乔尔·赛里格曼:《美国证券监管法基础(下)》,张路等译,法律出版社 2008 年版,第 597~598 页。

纪商的范畴？是否应该接受证券法的约束及监管部门的监管？(2)在证券业发展的过程中,产生了券商对其委托人(客户)的信义义务。为保证此种义务的履行,在证券法的发展过程中形成了包括推介业务的适合性及最佳执行义务等一系列的规则。如何在网上适用适合性原则？网上交易对经纪商的最佳执行义务会产生什么影响？也成为监管部门颇为伤神的问题。(3)什么时候境外券商的网站会引发监管需求？对券商的网站内容应该作出什么样的限制？券商和他的客户之间应该如何通过电子手段交换文件和数据等,也是传统条件下监管部门所未曾遇到的问题。此外,还有其他一些相关的问题也需要监管部门予以关注,如证券交易将如何影响市场数据？以及网上经纪会对投资者隐私产生什么影响等。这些问题不仅需要我们关注而且需要逐步予以破解,国际社会为此已经作了不少努力。当然,对如何解决这些问题,理论界存在一定的分歧。本节就其中最突出的几个问题进行探讨。

二、市场准入制度及其完善

券商市场准入制度解决的是券商资格获得问题,即取得券商资格应该具备何种资质和条件,以及依据什么样的程序获得该资格。包括市场进入与退出自由在内的经营自由原则,是市场经济国家所奉行的一般原则,然而这一原则并不能完全适用于所有的领域和行业。证券业作为现代金融体系的核心构成部分之一,其进入者需要具备特殊的资质和条件,这是国际社会普遍的做法。在传统经济条件下,不同行业之间界限分明,企业性质也比较容易界定。互联网技术的普及,不仅使得传统的证券企业开始积极采用互联网技术进行业务操作,而且为非证券类企业,尤其是大量 IT 企业通过门户网站等方式涉足证券资讯的传播和分析及特定证券的推介等领域提供了机会。这就使券商(尤其是证券经纪商)的身份界定问题变得异常复杂。监管部门面临的主要问题是,对于这些新型的从事一定证券资讯宣传、推介的企业门户网站的性质如何认定？它们是否应被视为网络证券经纪商从而接受证券监管部门的监管等。这里面涉及的不只是单纯的原有券商概念的重新认定等技术性问题,实质上还包含有对互联网技术与证券业结合持扶持抑或限制的政策选择问题。

(一)美国经验

美国是网上证券交易业务最为发达的国家,对网上证券交易给证券业所带来的影响也最为关注,在如何对待和认定网络券商方面作了不少探索。美国是实行券商注册制的国家。① 依据美国《1934 年证券交易法》第15(a)条的规定,任何一个跨州进行证券业务的证券经纪—交易商必须向 SEC 申请注册,各州《蓝天法》(the blue sky)也要求在州内进行证券业务的经纪—交易商进行强制注册。要确定一个个人和企业是否必须注册,首先需要界定其所从事的业务活动是否属于证券经纪业务的范畴。美国《证券交易法》第3(a)(4)条将证券经纪商定义为"为他人账户从事证券交易业务的任何人"。也就是说,为他人账户从事证券经营是证券经纪商的基本特点。在传统业务内,对何为证券经纪商的认定也不复杂,但随着网上投资服务形式的多样化,监管者面临着需要对"什么样的企业或个人必须被作为证券经纪—交易商要求注册"进行重新精确解释的问题。例如,为证券买卖双方提供联系平台的电子公告板系统是否需要注册为经纪商? 为招股说明书或其他证券发行资料廉价提供电子投递业务的网络经营者是否属于证券经纪—交易商的范畴? 通过网站为养老金计划提供记录保管和管理服务及投资建议的公司是否属于证券经纪商? 等等。

在确定网站的经营者经纪商身份的有与无上,SEC 将目光聚焦在以下几点,并形成了一系列标准:

---

① 基于市场发育程度的不同及监管理念和文化的差异,各国券商的市场准入制度并不相同,就世界范围大体上存在豁免制、注册制和许可制三种不同的制度。豁免制是指,券商无须申请就可自由从事证券业务,这是从商自由原则在证券领域的极端体现。但是,这种制度主要是在证券业发展的早期阶段存在,目前纯粹的证券业准入豁免制度已经不复存在,即便是实施豁免,也只是针对部分法律主体。注册制,是目前市场发达国家所普遍采用的一项制度,其基本含义是,只要申请人符合法律的规定即可注册成为从事证券交易的交易商或经纪商。美国是实行注册制的典型国家。美国《1934 年证券交易法》规定,从事或代理他人证券买卖的证券商,必须注册。美国《统一证券法》规定,凡在州内从事证券流通业务的必须登记,未经注册从事证券业务将构成犯罪。许可制的基本含义是,从事证券业务不仅要符合法律规定的条件,并依法进行登记,而且在注册登记之前必须获得法律规定的主管机关的许可。由于许可制将许可与否的自由裁量权交付于主管机关,因而券商的从业机会和人员数量都受制于主管机关对证券市场发展的认识。实施许可制的代表国家是日本。日本在 1965 年之前对券商的设立实施注册制,结果导致券商数量过度膨胀,最终导致部分券商破产、倒闭,严重影响证券市场的稳定和投资者的信心。1965 年日本修订《证券交易法》,规定券商经营证券业务之前必须向大藏省提出申请,由大藏大臣对申请实施许可,未经许可的券商不得经营证券业务。参见周友苏主编:《新证券法论》,法律出版社 2007 年版,第 478～479 页。

1. 是否经常性地从事证券业务,即经常性标准(the regularity criteria)。在美国,并不要求券商的主营业务或收入的主要来源是证券的买卖,证券买卖可以是其业务的一小部分。机构经常性或较为持续性地从事证券交易业务是判定其券商身份的一个很重要的参考因素,因此,一个非证券机构,即便其主营业务并非从事证券交易,但却经常性地从事证券业务,就有可能被视为证券经纪—交易商(只要具有充分的经常性,即便是买卖自己的证券的某发行人本身就是交易商)。相反,如果偶尔一次的证券活动则可能不构成经纪商。

2. 提供服务的内容和方式(the manner and content criteria)。在认定某人或某机构是否属于券商身份时,SEC 通常会结合该机构或个人在证券交易中所扮演的角色及其在证券销售环节中的作用来加以分析和评判。如果一个企业业务的一个部分,帮助证券发行人达成一个推荐的交易,帮助发行人识别潜在的购买者,从事大肆宣传或其他形式的招揽活动,参与指令提取或发送程序,SEC 会认定其在为他人利益从事证券交易。例如,根据服务内容和方式标准,SEC 认定 Transfer Online 过户系统(Transfer Online,一个非银行转让代理机构为其客户开设的一个在线股票交易公板)为经纪商,要求其注册登记。因为该系统的注册使用者不仅可以通过它的网站传递要约和反要约,而且当一个买入方和一个出售方达成交易时,Transfer Online 会交换邮件,确认交易,进行交割。相反,如果一个公司仅开设用于向其经纪商传递的证明,购买者有充足资金充裕存放于其他经纪商处的充裕资金证明函(letter of free funds),则不被作为经纪商对待。①

3. 是否以成交量收取佣金,即佣金标准(compensation criteria)。经纪—交易商为了有效提供服务,有时必须借助他人来发布或传递信息。由此产生一个问题:什么情况下,仅提供或传递信息就足以构成为他人账户进行证券交易从而引发注册要求?衡量某人是否从事证券交易的重要因素之一就是该人是否以成交量为基础收受佣金。如果不收取佣金,SEC 很少将其作为证券经纪商对待。然而,如果其以交易量为基础收受佣金情况则完全不同。因为,由

----

① 参见 Loffa Interactive Corp. , Inc. (No-Action Letter, Sept. 26, 2003) , 2003 SEC No-Act. LEXIS 708 . Also see Howard M. Friedman, Securities Regulation in Cyberspace, the 3th ed. , Aspen Publishers, 2007 Supplement, Foreword , § 16. 02.

此必然导致收取佣金的经纪商为寻求自身利益最大化而无视客户利益的利益冲突行为。网络运行者享有经济利益却不承担经纪商对客户所负的特殊义务是 SEC 所不能容忍的。因此,SEC 要求它们必须作为经纪商置于监管部门的全面监管之下。①

值得关注的是,在线经纪商和互联网门户网站(如 Yahoo、Finance,Quicken 等)之间日益紧密的联系正在迫使 SEC 开始考虑放宽"非证券经纪商不得接受以成交量为基础的佣金"的禁令。在经纪业之外,广告商正在不断地以消费者与互联网门户网站超级链接之后的实际成交量,而非以在线浏览的标题广告的人数为基础,向门户网站支付费用。既然 SEC 允许经纪商就每笔指令的传递向门户网站支付一个平台费,那么经纪商完全有可能以指令实际执行情况(成交量)为基础向门户网站支付报酬,而非单纯地按每笔传递的指令来支付平台费。② 此外,SEC 还注意到通过超级链接可以实现资讯由普通门户网站向经纪商的网站之间便利转移这一事实,经纪商也同样可以轻松地通过其他的门户网站进行证券推介。这将引发大量的传统纸质广告时代所未曾存在的监管难题。鉴于门户网站和传统经纪商之间界限日趋模糊,美国 SEC 总法律顾问向 SEC 建议采用"有限意图经纪商"(limited purpose broker)这一概念,设计相对简易的监管规则以适用对门户网站的监管。在排除适用于经纪商的全面监管规则的条件下,这一思路有助于解决投资者保护的问题。③

透过美国 SEC 的监管实践,我们可以发现以下几点:(1)对于网上证券交易给证券经纪业带来的冲击和影响,SEC 有较为充分的思想准备。从 1997 年 SEC 向国会提交的《新技术对证券市场影响的报告》到 1999 年 SEC 委员的安格尔报告(Laura S. Unger,On-line Brokerage:Keeping Apace of Cyberspace),美国证券监管机构较为充分地认识到了网上证券交易对证券业,尤其证券经纪

---

① 参见 SEC Interpretation:Use of Electronic Media,SEC. II. C. 2,SEC Release No. 33-7856(April 28,2000).

② 参见 Laura S. Unger,On-line Brokerage:Keeping Apace of Cyberspace,Federal Security Law Reporter. Nov. 22,1999.

③ 参见 Judith Burns,SEC Ponders Definition of Broker As Web Sites Offer Similar Services,Wall Street Journal,Jan. 10,2001,p. 15.

行业的影响。(2)积极应对。面对证券经纪行业所出现的新情况,SEC 没有采取回避的态度,而是积极应对。一方面对原有规则及时作出新的解释,扩大原有规则的适用,避免监管盲区;另一方面,通过颁布不行动函或禁止令等方式就个案作出处理,并在具体案件处理的过程中逐步形成一套判定和甄别的标准,以决定何类主体应该被视为经纪商进行注册登记,哪些主体不具有经纪商的特点,可以豁免注册。(3)注重在投资者保护和新技术推广运用之间寻求平衡。在 1997 年的《证券交易委员会报告》中,SEC 就明确提出政府“要密切留意新技术的增长给投资者和市场带来的益处,同时要通过对证券法采取灵活的解释来鼓励试验和创新”的指导思想。这一指导思想在随后的监管实践中得到了较好地贯彻和体现。如关于非券商企业门户网站报酬收取制度的调整及安格尔报告关于“有限意图经纪商”的设想,都反映出监管部门对互联网技术与证券市场结合所持的开放与务实的态度,同时也体现出“疏导胜于堵截”的监管理念。(4)力求保持规则的弹性与监管的透明。SEC 已经认识到电子媒介及其使用仍然还在不断发展中,所以竭力避免武断地下结论和草率地制定僵硬的规则。SEC 更多的是通过颁发非行动函、禁止令等个案处理的方式来指导实践,以保证规则的弹性和连续。这种慎重的态度也是一种理智的反应。(5)着力维护公开、透明和富有竞争力的市场。从其网络券商准入政策及监管措施我们可以看出,对于 IT 行业参与证券竞争,美国证券监管机构的态度十分明确,即通过市场的开放促进市场的竞争。当然,网上证券交易毕竟是新兴事物,许多难题并没有真正破解,SEC 的监管实践也处在不断地探索中。

(二)我国的网络券商市场准入制度介绍

与西方国家替代交易系统所提供的完全网上证券交易不同,我国目前网上证券交易服务还处在一个低层次的阶段,只允许证券公司开展网上委托业务。也就是说,我国仍然是以传统证券交易所证券交易为基础的网上经纪业务。对于网上证券交易业务,我国实行严格的经营许可证制度。针对网上证券经纪业务不规范的问题,1999 年 4 月 19 日中国证监会颁布了《关于进一步加强证券公司监管的若干意见》(以下简称《意见》)。该《意见》规定,未经中国证监会批准,证券公司不得利用因特网进行证券交易。随后,证监会于2000 年 4 月颁布的《网上证券委托管理暂行办法》(以下简称《暂行办法》)对从事网上证券委托的主体资格和技术条件等都进一步作了明确规定。《暂行办法》第 27 条规定,证券公司申请开展网上委托业务,需要具备以下条件:建立了规范的内部业务与信息系统管理制度;具备一定的技术风险控制能力;建立了一支稳定的、高素质的管理团队;在过去两年内未发生重大技术事故。在此之后,证监会出台的《证券公司管理办法》对设立专门从事网上证券经纪业务的公司及传统证券公司开展网上委托业务的条件予以明确。即设立专门从事网上证券经纪业务的证券公司除需要满足《公司法》《证券法》及证监会所要求的证券公司的一般条件外,还必须满足一定的证监会所要求的特殊条件,而传统证券公司也只有在满足特定的条件后才能开展网上委托业务。现就其主要规定简述如下:

1. 设立专门从事网上证券经纪业务的证券公司应具备的条件

我国对于证券公司的设立一直奉行的事前审核的许可设立主义原则,设立证券公司必须满足法律法规对注册资本、股东、高级管理人员及业务人员、制度建设、经营场所、合规记录等方面的设立条件;在准入环节对控股股东和大股东的资格进行审慎调查,鼓励资本实力强、具有良好诚信记录的机构参股证券公司。设立专门从事网上证券交易业务的公司,其条件更加严格。

(1)出资人或发起人要求。设立网上证券经纪公司首先必须满足我国《公司法》和《证券法》关于公司股东人数及条件的要求,即证券有限公司应由 50 名以下股东出资组成,证券股份有限公司应当有 2 人以上 200 人以下的发起人。此外,《证券法》第 124 条对主要股东的条件作了要求,即"证券公司的主要股东必须具有持续盈利能力、信誉良好,最近三年无重大违法违规记录,净资产不得低于人民币 2 亿元"[①]。需要注意的是,从海外网上证券经纪公司的情况看,这些公司的主要出资人或发起人来自各个领域,有证券公司,有 IT 公司,有资讯服务公司,有工业类企业等。还有一些是由自然人发起设立,吸

---

① 2008 年 4 月国务院颁布的《证券公司监管条例》将上述条件又进一步细化为:"有下列情形之一的单位或者个人,不得成为持有证券公司 5% 以上股权的股东、实际控制人:(一)因故意犯罪被判处刑罚,刑罚执行完毕未逾 3 年;(二)净资产低于实收资本的 50%,或者负债达到净资产的 50%;(三)不能清偿到期债务;(四)国务院证券监督管理机构认定的其他情形。"(《证券公司监管条例》第 10 条)

引风险投资基金投资发展起来的。但我国的情况不同。我国证监会颁布的《证券公司管理办法》第 7 条规定,设立专门从事网上证券经纪业务的证券公司的,"证券公司或经营规范、信誉良好的信息技术公司出资不得低于拟设立的网上证券经纪公司注册资本金的 20%"。因此根据现行的法律框架,网上证券经纪公司的设立多以证券公司为发起人和主要出资人,IT 公司参与发起。在网上证券经纪业务发展的早期阶段,这种要求有助于专门从事网上证券业务的证券公司有足够的证券业务经验和信息技术支撑,但随着信息技术的发展和普及,这一规定是否还应该继续予以坚持,值得讨论,对此我们后面再作进一步的论述。

(2)注册资本金要求。证券业对资金量的要求往往是比较高的,网上证券经纪公司自然也不例外。技术开发投入、计算机软硬件投入、证券从业人员和专业技术人才的吸引、服务网点的设立等等,都需要大量的资金投入。考虑到我国网上证券经纪公司今后一段时间在发展规模、客户数量和客户资金量等方面的增长会非常迅速,同时网上证券经纪公司所面对的风险和责任比非网上证券经纪公司要更大,一旦发生偿付能力方面的危机,影响面往往比较大,会对社会造成一定的冲击。因此,为了确保网上证券经纪公司的偿付能力,保护投资者的合法权益,维护证券市场的持续发展,需要对网上证券经纪公司的注册资本金设置一个"门槛"限制,同时设定网上证券经纪公司财务风险监管指标。在注册资本金方面,依照我国《证券法》第 127 条的规定,设立从事证券经纪、证券投资咨询、与证券交易和证券投资活动有关的财务顾问等业务的证券公司的,其注册资本最低限额为人民币 5000 万元,注册资本应为实缴资本。此外,《证券公司管理办法》对证券公司的财务风险监管作出了规定,规定经纪类证券公司的净资本不得低于 2000 万元,其对外负债(不包括客户存放的交易结算资金)不得超过其净资产额的 3 倍;当出现净资本低于证监会规定金额的 120% 或者比上月下降 20%,或者净资本低于对外负债的 10% 以及其对外负债超过其净资产两倍等情形时,必须在 3 个工作日内报告中国证监会,并说明原因和对策。很显然,这一要求同样适用于网上证券经纪公司。考虑到我国网上证券经纪公司的特点,我们认为财务风险监管指标要求可以适当提高,如有专家所建议的,网上证券经纪公司的负债总额(不包括客户存放的交易结算资金)不得超过其净资产额的 280%,同时其流动资产余额不得低于其流动负债余额(不包括客户存放的交易结算资金)。①

(3)技术条件。网上证券经纪公司对技术条件的要求相当高,同时又是全方位的。网上证券经纪公司的设立,必须:有符合要求的网络交易硬件设备和软件系统;网上证券经纪业务系统中,有关数据传输安全、身份识别等关键技术产品必须通过权威机构的安全性测评,网上证券经纪业务系统及维护管理制度必须通过权威机构的安全性认证;具有控制网上证券经纪业务有关风险的技术、管理和业务等方面的有效措施;拥有完善的系统故障应急方案,包括信息传播及委托方式的转移、数据及系统的恢复措施等;拥有比较完善的技术服务支持体系、技术岗位管理制度、技术风险管理制度、应急管理体系和实时监控系统等。网上证券经纪公司所涉及的技术问题比较复杂,专业性很强,在评估网上证券经纪公司的技术条件过程中,监管机构应广泛听取技术专家的意见。

(4)管理人员资质条件。网上证券经纪公司的设立和运作需要多方面人才,证券交易专家、投资咨询专家、技术和管理人才、法律专家、市场推广人才等,都是必不可少的。从我国目前的情况看,证券公司拥有大量的证券交易和投资咨询等方面的专家,IT 公司拥有一批高素质的技术人才。因此证券公司和 IT 公司共同发起设立网上证券经纪公司,可以很好地实现两者在人才资源方面的优势互补。《证券公司管理办法》规定,设立经纪类证券公司,具备证券从业资格的从业人员不少于 15 人,并有相应的会计、法律、计算机专业人员;设立专门从事网上证券经纪业务的证券公司,还要有 10 名以上计算机专业技术人员并能确保硬件设备和软件系统安全、稳定运行,同时高级管理人员中至少有一名计算机专业技术人员。我们认为,这一要求适用于所有的网上证券经纪公司,同时要对技术负责人的资格作出专门的规定和要求。为了吸引和留住人才,应允许网上证券经纪公司实施员工持股计划和建立股票期权制度。

2. 传统券商开展网上委托的条件和申请程序

根据规定,满足以下条件的传统券商,经中国证监会批准,可以开展网上

---

① 参见周峰:《试论网上证券经纪公司的设立与监管》,载《中国金融电脑》2002 年第 5 期,第 60 页。

委托业务:(1)申请主体必须是获得中国证监会颁发的《经营证券业务许可证》的证券公司。证券公司以外的其他机构,不得开展或变相开展网上委托业务。证券公司不得以支付或变相支付交易手续费的方式与提供技术服务或信息服务的非证券公司合作开展网上委托业务。(2)开展网上委托业务的证券营业部达到《证券经营机构营业部信息系统技术管理规范》要求。(3)建立了规范的内部业务与信息系统管理制度。(4)具有一定的公司级的技术风险控制能力。(5)建立了一支稳定的、高素质的技术管理队伍。(6)在过去两年内未发生重大技术事故。

根据中国证监会制定的《证券公司网上委托业务核准程序》,证券公司申请网上委托业务,应遵循以下程序:(1)申请受理。拟申请网上委托业务的证券公司(以下简称"申请公司"),应根据《办法》的要求,准备申请文件一式三份,分别报送中国证监会机构监管部和信息中心,并送当地派出机构备案。中国证监会收到申请文件后,在 5 个工作日内作出是否受理申请的决定。未按规定要求制作申请文件的,不予受理。(2)初审。中国证监会受理申请文件后,对申请文件的合规性进行初审,并在 30 日内将初审意见函告申请公司。中国证监会对按照初审意见修改完善的申请文件进一步审核,形成初审报告。(3)专家审核。证监会聘请专家组成审核委员会,对申请文件中的有关事宜和技术应用方案进行审核。申请公司应派技术及相关业务负责人到场答辩。必要时,证监会可要求申请公司主要技术合作方参加。审核委员会进行充分讨论后,采用投票方式表决,提出审核意见。(4)核准决定。依据公司基本情况和专家审核意见,中国证监会对申请作出是否核准的决定。予以核准的,出具同意开展网上委托业务的文件;不予核准的,出具书面意见说明理由。因重大违规事件、重大技术事故等因素导致整体质量差、风险隐患大的公司,不予核准开展网上委托业务。中国证监会自受理申请文件到作出决定的期限为 3个月。(5)复议。申请未被核准的公司,可在接到中国证监会书面决定之日起 60 日内提出复议申请。中国证监会在收到复议申请 60 日内,对复议申请作出决定。经复议仍未被核准的公司,自收到中国证监会书面决定起,一年内不得再次提出申请。

证券公司申请网上委托业务,应将下述材料一式三份报送中国证监会:开展网上委托业务的申请书(需加盖公章);《经营证券业务许可证》复印件;(公司级)分管技术的负责人的简历;网上委托系统专职管理维护人员名单及简历;执行《证券经营机构营业部信息系统技术管理规范》的情况汇报;网上委托业务的管理制度;计划开展网上委托业务的分支机构名单,内容主要包括通信地址、负责人姓名、联系方式、在证券交易所的会员代码及开展网上委托业务的席位(分支席位)代码等;与客户签订网上委托协议范本、《风险揭示书》范本及向客户提供的其他有关网上委托的所有资料;网上委托系统的简要系统分析报告和系统设计报告,其内容主要包括:网络结构、实时监控、身份识别、传输加密、数字签名、网络隔离、风险防范等方面遵循的技术标准及技术实现策略、网络通信方式及网络接入方式等,并提供简要的网络结构和功能图;系统测试报告,包括系统峰值容量、响应与延迟指标、容错能力、可靠性及有关系统配置的重要数据等;系统故障时的应急方案,包括信息传播及转移委托方式、数据及系统恢复措施等;国家权威机构提供的系统、有关产品、管理维护制度的安全性测评认证证书或其他有关质量监督部门的证书(复印件);公司开展网上委托业务的互联网入口站点地址;公司开展网上委托业务的风险控制方案,包括控制网上委托有关风险的技术、管理、业务等方面的措施,如公司自定的网上单笔委托限额及单个交易日成交限额等;网络接入提供商、系统集成商、硬件和软件提供商名单及其他关联企业名单;网上委托系统中主要硬件及软件的规格型号及版本。①

(三)我国目前准入政策及规则的检视

我国目前对网上证券业的市场准入采取的是严格控制的态度,不仅将网上证券交易严格局限于证券网上交易委托业务,不允许虚拟网上证券交易所的存在,而且对从事网上证券委托业务的主体资格实施严格的控制。总体而言,我国的准入政策存在着以下不足或需要进一步改进之处:

首先,严格的准入壁垒,制约了网上证券交易的快速发展。目前我国有关法规严格限定网上证券业主体资格,非证券公司不得从事网上证券交易服务

---

① 根据《网上证券委托管理暂行办法》第 30 条、第 31 条的规定,获准开展网上委托业务资格的证券公司,采用相同的技术系统和业务规则,在原未开展网上委托业务的分支机构增加此业务时,应由证券公司总部将上述材料中与该分支机构有关的部分报送中国证监会备案;获准开展网上委托业务的证券公司,对正在运行的网上委托技术系统进行重大升级或对业务管理制度作出重大修订时,应将上述材料中有关变化的部分报送中国证监会备案。

业务。作为网上证券交易核心规范的《网上证券委托管理暂行办法》第 11 条规定:"证券公司必须自主决策网上委托系统的建设、管理和维护。有关投资者的资金账户、股票账户、身份识别等数据的程序和系统不得托管在证券公司的合法营业场所之外。"第 24 条规定:"获得中国证监会颁发的《经营证券业务许可证》的证券公司,可向中国证监会申请开展网上委托业务。未经中国证监会批准,任何机构不得开展网上委托业务。"第 26 条规定:"证券公司以外的其他机构,不得开展或变相开展网上委托业务。证券公司不得以支付或变相支付交易手续费的方式与提供技术服务或信息服务的非证券公司合作开展网上委托业务。"《暂行办法》规定只有现有的证券公司才有资格开展网上证券业务,这将一大批 IT 公司挡在市场大门之外,而 IT 公司是推动网上证券发展的重要推动力量。从网上证券较为发达的美国、韩国等国的发展历程看,IT 行业对网上证券交易起到了巨大的推动作用。美国第一大纯网上经纪公司 E-trade 公司就是从 IT 业转化过来的。据 CNNIC 2000 年 7 月的普遍调查显示,处于证券金融类网站影响力前三位的赢时通、证券之星、和讯,没有一个是证券公司主办的网站。① 我国的盛润、和讯、证券之星这些财经类咨询网站曾经都想成为中国版的 E-trade,但《暂行办法》的出台,实际上关闭了它们通向网上证券经纪业务之路。也事实上导致我国网上证券交易在经过一个短暂的快速发展之后陷入了一个低水平的徘徊状况。目前,虽然 IT 背景的证券网站在网络技术上较证券公司强,但因行业壁垒的排斥而无法直接参与网上证券交易。为此,不少有识之士呼吁:如果着眼于推动整个国家网上证券经纪业务的发展,提升证券行业经纪业务的竞争力,证券行业完全可以吸引具有较大规模实力和管理规范的信息技术公司等优势资源涉足网上证券经纪业务,并对传统的证券公司及网上证券经纪公司从事的网上证券经纪业务予以同样的政策支持,适用同样的业务监督政策。② 但这一壁垒始终难以打破。

　　其次,在技术准入方面,我国现有文件虽然作了一系列规定,也基本上能够保证网上交易的安全,但在技术系统容量、技术措施更新和检查等方面还显

---

　　① 参见张启富:《网上证券交易 6 大瓶颈》,载《商业时代》2001 年第 1 期,第 7~8 页。
　　② 参见中国证监会长沙特派办机构监管处课题组:《网上证券交易发展调查报告》,载《求索》2002 年第 1 期,第 36~39 页。

得非常粗疏,缺乏操作性,需进一步细化和完善。譬如,交易系统容量是投资者能及时进入交易系统完成交易操作的保证,其大小直接影响网上证券业务及网络证券投资者的利益。许多证券公司都有系统延误和过时情况的发生,从而影响客户下达指令的执行。据有关资料显示,尽管证券商尽力提高系统容量,美国 SEC 收到网上证券交易客户最多的抱怨仍然是不能进入证券公司的交易系统。① 为此,保证交易系统有足够的容量是各国立法的一致的要求。目前我国这一问题还没有突出反映出来,但相当多的网站都存在投资者上网速度不尽如人意的问题,所以确保足够容量,提高系统的稳定性,消除投资者顾虑,这是我国网上证券立法必须予以关注的问题。当然,如何估计、协调适当容量是一门很大的学问。现实中很多网络证券商可能因为成本问题或因业务额低等原因,倾向于将容量设定到很低的水平,因而就可能在特定情况下产生交易系统容量不足的问题。所以不少国家和地区的监管部门都要求券商在设定系统容量时应以灵活为主,可以随时增容以应付突如其来的需求。② 例如储存备用软件,在需要时立刻加入系统或预设备用系统等。此外,每个系统都有因突发性事件或故障而引发停顿的潜在危机,所以网络交易系统应该准备应对突然危机的紧急应变计划。为此,美国证交会建议证券经纪商应对网上证券交易系统提供应变计划,保存重大的系统故障记录,对系统定期进行检测和评估,建议所有的证券经纪商都应考虑到在技术发展和新的安全措施引进后定期检查它们的安全措施。③ 香港证券与期货委员会也要求网上证券交易系统的注册人应就其系统的稳定性取得独立的证明,并要求经纪商提供及备存适当的应变计划文件,定期进行检测,确保系统安全稳健经营。

与成熟国家和地区的监管实践相比,我国《网上证券交易管理暂行办法》对系统安全技术性的要求多是定性标准,缺乏可操作性。当然,网络和计算机

---

① Special Study:On-line Brokerage :Keeping Apace of Cyberspace . available at http://www. sec. gov/news/studies/cyberspaced. htm.

② Hong Kong Securities and Futures Commission:A Consultation Paper on the Regulation of On-line Trading of Securities and Futures,p. 35,Suggestion 13 December 2000.

③ Office of Compliance Inspections and Examinations of Broker-dealers Offering Online Trading:Summary of Findings and Recommandations, available at http://www. sec. gov/news/studies/cyberspaced. htm.

技术的特点决定了其操作标准的多变性,也就是说固定标准的制定确有其自身的难度,从而应该保持一定的灵活性。但这并不意味着强制性或可操作性标准是可有可无的,证券监管机构需要做的是及时发布和更新技术标准并强制执行。

再次,对网络券商等市场主体的内控制度和机构人员的要求也还过于简单,难以适应网上证券快速发展所提出的新要求。网上证券交易系统安全问题既可能源于网络科技问题也可能来自于人为的错误。因此,从事网络证券交易的券商不仅应该拥有相应的技术条件,委托交易系统符合相应的技术标准,还应当具有合理的治理结构和完善的内控机制,包括信息隔离制度、业务流程及投资者档案管理制度、内部审计及检查制度、客户身份、买卖指示、交易记录等的记录备存制度等,这些均是我国当前规则中比较缺失的。

最后,过于谨慎的监管理念制约了网上证券交易系统的进一步拓展。由于受制于现有国情和监管体制,我国法律禁止证券场外交易。实践中监管部门也曾经多次严厉处理各种证券场外交易案件,从而使证券场外交易的灵活优势无法发挥。而集电子商务和场外交易优点于一身的替代交易系统也就无从得到法律的认可,网上证券交易只能局限于证券交易网上委托业务。我国网上交易仍具有地域性,这与境外替代交易系统所提供的完全网上交易有本质的不同。但是,由于具有无中介、高效率、低成本等优势,替代交易系统代表着未来证券市场和证券交易模式的发展趋势,因而属于场外交易范畴的替代交易系统在我国取得合法地位只是时间的问题,对此,我们将在下一节作进一步的分析和探讨。

综上所述,目前我国的网上证券交易市场准入政策无论是在公平竞争环境的创造还是在安全技术指标的控制等方面都难以适应网上证券交易发展的客观需要。为此,我们在构建网上证券交易准入政策时,需要进一步改变监管理念和改进监管手段,既要鼓励和推动计算机网络技术在证券交易过程中的运用,又要确保交易过程的安全。具体而言,在准入方面应该确立自由竞争的理念,一方面要打破行业壁垒,推动网上证券交易的发展;另一方面,又要制定完善和可行的技术及其他准入标准,不至于使网上证券交易陷入无序和混乱状态之中。同时为虚拟证券交易所的开设积极创造条件,使我国的网上证券交易能够比较平稳地步入新的台阶。

三、以净资本额为核心的券商流动性风险监管问题

网络券商是从事网上证券经纪业务的证券经纪交易商。委托交易方式的改变并没有改变其券商的性质,基于证券业稳定需要,必须将注册券商置于全面监管之下,其中证券业流动性风险的监管是券商风险监管体系的重要组成部分。

(一)自律不能代替监管:美国金融危机所引发的流动性风险监管定位思考

净资本是指"资产超过负债的部分",它是一个企业资产流动性强弱的重要标杆。对于券商净资本的要求一方面是出于保护从事证券交易的投资者利益,使其放心将证券和金钱交付证券公司从事交易;另一方面净资本要求也是证券公司与其他金融机构进行交易的一项信用指标。如同银行类金融机构一样,如果没有净资本的要求,那么一旦有证券公司破产,其连锁效应也是令人担心的。然而,监管当局对于券商净资本监管的必要性却一直存在分歧。长期以来以美国为代表的一些国家的立法机构认为,银行业监管应关注银行经营的安全性、稳定性以及整体流动性风险,而证券业则是经营风险的行业,更多应关注投资者保护、信息披露以及市场的公平性和效率性,因此他们对于券商流动性问题在很长一段时期内并没有给以特别关注,这一状况一直延续到20世纪60年代。[①] 从20世纪90年代中期开始,全球各金融市场监管当局深刻地意识到以净资本为核心的风险控制指标管理制度对证券公司风险控制的

---

① 尽管美国《1934年证券交易法》对证券经纪交易商的净资本作出了规定,要求注册登记的证券经纪交易商必须保留足够的流动资产以保证其偿付能力,但立法者在制定该法时只是有了净资本的想法,一直未有具体规定,证券经纪交易商从事证券业务并不需要遵循任何资本充足的规定,这种情况直到20世纪60年代才发生改变。1963年美国证券交易委员会出版了《证券市场特别报告》,建议把最低资本作为证券经纪交易商从事证券交易业务的基本条件之一。证券和交易委员会新增对一般证券经纪交易商的净资本要求:必须有不少于5000美元的净资本;对不控制客户证券账户的证券经纪交易商(比如只从事共同基金的交易),其净资本不少于2500美元。1965年有关交易所和自律机构也修改了相关规则,将美国证券交易委员会的上述建议纳入了对会员的要求之中。同年,美国证券交易委员会也第一次开始要求证券经纪交易商的负债不超过其净资本的20倍。1967~1970年间爆发的金融危机将证券公司的经营风险暴露无遗,导致1975年美国证券交易委员会采取新的"统一净资本规则",修改了之前要求证券经纪交易商的负债不超过其净资本的20倍的规定,而改为其必须保持不少于25万美元的净资本,或者不低于全部负债的6.67%的净资本(即负债不超过净资本的15倍),并以两者中要求较高的为准(基本标准)。此规则在1997年和2004年又多次进行修正。

重要性,从而使这一制度在全球范围内得以建立和完善。① 但面对日益激烈的国内外竞争市场,以资本充足率为核心的流动性风险监管体系在西方国家并没有得到严格的遵守,为了刺激资本市场,SEC 放松了资本充足率监管,而将风险控制的主动权交给了市场。按照美国联邦储备委员会前主席格林斯潘的说法,美国监管机构误认为受监管的金融机构自己更有动力控制经营风险。在这种监管理念的指导或至少是受其影响下,SEC 在 2004 年新增的集团监管规则在很大程度上就将净资本的监管交给了被监管者,这最终引发了华尔街金融海啸。由此,我们不能不思考这样一个问题:在技术不断更新的历史背景下,如何促进证券业的稳健经营和快速发展?

　　1971 年,SEC 在对证券经纪—交易商不安全和不合理操作的报告中提到证券行业的市场准入问题,特别提到了不少证券经纪交易商利用资本金从事非证券业务存在风险隐患。于是,1975 年 SEC 采取新的“统一净资本规则”,修改了之前要求证券经纪交易商的负债不超过其净资本的 20 倍的规定,而改为其必须保持不少于 25 万美元的净资本,或者不低于全部负债的 6.67% 的净资本(即负债不超过净资本的 15 倍),并以两者中要求较高的为准(基本标准)。证券经纪—交易商也可以选择另外一个标准(可选择标准):即净资本不得少于 25 万美元,或不低于应收资产借方余额(债务人或客户对证券经纪交易商的负债)的 2% ,并以两者中要求较高的为准。证券经纪—交易商净资本的计算首先需要区分流动和非流动资产,流动性很差的资产将不被计入净资本。具体计算步骤如下:先根据通用会计准则(GAAP)计算证券经纪交易商的总资产和总负债,然后将总资产减去总负债后得到初步的净资产。该净资产会再经过一系列调整,比如增加次级负债,减去流动性不佳的资产,减去合理的运营费用(比如垫付客户欠款的证券等),以及法定比例的证券和商品资产折扣额,最后才能得出某一证券经纪交易商的实际净资本数,用公式可表示为:净资本=总资产-不同流动性资产的资本扣减-总负债+次级债-运营费用-其他。这一计算公式一直得以适用到 21 世纪初。为了使得美国的投资

---

　　① 目前,已建立以净资本为核心的证券公司风险监管体系的国家和地区有:美国、英国、欧盟、澳大利亚、中国香港、新加坡和马来西亚等等。这些国家和地区均通过净资本等指标对证券公司进行风险监控,并在法律上规定了当证券公司净资本等指标低于规定标准时应限期补足,否则监管部门有权采取限制其业务活动直至关闭公司等监管措施。

银行在欧洲的运作符合欧盟的金融集团指引,增加其国际竞争力,2004 年 SEC 增加了一种新的证券经纪交易商净资本计算规则(或称集团监管规则),为券商提供了净资本计算的第二种方法。该方法是可自愿选择的,而非强制性的。证券经纪交易商只要资金雄厚(如持有 50 亿美元以上净资本)、风险控制措施得当,都可以选择采用第二种净资本计算方法,即通过其内部的数学模型来计算其市场和衍生品相关的信用风险,而不需要再按常规方法计算,也无须再遵循负债与净资本的比例限制要求。作为交换条件,这些证券经纪交易商的最终控股公司必须同意 SEC 可以对其集团整体进行监管,集团内其他非证券经纪交易部分也将成为合并监管对象。这实际上突破了 1975 年"统一净资本规则"只能对证券经纪交易商提出监管要求,使得 SEC 可以更多地了解证券经纪交易商的控股公司以及其他关联组织的风险敞口情况,从而可以更及时应对金融系统风险。但其代价是将资本充足率为核心的流动性监管交给了券商。2004 年净资本规则修改后,五大投资银行大举借债经营。2007 年 11 月 30 日雷曼兄弟的杠杆率(总负债/净资产)高达到了 31.2∶1,即其负债是其权益资产的 31.2 倍;高盛和摩根斯坦利分别为 26.9∶1 和 33.6∶1;2007 年 12 月 28 日美林的杠杆率则高达到 35.8∶1;这些投资银行远远突破了常规净资本规则 12∶1 的预警要求。雷曼兄弟宣布进入破产保护时,破产负债高达 6130 亿美元,成为美国历史上金额最大的破产案,而其净资产只有 26 亿美元。过高的资本杠杆率使得具有百年历史的投资银行顷刻淹没在债务的汪洋大海中。

华尔街金融海啸给我们带来的最大启示是,自律不能代替监管。因为通过证券经纪交易商内部数学模型确定的净资本,在事实上比使用常规净资本方法降低了对证券经纪交易商资产的流动性要求,这使得证券经纪交易商可以将本来应作为净资本储备的资产通过其控股公司投向资产支持证券、信用衍生产品等,并最终造成美国最大的五大证券经纪交易商在 2008 年纷纷遭遇流动性危机。比较具有讽刺意味的是,2004 年的净资本修改竟是由当时任高盛集团董事长兼首席执行官的保尔森联合其他四大投资银行共同向 SEC 建议的。对待被监管者的提议,监管者必须清醒地认识其利益驱使冲动。其实自律式监管并不意味着不监管,而是需要监管机构与被监管公司、内外部审计人员之间进行不断的沟通和信息共享,以确保被监管公司内部的风险控制机制、风险控制预警措施和执行等事项的到位。

　　我国证券公司也曾经有过惨痛的高资本杠杆率风险教训。为追求高收益,不少证券公司超比例进行股票自营,甚至不惜通过非法集资、挪用客户资产、违规开展资产管理业务等方法提高资本运作的杠杆率,但最终不仅经营失败,还把整个证券行业拖到生死存亡的风口浪尖。① 2006 年 1 月 9 日,中国证监会出台了《证券公司净资本计算规则》和《证券公司风险控制指标管理办法》。2007 年 8 月又根据新企业会计准则调整了证券公司的净资本计算标准。2008 年 6 月修改了《证券公司风险控制指标管理办法》,对我国证券公司净资本计算标准和以净资本为核心的业务风险监管体系进行了及时补充和完善,显示出证券业监管手段和方式正在不断提高。尤其是 2006 年我国证监会发布的《证券公司融资融券试点管理办法》规定,投资者可以向证券公司融资买入证券,但融资保证金比例不得低于 50%,这些反映出我国证券监管机构对待杠杆率的谨慎态度。相比前几年,我国证券行业整体净资本水平增长幅度很大,抵御风险的能力也大大增强,从而避免了类似美国这次危机中证券业的金融震荡。这些措施是值得充分肯定的。

　　但是,任何事物都有利弊两面,杠杆率也不例外。我国不能看到美国证券同行因高杠杆率的应用导致经营失败就完全否认杠杆经营的必要性和有效性。完全去除杠杆操作,这既不符合金融市场的发展规律,不利于金融机构的发展壮大,也不利于促进市场创新和促进市场活力。对待证券公司资本杠杆的态度上,正确的做法是不鼓励过高的杠杆率,但也不应禁止在合理范围内利用资本杠杆。证券监管机构有责任对证券业的杠杆率作出合理规定(包括机构的资本杠杆率和具有杠杆效应产品的保证金水平),这不仅是因为资本可以抵御风险,而且是因为金融机构的整体负债也必须依靠其整体合理的资产来维持。在具体金融工具的创新过程中,控制杠杆率也是分散业务风险的前提,证券业"可以接受高风险,但不接受高杠杆"应成为一个审慎监管原则。此外,不少专家认为单一的、缺乏弹性的净资本规则并不适合证券行业的灵活性发展。如何构建一个灵活弹性而又有效的净资本规则,是金融危机后各国

---

　　① 例如曾经在我国资本市场上叱咤风云的南方证券,就是没有控制风险,因挪用客户保证金、超比例持股等种种违规行为而留下 80 亿元的债务,不得不被关闭清盘。

金融监管机构都特别关注的问题。这同时也涉及一个监管理念问题,即如何使得监管"有形的手"与市场"无形的手"相互配合,如何使得监管达到既不抑制金融创新,又不放任风险泛滥的平衡点?美国的教训是其近年来过于依赖于市场及自律的习惯,忽视了主动监管。面对行业内放松监管的呼声,以及不希望美国投资银行受到限制其国际竞争力的制度限制,美国越来越放松对金融机构的监管要求。这种放松管制的态度使得安全性的监管目标让位于其他目的,并最终因市场失灵而导致金融危机。但我国的情况却是恰恰相反,金融机构一直处在比较严格的监管下,金融创新比较少,金融抑制明显。在净资本规则上,我国的基本原则是将风险折扣比例与资产的风险大小挂钩,2008年最新的净资本基本计算公式为:净资本=净资产-金融资产的风险调整-其他资产的风险调整-或有负债的风险调整-/+中国证监会认定或核准的其他调整项目。该公式类似于美国1975年的"统一净资本规则"的折扣式计算方法。而折扣式计算方法的主要问题是:如果扣减比例相对于资产的风险程度而言过高,则造成投入证券业的资本回报率将降低,会造成证券业竞争不充分,造成较高的社会成本;如果扣减比例过低,则不能完全覆盖资产所面临的风险,或造成证券公司的破产,形成严重的负外部性。利用数学模型是美国金融监管机构为解决上述难题而采用的更具有市场倾向性的监管手段。数学模型的使用通常是基于一种假设,即模型中资产价格变动的历史分布能够很好地说明资产价格的未来走势,但这种走势是以连续、平滑的价格变动为假设的,一旦产生大范围的、快速的、无法预料的价格变动,数学模型就很难进行准确的风险预测,也无法为使用者提供一个恰当的资本充足数额。因此,传统的折扣式净资本计算方法与现代数学模型式计算方法或许应该相互借鉴使用、互为参考,避免单一计算方法的缺陷。不过特别值得注意的是,合适净资本规则不仅仅是数学公式的简单叠加,还必须依靠有效的会计准则来确定被计量资产的真实价值。我国证券公司的净资本计算规则中还未对证券公司的表外项目作出净资本要求,随着我国金融工具的不断丰富和发展,对表外资产和负债的净资本监管必将成为今后的重要监管内容。

(二)预警规则与时常性监管:监管不能只停留在口头或纸面上

　　流动性风险监管并非是一种一劳永逸式的静态监管。SEC通过的17a—11规则,要求各经纪—交易商向SEC和指定的规定资本净额、记录保存或报告违反情况审查机构发出预警。① 美国《1934 年证券交易法》第 17(b)条要求交易所会员、注册经纪商、交易商、市政交易商、过户代理、证券信息处理人以及自律组织的所有记录必须根据具体情形由委员会和银行监督管理机构进行"合理定期检查、专项检查或其他检查"。其中净资本额是检查方案最重要的成分之一。经纪—交易商检查通常由委员会的地区办事处的会计进行。有时检查限于商业经营的特定阶段,比如其财务状况或其处理特定账户的方法。检查一般以如下方法进行,分为三种类型:(1)例行检查;(2)因故检查,这种检查通常限于客户投诉之情形;(3)自律组织成员隔夜审查,这种检查包括对自律组织最近进行检查的审核,目的是确定其检查方案是否彻底、有效。1996年的《全国证券市场促进法》在《1933 年证券法》中增加了第 17(i)条,在消除 SEC 和注册自律组织在检查程序上的不必要重复的同时,进一步强化了监管机构的职权。第 17(i)(3)条允许任何监管机构因故"随时"进行检查。② 另外,在强制性禁止令诉讼中法院也曾判定,检查权不构成《第四修正案》意义上的不合理搜查和查封,以保障监管机构监督权的行使。③

　　净资本额监管,同样也是我国建立券商流动性风险监管的主要内容。我国《证券公司监管条例》规定了证券公司的申报和披露义务。《监管条例》第 63 条规定:"证券公司应当自每一会计年度结束之日起 4 个月内,向国务院证券监督管理机构报送年度报告;自每月结束之日起 7 个工作日内,报送月度报告。""发生影响或者可能影响证券公司经营管理、财务状况、风险控制指标或者客户资产安全的重大事件的,证券公司应当立即向国务院证券监督管理机构报送临时报告,说明事件的起因、目前的状态、可能产生的后果和拟采取的相应措施。"第 64 条要求:"证券公司年度报告中的财务会计报告、风险控制指标报告以及国务院证券监督管理机构规定的其他专项报告,应当经具有证

---

　　① 　参见[美]路易斯·罗思、乔尔·赛里格曼:《美国证券监管法基础(下)》,张路等译,法律出版社 2008 年版,第 627 页。

　　② 　参见[美]路易斯·罗思、乔尔·赛里格曼:《美国证券监管法基础(下)》,张路等译,法律出版社 2008 年版,第 629～630 页。

　　③ 　United States v. Kaufman,429 F. 2d 240 (2d Cir. 1970),驳回调卷令,400 U. S. 925,转引自[美]路易斯·罗思、乔尔·赛里格曼:《美国证券监管法基础(下)》,张路等译,法律出版社 2008 年版,第 630 页。

券、期货相关业务资格的会计师事务所审计。证券公司年度报告应当附有该会计师事务所出具的内部控制评审报告。"第65条规定:"对证券公司报送的年度报告、月度报告,国务院证券监督管理机构应当指定专人进行审核,并制作审核报告。审核人员应当在审核报告上签字。审核中发现问题的,国务院证券监督管理机构应当及时采取相应措施。"第68条赋予了国务院证券监督管理机构对证券公司的业务活动、财务状况、经营管理情况进行检查的权力。应该说我国的现行法律规定还是比较周全的,基本上能够满足现实的需要。

然而,流动性风险监管是一项非常复杂的工作,需要相关各方面市场基础设施的配合和支持,尤其是需要能确定被计量资产真实价值的有效会计准则的支撑,其中任何一个环节出错都会影响最终的结果。美国五大证券经纪—交易商在其经营失败前,账面价值都未显现重大风险,而且也都获得了评级机构的高度评级。因此流动性风险的监管绝不能仅仅只停留在纸面,也不能完全依赖政府监管机构,同样更不能放任由市场进行自我监管。如何落实以净资本额为核心的流动性风险监管,是问题的关键所在,这需要监管部门、自律组织及社会中介结构共同努力。在网络经济时代,更是如此。

四、券商在网上经纪业务中的信息披露行为及其规范

在网上经纪业务中,虽然券商和证券客户之间建立起平等的委托关系,但相对于券商而言,证券客户始终处于信息劣势地位。为了使证券客户的利益免遭损失,不少国家和地区证券监管机构都要求券商对客户履行详尽的披露义务,并对应披露的信息作出了具体的规定。尽管我国《网上证券委托暂行管理办法》也有一些零散的规定,但远不够具体、明晰,有必要作出更为细致的规定,使网上证券公司在从事证券网上委托业务时有规可依。同时应着力打造以网络券商信息披露为核心的义务与责任体系。

就境外监管的普遍实践看,披露义务的规则十分详尽,主要包括以下内容:

(一)账户资料披露

知情权是投资者的基本权利,因此,证券投资者应有权随时要求查看自己的账户以确定账户内的资料是否真实、准确。这就要求:首先,开户程序应在网站上列明,使网络证券投资者在决定是否开户前知道有关资料,如有任何额外的规定,例如按金、押金、银行账户等必须在网站醒目处表示出来,以免开户后发生不必要的纠纷。其次,应保证客户能够及时查阅、核实客户账户的基本情况,包括账户内资金情况、所持证券情况,交易情况等。目前我国《网上证券委托暂行管理办法》第19条还要求网络证券公司定期向网络证券客户提供书面对账单,限制单笔委托最大金额。

(二)市场风险披露

风险揭示是各国对网络券商所规定的一项重要义务。首先,网络券商应在证券投资者开户时详细说明网上证券交易可能附带的风险情况及后果。其次,当客户的买卖指示到达市场时,网络证券客户应预先知道网上交易证券价格可能随时改变而无法达成交易的风险,而券商应提供其他抵减这方面风险的方法,如限价指示等,供证券客户选择。最后,也是最为重要者就是应将一切风险警示以显眼的方式在网站上展示出来。如我国台湾地区网络证券法规规定,证券商在其网站上应以明显的方式表示风险告知之信息及无法执行电子式传输时之支持措施,并应传输最新信息。

我国《网上证券委托暂行管理办法》也规定,经批准开展网上证券委托业务的证券公司,应制定专门的工作程序规范网上委托,与证券客户签订书面协议,并以《风险揭示书》的形式向投资者解释相关风险。在网络信息披露方面,开展网上证券委托业务的证券公司必须向投资者提供一个稳定的入口网站。该网站不必是证券公司自有的网站,可以是租用的网站,但须按《暂行办法》的要求向投资者披露信息,揭示相关风险。揭示的风险至少应包括:因网络上传输的原因,交易指令可能出现中断、停顿、迟延、数据错误等情况;网络证券机构或证券投资者的身份可能被仿冒;行情信息及其他证券信息有可能出现错误或误导。此外,网络证券公司应当在入口网站和网络证券投资客户终端机软件上作出风险揭示。[①]

(三)买卖指示确认方法的披露

由于通过互联网作出证券买卖的指示是不受时间限制的,故在完成交易后,实时确认买卖指示是网上证券交易的优点。这样,关于买卖指示确认方法的揭示和披露就十分重要。香港证券与期货委员会发布的文件对此作了十分

---

① 参见《网上证券委托暂行管理办法》第22条、第25条。

详尽的规定,可供内地立法借鉴。文件要求:(1)网络券商必须清楚地说明买卖指示的确认方法及有多少种方法,使证券投资者能够选择最佳的确认方法。(2)网络证券商还要说明在收不到确认买卖指示时应如何和网络券商联络,以便实时采取补救办法,避免产生不必要的延误或损失。(3)如果网络券商在收市后才接到客户的买卖指示,券商应立刻通知客户其买卖指示已被拒绝或保留至下一个交易日。(4)如果网络券商能够提供几种接受买卖指示的方法,则必须在开户时,向客户说明并得到客户的确认同意,以便将来能够用这些方法来发出指示,而对已开户客户则需要立刻通知他们最新变更以供选择。①

(四)系统故障披露

系统故障披露属于风险披露的一种,针对其特殊性,不少国家和地区的监管部门要求将其作为独立披露事项加以披露。披露方式是在网站的醒目或显眼处发出警告信息,提示网络证券投资者注意证券交易系统可能随时发生故障,致使交易延误或者停止网络证券交易。同时应列出导致故障的可能原因,及系统故障发生时,其对网络证券客户的影响,并建议客户在这些情况下采取何种应变措施。例如用其他通讯媒介(如电话等)下达交易指示进行交易以尽可能减少损失。②

(五)对投资者赔偿方式的披露

网络券商在开户时应在显眼处向证券投资者说明,若网络券商因疏忽而导致网络证券投资者受到损害时的赔偿方法,例如损失金额计算方法,赔偿最高限额,投资者的追讨方法等。

(六)交易记录及账户结单的披露

网络券商应根据法律规定,在完成证券网上委托交易后向客户提供交易记录。除此之外,还应在一定时期把月结单传送给客户,其传送形式及交付单据必须符合有关的法律要求。如果是电子成交单,则必须包含电子记录来源、

---

① Hong Kong Securities and Futures Commission:Guidance Note on Internet Regulation, Rule 6.2.2 March,1999.

② Hong Kong Securities and Futures Commission:A Consultation Paper On the Regulation of On-line Trading of Securities and Futures,p. 27. December 2000.

接收终站、完成时间等内容。

(七)投诉方式的披露

投诉方式的披露对于及时反馈服务信息至关重要,而现实生活中不少投资者发现网络证券交易系统出现问题或对服务不满时难以投诉,既影响投资者的利益和投资信息,又不利于网络券商服务质量和服务系统的改进。为此,不少地区的监管当局要求网络券商在网页的醒目之处表明:如需求助,应以何种方式联络网站及有关人士。以便网络客户能够获得技术支持及即时查询相关信息。①

由于信息披露在证券交易和证券监管中的重要地位,加上网络技术的发展给证券信息披露带来了深刻的变化,针对网上证券交易信息披露的监管面临很大的难题,因此有关信息披露的内容将在第四章专门阐述。

五、适合性原则在网络券商推介业务中的适用

(一)券商业务推介的适合性原则及其意义

适合性原则(Suitability)是由券商的职业诚信义务所推导出的一项原则。它是指证券经纪商应依投资人的条件而提供符合其能力的投资建议。也就是说,证券经纪商在推介客户买卖有价证券时,应先评估客户之投资能力及具备合理之信息,并不得保证所推介有价证券之价值。违反适合性原则规定者,应依法受到处罚。

适合性原则的发展肇始于对主要借助长途电话进行高压销售这种不良做法展开的打击。高压销售又称"锅炉房"销售,这种称谓源于销售活动对被造访者形成的高压。"锅炉房"高压销售最早出现在1937年的司法判决中,至今已有70余年的历史。法官Friendly对此有精彩的描述:"一开始,是向Kimball公司拥有或可能购买的不同职业名单上的人(如医生、管道工人等)发送推销函,说明低价股票所提供的光明财务未来……然后,由称为'开局人'的销售人员开始打电话,'努力向潜在购买者推销'。随后,是更多与'公

---

① Hong Kong Securities and Futures Commission: A Consultation Paper On the Regulation of On-line Trading of Securities and Futures, p. 25. December 2000.

司新闻'有关的邮件,然后是'高压销售人员'电话这种致命的一击。"①"锅炉房式"高压销售,是证券推销人员基于利益的驱动而置投资者的利益于不顾的违背职业诚信义务的行为。为此,SEC对券商提出了"了解客户"、尽职调查义务和适合性要求,即:(1)推荐(即使并未标明为推荐)必须有可以基本证实其合理性的要求,而不能盲目轻信或依赖发行人提供的信息。(2)在向客户推荐或出售证券时要充分了解客户并考虑客户的投资能力和风险阈值,包括投资者的收入、财产状况、投资经验和知识、投资规模、频率和类型,以及投资目的(如本金安全、收入、增长或投机)等。(3)应依投资者的能力提供符合其能力的投资建议,并不得保证所推介有价证券之价值。否则,就构成劝诱或欺诈性交易,要承担相应的法律责任。美国全美证券交易商协会(NASD)所制定的《NSDA公平行为规则》也规定:"推荐客户进行任何证券的买卖或交易时,某一会员应有合理理由认为,该等推荐根据该等客户就其持有其他证券或其财务状况和需要而披露的事实(如有)符合该客户。"②显然,适合性原则运用的主要目的,是为了保障投资大众的利益。依此原则,应对投资顾问机构及证券经纪商所为的投资建议予以适度的规范,这样可以使大众投资者免受不当干扰和诱导性欺骗,丧失投资判断的理性。

(二)网上证券交易给适合性原则适用带来的影响

随着网际网络的发展,证券公司纷纷在网络中架设属于自己的网站。同时,为了吸引投资人的驻足,券商网站上的内容就必须十分丰富(如股票实时行情的查询、相关产业新闻、研究分析报告以及其他券商所能提供的各种服务),以满足投资人的各种需求。这样的发展趋势,除了产生传统证券经纪商及证券投资顾问角色在网站上发生重叠的现象,对于原本规范证券经纪商及投资顾问的法规,也造成新的挑战。

证券投资顾问业务,是指收取报酬,提供证券顾问服务的业务,也就是以提供证券投资之专业分析与建议为主要内容的业务。其服务对象是投资人,包括法人与自然人。证券经纪商可推介其客户买卖有价证券,并由该券商的

---

① United States v. Ross,321 F..2d 61,64(2d Cir. 1963),驳回调卷令,375 U. S. 894,转引自[美]路易斯·罗思、乔尔·赛里格曼:《美国证券监管法基础(下)》,张路等译,法律出版社2008年版,第775页。

② 《NASD公平行动规则》第2310(a)条。

研究部门提供营业相关信息或是书面的投资建议信息。由此可知,投资人可由上述两个不同渠道取得有价证券的相关投资研究及建议报告。证券经纪商或投资顾问机构所提供的信息,均会直接或间接影响投资人的投资决定。正因如此,对于证券经纪商或是投资顾问机构提供的研究报告或投资建议,均受到法律法规相应的规范,并且法律法规规范的重点着眼于投资人保护的层面。

金融服务运用科学技术,逐渐朝着个人化理财服务的方向发展。以券商为例,券商对于投资人所提供的个人化服务大致上有两种形态:一是选取(pull)的技术;另一是提供(push)的技术。所谓 pull 技术,是指网络使用者依其个人的偏好而建立个人的网页,网上券商则依其所建议的内容寄发相关的信息。而所谓的 push 技术则是指,网上券商经过观察投资人的行为后,而建立起一套数据库系统。网上券商可以借此区分不同层级的消费者,进而给予差异化的信息,或是依投资人的档案而给予不同的建议。由于有愈来愈多的投资人使用网上交易,所以对于通过中介服务机构提供给投资人的金融建议将更显重要。网上券商可能在网上提供服务的方式有:(1)网上券商经由其数据库中观察到某一投资人倾向于低价买进绩优公司的股票。所以当相同的绩优公司股价下滑时,网上券商会实时的寄一封 E-mail 告知投资人该讯息。(2)当一个投资人自认为自己的投资组合已经很适当地分配到各种股票上时,网上券商会发一封 E-mail 给该投资人告知其未达到合理的风险分散,并给予建议以符合其原先理想的目标。(3)如果网上券商欲对某 PC 制造商为第一次公开发行,券商可以在自己的数据库中找到稳定性高的投资人。(4)投资顾问公司可以在其数据库中分析投资人分别的投资偏好,并可以在网上对投资人作针对个人的投资组合建议。

传统券商纷纷将证券服务搬上网络,这一行为改变了以往投资人与券商间的关系。在以前,投资人如欲买卖股票或从事证券相关业务时都会通过经纪人中介。但自从有了网络之后,一方面,投资人更乐于利用网络进行投资与评估;另一方面,券商也积极地加强网站的内容,以期能为投资人提供更好的服务。就未来而言,网上券商所欲达到的目标不仅是一次购足的服务,还包括针对投资人个人的投资顾问服务。在此过程中,除了证券经纪商中介角色受到挑战之外,既有法规的适用也面临困境。这是因为,网际网络具有资源整合的特质,在同一网页上已无法明确区分证券经纪或投资顾问的服务。例如网上证券交易适合性原则对于投资人的适用问题就遭遇了以下困惑:(1)券商在网上所提供的服务,何时适用适合性原则? (2)券商在网上所提供的服务何时构成"投资建议"? 当网上券商利用科学技术,特别是利用选取(pull)和提供(push)的技术时,是否会影响成立"投资建议"? (3)个人化服务的程度,要达到何种标准才称作"投资建议"? 券商是否可以区分不同的客户群而提供投资信息,且所提供的投资信息尚不构成"投资建议"? (4)在构成"投资建议"时,投资人本身的期待是否也扮演着决定性的角色? 其中问题的关键在如何判断证券经纪商提供给投资者的信息构成"投资建议"?①

(三)网上资料适用适合性原则的基本建议

证券经纪商提供给投资人的信息是否构成"投资建议",应该依具体的事实情况认定。举例来说,如果下述的情况涉及到诈欺的情势,就会有适合性原则的适用:(1)网上券商仅对投资人提供下单服务。这样的情况并不适用于适合性原则,因为此一交易模式与传统的交易模式无不相同,不过是接单的渠道不同罢了。(2)网上券商不仅提供下单服务,并同意投资人从网上券商虚拟的数据库(其内容可以是研究报告、市场分析及新闻等等)中,以选取(pull)的方式读取其所想要的信息。虚拟数据库中的资料,并不会因为不同的投资人而异其内容。这种情况也不符适合性原则适用的精神。(3)网上券商除了提供网络下单及选取资料(pull)服务的情况外,投资人每次在其网页上还可以看到个人化服务。投资人个人化的服务网页可以追踪特定股票的股价,并且提供该特定股票的情报信息或研究报告等。投资人本身也清楚知道自己是哪一类型的投资人,如为保守型、成长型或是投机型等等。在这种情况下,是否适用适合性原则就应该视投资人本身的认知情况而定。也就是说,投资人是否知道自己是哪一类型的投资人,当其认知与所提供的信息有不一致时,就可能会有适合性原则的适用(因为认知的错误可能会成立诈欺情形)。(4)网上券商根据投资人的账户余额、持股数和交易频次而将网上投资人区分为不同的类型,而券商也为不同类型的投资群提供不同的投资信息。如果其目的

---

① 网上证券交易对合适性原则适用带来的挑战,引起国际社会的广泛关注,详见 Unger Report, Supra note 35, Section II; Also consider New NASSA Chief Seek Summit to Discuss Update of Suitability Rule, Securities Regulations & Law Report, Vol. 31, p. 1305.

在于使投资者接受其信息进而达成交易,则此种行为会引发适合性原则的适用。(5)除了网上券商提供的网络下单及选取(pull)服务外,以下行为也可能导致适合性原则的适用:券商观察投资人使用网上交易的活动而自动记录下其偏好,主动提供(push)该投资人特定的投资信息,或在网上帮助投资人经营其投资组合,或利用计算机的标准检查程序来检视其投资组合是否符合预期,或建议该投资人资产组合的分配。(6)对于综合性券商,因为其可以提供网上的下单服务,也可以提供营业员的服务。所以如果营业员透过电话建议投资人购买特定股票,而该投资人则利用网络进行下单,则属于一种劝诱行为,从而构成投资建议。

值得注意的是,之所以要求证券经纪商承担因违背适合性原则所生之责任,在于其虚假陈述其所销售的是"符合投资者及其家庭的计划且符合投资者的需要"的证券。[1] 但现实生活往往复杂得多。在实践中确实存在有些投资者貌似"美丽可爱、容易听信他人的小寡妇",但最后却发现是"贪婪的老妪"。[2] 为此,也需要在投资者与券商之间建构起利益平衡。若客户能够独立地评估该交易的风险,则经纪商可免除其责任,因为投资人应知道网上券商所提供的投资建议与本身风险承担能力的差异。

综合来看,我们认为对网上券商所提供的投资信息,适用"适合性原则"应通用以下标准:首先,券商必须是主动提供投资人个人化服务;其次,券商对投资者没有尽到必要的调查义务,使得其推介的产品不适合投资者的投资能力或投资目的;最后,正是券商的推介与宣传使投资人无法清楚地知道自己风险承担的能力。

六、网络券商的内部管理制度及其强化

(一)信息隔离制度

在证券实务中,利益冲突无所不在,而网上证券交易的发展,又有进一步

---

①　Anderson v. Knox,297 F. 2d 702,705 (2d Cir. 1961),驳回调卷令,370 U. S. 915,转引自[美]路易斯·罗思、乔尔·赛里格曼:《美国证券监管法基础(下)》,张路等译,法律出版社2008年版,第778～779页。

②　Mundeheim,Professional Responsibilities of Broker-Dealers:The Suitability Doctrine,1965 Duke L. J. pp. 472－479.

加大冲突的可能。所谓利益冲突主要是指证券经纪商等的自身利益与其对他人所负的受信义务相冲突的情形,及其对两个或者两个以上的客户负有相互冲突的受信义务的情形。由于业务需要,目前业界大多数的证券商在内部设置了不同的职能部门,如投行部门、经纪部门及市场研究部门等。这些部门虽然各有分工和侧重,但在券商总体盈利目标的驱动下,经纪业务部门和研究部门所掌握的客户信息及其他没有公开的信息就有可能被证券公司的投行部门或其他部门所利用。这不仅容易导致投资者利益受损,而且也非常容易诱发内幕交易和市场操纵。因此,英美国家证券法率先建立起了"中国墙"制度(Chinese Wall),即要求券商内部建立有效的内部控制和隔离制度,防止研究部、投资部与交易部互泄信息。

网上证券交易的发展,不仅仅使客户自身信息的保护问题显得更为迫切,券商内部信息也同样面临着容易遭到外人窃取的风险。因此,信息隔离制度的意义显得更为重要。对此,我国《网上证券委托暂行管理办法》也作出了初步回应。《暂行办法》要求证券公司采取严格、完善的技术措施,确保网络委托系统和其他业务系统在技术上隔离;禁止通过网络委托系统直接访问任何证券公司的内部业务系统;必须将未申请网络委托的投资者的所有资料与网络委托系统进行隔离。但上述规定仍过于原则,可操作性较差。

目前我们需要做的工作是,在实践中不断摸索经验,就信息隔离制度作出更为详尽的规定,提出更为具体的隔离标准和详尽操作及监督程序。这至少可以从以下几个方面入手:(1)要求网络证券商对数据库严加保密,设立防火墙,使互联网服务器及内部网络与外界分隔。(2)为防火墙设立适当的规则,将重要设施如防火墙及路由器的监察及运作分为两部分,使用两套独立的密码,防止非法破坏或更改资料。(3)要求系统设计、软件开发等技术人员与实际业务操作人员相互独立,计算机系统的日常管理与维护人员独立于交易部门,禁止同一人同时掌握操作系统口令和数据库管理系统口令。(4)严禁计算机交易数据的授权修改程序。(5)严格控制系统的安全和保密标准等。

(二)档案管理制度

档案管理是公司内部管理的重要环节,是公司科学全面了解和掌握有关信息,进行决策的基础,也是有效防范风险和保护投资者利益的客观需要。所以,世界上著名的证券公司和金融机构毫无例外地都有良好的档案管理制度。

我国的网上证券业务要想得到规范、健康的发展,网络证券公司必须建立完整的业务流程及投资者的档案管理制度,以便于随时掌握各种相关信息和交易情况,将风险遏制在初始状态。

档案资料包括公司业务流程档案和客户档案。其中客户档案包括客户个人身份信息、交易信息等。档案管理制度要求将交易资料及操作记录及时备存和归档。许多国家和地区的立法对网络券商设定了确保客户资料完全、完整和准确的义务。

我国《网上证券委托暂行管理办法》也有同样的要求,《暂行办法》第12条规定,证券公司要在技术上和管理上确保客户交易资料的安全、完整与准确。客户交易指令资料至少应保存15年。

(三)客户档案管理和敏感信息保密制度

金融机构对消费者个人隐私保护问题历来是投资者所关心的,网上证券交易活动的增加,给投资者个人隐私的保护提出了更严峻的挑战。因为网络证券经纪商获取客户信息的渠道和能力都比以往大增。一方面基于了解客户和业务推荐适合性的要求,券商本身就会尽可能地搜集客户的个人信息;另一方面,网络证券经纪商也会在为客户进行服务的过程中接触和了解到客户大量的个人信息或商业秘密。此外,不少经纪商还可以通过追踪客户对经纪商网站的利用情况,掌握大量的客户网上活动或交易的信息。1999年安格尔报告通过对美国十大在线证券经纪商的隐私权保护政策和实践进行评估后,得出了一个令人沮丧的结论,几乎没有一家企业能够满足美国联邦贸易委员会所提出的在线搜集信息中的公平信息惯例原则。针对这一现象,安格尔报告提出强化网络证券交易中的隐私权保护的主张。[1] 1999年11月,美国国会颁布的《现代金融法案》(格雷姆—里奇—比利雷法)开始生效,该法案对金融机构提出了新的消费者隐私权保护要求。该法案所界定的金融机构包括证券经纪—交易商及投资顾问,并要求SEC为证券经纪—交易及投资顾问等建立客户隐私权保护标准。2000年SEC颁布了S—P规则(Regulation S—P)及FTC规则[2],规则要求每一个证券经纪—交易商和投资顾问制定自己的规则和程

---

[1] Unger Report,supra note 35,Section VIII. D.
[2] 前者适用于经纪—交易商,后者适用于投资顾问。

序保护消费者的记录和信息。1998 年 10 月 24 日,《欧盟电子数字保护指令》(*The EU's Data Protect Directive*)被批准生效,指令规定电子数据只能传送给对电子数字有充分保护的国家,从而大大提升对个人隐私保护的力度。

我国个人隐私权保护问题更为突出,因此强化隐私权保护是网络证券交易背景下的一项主要工作。强化这一工作的目的就是使券商随时掌握客户的交易情况,防范网上交易的风险。并且要求券商对客户的信息进行高度的保密,不能对有业务联系的非本公司的第三方或其他人透露公司客户的任何信息,并且建立专门的规则以约束相关的工作人员。为了保证交易安全,网络证券公司内部应有一套操作程序确保证券客户的密码不被外泄。网络证券客户与网络券商的个人通讯也应用最新的技术加密,以防被第三者截获及非法使用而损害网上证券交易客户的利益。

七、其他必要的监管措施

(一)网上交易报告制度

为了全面掌握证券公司开展网上交易的情况,监管部门有必要要求券商就其网上交易的开展情况(交易量、投资者开户情况、发展速度)、系统平台的技术性能、管理制度、人员情况,以及在开展网上交易过程中遇到的问题,定期向证券监管机构报告或将这些内容纳入监管机构对证券公司的年检范围。当券商技术系统进行重大升级、业务管理制度作出重大修订或主要技术人员与主要管理人员发生重大变化时,应随时向证券监管部门报告。

(二)强化券商的信息披露义务

尽管我国《网上证券委托暂行管理办法》对券商的信息披露义务有一些零散的规定,但远不够具体明晰。为此,有必要对信息披露制度作出更为细致的规定,使网上证券公司在从事证券网上委托业务时有规可依。①

就境外监管的普遍实践看,披露义务至少应包括以下内容:(1)账户资料之披露。即向投资者及时、客观、准确地披露其账户及相关资料。(2)市场风

---

① 规范券商的信息披露行为,强化券商的信息披露义务,是保护投资者的重要举措,有关网上证券交易信息披露义务相关问题的研究本书将专章研讨。本部分仅就券商信息披露作一简单介绍。

险披露,即风险揭示。首先,网络券商应在开户时详细说明网上证券交易可能附带的风险情况及后果。其次,当客户的买卖指示到达市场时,如果网上交易证券价格已经改变,网络证券客户应预先知道这方面的风险,而券商也可提供其他抵减这方面风险的方法,如限价指示等,以供证券客户选择。最后,也是最为重要的就是,一切风险警示应以醒目的方式在网站上展示出来。① (3)买卖指示确认方法的披露。由于通过互联网作出证券买卖的指示是不受时间限制的,故在完成交易后,实时确认买卖指示市是网上证券交易的优点,这样关于买卖指示确认方法的揭示和披露就十分重要。香港证券与期货委员会发布的文件对此作了十分详尽的规定,如前文所述,可供我们内地立法借鉴。②(4)系统故障披露。系统故障披露属于风险披露之一种,针对其特殊性,不少国家和地区的监管部门要求其作为独立披露事项加以披露,要求网络券商必须在网站的醒目或显眼处发出警告信息,提示网络证券投资者网上证券交易系统可能随时发生故障,致使延误或者停止网络证券交易。同时应列出导致故障的可能原因及系统故障时,对网络证券客户的影响及建议客户采取何种应变措施。例如用其他通讯媒介(如电话等)下达交易指示进行交易以尽可能减少损失。(5)对投资者赔偿方式的披露。即网络券商在开户时应在显眼

---

① 如我国台湾地区网络证券法规规定,证券商在其网站应以明显的方式表示风险告知之信息及无法执行电子式传输时之支持措施,并应传输最新信息。我国《网上证券委托暂行管理办法》也规定,经批准开展网上证券委托业务的证券公司,应制定专门的工作程序规范网上委托,与证券客户签订书面协议,并以《风险揭示书》的形式向投资者解释相关风险。在网络信息披露方面,开展网上证券委托业务的证券公司必须向投资者提供一个稳定的入口网站。该网站不必是证券公司自有的网站,可以制定或者租用其他网站,但须按办法的要求向投资者披露信息,揭示相关风险,揭示的风险至少应包括因在网络上传输的原因,交易指令可能出现中断、停顿、迟延、资料错误等情况,网络证券机构或证券投资者的身份可能被仿冒,行情信息及其他风险。此外,网络证券公司应当在入口网站和网络证券投资客户终端机软件上作出风险揭示(《网上证券委托暂行管理办法》第22条、第25条)。

② 文件要求:(1)网络券商必须清楚地说明买卖指示的确认方法及有多少种方法,使证券投资者能够选择最佳的确认方法;(2)网络证券商还要说明在收不到确认买卖指示时应如何和网络券商联络,以便实时采取补救办法,避免产生不必要的延误或损失;(3)如果网络券商在收市后才接到客户的买卖指示,券商应立刻通知客户其买卖指示已被拒绝或保留至下一个交易日;(4)如果网络券商能够提供几种接受买卖指示的方法,则必须在开户时,向客户说明及得到客户的确认同意,将来可能有能够这些方法来发出指示,而已开户则需要立刻通知他们最新变更以供选择。See Hong Kong Securities and Futures Commission: Guidance Note on Internet Regulation, Rule 6.2.2 March, 1999.

处向证券投资者说明,若网络券商因疏忽而导致网络证券投资者受到损害时的赔偿方法,如何计算金额,赔偿最高限额,及投资者的追讨方法等。(6)交易记录及账户结单的披露。网络券商应根据法律规定在完成证券网上委托交易后向客户提供交易记录,除此之外,还应在一定时期把月结单传送给客户,其传送形式及交付单据必须符合有关的法律要求。如果是电子成交单,则必须包含电子记录来源、接受终站、完成时间等内容。(7)投诉方式的披露。投诉方式的披露对于及时反馈服务信息至关重要。现实生活中不少投资者发现网络证券交易系统出现问题或对服务不满时难以投诉,既影响投资者的利益和投资信心,又不利于网络券商服务质量和服务系统的改进。为此,不少地区的监管当局要求网络券商在网页的醒目之处表明如需求助,应以何种方式联络网站及有关人士。以便网络客户能够获得技术支持及查询。①

(三)风险责任分担制度

当交易系统出现故障或遭外力破坏导致交易指令无法执行时,最容易引起利益纠纷。此时责任如何分担就成为一个现实问题。为此,一方面要求网上经纪商应该保证系统的容量足够应付交易量突然放大的情况,并应准备应急系统,在互联网系统出现问题时,用其他的系统来代替。一旦系统出错(如当通讯线路发生堵塞等事故)网上证券交易的"提供者"应负债务不履行的民事责任,并受到行政处分。另一方面可以考虑由券商和系统集成商共同对系统的可靠性进行投保,当系统出现问题导致投资者损失时,由多方共同承担责任。

(四)网站监管制度

由于券商是网上交易的实际经营者,券商的系统设备状况、技术水平及管理制度直接决定了网上交易安全状况;网站是信息发布传播的主要场所和网上交易的接入通道,因而对券商及网站的监管应是监管的重中之重。具体而言,对网站的监管应从以下几点出发:(1)对披露证券信息的网站实行许可证制度。券商的网站如用于网上交易的接口,审批时原则上可与其网上交易业务资格审批同时决定是否予以许可证;对非券商网站,应视其技术水平决定是

---

① Hong Kong Securities and Futures Commission: A Consultation Paper On the Regulation of On-line Trading of Securities and Futures, p. 25. December 2000.

否予以入口许可证;不作为网上交易入口的网站,应视其点击率、网站内容的专业化程度,决定是否允许其披露证券信息。对于被授予许可证的网站由监管部门向社会公示。(2)设立权威网站。当不同网站披露的信息出现差异时,以权威网站为准。可以考虑将交易所网站、监管部门网站及上市公司自己的网站作为权威网站。监管部门或证券交易所的网站有必要设置一个与一般投资者的信息交流渠道,接受投资者的检举。(3)加强对券商网页及网站内容的管理。

除了要求网站必须披露《网上证券委托暂行管理办法》第22条、第23条规定的内容外①,监管的重点主要包括券商的网上投资咨询是否违背有关投资咨询方面的法律法规,网站中是否传播虚假的、误导性信息。

网上证券交易对券商的影响最为巨大,加上目前我国的网上交易局限于网上委托交易,因此需要关注的问题更多。基于行文的需要,本节仅从网上交易对传统证券交易商及对交易商监管的影响入手,选择其中较为突出的市场准入、流动性风险监管、信息披露、适合性原则的适用、隐私权保护及内部控制制度等几个主要问题加以探究,很多具体的问题,如信息披露的详细规则、证券欺诈及其防范等问题,我们将作专章探讨。

第二节　电子通讯交易系统(ECNs)及其监管

一、电子通讯交易系统在海外的快速发展

20世纪后半叶是一个信息革命的时代。计算机技术快速发展的滚滚洪流,不断更新着证券交易的手段和方式,造就了声势浩大的证券无纸化和非移动化运动,并最终颠覆了证券必须在指定的实物交易场所进行的传统交易模

---

① 第22条:证券公司应在入口网站和客户终端软件上进行风险揭示。揭示的风险至少应包括:因在互联网上传输原因,交易指令可能会出现中断、停顿、延迟、数据错误等情况;机构或投资者的身份可能会被仿冒;行情信息及其他证券信息,有可能出现错误或误导;证券监管机关认为需要披露的其他风险。第23条:证券公司开展网上委托业务的同时,如向客户提供证券交易的行情信息,应标识行情的发布时间或滞后时间;如向客户提供证券信息,应说明信息来源,并应提示投资者对行情信息及证券信息等进行核实。

式和观念,为虚拟证券交易场所的出现扫平了技术上和观念上的障碍。电子通讯网络交易系统,就是在计算机及网络技术飞速发展的背景下产生的。

在证券市场广泛应用信息技术之前,几乎所有的证券交易都通过证券经纪—交易商在集中的证券交易所或场外交易市场(如 NASDAQ 报价系统)进行。各证券交易所此时都采用人工喊价制度,即交易是在指定的交易场地(Trading Floor)进行,代客买卖的交易商面对面地公开叫喊,以特定价格进行特定数量的交易。在这种制度下,交易商同时以口头和手势表达,各交易所都有各自的手势规定。这里成交的选择是随机的,成交机会的取得要靠交易商积极争取。计算机技术带来通讯业的革命,电子信息传递的低成本和高速度,以及纸面证券保管、存放的巨大人力消耗,首先推动了证券存管制度的变革,在证券的保管和交割环节率先出现了证券的非移动化和无纸化。美国于1968 年发生人工清算交割危机之后,电脑交易开始被考虑引入证券市场。1969 年美国太平洋交易所率先采用指令自动传递与执行系统,此后各交易所都相继采用自动传递系统,最有代表性的是 NYSE1976 年采用的 DOT 指令传输系统。1977 年 11 月,多伦多交易所采用"电脑辅助交易系统"(CATS),它是首次由交易所独立引进的自动化系统,是全球第一个自动交易系统。此后,法国、西班牙、比利时、巴西、新加坡等国家(地区)的证券交易所皆仿效该系统(而布拉格交易所又仿效巴黎交易所)。目前,全球证券交易系统都在朝自动化的方向发展,均经历了一个类似交易厅→较不活跃股票半自动化交易→除巨额交易外全采自动化交易→全面自动化交易的过程。① 证券交易所电脑自动交易(即指在整个交易过程中借电脑自动交易系统来辅助或执行买卖竞价作业)推进的结果是,有形的交易大厅和交易席位不再为交易所所必需,不仅许多交易所允许会员选择以有形席位报盘或无形席位报盘方式进入交易所,而且越来越多的交易所干脆取消了有形的交易席位和交易大厅,交易席位和交易大厅的存在仅具有象征意义。这种变化彻底改变了证券投资者进行证券投资过程中对证券经纪—交易商及传统证券交易所的依赖,为大量的证券电子通讯交易系统的兴起创造了契机。

---

① 关于证券从无纸化到非移动化的变革进程,详见范中超:《证券之死——从权利证券化到权利电子化》,知识产权出版社 2007 年版,第 70～105 页。

1995 年美国春街啤酒公司尝试开设网上交易系统,此举开创了电子通讯交易系统的先河①,网上交易系统的发展自此一发而不可收。Real Good 贸易公司(Real Good Trading, RGTC)紧随其后建立自己的电子公告版系统(BBSes),在短短的一年多时间内,Island ECN、Archipelago 、Tradebook 、Nextrade 等数十家网上交易系统诞生,而且其服务对象不断拓展,交易越来越活跃。② 这样,于传统的证券交易所和柜台交易市场之外又出现了一类新型的电子交易市场。③

网上证券交易系统由于各国的传统交易方式、金融开放度和金融监管手段、金融市场竞争强度、技术的发展水平以及对信息技术投入程度和信息技术更新的速度不同而有所不同。目前,国际上的网上证券交易系统主要有④:

(一)网络电子公告板系统(Internet-based bulletin boards,BBS)

建立在因特网上的电子公告板系统为证券的买卖双方提供了一个网络交易平台,它通常就是发起成立该交易系统公司的主页。在这里感兴趣的个人投资者通过系统发布指令来买卖证券。证券买卖各方根据自己的股票购买意向,通过因特网将购买或出售股票的指令发送到证券公司的网址或主页上,留下相关信息。看到信息的投资者可以据此与信息的发布者进行协商进而达成交易。投资者可以通过电话、电子邮件等方式不经过第三方独立地完成交易。这一交易系统可以认为是网上虚拟交易所,是一种为促进证券交易的"被动

---

① 有学者认为,最古老、最大的 ECN 并非春街,而是路透社集团(Reuters Group)于 1969 年成立的 Instinet,See Terzah Ewing,How Electronic Networks Snag Trades,Wall Street Journal,March 1,1999,p. C1. ;Also see Howard M. Friedman,Securities Regulation in Cyberspace,the 3th ed. ,Aspen Publishers,2007 Supplement, §18.01.

② Howard M. Friedman, Securities Regulation in Cyberspace, the 3th ed. , Aspen Publishers, 2007 Supplement, §18.01.

③ 这类电子化的虚拟网上证券交易场所的称谓在各国不尽相同,把它称之为 ATS (Automated Trading Systems)的国家和地区有中国香港、加拿大、欧盟、美国等;在美国,如果 ATS 在 SEC 注册成为经纪商或证券交易所则又称为 ECN(Electronic Communications Network),即电子通讯网络,但其本质基本相同,指传统交易所之外设立的、为在传统证券交易所或其他组织市场上市的证券提供电子化、无中介交易设施,发挥传统交易所功能,但无交易大厅,也无传统交易所互助性组织特征的电子化自动交易系统,并认为其是对传统交易所的替代,因而不包括交易所运营的电子通讯交易系统。

④ 参见傅一江:《证券投资学》,高等教育出版社 1999 年版,第 119 页。

式"(passive)交易系统。证券公司或发行人设立电子公告板的目的是增强股票的流动性。

买卖双方发送在电子公告板上的信息通常包括:(1)买方或卖方的名称、住所、电话号码或网址等。(2)提供出售或意欲购买股票的数量。(3)股票的价格。(4)信息进入系统的日期。

在电子公告板上进行的股票交易遵循下列方式:(1)已经作出决定要销售 A 公司股票的投资者张三把一组信息,包括张三的姓名、地址、电话号码、电子邮件、其他联系方式以及要销售股票的数量和价格发送到 A 公司的主页上。(2)有不少投资者访问 A 公司的主页,当有兴趣投资 A 公司的投资者李四访问 A 公司主页发现了张三投放的信息,如果股票价格和数量在李四感兴趣的范围或是已经使李四感到在这一价格上投资 A 公司的股票有利可图,那么李四就与张三在网上联系。(3)经过一番有关交易数量和价格的讨价还价后,双方达成买卖 A 公司股票的电子协议。然后张三将要卖的无纸化股票送到独立的中间人处,例如送到网上银行等代理人处,李四也把购买股票的钱送达同一代理人处。当代理人确认李四的钱足够和张三的股票真实可信后,代理人会将张三的股票交给李四,将李四的钱交给张三,至此整个交易完成,而这一过程都是在网上无纸化完成的。它不像建立在原始基础上的实物交易所和柜台市场,由投资专家和做市商(Market maker)提供中介来进行交易。但网络电子公告板系统完成交易的时间是不确定的,从销售者张三在网上投放信息起,可能有几分钟或几天或几星期甚至更长时间才有购买者购买股票。另外,该系统自身不能完成交易,所有的交易都由使用该系统的当事人通过直接签订合同完成。

早在 1996 年 4 月,第一个网上电子公告牌交易系统春街酿酒公司系统(Spring Street Brewing Company)开始运营①,利用因特网上的专用软件发行股票,从而创造了一种新的证券发行方式。② 到 1997 年 8 月 1 日,美国 SEC 已

① 美国联邦证券委员会在对该电子公告板系统进行检查时,发现该证券公司利用电子公告板牟利后,即关闭了该电子公告板,此后再没有开放。参见 Paul D. Cohent, Securities Trading Via the Internet, *The Journal of Business Law*,1999(4).

② 参见周正庆:《证券知识读本》,中国金融出版社 1998 年版,第 490 页。

经批准了四家由公司建立的网上公告牌交易系统。如美国经纪交易商IPONet 经 SEC 批准,开始在网上提供新股发行服务。美国还成立了网上证券经纪行,以便于股票发行与交易。① 这种系统由于股票交易的流通性不强,因而交易量并不大,但它的意义在于使人们可以避开证券交易所、经纪人和券商从而直接在因特网上进行交易。这种系统从它诞生之日起就在不断的改进中,现在名为完美数据公司的电子交易系统(Perfect Data Corporation's Trade)已经提供一条可选择进入 NASDAQ 交易的通道以便提高网上交易系统公司股票的流通性,它还准备引入做市商以进一步提高其股票的流通性。在美国,虽然电子公告板设立为时甚短,通过电子公告板进行并完成的股票交易量不是太多,但电子公告板已成为人们除 NASDAQ 之外的唯一选择②,设立电子公告板证券公司股票的流动性因此大为增加。

(二)网络配对系统(Internet-based crossing systems)

网络配对系统(又译为网络交叉系统)通过互联网接收单个投资者购买或者出售股票的指令单并对其进行配对的方式,为单个投资者提供证券交易的自动服务。投资者通过因特网上的一本指令书获得购买或出售股票的指令后,将购买或出售的指令输入网络交叉系统(指令须以匿名方式发出),在一天中的某一特定时间,网络配对系统对投资者输入的购买和出售股票指令进行配对。网络配对系统在买方最高出价和卖方报价的中间点进行自动交易。网络配对系统也允许投资者中止交易行为,但若买方和卖方的指令已经在线配对,网络配对系统将自动执行交易。网络配对系统允许投资者进入购买或出售股票要约方的数据库,也允许该投资者同其他投资者联络。此外,网络配对系统将最大可能地处理"即将流失"的股票交易问题,或解决由投资者自行处理无法配对的交易问题。换言之,在网络配对系统条件下,如果一个投资者发出的交易条件与另一方发出的交易条件相差不大,网络配对系统将自动调整股票交易价格和数量,以便交易成功,但前提是网络配对系统必须在投资者提供的参照数据范围内进行自动交易。

网络配对系统不同于网络电子公告板系统,它可以为散户提供自动执行

---

① 参见周正庆:《证券知识读本》,中国金融出版社 1998 年版,第 490 页。
② 参见周正庆:《证券知识读本》,中国金融出版社 1998 年版,第 487 页。

证券交易功能,允许投资者通过因特网在一个公开的网络环境里发出进行交易的指令,而且指令的发送是匿名的。以美国为例,在一个交易日的某一段时间,该系统可以为投资者电子撮合买卖 NASDAQ 和纽约证券交易所的证券。当买卖双方在线发出指令时,这一系统能以最合适的价格自动撮合交易。网络配对系统承诺让投资者进入数据库以便与其他投资者进行交易。此外这一系统还能最大限度地让投资者自由处理接近成交(near misses)或不能很快成交的情况。如果一个投资者的指令稍微不符合对方的指令,系统可以在投资者所给权利的限度内调整交易的价格或是数量使交易得以成功。因为这一技术的特征,它在一定程度上保留了模糊弹性。网络配对系统实际上也是一个网上虚拟交易所,只不过它比网络电子公告板系统更主动,撮合更方便,技术更先进,同时能与其他交易所兼容罢了。

(三)专用电子交易系统(Proprietary Trading Systems,PTS)

这类系统以独立的方式运营,而且这一建立在屏幕基础上的交易系统可以由个人操作自动执行交易,它提供一种不必通过中介方的参与,直接进入网络系统与其他投资者进行交易的途径。系统的参与者一般限于市场专业人士和具有丰富经验的投资者,有时仅限于机构投资者。这些系统专门买卖活跃和收益高的证券或参与大宗交易从而与传统的交易所展开激烈的竞争。① 英国路透社的 Instinet 系统和 Posit 的系统,美国 Island 的系统都属于这一类。

专有电子交易系统和网络配对系统与 NASDAQ 相比较,都是电子化的市场,都没有证券交易大厅,但是又有所不同:NASDAQ 交易系统是建立在专有的网络上,它在世界各地一共装置了 20 多万台计算机销售终端(如 Reuters),向世界各个地方的交易商、基金经理和经纪人传递 5000 多种证券的全面报价和最新交易信息。这些销售机并不能直接用于进行证券交易,既不能在 NASDAQ 市场为股票造市,也不能受理指令。如果美国以外的证券经纪人或者交易商想交易,往往要通过计算机销售终端取得那斯达克证券市场的信息,

---

① 近几年,这一特点已经有所改变。如目前 Island 和 Archipelago 均开始允许规模较小的投资者的交易指令进入其系统;早两年成立的 ex24 系统其服务对象更是针对那些想以低佣金购买小额知名公司股票的大众投资者。See Howard M. Friedman, Securities Regulation in Cyberspace, the 3th ed., Aspen Publishers, 2007 Supplement, §18.01.

然后用电话通知在美国的全国证券交易商协会会员公司进行有关交易。而专有电子交易系统和网络交叉系统都是建立在开放的因特网上的交易系统,没有经纪人或交易商,客户可以在网上不经过第三人直接进行交易,也可以通过券商和经纪人进行交易。而且这些券商和经纪人都是网上券商和经纪人,客户不论在世界任何地方,只要上互联网,通过特有的软硬件设备,就可以接收即时股票行情,在网上发出指令买卖股票。

前述三种电子交易系统都是脱离实物交易所(off-exchange)在网络环境下进行的,可以说是在虚拟的网上证券交易所进行的。电子交易系统的出现对于传统的市场结构和市场监管都带来了深远的影响。[①]

二、问题与挑战:电子通讯交易系统所遭遇的现实与法律困境

虽然网络交易系统还处在发展阶段,但它们已经给交易方式带来了意义深远的变革,并对证券市场机构和监管手段构成了严峻的挑战。

(一)法律定位上的困难

电子交易系统出现后,首先遭遇到的就是对其进行法律定位上的困难。这是因为电子交易系统的出现,模糊了传统证券法制下交易所、经纪—交易商之间原本较为清晰的界限。在法律上如何对其定位,便成为相当棘手的问题。而定位问题不解决就无法将其纳入已有监管体系和法制框架内,其存在的合法性就会遭到质疑。

在传统的证券法制下,证券经纪—交易商、交易所、证券结算机构等均适用不同的设立标准和监管模式,然而电子交易系统的诞生却使原有立法变得无所适从。因为电子公告板将投资者联系在一起进行股票交易,发挥了证券经纪商和证券交易商的职能,从而产生了电子公告板是否必须根据证券交易法的规定注册为证券经纪商和交易商的问题,[②]也产生了是否必须依照证券

---

① 严格意义上讲,传统证券交所内的电子交易系统业应该属于证券电子交易系统的范畴。但这里发生的仅仅是委托方式的改变,即投资者利用因特网通过券商网上交易系统进入实物交易所进行交易,其对市场结构并没有根本性的影响,所以,国外学者探讨的网上证券电子交易系统主要集中于具有虚拟交易场所性质的上述交易系统。本节所论述的电子交易系统也是这种意义上的交易系统。

② 对此问题,我们随后将作具体分析。

交易法规定的证券交易进行登记的问题。网络配对系统更是一个介于股票经纪—交易商和证券交易的混合物。一方面,网络交叉系统类似于证券交易,它对投资者输入的购买或出售股票的指令进行配对;另一方面,网络交叉系统根据投资者输入的指令自动执行股票交易,因此又类似于证券交易商内部的计算机系统,故很难将网络交叉系统纳入证券交易法规定的证券经纪—交易商和证券交易的范畴。正如美国第七巡回法院伊斯特布鲁克法官在涉及对 SEC 工作人员就一个专用交易系统所签发的不采取行动函的异议时所言,"该系统非驴非马,既不是交易所或纽约交易所式的交易所,也不是全国证券商协会自动报价系统式的场外交易市场。自动化和通讯的发展注定要产生这些难以分类的实体。"①

(二)市场的分散性与建立全国集中交易市场目标的矛盾

一个集中化的证券交易市场为衡量股票价格和总体需求关系提供了一个最佳评价工具;而一个分散化的市场则很难反映出股票的供求关系,因而无法判断股票的价格。随着网络交叉系统的扩大,市场变得更加分散,这使投资者判断一种股票的真正的市场价格变得更加困难,在投资决策时将处于被动的地位。投资者得花费更多的时间、金钱和精力调查各个市场以获取最好的交易价格。这与不少国家所积极致力于建立全国统一集中的交易市场的目标背道而驰。正如美国学者所分析的,电子通讯交易系统的出现在推动市场竞争的同时却带来市场分割的严重危险,它使美国国会自 1975 年以来所致力推进的避免市场分割和鼓励竞争的努力暗淡无色。② SEC 对此同样有着极为清醒的认识。SEC 在其关于 ATS 规则的解释公函中指出:"自 1975 年以来开始建设的国家市场系统(NMS)得益于市场的集中——深层的、流动的市场——和竞争,为了取得上述成效,全国市场系统对相互连接在一起可为公众提供最佳报价的单个市场提供平等的监管。(但)替代性交易系统却游离于全国市场

---

① Board of Trade Cily of Chicago v. SEC ,883 F. 2d 525 ,535 (7ᵗʰ Cir. 1989) ,转引自[美]路易斯·罗思、乔尔·赛里格曼:《美国证券监管法基础(下)》,张路等译,法律出版社 2008 年版,第 569 页。

② See Howard M. Friedman ,Securities Regulation in Cyberspace ,the 3ᵗʰ ed. ,Aspen Publishers ,2007 Supplement ,§ 18.05.

系统之外。"①如何避免由电子通讯交易系统所产生的市场分割,是西方国家关注的重点之一,市场分割的问题能否有效解决,也直接关系到网上证券交易的命运。

(三)透明度低与投资者保护问题

高效、透明是现代资本市场的主要标志,也是证券监管部门孜孜以求的目标。证券市场透明的首要内涵在于市场信息的充分公开,即透明的证券市场允许"公众在公开的场合看到股票交易量和股票交易价格等信息"。市场的统一是要将交易信息集中到一个地方,通过信息的集中使一个单一的证券市场或者通过电子链接使不同区域间的证券市场产生信息公开,也就是说一个统一的市场可带来透明度的提高。但恰如前面所述,电子通讯网络交易系统的大量存在给市场的有效集中带来了挑战。首先,这些游离于公共报价系统之外的电子市场之间互相分离,这种分离会导致各市场间的信息流通不畅,市场之间信息流通不畅的结果是市场透明度不高。其次,匿名要约和竞标是电子通讯网络交易系统的一大优势,因为它可以消除公开市场上可能由于大额要约及竞标的公布而对市场造成的影响。② 但匿名要约是以牺牲市场的透明为代价的。透明度的降低给投资者进行有效的报价等信息对比增加了难度。以上问题的出现,使得电子通讯网络交易系统在应用中引发投资者保护不足的问题。

其实问题远不止于此。首先,低廉的技术成本增加了虚假信息传递的可能。电子邮件向潜在投资者的密集传递,铺天盖地的网上宣传都会对投资者心理认同造成潜移默化的效果,产生高压战术效应,使投资者失去应有的判断能力③。其次,电子通讯网络交易系统绕开中介机构直接为发行商及认购者提供交易撮合的交易方式,使电子交易市场失去了中介机构这一重要的监督力量,加之电子通讯网络交易系统游离于交易所等自律监管机构和政府监管

---

① ATS Final Rules Release,supra note 6,at pg. 81,302.

② Jonathan R. Macey & Maureen O'Hara, Regulating Exchanges and Alternative Trading System:A Law and Economics Perspective,Journal of Legal Studies,Vol. 28,p17,pp . 32 - 33.

③ 例如,在美国一个证券发行商竟然发出 3000 万封电子邮件以招揽发行。See Saul Hansell,Internet Is Losing Ground in Battle Against Spam,New York Times,April 22,2003,p. A1.(对高压战术的分析参见本章第一节第五小节)

之外,为证券欺诈性交易敞开了大门。最后,电子通讯网络交易系统本身就是高新技术的产物,新技术的采用必将造成以新方法实现旧有的操纵计划并且导致新的操纵行为出现。如在国外证券市场已经出现的一种被称之为"电子欺骗"(Spoofing)的新型证券操纵。① 正是基于以上原因,互联网被戏称为骗子的天堂。甚至 SEC 前主席亚瑟·里维特(Arthur Levitt)也对投资者提出了这样的忠告:"当你看到来自网上的一个要约时,要先假定它是一个骗局,直到它的真实性被证实。"②

(四)市场流动性不足的问题

网络给广大中小企业涉足资本市场提供便利的同时,也带来了次级市场流动性与及时交易性不强的隐患。首先,就发行市场而言,由于提供互联网直接公开发行股票(INTERNET DPO)的公司规模较小,大部分无法满足上市标准,所以此种公司多数不通过中介自行通过公司网站建立次级市场自行销售。这些次级市场的交易量不大,且缺乏传统证券交易所或者 NYSE、NASDAQ 等次级市场,因此 INTERNET DPO 次级市场流动性十分不足,致使交易风险增加。风险的增加可能使得投资者望而却步。其次,就二级市场来看,电子通讯网络交易系统由于在交易中缺乏作为中介机构的证券交易所的存在,无法确保投资者根据自己的需要选择何时购买或出售股票,或所需股票的数量。因为 ECNs 的作用只是为买方和卖方提供配对(如果他们存在的话),通过 ECNs 传递指令的投资者并没有像要求做市商那样承担购买或出售证券的义务,这使得买方未必能够立即找到卖方,卖方也同样无法立即找到买方。因此,弗里德曼教授在分析电子通讯网络交易系统流动性特点时指出:"在纽约证券交易所(NYSE)和美国证券交易所(AMEX),当上市股票供求出现临时性短缺时专业人士(specialist)会产生流动性,在 NASDAQ 市场则通过做市商随时做好购买或出售特定种类的股票而创造流动。然而,ECNs 并不能产生流动性。"③ 流动性不足已经成为制约电子通讯网络交易系统的另一大瓶颈。

---

① See Howard M. Friedman, Securities Regulation in Cyberspace, the 3th ed., Aspen Publishers, 2007 Supplement, §18.01.

② Walt Duka, SEC Chief Issues Alert On Internet Investing, AARP Bulletin, May 1999, p.4.

③ Howard M. Friedman, Securities Regulation in Cyberspace, the 3th ed., Aspen Publishers, 2007 Supplement, §18.05.

（五）系统安全和风险责任问题

网络安全始终是电子通讯网络交易系统发展的一个重要的制约因素。证券的网上交易往往涉及巨额资金,交易系统一旦受外部攻击造成中断,或网络犯罪使信息泄露,将会造成重大损失。作为全球性公共网络,因特网并不由任何一个机构所控制,数据在因特网上传输的途径也不是完全确定的。也就是说,因特网本身并不是一个安全可靠的网络环境,安全防范技术始终难以完善,以下问题将会与之如影相随:(1)网上攻击。包括应用系统受到入侵和破坏,这是网上证券交易最大的安全隐患,因为一旦应用系统出现问题,会给证券投资者带来难以想象的后果。针对网络交易系统的网上攻击可能导致委托或交易无法正常进行,甚至造成整个交易网络的瘫痪。(2)数据安全。如对客户的委托指令、账户资料、资金情况的篡改,可能会造成客户资金的损失;客户的账号和交易密码可能被人盗用;买卖的信息被竞争对手获悉,就可能丧失商机。(3)网上欺诈。如发布假行情、假公告等虚假信息,误导投资者,甚至操纵市场,从中获利。(4)通讯质量。包括行情揭示的实时性、通讯线路的稳定性。如果信息传送速度过慢,信息滞后时间过长,或网络传输中断,就会导致信息的丢失或失效;如果通讯线路不稳定,会出现信息传送停顿,时有时无,信息内容不完整。除了技术风险外,网上证券交易基于活动自身的特性还存在复杂的业务风险。在这样一个风险与机遇并存的网络空间,如何提升安全保障、合理地分配风险负担,关系到市场各方的利益平衡,这无疑成为 ECNs 成长道路上必须设法跨越的一道屏障。

三、艰难而有成效的探索:美国的监管思路与实践

如何应对互联网技术的发展给证券业带来的生机及其给监管实践所带来的诸多难题,是对监管部门的一大考验。美国是证券市场最为发达、网上证券交易也最为活跃的国家,美国政府的态度在某种程度上影响着其他国家和地区,也左右着网上证券交易的发展前景。因此,对美国监管实践和监管思路的梳理有助于我们更好地把握网上证券交易的未来,也可以从中汲取有益的营养成分,尽量在以后的监管实践上少走弯路。

（一）开放的心态与积极但不失慎重的态度

可能由于在资本市场遭遇过太多风浪的缘故,面对蜂拥而至的技术革新, *135*

美国证券监管当局的心态始终是相对平和开放的。作为对美国《联邦证券市场促进法案》的回应,SEC 就技术进步和网络信息系统对证券市场如何产生影响展开了为期一年的调研,于 1997 年 10 月形成并发表了长达 140 页、题为《新技术对证券市场的影响》(*The Impact of recent Technology advances On The Securities*)的研究报告。报告并没有因新技术的出现给监管带来的诸多难题而对新技术在证券市场的运用采取排斥或抵制的态度。相反,该报告态度鲜明地提出了"要密切留意新技术的增长给投资者和市场带来的益处,同时要通过对证券法采取灵活的解释来鼓励试验和创新"的指导思想。随后,SEC 颁布了一系列的公告、解释函,并制定新的规则,以使新的技术在资本市场能够不断得以推广和运用。① SEC 在 2005 年发布的关于适用新的资本要约规则的解释中,进一步阐述了这一思想。②

今天,计算机、高尖端金融软件、电子邮件、电话会议、视频会议、网络投票和其他有效技术在很大程度上已经取代了我们所曾经依赖的纸张、笔墨、投递、出行、面对面会议等传统技术和手段。我们今天所采用的规则就是要认识到技术在向市场和投资者及时传递公司重要信息中所扮演的不可或缺的角色。

当然,对以 ECNs 为核心的网上证券交易方式持包容和开放态度,并不意味着 SEC 对由此引发的监管难题完全视而不见、盲目乐观或无端纵容。相反 SEC 对此一直处于警觉的状态。早在 1996 年 SEC 致春街啤酒酿造公司的不采取行动函中就指出:"创新和活力是我们国家证券市场的标志,它明显地推动了全球最有效的资本募集制度的形成。我们尽可能地鼓励(技术上的)现代化。但保护公众投资者是我们的职责,也是我们首要的工作……"并要求春街啤酒酿造公司的 Wit-Trade 不得控制客户资金、增加风险警示内容、公开

---

① 如为了解决电子通讯网络交易系统流动性的问题,1997 年 SEC 修订指令处理规则,带来了电子通讯网络系统数量上的快速增加,再如推动自律监管组织监管规则更新的电子化、登记手段的更新、颁布精确的指南鼓励募集文件电子文本的传送,等等,都加速了电子技术与证券市场的融合。

② Securities Offering Reform ,SEC Release No. 33-8591. Also see SEC Division of Corporation Finance,Securities Offering Reform Transition Question and Answers, available at http://www. sec. gov/divisions/corpfin/faqs/ Securities_offering_ reform_ pa. pdf .

报价和保存记录等,由此可见其态度的谨慎。① 其后,一系列解释、规则的出台都反映出 SEC 的积极而又慎重的态度。

SEC 态度谨慎的另一个表现在于其处理问题的手段和方式。出于谨慎的考虑,监管机构在其自己对网上交易不是十分了解的情况下没有贸然采取异于常态的调节手段,而是在不改变原有的监管原则的基础上,首先通过解释、公函等形式针对个案进行特别处理。积累一定的经验之后,再针对网上证券交易的特殊性进行特别的规制,然后才逐步在市场整合、透明度提高、公平接入、投资者教育等方面形成一套相对系统的方案和较为明晰的监管制度。这种尽可能不改变传统的监管框架和体系的做法,避免了由于监管措施或体制的剧烈变动给市场造成的冲击,体现了 SEC 的慎重、务实和理性。

面对网上证券交易,尤其是电子通讯网络交易系统所带来的一系列监管问题,SEC 既不是消极逃避、放任不管,也不是简单处理、粗暴打压。而是进行广泛调研,分析利弊,针对问题采取积极的应对措施。经过十余年的努力,SEC 在破解电子通讯网络交易系统法律地位、市场流动性和透明度、系统安全性等难题方面积累了不少的经验,也取得了一定的成效。

(二)法律定位问题

电子通讯网络交易系统的定位问题是监管部门必须破解的首道难题。定位问题不解决,电子通讯网络交易系统存在的合法性就会遭到质疑,监管模式和思路就无法确定,监管也就无从谈起。然而电子通讯网络交易系统形态各异,在证券市场充当的角色也千差万别,对其如何界定是一道颇为棘手的难题。能否有效破解此种难题在一定程度上将依赖于政策制定者的胆识和智慧。

在解决电子通讯网络交易系统的定位问题上,SEC 可谓绞尽脑汁。按照美国证券法规定,对市场参与者要么按照证券经纪—交易商进行监管,要么按照交易所进行监管。但电子通讯网络交易系统则打破了经纪—交易商和交易所的界限。一方面,这些电子交易场所不仅为投资者提供咨询、信息传递等传统的证券经纪商的服务,而且取代了经纪人、券商、实物交易所等传统交易所

---

① Spring Street Brewing Company, (No-Action Letter, April 17, 1996), Federal Securities Law Report (CCH) 77,201.

必备的人和设施,可以直接撮合买卖双方在因特网上的交易系统里进行交易。另一方面,这些电子通讯网络交易系统没有会员制度,也不存在传统交易所模式下交易所监督和约束会员以及维护市场秩序的监督职责,因此和传统的证券交易所又有很大的差异。也就是说,简单地套用经纪—交易商或交易所的规则为电子通讯网络系统定位都有一定的困难。而且,即便同属电子通讯网络交易系统,不同系统间也千差万别。单就电子公告板来看,就有消极的电子公告板和积极的电子公告板之分,前者仅仅传递信息,交易则由投资者在下面直接进行;后者则直接撮合交易。此外,还有发行人创办的交易系统和第三人创办的交易系统、以营利为目的的交易系统和非营利性的交易系统等不同的类型。在对交易所等原有概念作出重新解释,将电子通讯网络交易系统纳入原有监管体系的尝试失败后,SEC 于 1998 年末制定专门的监管规则,即《替代性交易系统监管条例》(*Regulation of Exchanges and Alternative Trading Systems*,以下简称 Regulation ATSs),以适用于这类有别于传统的经纪商和交易所的交易系统。SEC 将这类电子通讯网络交易系统称为另类交易系统(ATS,Alternative Trading System)。该条例为电子通讯网络交易系统的定性提供了法律依据。

《替代性交易系统监管条例》(*Regulation ATSs*)对电子网络通讯交易系统并没有采取一刀切式的简单处理,而是根据不同类型,允许电子通讯网络交易系统选择注册为全国性证券交易所,或是注册为经纪—交易商。这种选择要依据具体的活动和交易量,并遵守新的 ATS 项下的其他要求。同时,对特殊的电子通讯网络交易系统给以注册豁免。SEC 通过 3b—16 规则对《1934 年证券交易法》第 3(a)(1)条有关"交易所"一词定义的法定语言作出了扩大解释。将交易所扩大到"将多个买方和卖方的指令汇集在一起并适用确定的、非自我决定方法(nondiscretionary methods,无论是提供交易设施还是制定规则),使该等指令交互作用,且输入该指令的买卖双方都同意交易的任何设施"。[①] 根据这一扩张后的定义,交易所将明确包括那些使投资者指令交互作用并为交易设置期限和程序性规则的电子通讯网络交易系统。但 3b—16 明

---

① Howard M. Friedman, Securities Regulation in Cyberspace, the 3th ed., Aspen Publishers, 2007 Supplement, §6.01.

示将 SEC 认为履行传统经纪—交易商活动的电子交易系统排出在外,这包括:(1)仅将指令传递到其他设施予以执行的系统。(2)由单一注册做市商限制自身的买卖报价和客户的限价指令及对该等指令执行交易而运营的系统。(3)允许人们为执行单一交易商的买卖报价而输入指令的系统。① 这样,SEC规则允许符合交易所定义但对其会员或证券招募者行为履行自律监管的系统或设施不注册为交易所而作为替代性交易系统存在,受 Regulation ATSs 约束。以下结合电子通讯网络交易系统的不同类型作进一步的分析。

1. 网络电子公告板系统

在网络电子公告板系统的应用中,传统的经纪人、券商、实物交易所必备的人和设施的因素被削弱,网络电子公告板可以撮合买卖双方通过因特网在交易系统内直接交易。在传统的交易形式中,监管部门是以交易所这一交易市场及其参与者为监管中心的。在这种情况下,法律法规可以对证券交易的监管进行明确的限定。但是网络电子公告板系统是在虚拟空间通过数据电文等方式自动撮合交易的,也就是说,这种交易方式既不存在经纪人、券商,也不存在实物的交易所。如果要将网络电子公告板系统纳入传统的监管体系,就存在是否必须将网络电子公告板登记注册为经纪人、券商或者交易所的问题,所以如何认定此种网络电子交易系统的性质就显得非常重要。

虽然网络电子公告板系统与传统交易所区别很大,但是它们都提供了一个给买卖双方进行证券交易的市场或设施。因此,从广义上说,网络电子公告板系统可以认定是证券交易所。美国《1934 年证券交易法》第三节 a 条 1 款(Section3(a)(1)of the exchange act)也作出了此种规定。但是 SEC 却认为因特网电子公告板系统不必注册成为证券交易所。这主要是因为:一方面,网络电子公告板系统出现不久,知名度不大,股票流动性不强。不仅交易系统数量少,而且交易量也非常小,这都无法满足证券交易委员会认定交易所的标准;另一方面,SEC 认为交易所应满足"适用确定的、非自我决定方法"进行交易的条件,电子公告牌交易系统仅进行信息的传递,交易仍然在买卖双方之间进行,其交易系"自我决定"而不属于"非自我决定"。基于此,SEC 网络电子公

---

① Regulation of Exchanges and Alternative Trading Systems, SEC Release, No. 34 - 40760.

告板系统不被列入交易所。① 虽然它不必注册,但 SEC 通过投诉信件来关注这些交易系统的运行状况是否良好,并要求电子公告牌交易系统的发起人提供投资者的交易记录以便能够随时进行监管。②

至于是否将网络电子公告板系统注册为经纪商,SEC 的态度是:系统是否登记为经纪—自营商取决于主办者介入交易的程度和收取的费用的类型。如果交易系统的主办者密切地介入收取佣金之类的交易中,该系统的做法就类似于经纪—自营商、需要进行经纪—自营商登记。如果交易系统仅单纯保留信息,则该系统无须进行经纪—自营商登记。在 SEC 已经批准的四个因特网公告牌电子交易系统中,并没有要求发起人根据美国《1934 年证券交易法》第15(a)条之规定登记注册为经纪人或券商。正是因为 SEC 根据农庄协会一例中并没有要求系统发起人注册为券商,所以在网络电子公告板系统中,发起人既不参与交易也不收取佣金的运行方式,使 SEC 不要求他们注册为经纪人或券商。③

2. 专用电子交易系统和网络配对交易系统

SEC 规定,专用电子交易系统和网络配对交易系统是被作为经纪—交易

---

① Regulation of Exchanges and Alternative Trading Systems,SEC Release,No. 34－40760.

② 参见李瑞强、邢颖:《美国网络交易系统的法律规范》,载《证券市场导报》2000 年 8 月,第 45 页。

③ 早在网络电子公告板系统产生之前,已有不在传统交易所进行股票交易的方式,虽然这些交易系统并不都是在因特网上的,但是它们与网络电子公告板系统非常相似。美国证券交易委员会根据实际情况来认定这些交易系统是否为经纪人和券商。这一领域的一些案例可以看出美国当前的态度:在 1972 年,美国金融公司建立了一个二级的抵押交易系统机制即美国金融抵押交易所(US Financial Mortgage Exchange)。美国金融抵押交易所能向对抵押感兴趣的潜在购买者提供抵押贷款中整个抵押和部分抵押利益的买卖中介业务,如果买卖双方都感兴趣,抵押交易所则进行撮合服务,而交易的数量和价格则由交易各方私下谈判决定,交易成功后美国金融抵押交易所收取一定的费用。基于购买者支付一定的佣金给金融抵押交易所,这一系统的职员才完成整个交易这一事实,美国证券交易委员会认定美国金融抵押交易所提供的服务属于经纪人的业务范围,要求它以券商的名义注册登记。在美国农庄协会一例中,美国证券交易委员会则不认为它属于经纪人或券商。美国农庄协会是一个农业互助的联合体,为了提高它的证券的价值制订了重建计划,为会员组织了买卖互助证券的在线信息服务系统。信息服务被编成包含价格和股数,会员可以进入系统买卖,而且整个交易过程中,农庄协会既不收取任何费用也不执行任何交割。基于这一情况,美国证券交易委员会认为农庄协会这一证券交易系统仅仅提供互助委员的交易信息而不具有经纪人和券商的功能,因此,证券交易委员会没有要求它进行券商注册登记。

商还是被作为交易所进行监管,可以由该系统自行选择。基本上,绝大多数的电子交易系统和网络配对交易系统选择了经纪—交易商模式。选择注册成为经纪—交易商的电子交易系统,必须同时成为自律组织的成员,服从 SEC 和NASDAQ 的监管。需要注意的是,这种选择对于那些对其会员和资金募集者进行监管的机构(如传统的交易所)的专用电子交易系统是无效的。此外,专用电子交易系统和网络配对交易系统中的交易如果超过了特定交易量,就会被要求注册登记为交易所,并被视为全国证券交易所的一员来进行监管。

　　根据美国的上述做法,我们可以看出,对于电子通讯网络交易系统这些虚拟的电子证券市场,美国政府实际上是根据其行为性质及交易量大小来确定其法律身份和监管模式。具体来说,此种分类体现为三个层次:第一层次的电子通讯网络交易系统由那些包括网络交叉系统在内的有限交易数量或是没有集中竞价的交易价格发现机制的交易系统组成。这些交易系统由于交易量小且缺乏交易价格发现机制,被免除传统交易所的监管规定。也正是由于这些交易系统交易量小且缺乏交易价格发现机制,SEC 和自律监管组织不将其视为交易所,而是作为经纪—交易商进行监管。第二个层次的电子交易系统由那些经营较大交易数量和提供主动的价格发现机制的交易系统组成。SEC 根据这些系统的业务结构和特征来确定是否需要免除它们作为交易所的登记注册等监管要求。在规定的交易规模范围之内的,作为何种性质的交易系统可由系统作出选择。第三个层次是那些具有全国性影响的交易系统。包括传统证券交易所通过与其他电子通讯网络交易系统兼并结合构成的交易系统。它们被要求注册登记为交易所并视为全国证券交易所的一员来监管,实际上没有选择成为何种主体的权利。

　　由系统运营者自己选择成为何种主体的做法是否完全合理,在理论界一直存有争议。因为如果将电子通讯网络交易系统都纳入经纪—交易商来监管,会产生以下问题①:(1)市场可能分裂。由于经纪人或交易商的注册登记无法使网络交叉系统与其他的证券交易市场完全一体化,它将会阻碍集中统一市场形成和降低统一市场可能带来的效率。这就要求有一个统一和一致的

---

　　①　参见汪家磨、王平:《美国网络证券交易系统评析》,载《福州大学学报(哲学社会科学版)》2002 年第 1 期,第 18 页。

监管体系来监管网络交叉系统市场以避免市场分裂、零碎所产生的问题。(2)如何保护零散的投资者。自动交易将会扩大网络交叉系统在收集、散布、传递交易信息和执行交易行为上与传统的非自动经纪人或交易商交易技术的做法不相符合的趋势,从而产生了某些新的不法行为。这将影响到把网络交叉系统作为经纪人或交易商来监管的效率。(3)与自律组织的竞争。根据经纪—交易商法律体制,网络交叉系统因为被认定为经纪—交易商而应当归自律组织监管。同时,某些自律组织,如 NASD 又有它们自己的交易系统与网络交叉系统相竞争。事实上,NASDAQ 就被认为是一个直接与网络交叉系统匹敌的自动配对系统。这一状况造成了两个系统之间的紧张关系,网络交叉系统的主办者可能不情愿服从于自律组织的监管要求,他们担心信息可能被用于法律监管以外的目的。网络交易系统的所有者也可能反对由与他们存在竞争的机构来监管。自律组织可能也反对消耗资源来监管他们的竞争者。(4)"搭便车"问题。按照经纪商—自营商的法律规定,网络交叉系统游离于监管和证券交易所的价格发现机制之外。证券交易所和自律组织提供了实质监管和反欺诈机制以保证证券市场的完整性,但网络交叉系统却可以不承担这方面的额外费用,于是便存在"搭便车"问题。(5)国际间的连接。技术进步使美国投资者可以获得国外市场交易的实时信息,这对证券交易法的反操纵条款造成了进一步的危害。实质上,通过电子连接在国外市场上的交易通常与在国内市场上的交易不同。这样,许多投资者希望当他们通过计算机连接在国外市场上交易时本国证券法也能为他们提供同样的保护,但事实上本国证券法一般不能在国外市场适用。愈来愈多的跨境交易令政府担心本国投资者不能就国外证券市场、国外发行人及其证券获得充分的信息披露。因此,有人一直主张采取按交易所模式来进行监管。

不过我们认为,这种按交易量和影响力大小进行分类、分层级进行监管的指导思想,与电子通讯网络交易系统现阶段的发展水平基本上是相吻合的,也是一种务实的态度。因为将交易量很小的交易系统也按照交易所的标准来进行监管,虽有助于完全统一这些电子交易系统从而将其纳入全国的证券市场体系中去,以提高证券交易的透明度,并克服上述交易商监管模式的不足,但是也必然会加大监管成本,且抑制了市场准入,阻止由于技术进步导致的金融创新。而事实上,SEC 另定 Regulation ATSs 的一个很主要的着眼点就是,在确定分层级监管这一思路的基础上,设法解决由此可能造成的市场分割、透明度不高及投资者保护等问题。

(三)市场分割问题

多年来,SEC为促进全国性市场系统的建立而进行着不断的努力。为此,SEC首先建立全国证券交易商协会自动报价系统(NASDAQ),提高场外交易市场的集中度和透明度。① 其次,建立由综合报告收录带和综合报价系统两部分组成的综合报告系统。1972年SEC通过17a—15规则,建立综合交易报告收录带,将原本不在纽约证券交易所收录带中报告的交易报告包含于在纽约证券交易所执行的交易进行报告的相同收录带中,以此来增加区域交易所特种会员和就纽约证券交易所上市证券做市的第三市场交易商的透明度。② 而综合报告系统更重要的组成部分是综合报价系统。该系统被SEC视为建立中央市场系统的基石,其为从纽约证券交易所和美国证券交易所到区域交易所和第三市场的证券交易潜在的多元化提供了基础。③ 1978年,SEC通过了11Acl—1规则,要求所有交易所和第三做市商要公布其做市证券的"实盘"买卖报价、指定报价量的大小,即"与所有市场所有被报告证券的报价价格和数量有关的相对可靠、全面的信息,无论是在交易所还是在场外交易市场,将首次提供给市场专业人士和公众"。④ 再次,制定和颁布NMS条例,对其现有的全国性市场系统规则进行编纂。然而这些努力却因电子通讯网络交易系统的出现而又有被搁浅的危险,如何避免和解决因电子通

---

① NASDAQ的核心位于康涅狄格州杜伦巴尔县的中央处理综合大楼。那里的计算机通过高速干线、区域集线中心和专用电话线路与分布在全国各地的桌面终端连接,将分散的场外交易相互连接,形成全美第二大证券市场。

② 在SEC努力建立综合交易报告系统之前,交易所上市证券基本交易报告由纽约证券交易所和美国证券交易所的股票行情自动收录带和电子显示器提供,持续报告这两家交易所场内执行的交易。在区域交易所内执行或由非交易所会员的场外交易市场做市商(通常称为"第三做市商")执行的纽约证券交易所上市证券的交易,不在纽约证券交易所收录带中报告。目前证券业自动化公司(SICA)(一家由纽约证券交易所和美国证券交易所共同拥有的子公司)是进行报告的证券交易所最新销售和报价信息的中央处理机关。

③ SEC,Policy Statement on the Structure of a Central Market System 48 (1973).

④ Ex. Act Rels. 12,670,10 SEC Dock. 109 (1976)(建议稿)。随后基于现实条件放松了对第三做市商实盘报价的强制要求,改为自愿公布实盘报价,1996年修订了11Acl—1规则,并通过新的11Acl—4规则(即限价指令显示规则)。

讯网络交易系统所引发的市场分割是 SEC 关注的焦点,也是相关立法的重心所在。

在 1998 年之前,分散的电子通讯网络事实上构成了与证券交易所和NASDQ 平行的非公开交易市场。① 为了解决市场分割及由此带来的透明度低及市场流动性差等问题,SEC 采取了一系列措施。在某种意义上说,有关电子通讯网络交易系统的立法主要是围绕预防市场分割和增加对投资者的保护这两个基本问题展开的,即尽可能地使较大的电子通讯网络系统整合进国家市场系统,增加其透明度和流动性。

早在 1996 年,SEC 就针对电子通讯技术的运用,对已经建立的综合报价系统及其规则进行相应的调整,修订了 11Acl—1 规则(即报价规则),并通过了新的 11Acl—4 规则(即限价指令显示规则)。经修订的 11Acl—1 规则,要求特种会员或场外市场做市商要公开其在电子通讯网络中就任何指令下达的优于特种会员或场外交易市场做市商公开报价的价格。场外交易市场做市商和特种会员可以通过修改其公开报价反映电子通讯网络指令的方式或通过使用便于其遵守经修订的 11Acl—1 规则的方式,来遵守这一电子通讯网络修订规则。11Acl—4 规则要求,场外市场做市商和特种会员在客户的限价指令代表大宗买卖意向价格优于特种会员或场外交易市场做市商公开报价时,显示该等指令的价格和规模。场外市场做市商和特种会员还必须增加特定证券的报价量,以便在指令定价达到场外市场做市商和特种会员报价且该等报价等于全国最佳买卖报价时,反映超过最低交易量的限价指令。场外市场做市商和特种会员还可以将限价指令交付某些作为代表其报价中限价指令替代方式的电子通讯网络系统。②

如果说上述文件的修订仅仅是为了顺应通讯技术发展需要而作的细微调整的话,那么在 1998 年通过的针对电子通讯网络交易系统的专门性立法则将促进市场连接作为其主要任务。

---

① Howard M. Friedman, Securities Regulation in Cyberspace, the 3th ed., Aspen Publishers, 2007 Supplement, §18.02.

② 参见[美]路易斯·罗思、乔尔·赛里格曼:《美国证券监管法基础(下)》,张路等译,法律出版社 2008 年版,第 536~537 页。

首先,《替代交易系统条例》(Regulation ATS)要求交易量达到或超过任何全国证券市场系统证券交易量5%的替代交易系统与注册市场实现连接,以便将其系统(包括机构指令)中显示的全国市场系统证券的最佳定价指令传播到公开报价流(public quote stream)。这就是条例所规定的替代交易系统的委托展示或执行准入的义务。根据规定,替代系统向任何人展示认购者的委托,向交易所(主要是 NYSE)或全国证券交易商协会(主要是 NASD)提供其日平均成交量占全国日平均成交量5%或5%以上、在交易所和 NASDAQ 上市交易证券的最佳价格委托,并应保证能够进入交易所及全国证券协会的经纪交易商有机会与这些最佳委托成交。①

其次,对替代交易系统提出了公平准入要求。《替代交易系统条例》规定,交易达到或超过任何全国证券市场系统证券交易量5%的替代交易系统或任何单一证券(无论是权益证券还是债券)中的交易量达到或超过20%的替代交易系统都应当赋予投资者公平准入的权利。上述替代交易系统必须建立成文标准以准许投资者公平地进入系统接受交易。在限制或禁止投资者进入系统接受服务时,这些标准应当是公平、非歧视地得以适用,系统还应保留准许、拒绝、限制投资者进入的记录及其原因(但是如果一个替代系统只撮合其客户之间某一证券的委托,且这一委托只向系统的成员展示,执行价格是一个由有效的交易报告或一个自动报价系统所传散的价格或由该价格衍生而来的,此时,该替代交易系统可以豁免此项义务)。

值得注意的是,《替代交易系统条例》通过市场准入和报价展示要求来促使多个市场之间的竞争,但未能很好地解决由哪个市场来执行委托的问题,由此导致的指令流的分散和市场价格透明度的大幅降低,令市场被分割。为此,SEC 在广泛征求社会各界意见的基础上,于 2000 年 12 月颁布了《委托执行和传输行为披露规则》(Disclosure of Order Execution and Routing Practices),要求各市场中心每月向公众电子披露每只股票的委托执行情况和以比公共市场报价更佳的价格执行投资者限价委托的程度,每季度披露市场中心传输指令实体和指令内部处理或指令流安排的情况。通过增加市场中心的披露义务,

---

① Regulation ATS,Rule 301(b)(5)—(6),as amended by Regulation NMS,Release No. 34 - 51808(June 9,2005).

SEC 希望增加投资者保护,创造公平的市场竞争环境。①

2004 年 SEC 提议制定新的 NMS 条例,对其已有的全国性市场系统规则进行编纂,并通过了最优价格交易、市场准入、次小额股报价和市场数据等四项新的规则。NMS 条例与 2005 年 4 月获得通过。在 SEC《条例通过公告》(《证券交易法公告第 51808 号》)中集中突出了三大主题:(1)SEC 强烈偏好电子市场而不是人工市场。(2)表达了一种总体上不打算解决市场链接等基本市场结构问题的意愿。(3)NMS 条例比较适当地在适用于纽约证券交易所等传统证券市场的标准与适用 NASDAQ 和电子通讯网络交易系统等电子市场的便准之间给予公平对待。②

尽管在美国对 NMS 条例本身还存在很大的争议,其中"未能有效研究或规定一种新的链接系统"被视为"NMS 条例最根本的弱点"。但毫无疑问,SEC 已经在努力寻求避免市场中心相互隔离和损害市场中心之间有力竞争及创新利益的完全集中的系统这两个极端。正如 SEC 在其解释性公告(《证券交易法公告第 49325 号》)中所解释的那样:"《1934 年证券交易法》中所说明的 NMS 的目标是众所周知的——效益、竞争、价格透明、最佳执行和投资者指令的直接交互作用。这些目标都是非常关键的,但是相互之间有时在实践中又彼此冲突,需要达到一种很好的平衡。尤其是,市场中心竞争的目标与投资者指令交互作用的目标之间很难协调。我们想鼓励作为 NMS 组成部分的许多单个市场中心的创新和竞争,同时确保其中每一个部分都有助于系统从总体上对投资者而不是市场中介机构带来最大的收益。"为了达到适度的一体化,SEC 基本上依赖两个工具:(1)通过统一显示所有 NMS 市场中心的报价和交易实现最佳价格透明。(2)建立基本框架的市场间"道路"规则,其中的 NMS 市场中心间竞争可以按照最终有利于投资者的条件活跃起来。其目的是要解决三种类型的各种问题:(1)需要促进各类市场中心间公平监管和自由竞争的统一规则。(2)需要更新那些无法反映当前市场状况的陈旧规则。(3)需要促进更大的指令交互作用和被显示的深度,尤其是对机构投资者非

① 参见曾冠:《替代交易系统监管法律制度研究》,武汉大学硕士学位论文,2005 年 6 月,第 28～31 页。

② 参见[美]路易斯·罗思、乔尔·赛里格曼:《美国证券监管法基础(下)》,张路等译,法律出版社 2008 年版,第 540～541 页。

常大规模的指令。①

可以说,避免市场分割、推动国家市场体系建设的努力,在美国须臾没有停止过。其整个过程是艰辛的,也充满了各种各样的争论,但这些努力所积累的一些经验值得我们反思和借鉴。

(四)透明度问题

美国 SEC 制定《替代交易系统条例》的一个重要目的在于消除由于机构投资者直接交易而产生的"隐性市场"问题。为此,《替代交易系统条例》规定在先前的 6 个月中有 4 个月日平均交易量超过注册交易所、NASDAQ 报价系统或 NASDAQ 小额股票市场交易量 5% 的替代交易系统,必须向相关交易所或 NASDAQ 发送该证券的其最佳报价和询价,以作为其通过证券信息自动处理系统向公众传递的报价的一部分。同时,该替代交易系统还必须为任何一个非认购经纪交易商提供以这些价格进行交易的准入许可,其标准等同于经纪交易商在 NASDAQ 或交易所进行交易;此外,对非认购者收取的系统进入费用应与同等准入原则所确立的标准相符,并且须遵守交易所或纳斯达克在该问题上所适用的规则。②

一些机构对替代交易系统的公共展示义务,表示了一定的担忧,其中最具代表性的是 Instinet。Instinet 认为对机构投资者所作指令的公开展示将会将这些指令推向离岸市场或者不属于《替代交易系统条例》管辖的其他市场。SEC 认为,上述担忧被过分夸大,不过同时暗示其会对此予以密切关注,如果替代交易系统的公共展示义务确实会导致指令流向他处,它们会修改相应规则。③ 事实上,在起草条例的过程中,SEC 已经注意到了匿名和指令不公开是替代交易系统主要特征,以及机构投资者的担忧,并对于展示义务的适用作了一些例外或灵活处理。譬如:其一,只要求在替代交易系统向多个适用系统的认购者提供报价时,上述规则所设定的报价公共展示义务才会发生;如果报价只向一个相对方展示,则该行为具有替代交易系统上的协商特点,此时替代交

---

① 参见《证券交易法公告第 49325 号》,《证券交易委员会文摘》第 82 卷,第 762 页;转引自[美]路易斯·罗思、乔尔·赛里格曼:《美国证券监管法基础(下)》,张路等译,法律出版社 2008 年版,第 539 页。

② Regulation ATS ,Rule 301(b)(3).

③ Regulation of Exchanges and Alternative Trading Systems,SEC Release,No. 34-40760.

易系统可以不承担报价的公共展示义务。其二,叫价和询价可以以替代交易系统的名义而不是以认购者的名义展示。其三,一个机构投资者所作出的指令全貌仍然可以被遮掩,因为允许认购者渐次展示一个报价的部分内容,而且需要展示的是向其他替代交易系统认购者发出的那部分。① 显然,如何在确保透明和维持电子通讯网络交易系统自身特性之间还有很多工作要做。

(五)投资者隐私保护问题

《替代交易系统条例》规定了保密及信息隔离义务。根据条例要求,替代交易系统应制定足够的安全措施和程序,以保证认购者的秘密交易信息,这些信息安全措施和程序应限制其雇员接触认购者的秘密交易信息,控制雇员为自身利益进行交易,并且替代交易系统应采取和执行充分的监管措施确保这些安全措施和程序得到遵守。② 这些规则同时具有防火墙的功能,这样做是为了起到以下作用:首先是保护投资者的隐私;其次是为了防止证券经纪商及其雇员的自身利益与其对顾客所负的受信义务相冲突;然后是为了避免经纪商利用其他客户的账户信息增加某客户指令的市场影响力,即防止客户间的利益冲突。③

(六)系统安全性问题

系统安全是 SEC 关注的重点之一,为此,《替代交易系统条例》对自动交易系统的容量、完整和安全作出了具体要求。条例为保证自动交易系统的容量、完整和安全制定了以下规则:当替代交易系统的某证券(包括在和不在交易所和 NASDAQ 交易的证券)的日平均交易量占全国日平均交易量 20% 和 20% 以上时,应当建立现实和将来的合理容量评估机制;定期进行容量压力测试以检验系统是否具备以及时、有效的方式促成交易完成的能力;发展和执行合理的程序以审查和维持现有系统进展和检测规制;审查系统和数据中心计算机运行面对内外部的危险、物力危险、自然灾害的弱点;建立充分的偶然事故和灾害应对制度。另外,替代交易系统应当根据已经确立的审计程序和标

---

① Regulation ATS ,Rule 301(b)(7).

② Regulation ATS ,Rule 301(b)(3)(i)(A),(ii).

③ Jonathan R. Macey & Maureen O'Hara, Regulation Exchange and Alternative Trading Systems:A Law and Economics Perspective,Journal of Legal Studies,Vol. 28,pp. 17 – 48.

准,对替代交易系统的管理进行独立年度审查并作出包括建议和结论的报告,以确保替代交易系统满足以上要求。而且当系统故障和发生重大变化时,替代交易系统应当及时通知 SEC。与公平准入条件一样,本条件也可以豁免,且此种豁免条件同公平准入豁免条件相同。①

（七）其他监管措施

为了保证电子通讯网络交易系统的健康发展和运作,《替代交易系统条例》还规定其他监管措施,包括明确要求替代交易系统履行通知报告义务、妥善保管记录等、接受监管组织检查。(1)通知义务。即系统运营者应在系统开始运营前 20 天向 SEC 提交初始运营报告(an initial operating report),如果初始运营报告需要重大改变或出现差错也应以 ATS 表格提交相关补充资料。② (2)记录的保存及报告义务。替代交易系统应当制定并保存包括涵盖交易证券、交易代码、交易量、以美元计算的证券交割总值的每天交易总结,按时间顺序记录的委托信息和向认购者提供的通知记录等各种与交易有关的信息。并且应用 ATS—R 表格在每个季度结束后 30 天之内向 SEC 提交季度报告,如果替代交易系统停业时也应在停业 10 日之内用 ATS—R 表格提交报告。记录至少应保留三年。③ (3)接受监督、检查和调查的义务。替代交易系统及其认购者应当接受 SEC 或自律组织的监管、检查和调查,并且在其认购者接受监管、检查和调查时系统应积极配合。④

（八）小结

电子通讯网络交易系统的产生,彻底改变了传统的市场结构,也引发了监管上的一系列难题。面对技术创新和投资者保护这两个永恒的话题,美国监管部门没有采取回避的态度,也没有采取一堵了之的处理办法,而是在二者之间积极寻求平衡。SEC 通过制定新的条例,修改原有规则,颁布公告和不采取行动函等方式,着力解决因电子通讯网络交易系统引发的市场分割、透明度及流动性问题,推动全国市场系统的建立。系统安全、投资者隐私保护等问题也

---

① Regulation ATS ,Rule 301(b)(6).
② Regulation ATS ,Rule 301(b)(2).
③ Regulation ATS ,Rule 301(b)(8),Rule 302,303.
④ Regulation ATS ,Rule 301(b)(7).

被纳入到监管者的视野。通过上述努力,既没有遏制新技术的采用,也不至于因电子通讯网络的勃兴而导致市场的混乱。尽管电子通讯网络对证券市场的冲击初见端倪,许多监管措施还存有不少的争论,实施效果也有待实践的进一步检验。加之技术创新和维护透明、竞争、统一市场及投资者利益保护最大化目标之间的巨大协调难度,可以肯定 SEC 的具体监管措施还会面临不断的调整,但其监管的思路却是清晰的,目标也是明确的,这一点值得我们借鉴。

四、欧盟《替代交易系统标准》

在欧盟各成员国内,由于证券法律和证券市场机制仍然存在一定的差异,因此对从事网上证券交易业务的替代交易系统的监管也不尽相同,①但欧盟层面协调立法的努力一直没有停止过。

欧盟对 ATS 的法律界定存在一个发展过程。2000 年 9 月,欧洲证券委员会论坛(The Forum of European Securities Commission, FESCO)向欧盟委员会提交的《欧洲 ATS 监管报告》中将 ATS 界定为"不作为交易所监管的实体所运作的自动系统,它可以通过其系统并依据系统运营者制定的规则撮合投资者的委托买卖指令,即以这种方式形成或产生一个不可撤销的合同"。按其理解,ATS 是一个相当广泛的概念,它既包括多边交易系统,也包括双边交易系统;既包括通过撮合限价指令(priced orders)和撤销报价(lifting of quote)来促成价格发现程序的交易系统,也包括以其他市场(如交易所)已确定的价格撮合买卖双方委托指令的配对机制(crossing mechanisms)。就功能的不同来分类,ATS 可以分为:报价驱动系统、指令驱动系统(又可细分为连续撮合系统和拍卖撮合系统)、价格展示(prices-taking)/配对系统、活跃的公告板(bulletin board)。

2002 年 7 月,欧盟主要履行立法咨询职责的证券监管者委员会(Committee of European Securities Regulators)颁布了供各成员国参考的《替代交易系统标准》,明确把双边交易系统、买卖盘传递系统(order routing system)

---

① 如法国、希腊和荷兰都对运营替代交易系统的投资公司规定一些附加条件;在意大利,替代交易系统没有注册的要求,只要求管理替代交易系统的公司将替代交易系统适用的规则、价格形成机制的详细情况以及交易所的金融工具通知监管机构。

排除在 ATS 的范围之外。依据该标准,一个多边系统指"由一个实体运行的,不被当做规范市场(regulated market,相当于交易所)来监管的市场,通过这个系统并依据该系统制定的非任意交易规则(non-discretionary rules)集合多方投资者金融工具的买卖利益(buying and selling interests),并最终以这种方式达成买卖合同"。限价指令匹配簿(limit order matching system)、电子周期拍卖系统、价格展示系统/配对系统、符合活跃公告板条件的报价屏幕、能够内部执行委托的公告板都属于多边系统。该标准还对一些名词作了详细的解释。如金融工具指《投资服务指令》规定的各种金融工具;买卖利益不限于客户的委托买卖指令,还包括报价和利益指示(quotes and indications of interest,IOIS);集合(bring together)除了指自动撮合外,还包括为了交易执行而依据非任意性规则利益互动的任何程序;非任意性规则指那些使系统运行者不能根据自身需要,任意撮合系统参与者利益(指投资者的委托买卖指令等)的规则,它并不意味着系统参与者不能自行决定是否接受具体的利益买卖,也不是要限制系统运行者决定是否允许某个利益买卖进入系统的能力。

《替代交易系统标准》旨在解决替代交易系统所引起的潜在风险,维护系统使用者及投资者的利益。这些标准包括替代交易系统市场统一标准和替代交易系统适用的商业行为规则两大类。其中,替代交易系统市场统一标准主要包括:(1)通知义务。母国监管当局应要求投资公司就其建立的系统及其主要特征、运营的重大变化向母国监管当局通知。(2)确保公平有序交易。要求运营一个合格系统的投资公司应当建立保障公平有序交易的制度。(3)公布交易信息。运营一个合格系统的投资公司,应当在合理的商业基础上公布只向系统用户展示或刊登的报价、委托指令等信息。(4)监管。运营一个合格系统的投资公司应当监管系统用户遵守系统的契约性规则。(5)与监管机构之间促进市场完整和投资者保护的安排。(6)系统。运营一个合格系统的投资公司应当向某国监管机构证明系统能够提供相关的服务,在系统发生故障或偶然事故时能够采取适当的措施或对策。(7)交割和清算。运营一个合格系统的投资公司应当确保清算和交割,明确交易双方的权利和义务。对于替代系统适用的商业行为准则则包括:运营一个合格系统的公司应当阐明运营者和用户之间关系的类型;应当提供充分的信息使得用户能有效使用系统以及了解系统的风险;应当考虑用户的类型、金额、交易金融工具的类型等。① 虽然该《替代交易系统标准》对欧盟各成员国没有直接法律约束力,在成员国国内也不具有直接适用性,但是,由金融、法律界人士和政府内部人士组成的专家组制定的这些标准,是社会各界特别是金融界意见的集中反映,具有很高的权威性,为《标准》在各成员国的顺利实施铺平了道路。如英国 FSA 旋即于 2002 年 10 月发布了《替代交易系统咨询报告》,《报告》就《替代交易系统标准》的执行草案向社会各界征求意见。FSA 随后于 2003 年 6 月就社会各界反馈意见发布了政策声明,在该声明中,FSA 委员会根据《替代交易系统标准》制定了专门监管替代交易系统运营公司的手册文本,主要规定替代交易系统运营公司的条件。②

2004 年 4 月 21 日,欧洲议会和欧盟理事会颁布了《市场金融工具指令》,即新的投资服务指令(ISD2),该指令第一次以法令的形式对 ATS 进行了界定。ATS 是指由一个投资公司或一个市场经营者运行的多边系统,通过这个系统并按照非任意交易规则可以集合多方投资者金融工具买卖利益,并最终以这种方式达成一个符合本指令第二编(规定投资公司的批准和经营条件)的规定的交易合同。《市场金融工具指令》对 ATS 的界定是以《ATS 标准》为基础的,其定义与后者相差无几。指令将 ATS 改称为"多边交易设施"(Multilateral Trading Facility, MTF),一是为了避免与已存在的债券交易组织相混淆,二是考虑到 ATS 已经成为一个广泛使用的、以不必登记为交易所为共同特征的新型交易支持设施的普通术语,不能体现 ATS 所具有的特殊功能,因而不适合成为一个法律术语,于是用"多边(multilateral)"取代"另类(alternative)","设施(facility)"取代"系统(system)"。

从欧盟的实践来看,虽然其出发点在于解决跨国监管及相互协调问题,但从中也体现出包括公平合理的内部交易规则和程序要求、透明度和流动性要求、技术规范要求和内部监控要求等与美国相同的原则。

---

① See Standards For Alternative Trading System, July 2002 Ref.;CESR/02-086b. availabel at http://www.europefesco.org.

② See Policy Statement;Financial Services Authority Alternative Trading Systems Feedback on CP153 and made text. Available at http://www.fsa.gov.uk.

五、电子通讯网络交易系统在中国的前景展望

如前所述,我国还没有虚拟网上交易场所,当然谈不上监管问题,但技术更新的步伐并不以监管当局的主观意愿而停止,多层次市场体系构建也正在紧锣密鼓地进行,电子通讯网络交易系统在我国出现和被承认也只是迟早之事。因此我们应当未雨绸缪,做好立法研究和准备工作。

(一)现实需求

证券发行人资质、规模和融资需求的多样化,以及投资者投资目标和风险偏好的不同,决定了证券交易市场不应、事实上也不可能只具有单一的结构,而必须分为不同层级。电子通讯网络交易系统其本质属于一种网络化的场外交易系统。它不仅具有传统交易场所所不具有的交易成本低、无交易时间限制和地域制约等优势,更为重要的是它为中小型企业直接融资及股份流动提供了新的场所。电子通讯网络交易系统既能为中小企业提供融资服务,也可为不能到证券交易所上市交易的证券流通开辟渠道,从而可以弥补传统证券交易所的不足,成为资本市场的一个有机组成部分。[①]

目前我国资本市场体系过于单一,证券交易主要在以政府主导和驱动下建立起的交易所为中心的集中证券市场中进行。我国的证券监管体系也是以此种单一的证券市场交易制度为蓝本设计的。较为单一的市场体系没有给相对分散、主要依靠自律的场外交易预留足够的空间,两大交易场所内的集中交易根本无法满足众多企业融资及股份流转的客观需要。一方面,交易所上市的过高标准将众多的成长型企业阻挡在资本市场之外,这些急需要资金支持

---

① 事实上,证券的直接公开发行(Direct Public Offerings, DPO)在 20 世纪 80 年代就在美国等西方发达国家存在,它是证券监管机构为了解决小公司的筹资问题而专门设计的一种股权筹资及交易模式,而因特网技术的出现和发展为直接公开发行和交易提供了理想的信息平台。在现实生活中,一方面小公司由于规模小,无足够的资本、财产作抵押,银行和其他金融机构不愿意借钱给它们;另一方面,筹资规模太小使得投资银行也不愿意承销这些公司股票的公开发行。风险资本虽然乐于对处于创业初期的小公司投资,但无奈最终有机会获得风险投资的公司很少,而且风险资本的要价很高。所以,尽管证券直接公开发行的法律大多在 80 年代就已产生,但由于缺乏廉价且传播广泛的通讯手段,操作起来比较困难,且成本很高。因特网的出现和发展使得进行证券直接公开发行的公司可以利用它广泛而廉价地传播公司直接公开发行的信息,并通过因特网向投资者销售公开发行的股票,为投资者提供发行后买卖股票的媒介。这些因素最终推动电子通讯网络交易系统的产生和发展。

153

的中小企业,尤其是民营企业既无法上市,又不能通过场外市场融资,处境尴尬;①另一方面,社会上个人手中握有大量的游资却没有合适的投资渠道。由于上市成为企业融资事实上的唯一选择,上市资格的竞争极为激烈。这不仅容易诱发造假等道德风险,也为地方灰色交易市场和地下黑市提供了存在的合理性和发展空间。后者由于缺乏监管而容易陷入无序和混乱,从而增加了交易风险。在交易所之外进行虚拟网上证券交易显然可为非上市公众公司股票、政府债券、金融债券以及按照有关法规公开发行而又不能到证券交易所上市交易的证券提供流通场所,为投资者提供兑现及投资的机会,提高资本利用效率。

值得关注的是,对场外交易市场的需求在我国从来就没有中断过,在20世纪90年代就已经出现了两个具有场外交易性质的全国性证券交易网络。我国的证券市场在80年代后期起步时本来就只有场外交易。1990年12月19日和1991年7月3日,上海证券交易所和深圳证券交易所相继成立,证券交易方才开始在交易所内集中进行。与此同时,场外交易市场继续发展,出现了很多地方证券交易中心。1992年7月和1993年4月,中国证券市场研究中心和中国证券交易系统有限公司又先后在北京开办了"全国证券交易自动报价系统"(STAQ)和"全国电子交易系统"(NET)两个全国性证券交易网络,这两个交易系统主要用于进行法人股交易。至此,我国事实上形成了由深圳、上海两个证券交易所、25家地方区域证券交易中心和两个电子证券交易网络共同组成的多层次证券交易市场体系。然而,随着1998年《证券法》的颁布,场外交易市场在高层的取缔令下迅速凋零,1999年9月,STAQ和NET的交易也被停止。② STAQ和NET的诞生以及短寿的命运,从另一个层面上说明电子通讯网络交易系统其实离我国并不遥远,关键在监管部门的态度。

(二)开放的条件和时机

电子通讯网络交易系统无疑给资本市场带来了无限生机和希望,然而也对传统的监管模式和手段提出了挑战。它恰似潘多拉手中神秘的魔匣,关上

---

① 我国目前上市公司占股份有限公司的比例不到5%,若按每年上市200家计算,未上市的股份有限公司需要40年以上时间才能全部进入交易市场,此外还未考虑还有大量的新生的股份有限公司。

② 1998年《证券法》规定上市证券必须在证券交易所交易,对场外交易则未作任何规定。

它无疑等于封上了希望,但打开它,就有可能将妖魔释放出来,一发而不可收。虽然现实生活对电子通讯网络交易系统有着强烈的需求,但并不意味着我们就已经具备全面开放证券电子交易市场的条件。因为作为一个经济转型国家,我们的资本市场与美欧等发达资本市场有着相当大的差距。尤其是在我国证券市场培育和发展的初级阶段,在市场法规还不健全,监管手段和经验比较匮乏的特殊情况下,对电子通讯网络交易系统采取紧闭政策,是必要的也是明智的。这样做可以防止电子通讯网络交易系统对新兴的证券交易市场的冲击,保证国家集中交易市场的形成和发展,并可有效增加证券市场的透明和流动,减少证券欺诈,保护投资者的合法权益。因而是否开放、何时开放当视具体的国情和市场发育程度而定。也就是说,对电子通讯网络系统,若一味压制迟迟不予解禁,无疑会抑制技术创新和市场活力,丧失发展良机,但若没有必要的准备,盲目开禁,也有可能导致证券市场的极度混乱,甚至导致整个资本市场的崩盘。那么开放具有场外交易性质的证券电子交易市场应该把握什么样的时机,考虑哪些因素呢?

我们认为,开放电子通讯网络交易系统只是时间问题,在开放之前我们应该考虑现实、理论及立法技术上的可行性。(1)现实可行性。从现实层面看,首先要有强烈的现实需求;其次,还应该具备较为健全的多层级的资本市场体系,以保证不同层级证券市场之间的对接。如果市场体系没有形成,相互之间互为割裂、不能对接,过早地开放虚拟证券交易场所,反而会加剧市场分割,造成暗箱操作,损害投资者利益;再次,监管机构有较为丰富的监管经验和有效的监管手段,投资者具有较强的风险意识和投资理性,监管法规健全等;最后电子通讯技术相对成熟、稳定,系统安全有基本的保障等。(2)理论可行性。电子通讯网络交易系统引发的、有待研究的理论问题很多,如其法律定位问题、电子要约的性质、投资者隐私保护等,若不解决基础性的法律问题,有关监管立法无法启动,电子通讯网络交易系统就有可能处于监管盲区之中,即便存在也会处于不具有合法性的灰色地带。在没有监管的情况下,贸然开放只会加剧证券市场的混乱。(3)立法技术上的可行性。即在相关领域应该积累一定的立法经验,立法原则比较明确、立法模式相对清晰、基本理论问题争议不大。

如果从上述条件分析,我们认为,目前全面开放电子通讯网络交易的时机

还不完全成熟,但条件正在逐步具备。对此简要分析如下:

1. 多层次的资本市场体系虽然还没有真正建立,但基本体系已显雏形,且步伐正在加快,为电子通讯网络交易系统的最终获得承认不断地创造条件

毫无疑问,未来要建立的场外交易市场应当是现代电子场外交易市场。也就是说,电子通讯网络交易系统的发展,应该是建立在场外交易市场充分发育,包括能够为资本市场提供流动性的做市商制度充分发展的基础之上的。在我国资本市场培育和发展的过程中,监管部门对证券市场稳定和安全的过度强调,使得多样化和流通性的考虑退居次要地位,以至于场外交易市场的合法地位长期得不到承认。此种监管的思想,造就了我国单一的交易所集中交易的资本市场结构。在场外交易(包括柜台交易)得不到承认的情况下,电子通讯网络交易系统显然也没有生存的合法空间。

然而,我们并非就没有场外交易市场的存在。与股票市场不同,虽然企业债券同股票一样,只能在交易所交易,但对于国债和金融债券,却一直允许进行场外交易。对于金融债券而言,其交易市场分为两部分,即深沪交易所市场和全国银行间债券市场,后者即场外交易市场;对于国债而言,其交易市场分为三部分,即深沪交易所市场、全国银行间债券市场和记账式国债柜台交易市场,后两者均属场外交易市场。

最近几年,建立多层次股票市场以满足不同类型企业的融资需求,已成为政界、学界和实务界的共识。2003 年 10 月 14 日,中共十六届三中全会通过《完善社会主义市场经济体制若干问题的决定》(以下简称《决定》),其中明确提出建立多层次资本市场体系的目标。作为资本市场的主要部分,证券市场的多层次化自是题中应有之义。尽管《决定》仅仅提及主板市场和创业板市场两层结构,而未涉及柜台交易市场等其他可能的市场层级,①也有人据此认为,我国资本市场在深交所设立中小企业板和创业板,均未脱离基于(垄断性的)交易所市场的发展思路。但我们认为,与其将之视为对后者的否定或禁止,毋宁解读为只是表明在决策层心目中,不同层级市场在建立多层次证券

---

① 《决定》第五部分第(15)小节:"……建立多层次资本市场体系,完善资本市场结构,丰富资本市场产品。规范和发展主板市场,推进风险投资和创业板市场建设。积极拓展债券市场,完善和规范发行程序,扩大公司债券发行规模。……"

交易市场过程中的优先顺序。换言之,目前先在交易所体系内部建立与主板市场平行的创业板市场(二板市场),待积累了一定运作和监管经验后,再根据需要逐步建立柜台交易市场等其他市场层级。这也符合中国改革和建设"摸着石头过河"的总体思路。无论如何,建立多层次证券交易市场这一与中国证券市场发展及证券法制定始终相伴的话题,终于从理论探讨和业界呼求变为可预期的制度规划。经过几年的努力,以上海证券交易所和深圳证券交易所为大中型企业提供上市服务的主板市场和附属于深交所之下为中小企业上市服务的中小企业板市场以及"代办股份转让系统"和地方产权交易市场构成的多层级证券市场体系雏形初步形成,而且其进程正在进一步加快。

　　2008 年 1 月下旬,全国金融工作会议提出,要积极推进多层次资本市场建设,其后证券监管工作会议也表示要进一步发展代办股份转让系统,构建统一监管下的全国性场外交易市场(OTC),探索适应多层次市场建设需要的交易制度创新,建立全国统一的非上市公众公司监管体制和持续监管制度。2008 年 3 月 17 日,国务院正式批复《滨海新区综合配套改革试验方案》,同意非上市公众公司股权交易市场(OTC)落户天津,从而迈出了建立全国统一的非上市公众公司股权转让市场的关键性一步。① 当然,全国性场外交易市场的创建还需要一个不断积累经验的过程,但可以相信,随着时机的经验的不断积累,包括市场连接问题和统一监管等问题的解决,电子通讯网络交易系统开放的条件也会随之日益成熟。

　　2. 电子商务安全技术的发展和电子商务单行立法为电子通讯网络系统提供基础性法律环境支撑

　　与传统证券经纪业务中"面对面"交易方式不同,证券电子交易具有虚拟和隐蔽性。这种虚拟性和隐蔽性所导致的投资者的身份难以认证,数据电文的归属的难以确认等问题,都是制约电子通讯网络系统发展的技术障碍。近年来,我国电子商务安全技术的长足进步逐渐突破这些技术障碍,为真正意义上的网上证券交易,即电子通讯网络交易系统的运行提供良好的技术环境。与此同时,电子商务单行立法如《电子签名法》的通过,让网上证券交易得以在已有基础的电子商务法律的大背景下进行。

---

① 《OTC 落户天津》,http://www.chinavalue.net/Article/Archive/2008/3/20/104957.html。　*157*

电子商务安全技术包括加密技术、数字签名(电子签名)技术、身份认证技术、公钥基础设施、密钥管理、数字时间戳以及防火墙的运用。其中最为关键的是身份认证技术的发展。随着电子身份认证技术的出现,证券电子交易双方的身份和交易信息的真实性、安全性和可靠性有了技术上的保障。①

3. 较为成熟的证券无纸化实践及一定的柜台交易实践为电子证券交易市场的开放积累了一定的经验并创造了相关制度资源

首先,证券无纸化的实践为电子证券交易市场提供了前提和准备。在沪市1991年4月开始用股票账户电子记录取代实物股票之后,我国发布并实施了《股票发行与交易管理暂行条例》(1993年)、《公司法》(1994年,2005年第三次修正)和《证券法》(1999年,2005年第二次修正)等允许发行或交易的证券采用无纸化形式的法律法规,之后为了弥补《证券法》有关证券无纸化登记、存管、结算方面的法律规定过于原则的缺陷,证监会、证券交易所、登记结算公司制定了一系列的配套规章、规范性文件与业务规则(包括两个证券市场所在地的地方政府制定的规则)。比如在2006年4月7日发布的《证券登记结算管理办法》,作为证券市场第一部专门规章,对无纸化证券作出了详细的规定。这些不断新增新修订的法律法规,对规范证券无纸化市场,使之稳定运行起着不可或缺的作用。这些制度资源为电子通讯网络交易系统的运行提供了制度准备。②

其次,我国目前对合法的场外交易市场包括银行间债券市场、记账式国债柜台交易市场和证券公司代办股份转让及区域性产权交易市场的积极探索,为电子通讯网络交易系统的开放奠定了一定的基础。如其中的银行间债券市场已基本具备了发展做市商制度的市场基础。目前该市场采取询价式交易方式,有着完善的全国联网交易系统,并且有专门的托管机构——中央国债登记

---

① 我国电子商务法原先只在《合同法》中有所涉及,即《合同法》承认数据电文形式的存在,规定了数据电文合同的到达时间并确定电子商务合同的成立地点。而2004年8月28日第十届全国人民代表大会常务委员会第十一次会议通过了《中华人民共和国电子签名法》,并于2005年4月1日起实施。规定了数据电文、电子签名与认证及法律责任三个方面的问题,是我国电子商务立法中的一个里程碑。

② 参见陈加赞:《我国证券无纸化的回顾和建议》,载《中国证券》2007年第1期。

公司,确保了交易后清算的及时和安全。① 为实行做市商制度,一方面需要在现有的询价式交易系统的基础上建立自动报价系统,迅速、准确地将市场行情(价格、成交状况等)传递给交易成员;另一方面,改革现有的一级自营商制度,赋予其中资金、人员、信誉和风险控制能力俱佳者做市商资格。在银行间债券市场实行做市商制度积累一定经验后,可以考虑将之引入代办股份转让市场。目前,代办股份转让市场采取集中竞价交易方式,并且证券公司代客户交易,不得自营所代办公司的股份,这在功能上无异于是交易所的延伸,而不是真正意义上的柜台交易。待时机比较成熟时,在代办股份转让市场引入做市商制度,改变交易方式,扩大市场规模,将之从主要吸纳退市公司、化解退市风险的场所拓展为全面的柜台交易市场,进而为交易所之外的电子化交易市场创造条件。

最后,目前在交易所体系进行的非流通股协议转让和流通股大宗交易实践,为电子通讯网络交易系统的开放也提供了一定的经验,在条件成熟时,均可以考虑利用柜台交易市场进行,当然也包括由电子通讯网络系统处理。

4. 大量的域外立法和理论研究成果可资借鉴

诚然,电子通讯网络交易系统给传统证券理论和监管实践都带来严峻的挑战。其中诸多理论上的难题还没有完全破解,但正如前面所介绍的,经过10 余年的努力,国外已经在这方面积累了不少时间经验,也提供了大量的理论支撑和一定的可资借鉴的立法资源。我国民商法和经济法学经过近三十年的发展已有欣欣向荣的气象,只要有来自学界和实务界的研究力量兼学中西、穷思竭力地投入,应该可以在若干年内把网上证券交易立法进程中遇到的问题研究透彻,从而制定出一套确认和保护证券财产权益的基础性法律制度。

基于以上分析,我们认为,随着我国多层次市场体系的逐步建立,全国联网技术的日臻成熟及监管经验的不断积累,我们不是不可以建立与交易所相平行的电子通讯网络交易系统。我们应积极创造条件、把握时机,适时开放电子通讯网络交易市场。

---

① 市场交易量自交易市场成立以来迅速增加,2002 年债券回购交易额达 101885.21 亿元;交易主体包括商业银行、证券公司、保险公司、证券投资基金和非金融机构等,实行一级自营商和一级交易商制度。

(三)未雨绸缪:积极开展立法研究和准备

1. 积极开展调研,明确场外交易市场的法律性质、交易方式和功能定位

在美国电子通讯网络交易系统可以选择作为证券经纪商或交易所采取不同的监管,但我们认为,这种选择模式不一定符合我国的国情和长远发展方向,因为中国的证券交易市场不宜过度分散和无序竞争,尤其是在我国的资本市场发展还处于初级阶段,无论是对于电子通讯网络交易系统的数量还是对其规模,我们有必要加以适当的限制和作出严格的要求,只能有条件地选择一到数家作为试点,然后再适当推广,而不能过多、过滥,以免造成严重的市场分割。我们也只能在此思路上确定其法律定位。

基于现实考虑,我们主张把电子通讯交易网络作为证券交易所来监管。具体理由如下:(1)证券商与证券交易所在交易中的地位差异决定了把电子通讯交易网络作为证券交易所来监管更符合我国的现实需求。证券商是一种营利性组织,在证券交易中发挥的作用是利用其作为证券交易所会员的资格,为投资者的委托指令进入证券交易所交易大厅进行交易提供途径,促进证券交易的进行。而证券交易所承担着为证券的集中和有组织交易提供场所、设施,创造公开、公平、公正的市场环境,并对证券公司、上市公司进行监管、管理和公布市场信息等职能。证券交易所是不完全以营利为目的的自律性管理法人。两者相比,为非上市的公众公司提供融资渠道和股份流动性的交易市场比单纯地增加营利性的中介服务经营机构意义更为重大。(2)把电子通讯网络交易系统作为证券交易所来监管可避免证券公司自营业务与经纪业务的冲突,更利于保护投资者的利益。与传统的交易方式不同,由于网络的匿名性,证券公司在电子交易中更容易进行违规交易。证券监管部门很难把证券公司的经纪业务与自营业务区分开来,证券公司很容易进行业务人员和财务账户混合操作,挪用客户交易资金,证券公司也可假借他人或个人名义从事自营业务而逃避证券监管部门的查处。而证券交易所自己并不买卖证券,本身没有从事违规交易的动机,有利于避免利益冲突。[①]

---

① 参见杨思斌、王学忠:《试论虚拟网上证券交易场所的法律监管》,载《财贸研究》2006 年第 1 期。

为此,我们的设计思路是:法律性质上,明确场外交易市场是我国多层次证券市场体系的组成部分,是证券交易所市场的补充;在交易方式上,规定场外交易市场只可采用电子交易手段,且实现全国联网;在功能定位上,明确场外交易市场的融资功能,允许公开发行股票的股份公司在场外交易市场挂牌交易。

2. 加强网络交易的基础立法,为网络技术的安全运用提供必要的法律环境支撑

2004 年 8 月 28 日全国人大常委会通过的《电子签名法》,揭开了最高立法机关专门网络立法的序幕。但这与蔚然兴起的网络交易的要求还有相当大的差距,对网络故障、黑客侵袭责任的承担,电子交易系统的法律地位,网络顾客资料隐私权的保护,电子证据的效力,网络犯罪的防范与打击等问题尚没有完备的法律规范。① 因此,在对电子通讯网络交易系统进行解禁之前,应尽快制定和完善包括《电子商务法》等电子商务基本法在内的电子商务法规体系,为网络技术安全提供必要的法律支撑。

3. 积极推进场外交易市场的法律体系建设

在对电子通讯网络交易系统解禁之前,我们应该首先朝建立规范的全国统一的非上市公众公司股权转让市场系统方向积极努力。我国目前的证券公司代办股份转让市场,实质上是一个小范围、有条件的局部柜台交易市场。北京、上海等地产权交易机构在为国有企业产权提供集中挂牌交易服务的发展过程中,已经在产权挂牌、竞价交易、电子拍卖等交易方式上出了很多创新,积累了大量的经验和交易人才,具备成为众多未上市公司股份转

---

① 其中与虚拟网上证券交易最为密切相关的是电子交易系统的法律地位问题。虚拟网上证券交易系统为电子交易系统的一种,从本质上看,它并不是具有法律人格意义的主体,只是一个能够执行人的意思的智能工具。它所形成的民事责任应由它的设立人承担,这就涉及到设立人与虚拟网上证券交易系统的关系问题。美国为解决这一问题,在《统一计算机信息交易法》中创制了"电子代理人"概念,按其中定义,所谓"电子代理人"是指为某人用来代表该人对电子讯息或对方的行为采取行动或作出反应,且在作出此种行动或反应之时无须该人对该电子讯息或对方的行为进行审查或作出反应的一个计算机程序,或电子手段或其他自动化手段。其第 202 条将电子代理人列为一种订约的方式,第 107 条对"电子代理人的使用"的效力归属、第 112 条对利用"电子代理人"交易的条款审查机会、第 206 条对以"电子代理人"订立合同的条件、第 213 条对"电子代理人"行为归属等问题进行了规定。这些规则可资借鉴。

让渠道的基础和条件。但当前代办股份转让系统的基本功能仍然仅限于收单和信息反馈两项功能,就其本质而言,还只是经纪业务的性质,而没有成为真正的股份发行、挂牌、转让的平台。地方性的产权交易市场在服务对象和功能定位及监管主体等方面都比较混乱。如地方产权交易市场主要立足于国有产权转让,受国资委而非证监会监管,产权转让规则也不统一和透明,离真正意义上的 OTC 交易还相差甚远。因此对现有的市场进行整合,探索和完善统一监管下的股份转让制度是最终建立虚拟证券交易场所的必经步骤。

为此,我们主张可以在整顿原有的场外交易网点的基础上,建立场外市场交易的规范体系。具体来说,包括以下几个方面:(1)制定并出台全国统一的场外市场的证券发行、上市、交易、结算、监管规则,包括企业备案的细则,市场交易规则、信息披露制度等。(2)根据上述规则,对现有的证券交易中心包括自动报价系统、挂牌证券进行整顿清理,凡不符合规则要求的证券交易中心应限期整改;在期限内仍无法满足规则要求,予以停业;凡不符合规则规定条件的挂牌证券,停止其挂牌资格,实行退出市场。(3)建立全国统一的、符合规范要求的行情显示系统、交易系统、资金清算和股权登记过户系统等管理系统,同时,建立全国场外市场管理委员会。(4)凡符合规则要求的证券交易中心和挂牌证券进行联网,纳入全国场外市场的交易系统,展开交易。(5)规范并明确各地方主管部门的职责,确定高新技术企业的身份,按照高新技术企业的股票发行规则,选择一部分质量高、前景好的高新技术企业,发行新股,展开场外市场的运行。

此外,做市商制度是场外交易市场的枢纽,也是其区别于交易所市场的一个基本特征。做市商运用自有资金持续买入和卖出证券,避免了交易所集中竞价模式下某些报价因缺少交易对手而无法成交的情况,增大了市场流动性。同时,每个做市商在自己所负责的一种或多种证券的供需出现暂时的不一致时,有义务以稍高的买价或稍低的卖价买卖该证券,以维持其交易的连续进行,避免市场出现大幅度波动。因此,做市商的主要职能是维系证券市场的连续性和流动性,而不是一味抬高证券价格,这构成其与“庄家”的本质区别。从某种意义上讲,资本雄厚、信誉良好的做市商群体的存在,是场外交易市场或者说柜台交易市场运行的枢纽,我国场外交易市场的发展也离不开做市商的支撑,因而需要以建立做市商制度为切入点。①

4. 加强虚拟网上证券交易安全性的制度建设

在对电子通讯网络交易系统开禁之前,必须做好制度安排,其核心在于对虚拟网上证券交易系统设立人的市场准入条件作出严格规定,保证交易的安全性,保护投资者利益。其制度建设应重点关注以下几个方面:(1)系统安全。系统安全是网上证券交易健康发展的首要条件,由于计算机技术还处于发展阶段,黑客侵入系统、委托指令被截取有可能随时发生,因此对系统条件应作出严格要求。(2)系统容量。在实际中可以规定虚拟网上证券交易系统必须在现有的系统容量之上设立足够的缓冲容量,以处理其现有的交易量,同时虚拟网上证券交易系统设立人亦需有计划地定期进行有关未来系统容量的估计。在严格测定的系统交易量的基础上,增加系统容量,提高系统冗余度。(3)系统资料备份。以因特网以外的媒介(如计算机磁盘)为客户及交易数据库备份,并将有关备份资料存放在办公室以外的地方,储存地点一般应有足够的保安措施,并且可抵御火灾及水灾。就进行备份的频密程度而言,建议在每个交易时段结束后立即为关键性的数据备份。(4)网上信息披露制度。我国《证券法》对信息披露作了规定,但是对通过网络发送信息的合法性尚未加以严格确认,对通过网络发布谣言或其他扰乱证券市场秩序的行为制裁也缺少可操作的法律条文。(5)内部管理制度。要求建立规范的内部业务与交易信息系统管理制度,具有稳定、高素质的技术管理队伍等。

5. 坚持不懈地加强对投资者的教育

虚拟网上证券交易作为一种先进的证券交易方式,需要投资者具备一定的网络知识,不仅要懂得如何进行网上操作,还要认识到网络证券信息真实与虚假并存的性质。这就需要加强对投资者的教育,以达到传授有关投资知识

---

① 做市商对场外交易的重要性可以从纳斯达克对做市商的强制做市义务的要求中窥见一斑。1987年发生了著名的"黑色星期五"(Black Friday)事件,美国和全世界的证券市场皆受重挫,纳斯达克也未能幸免。当时造成纳斯达克市场投资者恐慌的一个重要原因是许多做市商在股市下跌一定幅度后拒绝做市并退出该市场。"黑色星期五"之后,纳斯达克开始对做市商课以特殊情形下的强制做市义务,不允许其自行退出。这一规定进一步增强了纳斯达克市场的流动性和交易效率,提高了投资者的信心(李波:《从纳斯达克股票市场看我国二板市场》,http://www.wujinglian.net/recomm/articles4.htm)。目前,纳斯达克市场平均每只股票有12~14家交易商为其做市。

和投资经验,培养网络交易技能,倡导理性的投资观念,提示相关的投资风险,告知投资者权利及保护途径,提高投资者素质的目的。网站是提供投资者教育的理想地点。我国证券监管部门应督促证券商通过在线服务、赠送资料等方式提高投资者对网络技术、计算机知识和网上证券交易的认识。监管部门还可通过设立权威网站,对网上交易的信息、网上证券交易系统管理人的名称、开展网上交易的资格、注册资本、经营情况、违规情况等进行披露,帮助投资者充分了解网上证券交易系统及其管理人的情况。

6. 探索建立保险机制,保障投资者利益

网络自诞生以来就一直被安全问题所困扰,尽管网上交易系统采用了多项安全措施,但投资者对网上交易仍然存有诸多担心。为此,应在依靠技术进步,不断强化安全保密手段、打击利用互联网进行证券犯罪的同时,与保险公司合作,开发对应的险种,为投资者投保,通过保险机制的配套工程来消除投资者的疑虑,树立投资者对网络安全的信心,建立保障投资者的切实可行的运行机制。① 在我国,虚拟网上证券交易系统的设立人可根据吸引投资者的需要自愿为投资者办理一些网络故障保险,但对一些防不胜防的病毒、黑客袭击事故,证券业监管部门应强制要求虚拟网上证券交易系统的设立人为投资者的利益设立一定的保险,这样在交易系统遭受病毒、黑客袭击时,投资者的利益才能有保障。

7. 逐步改革和完善相关的证券法律制度

如果虚拟网上证券交易场所按证券交易所监管,现有的相关证券法律制度就可能需要进行相应改革。

第一,肯定证券交易所的自律功能,明确交易所的设立标准,并为虚拟网上证券交易场所留下空间。我国的证券监管一直是重行政监管轻自律管理。满足虚拟网上证券交易条件的大多是资金规模、经营管理、信誉记录方面与上市要求有差距的公司证券,这样的公司数目又十分庞大,全部由证券行政管理部门实施监管,势必导致管理部门力不从心。因此,发挥证券交易所的自律管理功

---

① 美国网上证券公司为了消除客户的疑虑,为每个账户免费提供上亿美元的保险。这部分保险首先是美国政府为每个资金账户提供一定数额的现金险,其次是美国证券投资者保护公司为每个资金账户提供一定数额的保险,其中包含现金险。此外,证券公司又为每个账户向美国国家联合火灾保险公司购买了巨额保险单,其中包含现金险,这些经验值得我们借鉴。参见齐爱民:《网络金融法》,湖南大学出版社2002年版,第286页。

能显得尤为重要,强调证券交易所的自律管理功能无疑会促进交易所自身管理水平的提高。此外,应明确证券交易所的设立标准。我国《证券法》和《证券交易所管理办法》虽对证券交易所的设立和解散作了原则性的规定,但对其设立的标准和条件未作出规定,在外界看来随意性较大,不利于法律的指引、评价、预测等规范作用的发挥。因此,将来《证券法》和《证券交易所管理办法》修改时,应确立证券交易所的设立标准和条件,而且其标准应为虚拟网上证券交易场所留下空间。

第二,加强对电子通讯网络交易系统等虚拟网上证券交易场所的监管。虚拟网上证券交易场所的设立,必然导致相互间的竞争,各场所为了争取更多的投资者在本场所交易,会采取一些不正当的手段,如恶性降低交易费用、不严格执行上市标准等,这就要求有相应的立法来规制,证券监管部门应加强日常监管和查处。竞争还会导致一些虚拟网上证券交易场所因管理不善而不得不退出市场,所以应建立相应的退出机制。

第三,会员资格条件的调整。现行证券法规定,进入证券交易所参与集中竞价交易的,必须是具有证券交易所会员资格的证券公司。虚拟网上证券交易场所的设立,使投资者可绕过证券公司直接进入证券交易场所交易,但证券交易所会员资格的条件限制了这种交易形式的实现。因此,需要取消会员资格或对会员资格的准入条件进行修改。我国目前的证券法并未对证券交易所会员资格的条件作出规定,而是在《证券交易所管理办法》中,把证券交易所会员资格的条件作为会员管理规则赋予了证券交易所。因此,只需证券交易所对会员资格条件进行变通,允许投资者个人成为会员即可。

从目前我国资本市场发育程度来看,以电子通讯网络交易系统为代表的虚拟证券交易场所在我国全面开禁的时机尚不成熟。但现实的强烈需求和激烈的国际市场竞争,迫使我们不能不面对这一问题。我们现在应该积极地准备、创造条件,在适当的时候推出试点,为广大成长型企业提供畅通的融资渠道。

第三节　证券网上交易背景下的证券交易所变革与我国的选择

互联网技术对证券市场主体及其结构的影响都是深远的。面对日益勃兴的网上证券交易,我们不能不关注网上证券交易对传统证券交易所及其自律监管功能所带来的巨大影响。尽管真正意义上的网上交易在我国还没有真正出现,但恰如前面所分析的,虚拟的网上证券交易所的出现在我国也许并非我们原本想象的那么遥远。因此,本节将在前文的基础上,进一步考察在互联网背景下证券交易所的地位及功能,尤其是自律监管功能在此种背景下所出现的一些新的发展态势,为我国下一步证券监管体制的改革提供一些有益的参考。

一、证券交易所的地位及自律监管功能的诞生

交易所原本指商品集中交易的场所,现代意义上的交易所可以追溯到中世纪。"交易所的诞生没有一个确定的年代。几百年前,商人就聚集到一起进行商品贸易和票据兑换。渐渐地人们认识到,如果能够定期聚集到一起,并将交易设为一种能够长期进行的活动,那将会多么便利。这样的好处显而易见:寻找贸易伙伴会非常容易,市场关系也变得更加透明,尤其人们还可以规定最新的商品价格。信息和交通越是不可靠,不稳定,信息的获取和沟通的渠道越是费时费力,那么这种定期定点的交易活动对于商人就越具有优越性。"[1]尽管现代意义上的交易所与中世纪时期的这些"交易所"不可同日而语,但"从中世纪的产品展览过渡到现代交易所,这是一脉相承的"。[2]

在漫长的历史长河中,证券市场的发展同样经历了一个由分散交易到集中交易的过程。纽约证券交易所的前身同样来自于华尔街 28 位证券商为了防止恶意竞争而进行集中交易的需求,正是在他们之间签订的梧桐树协议的基础上诞生了今天举世闻名的纽约证券交易所。不过,证券交易对信息透明度和高流动性的强烈需求,最终使集中交易成了现代证券市场迥异于一般商品市场的独特属性。证券市场也成为一个集中交易的市场。由于交易场所交易大厅和交易席位的限制,集中交易证券买卖的双方无法直接采取"两两"见

---

① [德]彼得·马丁、布鲁诺·霍尔纳格:《资本战争》,王音浩译,天津教育出版社 2008 年版,第 30 页。

② [德]彼得·马丁、布鲁诺·霍尔纳格:《资本战争》,王音浩译,天津教育出版社 2008 年版,第 31 页。

面的方式交易,而只能通过在交易所这种集中交易场所内拥有交易席位的中介机构来完成交易。

在交易所自身发展的过程中,交易所的角色也在悄然地发生变化,从一个单纯的交易市场逐步地演化成为一个市场的组织者和交易秩序的维护者,即"主体功能"逐渐代替"单纯的市场功能"。交易所不仅仅是一个证券集中交易的市场,同时也是一个提供上市服务、交易服务、结算服务和价格信息服务的市场主体。它承担着有效组织市场的任务,居于现代资本市场的枢纽地位。

对于证券交易所的功能,大家有着基本的共识,即交易所具有交易功能、价格发现功能、筹集资金功能、分散风险功能和维护市场公正功能等五项基本功能。有学者将这五项功能归纳概括为交易、产品和监管三个方面的功能。从证券交易所在证券市场中扮演的角色和承担的功能中,我们可以发现证券交易所所具有的不同于一般市场主体的特殊性:既是作为证券市场组织者,在证券市场中处于组织市场、信息集散的核心地位,从而具有"市场性"的一面,又有作为证券市场最前沿的管理者,担负着对上市公司、证券商和市场交易行为的一线监管职责的"公共性"的一面。正是这种双重属性使得证券交易所成为市场经济中的一种特殊经济组织,并决定了它分别与市场和政府拥有公共边界。实践中,证券交易所通过制定和执行交易所的规则并且承担执行法律、规章的法定义务,对上市公司、会员(市场参与者)以及交易过程进行自律监管,履行交易所的监管职能,并成为市场监管的重要力量。①

证券交易所的自律监管职能形成的内在机理在于法律基础和利益机制。从法律层面看,证券交易所的监管职责具有三个层次的法律渊源:一是法定权力;二是证券监督管理机构的授权;三是自治法(如证券交易所章程)规定的

---

① 美国前任 SEC 的委员 Roberta Karmel (2000)曾经概括了 NYSE 和 NASDAQ 履行自律职能的范围,Roberta Karmel 认为,自律的内容包括:上市公司的治理和信息披露;交易所的市场以及专家、大厅经纪人以及做市商的监视和惩戒;监督会员公司在财务上和经营上符合要求(financial and operational compliance)以及公正和公平的对待顾客。See Benn Steil, Changes in Ownership and Governance of Securities Exchanges:Causes and Consequences, in Robert E. Litan and Anthony M. Santomero, eds. Brookings-Wharton Papers on Financial Services, Washington D. C., Brookings Institution Press,2002.

权利,也即是合同(契约)权利。① 从利益层面看,对证券商等市场的参与者来说,以自觉的行为和相互监督的方式,实现市场秩序与稳定,是追求合法利益的共同理想,共同的利益促成共同的自律动机。对市场组织者的证券交易所来说,"企业观点"逐渐代替"市场观点"成为人们对交易所本质的主流认识。交易所就是一个提供上市服务、交易服务、结算服务和价格信息服务的企业,交易所的生存关键在于如何增加本身的经济价值。由于追求利润,它形成了一个激励机制,促进它努力监管市场和市场参与者,维护市场信誉和公信力,从而吸引更多的企业上市,吸引更多的投资者参与。因此,法律授权确定了证券交易所自律管理的地位,利益机制揭示了证券交易所自律管理的动机。可以说,法律和利益是实现自律的两个支柱。

二、ECNs 竞争压力之下的证券交易所变革

证券场外电子交易系统对传统证券交易所所构成的激烈的竞争与强有力的挑战,直接推动了 20 世纪 90 年代以来全球范围的证券交易所运营模式和治理结构的改变,掀起了一个具有全球性的传统交易所非互助化、网络化、国际化及集中化的浪潮。②

首先,为了同其他证券交易中心展开更有效的竞争,各大交易所纷纷斥资对传统的交易系统进行改造,实行证券的电子化的交易。1986 年,英国伦敦

---

① 如果更进一步分析,证券交易所自律监管的法理基础实际上是交易所和监管对象(包括证券商和上市公司)之间契约性的法律关系。详言之,在会员制交易所中,交易所对会员的监管基于会员共同制定的章程,而章程本质上是会员之间的一种协议,会员加入交易所意味着会员对章程的承认。如果证券商不接受交易所的章程,证券商可以不进入该市场而选择其他证券市场,证券公司拥有选择权。只要不违反法律,章程以及交易所的会员规则可以对会员资格和会员行为作出比法律更为严格的要求,会员也有义务遵守章程以及交易所的规则。交易所对上市公司监管的根据则是上市公司和交易所之间的上市协议,双方的权力(权利)义务建立在彼此的合意之上。上市公司一旦签订上市协议,就表明了上市公司接受了交易所制定的上市规则,上市公司必须遵守交易所的上市条件以及持续性的上市要求,交易所也可以依据上市规则对其进行监管,要求上市公司履行公司治理和信息披露等义务,交易所对违反上市规则的行为亦可以采取相应的处罚措施。上市公司同样也有选择市场的权利,拟上市的公司可以选择在不同的证券交易所上市。

② 1999 年,美国证券交易委员会主席亚瑟·列维特在哥伦比亚法学院的著名演讲中突出了这一动态变化的特点及其成因。Arthur Levitt, Dynamic Markets, Timeless Principles, Columbia Law Sch. Sept. 1999. 23.

城的"大爆炸"之后,英国即投资数亿英镑着手现代化通讯设备的安置,仅伦敦交易所就花去 8000 万英镑,建立了最新的"证券交易所自动报价系统"(SEAQ)。在 SEAQ 下,证券交易所由集中有形的交易大厅转至以卫星线路与纽约、东京相连的电子计算机进行,实现了一天 24 小时的全球证券交易。1990 年以来,欧洲大陆证券交易所相继采用新的连续电子拍卖系统,特别是巴黎的 CAC 和法兰克福的 IBIS,比伦敦交易所的 SEAQ 系统的电子化程度更高,这最终又导致 20 世纪 90 年代中期伦敦交易所 SEAQ 系统的电子化升级。2000 年 5 月,伦敦证券交易所与法兰克福证券交易所合并后采用了更为先进的 Xetra Dax 系统,不久后,还对该系统进行改进,命名为 ix 技术。① 而美国交易所自动化的步伐可能启动得更早。早在 1969 年和 1970 年,纽约证券交易所的会员券商就花费 1 亿美元用于购置计算机系统,以恢复一度陷入瘫痪的后台秩序。② 尽管这与今天建立在证券无纸化和非移动化上的电子自动化交易还有很大的差距,但纽约证券交易所为实现证券的电子化交易探索的步伐一直没有停顿。电子通讯网络的兴起,进一步加快了包括纽约证券交易所在内的传统交易所引进电子通讯网络技术手段的步伐。2000 年 3 月,美国太平洋证券交易所与 Archipelago 这家美国领先的电子通讯网络宣布合作,准备创建第一家全电子方式的美国证券交易所。③ 2003 年美国国家股票交易所也为所有交易引进了电子信息平台,2006 年美国纽约证券交易所又收购了由太平洋证券交易所控制的 Archipelago,并通过此次收购进一步提升了其自动化能力。2006 年 3 月,SEC 批准了纽约证券交易所新的上市及交易规则,这意味着纽约证券交易所由以营业大厅为基础(辅之以有限的自动交易指令)的传统证券交易所向更加自动化的市场转变。④

其次,激烈的市场角逐,也加速了不同市场中心之间的融合和兼并,包括

---

① 参见齐绍洲:《欧盟证券市场一体化》,武汉大学出版社 2002 年版,第 85 ~ 86 页。

② 参见范中超:《证券之死——从权利证券化到权利电子化》,知识产权出版社 2007 年版,第 64 页。

③ 该项工作于 2001 年 10 月完成。Archipelago, Pacific Exchange Join Force, Create First Fully Automated U. S. Exchange, 32 SEC. Reg. Rep. (2000).

④ Howard M. Friedman, Securities Regulation in Cyberspace, the 3th ed. , Aspen Publishers, 2007 Supplement, §18.05.

传统证券交易所和新兴的电子通讯网络市场之间的兼并。2000年5月,伦敦证券交易所与法兰克福证券交易所合并、美国太平洋证券交易所与Archipelago之间的合并及2006年美国纽约证券交易所对由太平洋证券交易所控制的Archipelago的收购都是市场竞争的结果。证券市场的电子网络化完全可以是不同的市场中心共同存在并围绕有效的市场信息、委托指令的传输、执行以及清算交割等方面既展开竞争,又相互合作,信息的跨市场的有效流动,使得原本分散的各个局部的和区域性的市场在技术上有可能相互连接起来,进而加快了市场一体化的步伐。

最后,在证券交易所的所有变革中,最值得关注的是自20世纪90年代以来的非互助化趋势,即证券交易所组织结构的改革。自1993年斯德哥尔摩证券交易所作为第一家证券交易所进行股份制改造以来,各大证券交易所纷纷从传统的会员制转变为公司制组织结构并上市,而处于世界霸主地位的纽约证券交易所也于2006年宣布实施非互助化,将交易所改为公众持股的股份公司。① 非互助化已经成为一个不可阻挡的历史浪潮。

证券交易所的非互助化(demutualization),也称公司化,是指证券交易所在组织形式上从传统的以会员制为基础的互助性非营利性组织转变为营利性的股份有限公司的过程。这个过程实际上隐含了所有权结构、治理结构、经营目标以及所有权与交易权关系等四个方面内容的转变:(1)所有权结构由原来的会员所有改变为股东所有,股东不以其为交易所的会员为条件。(2)在治理结构上,引入公司治理机制,由原来的会员一人一票的互助决策机制改为一股一票的资本多数决原则。(3)在经营目标上由原来的非营利性转变为以营利为目的,追求股东利益的最大化。② (4)在所有权和交易权的关系上,由原来的合二为一开始分离。在会员制条件下,进入交易所从事交易的券商参与交易的资格基于其会员的身份,即它既是交易所设施的使用者也是交易所的会员;而在公司制模式下,证券商进入交易所从事交易,使用交易所设施的权利是通过和交易所订立合同而获得的,而不以拥有所有权为前提,即任何符

---

① Andreas M. Fleckner, Stock Exchanges At the Cross-roads. Fordham Law Review, Vol. 74, pp. 25 – 41.

　　② 参见周友苏主编:《新证券法论》,法律出版社2007年版,第425页。

合资金和能力标准要求的国内外机构在接受交易所规则的情况下均能直接进入交易系统,从而使交易所所有者和市场使用者之间的利益正式分离。

交易所治理结构变化的原因,从根本上说,是近十多年来在技术进步的推动下,交易所竞争日益激烈的结果。技术的进步使会员制存在的垄断基础不复存在,而激烈的竞争又迫使传统的交易所必须改进为最具有竞争优势的治理模式。

证券交易所在成立时普遍采取非营利的互助组织形式,其原因主要有两个:一是在交易所经营处于垄断地位下,会员制的组织方式对市场参与者而言交易成本最小,会员可通过互助组织控制服务价格;二是会员制交易所适应了交易非自动化的需要,由于交易大厅空间有限,不可能将交易权给予所有投资者,因此,须对进入市场的资格加以限制,将交易资格分配给固定的会员或席位。但随着互联网技术和电子通讯网络电子化市场的出现和发展,投资者进入市场没有任何技术障碍,投资者可在任何地方买卖任何一家交易所的股票,投资者直接交易的成本较低,从而减少了对金融中介的需求。也就是说,交易自动化使得交易所的产权可同会员资格分离,交易所无须采取互助性质的会员制。而近十多年来,交易所相互之间以及交易所与电子通讯网络等新兴市场之间的竞争日趋白热化。激烈的竞争使会员制交易所集体决策效率低下、所有权与交易权不分导致利益冲突加剧、不能发挥灵活融资等缺陷暴露无遗。相比之下,公司制交易所不仅可以发行股票并上市,通过引进外部股东进行融资,降低筹资成本,而且股权与经营权的分离,也可避免或减少利益冲突,提高决策效率。为了不至于在竞争中丧失其在证券市场中已有的"轴心"地位,世界上主要的交易所便纷纷采取已获得竞争优势的公司制这样一种商业化的治理结构和运营模式。

三、证券交易所公司化改革带来的自律监管危机

自律一直被认为是证券业的基石,交易所长期以来一直处于一线监管的重要位置,承担着弥补政府监管空白的作用。然而,交易所在进行公司制改造、确立竞争优势的同时,也带来了一系列与监管有关的问题。其中最重要的是转制后以营利为目标的交易所能否较好地处理利益冲突,以较高标准履行自律监管职能和维护公众利益。因为一个营利性的机构同时行使监管职责,

通常会产生或者加深利益冲突。尤其当履行监管职责必须支付成本,同时又不创造收益时,这种利益冲突表现得更加明显。① IOSCO 明确指出:交易所非互助化带来的核心问题是,"营利性组织的商业压力或者治理结构是否会损害交易所有效履行监管义务和公共利益职责的资源投入和能力"。② 证券交易所非互助化的公司制改革对原有的自律监管体制提出了严峻的挑战。

(一)原来交易所固有的商业角色和监管角色之间的利益冲突会因交易所的非互助化而加剧

在非营利的目标下,交易所在收入方面可能仅关注满足预算,但在营利目标下,交易所可能要求收入除了满足预算要求之外,还要为投资者提供较高的回报率。在交易所对利润的追求中,利益冲突可在以下几个方面进一步激化:

1. 减少投入监管的资源

众所周知,证券监管需要投入大量的资金,用以完善监控的技术和设备、聘请大量专业人员等。这需要交易所支付巨大的成本。公司制交易所面临向股东提供投资回报的巨大压力,基于成本和收益的考虑,可能减少监管费用的支出,③此外,一些与公司制证券交易所竞争的替代交易系统(ATS)并不承担监管的成本,如果交易所投入大量的监管资源,将在竞争上失去优势。因此,公司制交易所完全可能减少监管资源的投入。

2. 放松监管以提高收入

为了实现营利的目的,交易所可能放松对上市公司的监管。交易所可能会降低或者放宽上市的标准,这样不仅可以增加上市的收入,还可以增加股票的交易量,从而可以提高股票交易的收入和服务的收入;同样的道理,交易所可能更容易对上市申请人豁免上市规则的要求,放松对已经上市公司持续性要求的严格监管。甚至,交易所可能更不愿意暂停或者终止那些交易非常活

---

① William Pearson, Demutualization of Exchanges-The Conflicts of Interest(Hong Kong), in Shamshad akhtar, ed. Demutualization of Stock Exchanges-Problems, Solutions and Case Studies, (Asian Development Bank, 2002), p. 93.

② Issues Paper on Exchange Demutualization, Technical Committee of International Organization of Securities Commissions (IOSCO), June 2001.

③ 而在会员制交易所中,财务状况只是交易所追求的诸多目标之一,而且财务上的目标通常只是为了满足支出,交易所无须向股东分配利润。因此,相比会员制交易所,公司制交易所是否能够持续的投入足够的监管资源值得关注。

跃的股票的上市交易。因为,这样会损害交易所的交易收入。[1] 除了放松上市监管,交易所也可能放松对市场参与者的监管,不愿意对市场参与者或者异常交易行为开展调查或者采取其他严厉的执行措施。因为,这些市场参与者本身就是交易所的收入来源。相反,严格执行规则不仅将直接减少交易所的收入,而且过多违法行为的披露也将对交易所的声誉造成严重影响,甚至会影响投资者的信心,导致投资者从该交易所撤出他们的投资。因此,公司制证券交易所放松监管或对违反法律和规则者网开一面的可能性增大。

3. 交叉补贴

即当交易所的监管和商业运作都能产生收入,且收益率存在差距时,监管的资金可能再投资到交易所的商业活动中;而且,一些客户(如提供交易服务的替代交易系统)仅使用交易所的监管服务,但交易所将对这些客户的收费投入到交易服务中,加强同它们的竞争,这样,这种交叉补贴就扭曲了竞争。

4. 非经济定价

即在交易所试图扩大其新产品或服务的市场份额时,可能会将价格定在较低水平,从而不能产生足够的收入来开展监管活动。

5. 滥用监管权力

实行歧视待遇。公司制交易所由于在运营上更加市场化,将积极拓展业务,从事那些营利的事业。因此,交易所很有可能和自己的监管对象包括上市公司或者证券经纪商成为合作伙伴或者竞争对手。如果上市公司或者证券商是交易所的竞争对手,交易所有可能滥用自己的监管权力,使竞争者在竞争中处于不利的地位。

(二)交易所上市带来新的利益冲突

当转为公司制的交易所为提高公司知名度和筹集资金等目的而上市时,会出现新的利益冲突。这种冲突的严重性可能会超过交易所本身固有利益的冲突。交易所上市可能使其对其他上市公司的监管更加复杂,歧视性的监管待遇更可能出现。在交易所对自己进行上市监管时,需重新审视其监管行为。

---

① Jeffery E. Gartner, Self-regulation in the Global Context, Columbia Business Law Review (2000), p. 34.

　　总之，一个高效、公平和透明的证券市场对公众利益至关重要，一个良好运作的交易所应该具有公益性质。而一个以营利为目的的公司制交易所则完全会有损于交易所的这一公益性质。为此，以美国证券业协会（Securities Industry Association，SIA）为代表的团体和个人对公司制交易所的监管角色提出了严重质疑，主张将自律监管职能从交易所中分离出来，交由SEC或第三人行使。即在一定程度上将市场的交易活动和监管职能分开。①

　　当然，也不乏交易所自律监管坚定的支持者。这些学者认为，自律具有天然的优点，即使是公司制交易所，在竞争的环境下仍然有自律的基础。支持说认为，投资者可以信任交易所的监管，因为交易量决定交易所的生存与否，交易所有强烈的动机实现交易量的最大化。现在的投资者拥有很多的选择机会，这告诫了交易所：投资者保护是其业务中至关重要的一部分，如果市场不能为投资者提供保护，他们将选择离开市场而寻找他们满意的其他市场。同时，竞争是引导人自私的本能走向维护公益的最有力工具。② 因此，交易所仍然可以监管市场。的确，上述关于利益冲突的分析目前还主要基于各种假设，是否必然发生，还有待实践检验。相反，外部竞争的压力、有效的公司治理结构及合理的自律监管模式也有可能有效化解监管冲突。③ 但无论如何，传统证券交易所基于电子通讯网络挑战所作出的经营模式的改变，在改变其组织形式的同时，引发的监管难题却是无法回避的。

---

　　① Reviewing U. S. Capital Market Structure：The New York Stock Exchange and Related Issues，Statement of Marc E. Lackritz，President，Securities Industry Association，before the Subcommittee on Capital Markets，Insurance，and Government Sponsored Enterprises Committee on Financial Services，U. S. House of Representatives，October 16，2003. available at http：//www. sia. com/testimony/html/lackritz10-15-03. html.

　　② Adam C. Pritchard，Self-regulation and Securities Markets，in Regulation，Spring 2003，p. 39.

　　③ 如美国Benn Steil先生对交易所在上市公司、交易过程以及会员监管方面的自律进行了历史和实证的考察，结果发现，传统交易所在自律监管方面存在诸多问题；相反，公司制的交易所却在监管方面采取有力措施。因此，得出结论：传统的会员制交易所与公司制交易所相比未必更适合承担自律监管职能；同样的道理，公司制交易所与会员制交易所相比未必不适合承担自律监管职能。See Benn Steil，Changes in Ownership and Governance of Securities Exchanges：Causes and Consequences，in Robert E. Litan and Anthony M. Santomero，eds. Brookings-Wharton Papers on Financial Services，Washington D. C. ，Brookings Institution Press，2002.

四、公司化证券交易所监管利益冲突的化解

尽管由于竞争的加剧以及交易所的公司化改制引发了人们对交易所自律监管存废的争议。但完全维持交易所的现状无法解决交易所面临的挑战,完全废除交易所具有数百年历史的自律监管则难以被各界人士所接受,对自律监管进行改良和完善或许是解决交易所面临的挑战唯一可取方法。为此,各国政府及证券业界都在积极探索交易所自律的未来,以化解由于交易所公司化改革所带来的监管利益冲突。

(一)交易与监管职能的适当分离

交易与监管职能适当分离是消除交易所角色和利益冲突的客观需要。各监管当局及交易所在应对电子化技术带来的交易所变革的挑战的过程中,积极探索出不同的自律监管模式,以尽可能地避免利益冲突。

1. 内部分离模式

即交易所设立一家控股公司,下设两个分支机构,一个负责市场运作,另一个是非营利的监管机构。NASD 和 NYSE 起初均采用这种模式,将商业经营的交易市场和自律监管职能分开。2000 年 4 月,NASD 的成员通过决议决定对 NASDAQ 股票市场进行公司制改制。NASD 由一个控股的母公司和两个从事业务的子公司组成;子公司包括纳斯达克股票市场(NASDAQ)和 NASD 监管公司(NASD Regulation, Inc.)。这两个子公司分别从事市场经营和自律监管。① 2006 年 3 月后的纽约证券交易所,也采用了这种模式。改制后的纽约证券交易所名称为纽约证券交易所集团公司,由三部分组成,分别是纽约证券交易所有限公司、纽约证券交易所市场公司及纽约证券交易所监管公司。其中,纽约证券交易所有限公司继承原来的纽约交易所而成为美国注册的全国性交易所,而市场公司和监管公司则作为纽约证券交易所有限公司的全资子公司,分别承担交易所业务和监管职责。

在这种模式下,市场经营主体与市场监管主体仍然处于同一实体控制之

---

① 从 NASD、NASDR(NASD Regulation)和 NASDAQ 三者的职责看,NASD 作为母公司主要负责整个协会政策的制定,对子公司授权并且协调子公司的行动;NASDR 主要负责对 NASD 会员的监管,包括对在 NASDAQ 市场从事交易的会员的行为和交易活动进行监管;NASDAQ 主要负责 NASDAQ 市场的经营,提供信息服务,同时保留上市标准以及证券交易规则的制定权力。三者有明确的权力分工。

下,因此,市场职能和监管职能的分离只是一种相对分离。由于这种分离的不彻底性,利益冲突的问题并没有得到根本的解决,故该模式仍然遭到了不少人的反对。但由于交易所的监管职能并没有从交易所中剥离出去,不需要对现行的自律和政府监管的框架作大的改动,因此,此种模式同时又被视为一种解决利益冲突的可行的温和的自律改良模式。①

2. 监管分工模式(也称混合监管模式,Hybrid Model)

将监管的范围划分为两大领域:与交易和市场有关的领域以及与券商经营和资本要求有关的领域。所有不与具体市场有关的监管职能包括会员监管、销售行为以及跨市场的交易行为均由单一的自律组织负责,每一市场则负责监管属于自己市场的问题。如 Euronext,将监管分为会员监管和交易监管两部分,把与市场无关的所有自律功能集中到一个单一的机构,而各个市场则负责本市场的运作监管。这也是 NASD 和 NYSE 早先针对单一自律监管主张所提出的修正意见。其好处在于,一方面由于交易所不再负责与市场和交易无关的会员监管,交易所内在的利益冲突得到缓解,同时又可保留交易所对市场的监管权。但监管者的利益冲突以及监管重复和不统一的问题并没有解决。

3. 单一自律监管机构模式

将交易所监管职能分拆出去,成立一个全国性的、独立的自律监管机构。这是美国证券业协会(SIA)所一直坚持的主张。整合后的自律监管机构不仅能够较为彻底地解决利益冲突的问题,而且还可以有效解决多个自律组织监管造成的高成本和低效率问题。2007 年 SEC 对公众进行了一个关于美国自律组织一系列问题的问卷调查,调查所得到的回答中,公众最为担心的问题就是,多个自律组织监管所造成的高成本和低效率的问题,NYSE 和 NASD 共同监管的公司就面临着双重规则、双重检查、双重规则解释和实施、双重费用。多个自律组织监管所造成的高成本和低效率等问题,最终还是推动了自律监管组织的整合。

2006 年 11 月 28 日,NYSE 和 NASD 宣布,将双方的会员监管业务进行合

---

① 参见谢增毅:《证券交易所自律监管的全球考察:困境与出路》,http://www.civillaw.com.cn/Article/default.asp? id=34848。

并。2007 年 7 月 30 日 NASD 与 NYSE 的会员监管、执行和仲裁部门合并,成立了一个单一的自律监管组织,金融行业监管局(The Financial Industry Regulatory Authority,FINRA)。此举也被加拿大所效仿。①

加拿大多伦多证券交易所(Toronto Stock Exchange)在刚刚完成公司制改造时,在交易所的内部设立一个单独的监管部门,该部门向交易所理事会的一个独立委员会负责,该部门负责所有的市场监管职能,包括上市和市场的监督,而证券商的营业行为则由另外的自律组织负责。② 交易所实行公司制改造两年后,一个独立的名为"市场监管服务"(Market Regulation Services Inc.,RS)机构的自律组织成立了,该自律组织负责所有的市场监管职责。RS 作为非营利性的自律组织,提供对加拿大证券交易的监管服务,如对 Toronto Stock Exchange (TSX)、TSX Venture Exchange (TSX VN)、Bloomberg Tradebook Canada Company (Bloomberg)以及 Canadian Trading and Quotation System (CNQ)的证券交易提供实时的监管。如果发现有违规的行为,RS 将立刻进行调查。如有必要,RS 有权撤销交易并采取惩戒措施。③ 尽管 RS 是一个法律上独立的自律组织,但该组织由多伦多证券交易所和加拿大投资交易者协会(the Investment Dealers Association of Canada)各拥有 50% 的所有权,因此,该自律组织与多伦多交易所还存在一定的关联关系。而 2008 年 6 月 1 日,加拿大投资交易商协会(IDC)和市场监管服务公司(RS)直接整合为一个独立的自律组织即加拿大投资业监管组织(IIROC),通过将两个机构对市场与交易商监管进行简化、合理化和合并,形成一个单一、独立的自律监管组织。④

4. 部分自律监管功能转移模式

将交易所对上市公司的部分或全部监管权限,或将对上市交易所的监管

---

① 参见中国证监会:《出席 ICSA 第 21 届年会情况的报告》,http://www. sac. net. cn/ newcn/home/info _ detail. jsp? info _ id = 1216966699100&info _ type = CMS. STD&cate _ id = 81183686376100。

② Jennifer Elliott, Demutualization of Securities Exchanges: A Regulatory Perspective, IMF Working Paper,2002.

③ http://www. rs. ca/en/about/index. asp? printVersion = no&loc1 = about.

④ 参见中国证监会:《出席 ICSA 第 21 届年会情况的报告》,http://www. sac. net. cn/ newcn/home/info _ detail. jsp? info _ id = 1216966699100&info _ type = CMS. STD&cate _ id = 81183686376100.

权限移交给政府的证券监管机构,如英国将其上市审核权转移到金融服务局,香港证监会设立专门的部门把香港交易所作为一个上市公司来监管,同时在香港交易所面临利益冲突时,监管其他上市公司,包括原来自律组织履行的全部职责。

这种模式的优点在于,由于取消了交易所监管的职能,利益冲突的缺陷得到了彻底的解决,也能够消除重复和不一致的监管,但由于缺乏行业的介入,监管成本高昂而且容易滋生官僚主义,因此经常遭人诟病。[①]

交易所非互助化的趋势还在进一步加强,由此引发的利益冲突正在改变着传统自律监管体制。国际社会并没有因为利益冲突的存在而停止交易所体制改革的步伐。国际社会围绕交易所市场运营职责和监管职责分离的探索将会有助于利益冲突的缓解。

(二)充分有效的竞争

公司制交易所之所以还可以保留一定的监管职能,是因为它具有提供优质监管服务的动机。因为公司制交易所像普通商业企业一样,只有提供优质服务才能吸引业务。也就是说,交易所只有有效监管市场,使市场公正、透明、有效,才能吸引更多的上市企业和投资者。而交易所股东出于自己的利益而维护交易所声誉,也将对有利于会员但却不利于市场发展的行为形成有力的约束。然而,这一动机是建立在充分竞争的基础之上的。因为在商业利益的驱动下,唯有交易所间的竞争方可形成一种有效的约束机制,促使公司制交易所加强监管。相反,在一个上市公司和投资者无法选择市场的情形下,即交易所之间处于相互分割、没有竞争的状态中,交易所就很难产生严格监管的动力和压力。交易所的商业化运作无疑会将投资者置于十分不利的地位。

(三)治理结构的完善

有效的公司治理结构有助于消除潜在的目标冲突。为此,不少国家对公司制交易所的治理结构提出了基本的要求,如:(1)要求设立有公共董事,以增加董事会认真履行监管职责的可能性。(2)对持股比例予以适当限制,如在澳大利亚交易所曾规定个人所拥有的交易所股份不得超过5%(2000年10月扩大到

---

① Reinventing Self-regulation, White Paper for the Securities Industry Association, January 5, 2000, updated by the SIA Staff, October 14, 2003.

15%），多伦多证券交易所规定，除非获得安大略证券委员会的批准，所有持有的未偿付股份不得超过5%。(3)加强交易所决策的透明度，如要求公布有关规则、行动和决策等。(4)交易所的商业活动和监管职能相互独立。这通常要求在交易所内部设立独立的评估机构，评估和监督交易所的监管职能，或直接担起监管职能。如澳大利亚证券交易所成立了一个新公司——ASX监管评估有限责任公司，负责加强交易所监管活动的透明性和可解释性；伦敦证券交易所设立有独立的纪律委员会、纪律上诉委员会和执行委员会等。

五、十字路口的徘徊：中国证券交易所的现状与变革

面对风起云涌的新技术革命和国际化潮流，中国证券交易所何去何从？这是每一个关心中国资本市场的人都比较关注的话题，也引发了学界的不少争论。回归会员制还是迈向公司制，是争论的关键所在。一种主张认为，鉴于我国证券交易所有会员制证券交易所的"影子"，我国证券交易所的发展不应该跳跃会员制这一阶段，而是有必要从各方面促使我国的证券交易所发展成为真正意义上的会员制证券交易所。[①] 另一种主张是，借鉴各国交易所公司化改制的经验，对我国交易所进行股份化改造。[②] 我国2005年《证券法》的修改，也为我国未来发展公司制交易所预留了法律空间。无论是选择何种模式或道路中国证券交易所的改革将是势在必行。

（一）中国证券交易所的现状

1. 徒有其名的会员制

对于证券交易所的性质，2005年修订的《证券法》没有沿用"事业法人"的提法，而是于第102条规定："证券交易所是为证券集中交易提供场所和设施，组织和监督证券交易，实行自律管理的法人。"但是否属于会员制法人，《证券法》和《证券交易所管理办法》（2001年）都没有明确。尽管如此，现行规定的部分条款还是反映了我国交易所具备会员制交易所的特征。例如修订后的《证券法》第105条规定，"实行会员制的证券交易所的财产积累归会员

---

① 参见北京大学光华管理学院、上海证券有限责任公司联合课题组：《证券交易所管理市场职能的法律性质研究》，《上证研究（二○○三年法制专辑）》，复旦大学出版社2003年版，第50页。
② 参见于绪刚：《交易所非互助化及其对自律的影响》，北京大学出版社2001年版，第201页。

所有,其权益由会员共同享有,在其存续期间,不得将其财产积累分配给会员";第110条规定,"进入证券交易所参与集中交易的,必须是证券交易所的会员";《证券交易所管理办法》第17条规定,会员大会为证券交易所的最高权力机关。此外,在《证券法》和《证券交易所管理办法》中多次使用"会员"的提法;而会员的提法通常仅用于会员制交易所中。因此,尽管现有的法律和规章没有明确我国交易所的性质,但条文似乎还是有意无意将交易所视为会员制的交易所。我国学者也多基于证券法的规定,认为我国的交易所属于会员制的证券交易所。① 然而,对于我国证券交易所是否属于真正意义上的会员制,学界不无质疑。②

首先,从性质上看,会员制是结社的产物,自始就带有浓厚的民间色彩,而我国证券交易所是在政府推动和组织下成立的证券交易机构,不具有私法团体的色彩。从交易所的成立来看,传统的会员制证券交易所是证券商为便利交易、维护共同利益自愿发起的互助型组织,会员之间遵守共同的游戏规则,共同维护市场秩序、改善交易条件、保持行业的利润水平,即其初创动力均来自会员的发起活动,所以自始就带有浓厚的民间色彩。然而,我国的证券交易所却不具有这一特征,它并非由会员发起成立的,而是政府直接推动的结果,组建交易所根本不是私法意义上的社团发起行为。

其次,从成立基础上看,会员对交易所拥有所有权是会员制交易所的基本特征,然而会员制组织的这一基本特征我国证券交易所同样不具备。我国交易所的会员虽名为会员,但并没有对交易所出资,立法也没有明确要求会员须以对交易所出资为条件,进而会员对交易所是否拥有所有权也值得怀疑。尽管现行《证券法》中有"实行会员制的证券交易所的财产积累归会员所有,其权益由会员共同享有"的规定,但即便是该条款也没有直接明确交易所所有权的归属。从交易所成立的基础看,上海证券交易所成立时国家未投入任何资金,交易所只能以会员缴纳席位费的一部分作为注册资金的来源,交易所资

---

① 参见周友苏主编:《新证券法论》,法律出版社2007年版,第421页;王连洲等编著:《风风雨雨证券法》,上海三联书店2000年版,第337~338页。
② 谢增毅:《我国证券交易所的组织结构与公司治理:现状与未来》,http://www.civillaw. com.cn/announce/default.asp? id=1447.

产负债表所有者权益中并无"实收资本"一栏,但在工商登记时注册资金为3亿元;深圳证券交易所注册资金为政府借款,后以历年盈余归还,目前以全部席位费作为实收资本。① 席位费并不能完全等同于出资,因而会员是否对交易所拥有所有权值得怀疑,其结果导致我国证券交易所的资产长期处于产权不清的状态。②

最后,从治理结构的实际运行来看,会员制也是徒有虚名。如果两个交易所是会员制法人,就应该以会员大会作为其内部最高决策机构。实际上由于其成立动机和成立基础与真正的会员制交易所具有天壤之别,也导致交易所的会员名不副实,会员大会徒具形式,难以如期召开,也无法行使决策权,相反交易所的人事任命等依然控制在政府监管部门手中。

由此可见,我国证券交易所虽冠之以会员制,然其现实情况与真正的会员制相去甚远,称之为"不是会员制的会员制"并不为过。

2. 封闭运行,缺乏竞争

不同市场中心之间的有效竞争是促进资本市场发展和保护投资者利益的有力武器。为此,美国 SEC 于 1936 年就提出了优先促进竞争市场形成的政策。此政策允许证券多重上市或多重交易,即一只证券可以同时在不同的交易所发行和上市交易,一个交易商也可以同时成为两个或多个交易所的会员。目前,无论是美国的 NYSE 和 NASDAQ 之间还是俄罗斯的两个最大证券交易所(莫斯科银行间外汇交易所和俄罗斯交易系统)之间的竞争都十分激烈③,甚至国际之间,如新加坡交易所与芝加哥商业交易所(CME)之间,就实行会员之间的交叉连通。④ 竞争促使交易所提供优质服务和进行有效监管,竞争有利于构建一个富有效率的证券监管体系。然而我国证券交易所却是在相对封闭的体系中运行,两家交易所之间没有形成相互竞争的格局。事实上,上海

---

① 参见于绪刚:《交易所非互助化及其对自律的影响》,北京大学出版社 2001 年版,第 195 页。

② 上海证券交易所曾经登记为国有企业法人,正说明了会员对交易所拥有所有权并没有得到承认,而"国有企业"的简单定性也说明了交易所产权的模糊。

③ 参见 http://www.crrcf.com/shownews.asp? id=4182.

④ 参见芦晓铭:《交易所证券上市监管研究》,中国政法大学法律硕士学位论文,2004 年 6 月,第 16 页。

和深圳交易所在 1997 年之前曾呈现出竞争的格局。但 1997 年之后,中国证监会逐渐减少了两家证券交易所之间的竞争,两家交易所的关系也从相互竞争转向证监会领导下的相互协调。经过演变,两家交易所已经成为证监会的附属机构,成为证监会直接领导下的中国证券市场的两个相互独立的交易系统。相互之间在接纳上市资源等业务中不存在真正有效的竞争。交易所的垄断地位不利于调动交易所监管创新的积极性。

3. 交易所缺乏独立性,治理结构不合理

虽然我国《证券法》和《证券交易所管理办法》均规定了我国证券交易所公司治理的基本框架,即以会员大会为证券交易所的最高权力机构,理事会作为证券交易所的决策机构,交易所设立总经理和副总经理作为交易所的执行机构,但实际情形与之相差甚远。目前证券交易所治理结构的主要弊端在于,政府证券监管机构对交易所的干预过度,证券交易所缺乏独立性。从交易所重要的人事安排来看,证监会控制了交易所的人事安排。根据《证券交易所管理办法》第 20 条和第 21 条的规定,理事会是交易所的决策机构,由 7 至 13 人组成。交易所的理事分为会员理事和非会员理事,非会员理事的人数不少于理事总人数的 1/3,最多则可达理事总人数的一半。会员理事由会员选举产生,非会员理事由证监会委派。理事会设理事长,副理事长 1 至 2 人;理事长、副理事长由证监会提名,理事会选举产生。这样,在政府能够委派半数理事,且理事长和副理事长均由证监会提名的情形下,交易所的理事会就处于政府监管机构的控制之下。另外,根据《证券法》及《证券交易所管理办法》第 24 条和第 25 条的规定,证券交易所的总经理、副总经理由证监会任免,中层干部的任免须报证监会备案,财务、人事部门负责人的任免则要报证监会批准。而且总经理被规定为交易所的法定代表人。总经理设置的法定化以及将其作为法定代表人的做法,无疑凸显了总经理的地位。作为证监会任免的人员,总经理地位的凸显显然体现了证监会强化对交易所控制的意图。可以看出,无论是理事会还是交易所的总经理、副总经理乃至交易所的中层干部,无不处于证监会的控制之下。在会员大会名存实亡,证监会控制交易所的决策机构和执行机构的背景下,交易所的独立性显然无法得到保证,交易所具有浓厚的政府色彩也就不足为奇了。因此,以增强交易所自身的独立性,避免受到外部政府监管机构的不当控制为目标的交易所治理结构的改革任务还非常艰巨。

(二)势在必行的中国证券交易所改革

面对电子化证券交易市场的冲击和挑战,各国的证券交易所纷纷在寻求提升自身竞争力的变革之道,并引发了自律监管体制的调整。虚拟证券交易场所目前在我国并不存在,且我国交易所处于政府监管机构的直接控制之下,交易所之间缺乏竞争,也无法展开充分的竞争。但正如前面所分析,虚拟电子证券市场的出现在我国并非遥不可及,国内竞争的缺失也绝不意味着境外交易所竞争的不存在。我国许多优秀的企业在境外上市,已经说明我国交易所面临境外交易所的严峻挑战。如果我国交易所不努力提高自身的竞争力,改善自身的治理结构,那么在国际激烈的竞争环境中将难以生存。可以说,变革是时代的要求,并不以人的主观意志为转移。

1. 回归会员制还是走向公司制,应从国情出发并最终由市场作出选择

交易所公司制改革的浪潮势不可挡,为此我国不少学者也主张尽早将交易所股份制改造列入议事日程。他们认为,会员制并非交易所的必经阶段,我们没必要也不可能完全回归会员制,而公司化改制是最佳的选择。[①] 我们认为,上述观点有其一定的道理,但也不能否认,公司制并非将来交易所唯一的组织形式,究竟采取何种组织形式取决于不同的国情和文化。

尽管与会员制相比,公司制确有一定的优势,但由非营利性的会员制向营利性的公司制转变,需要一定的条件,而目前这些条件在我国尚不具备。首先,将交易所转变为纯粹的商事营利组织,无论在理论上还是在社会公众和政府的情感上都一时难以接受。即使在西方,也普遍认为交易所兼有公共性和商业性的双重属性和角色。"交易所在履行它们在资本市场的角色时,通常被认为是在履行公共职能"的说法,被认为是对交易所角色与职能的十分经典的表述。[②] 如何化解公司制交易所商业性与公共性职能之间的冲突是困扰西方国家的一大难题,同样是我们必须面对的问题。其次,交易所公司制改

---

① 参见谢增毅:《我国证券交易所的组织结构与公司治理:现状与未来》,http://www.civillaw.com.cn/announce/default.asp?id=1447;于绪刚:《交易所非互助化及其对自律的影响》,北京大学出版社 2001 年版,第 195 页。

② William Pearson, Demutualization of Exchanges-The Conflicts of Interest (Hong Kong), in Shamshad akhtar, ed. Demutualization of Stock Exchanges-Problems, Solutions and Case Studies, Asian Development Bank, 2002, p. 88.

造,应建立在市场有效竞争的前提之上。在交易所之间没有形成有效竞争的情形下,仓促改变其性质,只会重新打造一个庞然怪物。这不仅不能提升竞争力,反而会形成新的垄断力量,造就新的利益集团,有碍资本市场的发展。再者,交易所目前产权不清并不意味着永远不可理清,向真正的会员制的回归本身就是明晰产权的过程。最后,在我国目前需要强化而不是弱化交易所的自律监管职能。从境外交易所的公司制实践来看,解决交易所角色及利益冲突的基本途径是剥离交易所的自律监管职能,将其交给政府监管机构(如英国、我国香港地区)或者第三人(如成立一个单一的自律监管组织)。但无论是政府监管部门还是独立的第三人都缺乏交易所一线监管的便利和优势。我国证券市场本身就是政府主导下建立起来的,自律监管一直比较缺位,而将交易所一线监管的职能交给政府监管部门,显然与建立多层次的监管体系这一目标背道而驰。因此,我们认为,目前我国当务之急并非交易所公司制改造,而是着力打造有效竞争的资本市场和完善交易所的治理结构,提升交易所的竞争力,为交易所公司制改造创造条件。即便是将来允许公司制交易所设立,也不能将公司制作为交易所的唯一组织形式,应该允许交易所依据自身的需要作出选择。

2. 打破市场的分割,鼓励交易所之间展开有效竞争

集中交易是资本市场发展的必然选择,但集中交易并非将市场局限于单一的证券交易中心,更不是将已有的交易所演变为在划定的势力范围内封闭运行的交易系统。我国资本市场过于单一和集中,两大交易所之间互为分割的状况无法提升交易所的竞争力,也不利于资本市场的充分发展。因此,我们应该促进交易所之间的竞争,至少应该允许交叉会员和选择上市交易。

3. 完善交易所治理结构是提升交易所核心竞争力的关键

目前证券交易所治理结构的主要弊端在于,政府证券监管机构对交易所的干预过度,使得证券交易所缺乏独立性,沦为中国证监会的附属机构。因此,我国交易所公司治理改革的主要目标是增强交易所自身的独立性,避免受到外部政府监管机构的不当控制。我们认为,应通过以下途径增强交易所的独立性和创新精神:

首先,明晰产权,使会员成为真正意义上的所有人。会员制的特征是由会员对交易所拥有所有权和决策权。尽管政府对于交易所的形成作用不可磨

灭,完全否认政府对交易所的产权不符合交易所的历史,现在的交易所已经登记为事业单位,但并不意味着交易所只能迁就现实,成为一个国有单位。2005年《证券法》对交易所地位与性质的表述实际上已经为交易所会员制的落实扫除了法律障碍。目前需要做的是依据交易所会员会费缴纳比例确定各自的出资份额,①使其真正成为产权的拥有者,至于国有资本可以通过用交易所积累财产赎回或由其他会员认购等方式退出。② 唯有如此,才能使证券法所确定的交易所治理结构落到实处。

其次,改革现行的人事任免制度,使其真正按照证券法所确定的治理框架来运行。首先,改变理事长和副理事长由证监会提名的做法。交易所的理事会人选应该直接由会员大会选举产生,理事长和副理事长应该由理事会选举。即使考虑到交易所的公共性,最多也只是理事长、副理事长报请政府监管部门同意即可,而让政府监管机构直接提名理事长和副理事长缺乏充足理由。其次,完善经理制度,改变经理人由证监会任免的做法,而由理事会聘任或者解聘总经理、副总经理。作为证券市场,交易所的运营牵涉上市公司、证券公司以及广大投资者的利益,交易所应当处于外部的监督之下,包括接受政府证券监管部门的监督,但是监督并不意味着人事上的绝对控制,因为人事控制必然导致其独立性的丧失。

最后,提高交易所运营的透明度。交易所不仅应该接受政府监管部门的监督,还应该接受社会的监督。因此,交易所必须增加其运营的透明度,向社会公开交易所的公司治理和运营的主要事项。交易所在向政府监管机构提交规则草案时,必须同时公布规则草案的内容,以供社会各界发表意见并使相关主体熟悉交易所的规则。当交易所的规则获得政府监管部门批准时,交易所必须及时更新和公布自己的规则。

(三)简短的结语

证券网络时代的到来,加速了证券交易所的改革。我国可以在短期内借

---

① 尽管会员的席位费不能完全等同于会员的出资,但席位费在交易所的成立和运营当中发挥了不可忽视的作用。

② 作为一种真正意义上的会员制单位,应该恢复其民间组织的色彩,割断与政府之间的产权纽带。

助行政力量将这种由竞争带来的压力降低到最低限度,但在襁褓中的婴儿永远难以长大,提升自身的竞争力是交易所应有的明智选择。目前严格的政府控制无法形成证券市场的有效竞争,扭曲的治理结构使交易所失去了独立和创新的精神。一个缺乏独立性与创新精神的交易所体制将无法在未来竞争中胜出,对此我们应该有清醒的认识。

第四章　网上证券信息披露监管

　　肇始于美国证券法的信息公开制度在经过上百年的发展后,已经成为各国进行证券监管的基本原则和基本要求。一句"阳光是最好的防腐剂,灯光是最有效率的警察"(Sunlight is said to be the best of disinfectants ,electric light is the most efficient policeman)①道尽了信息公开的重要性。

　　一般讨论信息公开原则是指公司、董事、监事、经理人以及大股东等提供必要之信息以供投资者作出投资决定。但实际上对于信息公开原则的使用通常会具有双重的含义。一是从证券发行管理的角度来看,如果发行人提供了一切所需要的资料以及文件,原则上就可以通过审核进行证券发行的即为公开原则,实际上就是指证券发行的注册制。二是如果从信息披露的要求来看,则对于证券发行无论实行的是注册制还是许可制,都应该要求提供充分的资讯,以便于投资者作出投资决定。实际上,依照目前信息公开原则的精神来看主要是指第二层意义上的信息公开制度。信息公开的实现,具有两层意义:第一,投资人在买卖证券之前,有充分而正确的资料,据以形成投资判断,减少证券欺诈的发生。第二,公司把财务、业务资讯公开,政府及社会大众有机会了解公司的经营状况,可以减少公司经营者违法滥权的情事,具有监督防腐的作用。② 也有学者认为资讯公开其功能有三:执行之效力(enforcement effect)、

----

① L. Brandeis, Other People's money, (1914), at 92, 引自 Loss & Seligman, Securities Regulation, Aspen Law & Business, 3d ed. ,1998.

② 参见赖英照:《股市游戏规则——最新证券交易法解析》,(中国台湾)元照出版有限公司 2006 年版,第 36 页。

公众反应(public reaction effect)和告知之功能(informative function)。①

信息公开原则是否具有实际的效益？其效益是否大于所耗费的成本？自信息公开原则确立之初，就一直引起学界的争议。例如道格拉斯于1934年在《耶鲁法律评论》上发表文章认为：第一，公开原则假设投资大众因阅读相关资料了解公司状况，但事实上绝大多数的投资者并未阅读资料。第二，公司形态日趋复杂，组织日趋庞大，要求公司把业务财务充分公开，不但加重公司的负担，而且因为资料过于复杂，投资大众亦无法有效利用。第三，资料公开时，常常已经过时，且证券法没有定期申报的规定，使公开原则徒具形式。② 目前对于信息公开原则的质疑则主要集中在效率资本市场假说、成本效益分析、资产组合理论以及代理理论等。③ 实际上，对于信息公开原则正反两方争执的焦点在于对信息的来源是应该采取强制公开或者由市场机能自由决定。SEC认为，第一，公司经营者对于某些特定的消息或者资料无意公开，或者至少不愿意立即公开，必须要有法律的强制，才能够达到公开的目的。第二，证券分析专家也经常面临搜集资料的困难，公司经营者常常不愿提供某些有益于证券分析的资料。第三，能够及时获得资料作详细分析，并因而影响股价，但接受证券分析的股票毕竟有限，许多公开发行的证券仍在分析之列。第四，证券分析专家只为其客户作证券分析，客户以外的投资大众不在服务之列，也无法获得所需要的资讯。因此，依赖市场的力量使公司经营者自动公开有关资料的想法不切实际；依赖证券分析专家以保护投资大众利益的说法，更忽视了证券市场的实际状况。此外，不正确的资料同正确的资料一样，均能够影响公开原则的实施。如果缺乏强制性规定，便不能够防止不正确资料的散播。因此，SEC在肯定公开原则的功能的同时，一方面检讨各项强制公开的规定，以期能够简化手续，减少企业成本，并确实提升资讯公开的效益。④

在我国，信息公开制度是指证券发行人以及其他证券法所规定的主体，依

---

① 曾宛如：《证券交易法原理》，(中国台湾)元照出版有限公司2006年版，第32页。

② Douglas,Protecting the Investor,23 Yale Review,p. 521,pp. 528－530. 转引自赖英照：《股市游戏规则——最新证券交易法解析》，(中国台湾)元照出版有限公司2006年版，第37页。

③ 参见曾宛如：《证券交易法原理》，(中国台湾)元照出版有限公司2006年版，第35～44页。

④ 参见赖英照：《股市游戏规则——最新证券交易法解析》，(中国台湾)元照出版有限公司2006年版，第37页。

照证券法规定的方式,将与证券发行和交易有关的重大信息予以公开的一种证券法律制度。① 我国的信息公开制度在证券法上集中体现为信息披露制度。

网络技术发展,使得证券交易和监管迅速地发展,基于网络所进行的信息公开给证券监管当局提出了在纸质时代所未曾面临的课题。证券监管机构对于证券信息公开的监管是在纸质时代监管规则的基础上的小修小补还是要面向网络时代进行彻底的革新式的变化,值得我们进一步的研究。

SEC 曾在 1997 年专门就《新技术对证券市场影响的报告》②向美国国会作了报告。其中专门就网络技术的发展对于信息公开的监管作了说明。随着网上证券交易在各国的发展,IOSCO 在 1998 年、2001 年和 2003 年就网上证券交易发布了三个报告(《REPORT ON SECURITIES ACTIVITY ON THE IN-TERNET》Ⅰ,Ⅱ,Ⅲ),提出了有关网上证券交易的监管原则以及具体的监管制度,并就其成员国的网上证券交易监管的措施作了总结。我国证监会也在 2000 年根据网上证券市场行情的变化以及发展,发布了《网上证券委托暂行管理办法》,初步对网上证券交易进行了规范。随着互联网在我国的不断普及,我国网上证券交易也在不断发展,根据中国证监会的网站资料显示,截止到 2006 年 6 月中国的证券公司网上委托交易量约为 4506.31 亿元,可以说在充分利用网络的便利条件下,中国的网上证券交易正在蓬勃地发展。

网络技术的发展不仅仅改变了人的生活,而且正在改变着证券市场的结构以及证券市场机制的基础,也给证券信息披露带来了机遇与挑战。基于纸质时代所发展出来的证券信息披露制度,如何能够适应网络的技术发展给我们提出了新的课题。

本章将主要研究基于网络技术给信息披露监管所带来的挑战,将分析在网络时代信息披露监管的原则、理念和方式,并就发行市场和交易市场上主要的网上信息披露制度进行构建。

---

① 参见陈甦主编:《证券法专题研究》,高等教育出版社 2006 年版,第 104 页。
② See U. S. Securities and Exchange Commission, Report to the Congress: The Impact of Recent Technological Advances on the Securities Markets, available at http://www. sec. gov/news/studies/ techrp97. htm.

第一节　网上证券信息披露监管的挑战

网络技术的发展给证券信息披露带来了载体的变化,但是这种变化是深刻的。与纸质时代相比,信息披露监管在信息时代将要面对一系列的难题。

一、多样性的网上证券信息披露方式

网上证券交易信息披露虽然基于网络,但是这种电子化时代的披露,本质上基于网络,但是又会表现为不同的方式,一般认为包括着万维网(WWW)、电子布告栏(BBS)、电子邮件(E-mail)、用户新闻组(Usenet newsgroups)、即时通讯技术(Instant messaging)、聊天室(Chat rooms)、文件传输协议(File Transfer Protocol)等等。

(一)万维网

万维网是网络(internet)的一个重要因素,甚至可以说是"对网络(internet)的一种最友好最流行的使用方式"①。投资者可以通过网络浏览器(例如 IE、Opera、firefox、chrome、遨游等)浏览以 Web 方式进行的证券信息披露。这些信息中包含了文本信息、语音信息、视频信息、图标信息、超链接等等。

1. 以网页为中心的信息披露方式

信息披露义务人使用网络(建立主页)的方式进行信息披露,其原因在于:一是网络股民以几何级数的方式增长;二是网上证券信息公开的高效率和低成本;三是各国证券监管部门对网上证券信息披露都持积极鼓励的态度。②

信息披露义务人通过网站进行信息披露的主要方式包括网页(HTML 编

---

① 该定义来自于 Webopedia,一个在线的计算机术语词典,http://webopedia.internet.com。
② 1998 年国际证券委员会组织在其《Securities Activity on the Internet》报告中确立的对网上证券交易进行监管的原则,其中很重要的就是证券监管当局在坚持证券监管的一般原则的前提下,没有必要阻碍证券市场参与者以及市场本身对网络的合法使用,并且要求各国的证券监管当局致力于保证互联网环境下的监管规则的统一性和透明性。各国的证券监管当局对网上证券交易都持一种积极的态度,去促进网上证券交易的发展。

辑)、PDF 文档和 GIF 文档。

Web 方式下,披露的文件将以吸引人的方式显现在投资者的浏览器上,在其中可以镶嵌图表、图画、漫画、视频、音频等,也称为多媒体方式。这种方式与纸面的信息披露方式不同。在纸面时代,信息披露一般用文字写成,其中也许会夹杂一些图片、图表、表格等,但是不会也不可能插入视频、音频、Flash等。例如在电子招股说明书加入高级管理人员的语音、视频,加入对公司盈利预期的 Flash,以业绩发布会的视频形式发布的业绩①,在进入其信息披露网页时加入相应音频(例如加入一段音乐),此外还有通过网络所进行的"电子路演",通过 Flash 的方式对公司的总体情况作全面的介绍(例如哈飞股份)。

以 PDF(Portable Document Format,便携文档格式)格式进行的信息披露,通过在网站提供链接的方式,使这种文件在披露时,其文件的格式和外表与文件的初始形式相同,例如文件的格式、打印字体、表格、颜色和图形等都没有任何改变。在这种文档中,投资者可以浏览全文也可以通过查找功能定位到某些关键词。此外,还可以通过在该类文档中插入书签、注释等,并且可以通过超链接的方式定位到其他的 PDF 文档和网页上。使用 PDF 文档的一个主要的缺陷是必须要下载专用的软件 Adobe Reader② 才可以阅读 PDF 文档,当然大部分使用 PDF 文档的网站都提供了下载 Adobe Reader 的地址链接。目前,我国上市公司所提供的电子版的年报和季报一般都使用的 PDF 文档格式。

另外一个跟 PDF 文档类似的文档格式是 GIF(Graphics Interchange Format,图形交换格式)格式,相比较而言,这种信息披露方式使用的几率很小。以这种格式所披露的信息,其形式与原纸面的文件完全相同。这种格式最适合对图像信息所进行的披露。与 PDF 格式相比,其优点在于不需要下载专用阅读器。但是缺点也是明显的,例如投资者不能够使用查找功能,因此不能够准确定位某一信息,这一点对于少则几十页多则几百页的定期报告来说,是很不方便的。此外,GIF 文档中也不能够使用超链接。

---

① 例如中国工商银行在其网站上公布了其 2008 年业绩,其中包会议视频和发布会现场的 PPT。http://www - waa - akam. thomson - webcast. net/cn/dispatching/? event _ id = 55564e89366b0026981ab6152a2d199e&portal_id=a93a9fb49a09d965d66a33898a46d56d。

② Adobe Reader 软件是一款免费软件,其中文版本可以通过 http://get. adobe. com/cn/reader/ 下载,此外,中国知网的免费软件 CAJ 阅读器同样可以阅读 PDF 文档。

此外,券商在对证券进行承销的过程中,也会使用多媒体(视频、音频等)等进行信息的公开。其他的门户网站在对股票等证券进行推介时,使用多媒体的方式进行信息公开的几率会更大。

2. 通过网页披露证券信息的内容

发行人有充分的激励通过网站进行信息披露,但是其披露的内容则不一而足。一般而言,发行人的首次信息披露和继续信息披露都会在自己的网站上进行公布。其内容一般包括公开说明书(招股说明书、债券募集办法等)、定期报告以及临时性报告等。

美国的研究人员通过研究表明,美国证券发行人通过网络进行信息披露的内容分为两类内容:一类是基于美国证券法已经通过传统方式作了披露,网站信息披露仅仅是另外一种信息披露的方式,所以对发行人来说没有承担责任的危险。网站上的这一类信息包括但不限于股票价格信息(当前价格、历史价格以及价格相关信息)、SEC 要求的登记文件以及链接到美国证券电子数据搜集和弥补系统、股利再投资计划、完整的年报、临时公告和季度报告。另一类信息基于美国证券法则有可能会增加其承担责任的危险,这一类信息主要包括年报摘录和信息综述。[①] 该研究人员经过数据的统计认为,公司通过网站进行信息披露时所提供的内容以及数据的类型将随着公司的行业和大小的不同而不同。

我国的信息披露义务人通过网站披露的内容与美国的类似,一般会在其官方网站上投资者关系一栏中提供信息披露的内容。其中包括了上市公司的基本资料、股票交易市场行情以及历史数据、定期报告(年报全文、季度报告以及年报摘要)、临时公告、投资者留言板等。定期报告和临时性公告一般都会包括当期数据和历史性数据,此外,还可能会包括英文译本等。

(二)网络讨论站点(INTENET DISCUSSION SITES)

IOSCO 于 2001 年发布的《网上证券行为报告 Ⅱ》称其为"INTENET DISCUSSION SITES"[②],报告中认为,有些网络讨论站点是由投资者创建的,

① Robert A. Prentice, Vernon J. Richardson, Susan Scholz, Corporate Web Site Disclosure and Rule 10b-5; An Empirical Evaluation, American Business Law Journal, Summer, 1999, p. 539.
② IOSCO, Report on Securities Activity on the Internet Ⅱ, June 2001, pp. 26 - 27.

但是,大部分提供站点服务的是有利害关系的证券发行人和证券市场的专业机构。此外,还有一些门户网站提供的社区服务。讨论社区的好处在于,社区是投资者分享投资经验,进行自我教育的一种有效而低成本的方式。此外,这些投资者同样可以在社区下载某些信息,例如有关买卖证券的投资报告。无独有偶,社区同样也成了对证券以及证券市场散布虚假信息、进行误导性陈述的一种迅速、有效、低成本的方式,特别是对于证券市场股价的操纵。随着证券市场投资者对网络的使用越来越频繁,通过网络社区进行市场操纵的案例在呈几何级数的方式发展。实践中发生的案例包含着精心设计和实施的对特定股票的市场操纵计划。利用网络进行的市场操纵行为成本低廉,因为除了接入互联网的费用外,不需要任何的其他费用。

网络讨论站点一般包括了 BBS(Bulletin Board System)、聊天室(Chat rooms)等。

BBS(Bulletin Board System)也被称为社区,是一种被广泛使用的工具,投资者可以在 BBS 中提出问题,或者对他人的问题进行回应。每一个讨论的话题都可以通过网络很容易地获取。BBS 既可以局限于某一话题也可以对更加广泛的内容进行讨论。这种讨论区经常会在一些上市公司的网站上存在,并且投资者也通过该社区对公司的股票等信息进行交流。因此,上市公司可以在社区建立一个股东和 CEO 之间交流的栏目,以实现某些信息的公开。① 我国大部分的上市公司在其主页上一般都会有社区一栏。此外,我国的证券公司和证券市场的中介机构例如证券投资咨询机构一般都在其官方网站上开辟了讨论社区,这些社区中包含着证券市场的各种信息。例如证券市场行情、投资报告等。这些投资专栏或者讨论社区从形式上还没有成为正式的信息公开的渠道,但是这种非正式的渠道却往往会成为内幕信息泄露和进行证券欺诈的场所。例如曾经一度风光的带头大哥"777"事件以及中国证监会所查处的"十大网上证券欺诈案例"等都成了网上证券欺诈的典型案例。

聊天室(Chat rooms)是社会个人就某项特定主题的内容进行在线交流的场所。聊天室可以让很多同时登录网络的投资者在线进行书面的你来我往的

---

① See Howard M. Friedman, Securities Regulation in Cyberspace, the 3th ed., Aspen Publishers, 2007 Supplement, § 1.13; ISOCO, Securities Activity on the Internet, September 1998, pp. 9 – 10.

短信交流。聊天室类似于电话会议,但是聊天室不是通过声音而是通过书面的方式进行的。聊天室可以使参与者就某些话题进行即时性的讨论。目前我国很多主流网站都开辟了相应的股票聊天室,例如新浪、搜狐等门户网站都开辟了相应的股票或者证券聊天室。此外,还有即时通讯软件如 QQ、MSN 等附带的聊天室功能,例如 QQ 聊天室、QQ 群功能、MSN 群功能等。

(三)电子邮件(E-mail)

在网络时代进行证券信息披露的第三种方式是电子邮件(E-mail),电子邮件就像普通邮件那样,能够投送给大量的收件人。原则上,电子邮件的内容只有收件人才能收到,然而,有几种方式使得收件人以外的其他人可以阅读和修改电子邮件内的信息。[①]

通过电子邮件进行的信息披露主要体现在信息披露的义务人通过电子邮件传送年报以及季度报告,发送临时性报告,有时也以发送通知的方式告知投资者年报以及季报披露的网站,并在其中镶嵌超链接。证券公司则通过电子邮件的方式,向投资者以及潜在的投资者推荐股票,向其发送招股说明书,发送具有某些倾向性的研究报告等。此外,有些公司还会给投资者发送有关活动变化、市场行情以及证券变化、证券价格、成交量和收益等的变化情况。总之,发行人通过电子邮件可以进行发行信息披露以及持续信息披露,证券公司可以通过电子邮件向投资者公布招股说明书,证券市场研究报告等。

(四)即时通讯技术(Instant Messaging,IM)

即时通讯技术是互联网上非常流行的一种个人通讯工具。使用者通过即时通讯技术可以限制交流的对象,这一点与 E-mail 类似。通过双方同意,使用人把对方放到了诸如"好友"之类的栏目里,当另外一个人上线时,即时通讯软件会告诉对方,这样就可以进行在线的信息交流了。IM 可以看做是以纸面进行交流的一种电话方式。IM 除了传送信息外,还可以发送文件和图片。[②] 目前国内面向个人的即时通信产品主要为腾讯 QQ、微软 MSN、网易泡

---

① IOSCO,Report on Securities Activity on the Internet,September 1998,p. 10.

② Howard M. Friedman, Securities Regulation in Cyberspace, the 3th ed. , Aspen Publishers, 2007 Supplement, § 1. 13.

泡、搜 Q、新浪 UC、ICQ、雅虎通、IMU 以及电信的 VIM 等。但我国的互联网用户目前使用最多的是腾讯公司开发的 QQ 即时通讯软件,大约占到了 70% 的市场份额。① 即时通信市场发展的一个趋势是用户通过手机、PDA 以及其他设备等使用即时通信。②

即时通讯工具对证券信息披露的影响,主要体现在内幕消息的传送上。基于即时通讯软件的相对封闭性,证券市场的内幕人员很有可能会通过即时通讯工具传递内幕消息。③ 此外,即时通讯工具因为其所具有的传递文件和图片的功能,发行人可以利用即时通讯工具给投资者发送年报等相关披露信息。发行人也可以通过即时通讯软件与券商联系,进行网上证券的买卖。证券中介机构可以通过即时通讯软件向客户发送推荐股票研究报告,进行网上证券买卖的推荐等。

(五)文件传输协议(**File Transfer Protocol**,**FTP**)

文件传输协议使得文件能够从一台计算机传送到另一台计算机。文件传输协议在传送软件和下载存放在公共域名下的软件时特别有用。④ 在美国,用户使用 FTP 可以从 SEC 的 EDGAR(Electronic Data Gathering,Analysis,and Retrieval system,电子数据收集,分析和检索系统)数据库远程下载某公司地登记文件。⑤

这些方式都与传统的纸面信息披露方式明显不同,对其监管是否仍然应该沿用纸质时代的信息披露监管的理念和原则? 对传统纸面信息披露方式进行 "监管类推" 是否合适? 这些新的信息披露方式为证券信息披露监管提出了挑战。

---

① 腾讯 QQ 是即时通讯市场的领导者,由 MSN、新浪 UC 构成了第二阵营。阿里旺旺、Skype、网易泡泡、雅虎通组成了第三梯队。我国即时通讯市场账户数量增长,在 2004 ~ 2006 年期间,年增长率分别为 64.6% 、45% 和 29.8% 。资料来自易观国际《中国即时通信市场年度综合报告 2008》。

② 通过手机使用 IM 的用户占到了 14.6% 的比例。据易观国际《中国即时通信市场用户调研报告 2008》。

③ 美国曾经有过这方面的案例,参见 United States v. Geibel,369 F. 3d682(2d Cir,2004).

④ IOSCO,Report on Securities Activity on the Internet,September 1998,p. 10.

⑤ Howard M. Friedman,Securities Regulation in Cyberspace,the 3ʰ ed. ,Aspen Publishers,2007 Supplement, § 1.13.

二、网络时代证券信息披露的优势

(一)网上证券信息披露的低成本性

网上证券信息披露通常会采用上述的方式进行,这些方式只要能够具备基本的上网条件,就可以通过万维网把信息传递到世界各地。只需要从网络上下载必需的软件就很容易地建立起自己的网站。基本的接入成本包括连接网络服务供应商的通讯成本及供应商收取的费用。上网不需要特殊的设备,只需要浏览器软件和调制解调器连接到网络服务供应商即可,而这些已成为许多个人计算机的标准配置。① 因此,证券信息网上披露,可以极大地降低信息披露的成本。

对于发行人来说,网上证券信息公开降低了其成本,主要表现在:其一,对于需要在证券监管部门注册登记的文件通过电子登记系统(例如美国的EDGAR、加拿大的 SEDAR 等等)免除了发行人通过纸质媒体进行登记的成本,首先节约印刷的成本,其次也节约了发行人对这些资料进行运输和保存的成本。在美国,EDGAR 系统削减了发行人基于《1933 年证券法》所要求的大部分材料的纸质文本和基于《1934 年证券交易法》所要求的定期报告。② 其二,对于在证券发行的过程中,发行人所进行的推介和营销,例如招股说明书或者债券募集办法等等文件,同样可以通过电子载体的方式,例如放置在发行人的网站上,通过电子邮件、FTP 等方式交付给投资人,一方面节省了印刷成本,另一方面通过电子载体迅捷地交付也节省了时间成本。需要着重说明的是,通过电子媒体所进行"电子路演"极大地节约了发行人的成本。

对于证券的中介机构(例如证券的承销商、证券投资咨询机构)来说,同样也节省了成本。例如证券承销商通过电子介质如网络等在进行证券推介时,可以通过网络的公开性、公众性等迅速地将其承销证券的相关信息传递给世界各地的投资者,将会极大地节省印刷成本、时间成本、营销成本等。此外,通过网络所进行的信息公开使得券商可以不再必须建立有形的营业网点,而是通过虚拟的营业厅就可以办理,因此美国、韩国等国家先后出现了纯粹的网

---

① IOSCO,Report on Securities Activity on the Internet,September 1998,p. 10.

② See Alexander C. Gavis,The Offering and Distribution of Securities in Cyberspace:A Review of Regulatory Initiatives,Business Lawyer,Vol. 52(1996),p. 317,pp. 341 – 345.

上经纪商,从而极大地降低了证券的佣金成本。证券投资咨询机构通过网络进行证券的投资推荐、通过网络给投资者发送投资研究报告等文件,同样节省了大量的成本。

对于证券市场的投资者来说,基于网络在各国的普及,使得投资者可以随时随地进行证券投资,例如投资者可以在上班的途中,通过手机接入互联网,查询发行人的披露信息,浏览股市行情、登陆 BBS 了解相关的股票信息,收发电子邮件等,免除了投资者必须要到证券中介机构的营业场所才能够进行证券咨询和证券投资买卖,极大地节约了其成本。

(二)网上证券信息披露的广泛性

基于网络的四通八达,通过互联网所进行的信息披露可以迅速地向外传递,不再局限于某一地域、某一国家,信息披露的内容可以达到网络触角所能够伸到的任何一个地方。因此,网上证券信息披露使得信息披露不再局限于某一地域,便于投资者在世界各地浏览和接收发行人以及中介机构的信息披露的内容,网络使得信息披露跨越了地域的限制。

(三)网上证券信息披露的时效性

基于网络传输的即时性,通过网络进行的信息披露能够及时地传递给投资者,节约了时间成本。例如证券发行人在网站上发布招股说明书、定期报告或者临时性报告,通过电子邮件给股东发送招股说明书等,都可以迅捷地到达投资者。特别是对于临时性的报告,及时地公布公司发生的重大事件,可以有效地维护投资者的利益。因此,各国的证券监管机构要求上市公司在发生了重大事件后,要及时地向投资者公开。例如美国证券法规定,要求美国的公开式公司按照8—K 表提交即时报告,其中的特别事件包括控制权变更、重大资产收购、破产或者破产管理程序、审计师变化、因政策争议的董事辞职、已经收购企业的财务报表和备考财务信息以及变化等。[①] 参见我国台湾地区"证券交易法"规定,有下列情事之一者,应于事实发生之日起二日内公告并向主管机关申报。一是股东常会承认之年度财务报告与公告并向主管机关申报之年

---

① Louis Loss, Joel Seligman, Fundamentals of Securities Regulation, the 5th ed., Aspen pubishers,2004,p. 512.

度财务报告不一致者,二是发生对股东权益或者证券价格有重大影响之事项。① 我国证券法规定,"发生可能对上市公司股票交易价格产生较大影响的重大事件,投资者尚未得知时,上市公司应当立即将有关该重大事件的情况向国务院证券监督管理机构和证券交易所报送临时报告,并予公告,说明事件的起因、目前的状态和可能产生的法律后果。"②网络的迅捷性,使得临时信息公开有可能会实现实时性。曾有学者专门对网络时代证券市场实时信息公开系统作了研究。③

(四)网上证券信息披露的丰富性

通过网络进行的信息披露,给投资者带来了丰富的信息资源,便于投资者充分运用网络提供的优势作出投资判断。传统的证券交易条件下,发行人的招股说明书以及持续性信息披露文件一般都是在证券监管机构指定的报刊上发表,或者在发行人以及券商的营业场所置备,以便于投资人获取相关的信息,证券中介机构的投资报告等内容,投资人一般也只能通过到证券公司的营业网点去获取相关的信息。在网络环境下,投资人可以充分利用网络的便捷性,直接获取发行人所披露的信息文件,也可以通过证券监管机构所建立的电子数据检索系统获取发行人的信息,还可以通过聊天室、BBS 等获取证券中介机构所作的投资分析等内容。网络的便捷性以及丰富性给投资者带来了充分的信息资源,有利于投资者根据详尽的信息作出明智的投资判断。网上证券信息披露的这种特性使得券商的功能和角色发生了变化,券商将逐渐转变为提供投资咨询的机构。

(五)网上证券信息披露的超链性

网上证券信息披露与纸面信息披露相比,一个最具革新性的问题是超链接问题。互联网允许网站的发起人、公告栏和新闻组建立电子链接,又称"超文本"或"超链接",电子链接允许网站内(内部超链接)及网站间(外部超链接)的信息和材料相互连接。访问者在进入一个网站时通常首先看到网站的主页,主页相当于一本书的封面和目录,它可能包含着连接网站内其他信息的

---

① 我国台湾地区"证券交易法"第 36 条第二款。
② 《中华人民共和国证券法》第 67 条。
③ Aaron J. VanGetson, Real-Time Disclosure of Securities Information via the Internet: Real-Time or Not Right Now? University of Illinois Journal of Law, Technology and Policy, Fall ,2003.

内部超链接,也可能包含连接到其他网站内信息的外部超链接。超链接使得读者可以在文件之间快速、方便地移动,从而使他们能找到想要的信息。超链接创造了实体书籍无法达到的不同信息源的虚拟邻接。正是这种交叉索引的机制使得互联网成为一种独特而又有价值的信息搜集工具。①

此外,通过超链接还可以将世界各地的相关的图片、声音、视频等纳入到同一文件中。事实上,超链接可以看做是注释在网络空间的化身。注释的功能在于,其给纸质文件的读者提供了一个获取文件中讨论的概念的额外信息的选择权,注释一般出现在文章的页脚部分。同样地,超链接的功能与此相仿。通过鼠标轻轻点击,电子文件的读者就可以对文件中讨论的某个字或者词组获取额外的信息,通过超链接,读者就可以迅速移动到在同一地址或者在其他地址中保存的有关该字或者词组信息。例如,在公司主页中公布的"管理层讨论和分析"栏目中,对公司过去一年经济形势的分析,投资者就可以通过点击讨论内容中高亮的文字(即超链接)迅速地将投资者带到公司在 SEC 的 EDGAR 数据库中去。②

发行人可以在公司网站给投资者提供最新的经济信息,其中包括 SEC 文件以及公司相关背景和市场信息的超链接③。更多的情况下,发行人和券商通过超链接使投资者获得第三方网站提供的信息,诸如投资者教育的材料、通讯说明以及研究报告等。④ 网上证券信息披露的超链接性提高了发行人和券商与投资者之间通信的效率,同时,也使投资者可以更方便地获取有关发行人和券商的信息。

三、网络时代证券信息披露监管所面临的挑战

(一)信息披露文件的易篡改性问题

通过纸质文件进行的信息披露,由于纸质媒介对其内容的固定性,信息披

---

① IOSCO,Report on Securities Activity on the Internet,September 1998,p. 11.

② Howard M. Friedman, Securities Regulation in Cyberspace, the 3th ed. , Aspen Publishers, 2007 Supplement, §1. 11.

③ Robert A. Prentice, The Future of Corporate Disclosure: The Internet, Securities Fraud and Rule 10b—5,Emory Law Journal,Winter 1998.

④ See IOSCO,Report On Securities Activity On the Internet II,June 2001,p. 5.

露义务人公开的内容,除非作出更正性的说明,即通过临时报告的方式进行补充和更正,俗称"打补丁",①否则其内容不能够随意更改。这种不易更改和不易变动性,既是纸质文件的特性所限制,也是证券监管法令的要求。投资者在作出投资决定时,所依据的是发行人或者券商公开的不易更改和变动的文件,在网络信息披露的环境下,由于网络本身的易篡改性和网络信息传递的时效性,使得投资者在作出投资判断时,其依据的公开信息可能随时发生篡改,甚至删除,这种条件下,容易诱发证券市场的不当行为,例如虚假陈述、内幕交易、操纵市场等。网站内信息的暂时性为市场的参与者节约了大量的开支,但同时也向监管者提出了监管和取证问题。例如,网站内错误的证据和误导的信息可以被很快删除或改变,这对监管机构的调查取证带来了困难。②

证券网上信息披露的易篡改性的原因在于:首先,证券信息的披露主体对其披露信息基于某些原因进行的修改和删除;其次,通过网络进行披露的信息中含有超链接,该超链接指向了第三方网站,但是该第三方网站随时可能发生变动;最后,第三人基于网络安全性问题对证券信息披露义务主体所披露的信息进行的篡改例如更改、删除和添加。

网上证券信息披露的这种易篡改性,给证券监管当局提出了严峻的监管问题。首先,对于应在证券监管机构进行登记的信息在登记之后的变动如何认定和取证提出了严重的挑战;其次,在出现了诸如虚假陈述、内幕交易以及操纵市场等行为时,判断是否构成该不当行为的一个标准就是义务主体所披露的信息,但是这种易篡改性给行为的判定提出了难题;再次,对于基于超链接指向的第三方网站的信息,信息披露的义务主体如何对第三方网站的内容变动承当责任;最后,基于网路的安全性问题,网络黑客对于发行人或者券商披露的信息进行篡改,以实现其非法目的,例如操纵市场等证券欺诈行为。

(二)丰富的网络证券信息给投资者带来了甄别和选择问题

传统上投资者获取发行人的信息一般都是在证券监管机构指定的报纸、

---

① 上市公司对披露的财务信息进行更正的制度,在国外成为"财务重述"。有关我国上市公司财务重述的问题,参见厦门大学管理学院:《上市公司会计信息披露质量研究——基于年报重述视角》,上证联合研究计划第十九期课题。

② IOSCO,Report on Securities Activity on the Internet,September 1998,p. 13.

杂志以及证券承销机构的营业场所等,投资者获取证券信息的地域受到了限制。投资者获取到的信息的种类也主要受限于证券监管机构所要求的强制披露的信息,主要是招股说明书,上市公告书以及相关的财务报告等,信息的种类和范围有限。

在网络时代,投资者获取信息的地域和种类大大扩展。投资者获取发行人的信息除了传统的方式外,还通过诸如网络所提供的各种方式获取发行人的信息,例如证券监管机构信息检索系统、证券发行人以及证券中介机构的网站等,证券发行人或者证券中介机构还可以通过电子邮件等各种方式向投资者交付证券信息等。投资者还可以随时随地地获取相应的证券发行信息,使得投资者可以方便地接触到发行人的相关信息。投资者在进行投资时可以方便地通过网络获取各种信息,而不再借用证券中介机构例如证券承销商所提供的信息。投资者可以通过网络获取各种有关发行人情况的信息,其中既包括了证券发行人的强制披露信息,还可以获取到证券发行人的非强制披露信息,同时,证券中介机构在证券网上直接发行可以逐渐显现端倪的时代,其营业的方向逐渐转向了证券咨询和服务行业,其通过网络为投资者提供了各种有关证券发行人的信息例如证券的投资研究报告等。此外,投资者还可以通过各种网络门户网站或者论坛获取发行人以及证券发行和交易的各种信息,可谓信息披露的"大爆炸"。

投资者获取相应投资信息的地域、方式不受限制性和投资者获取相应信息来源以及资料范围的广泛性,在给投资者带来了便利的同时也给投资者带了挑战。

证券市场的投资者本质上分为了两类,一类是有经验的、大的、专业的机构投资者,一类是没有经验的、小的、业余的个人投资者,IOSCO 称为批发式的投资者和零售式的投资者。这两类投资者在作出证券投资时的能力是不同的,主要体现在获取信息的能力和对信息有效的处理能力。机构投资者由于具有专业的投资人员和机构,可以最大化地实现网络在获取发行人信息以及证券发行和交易信息上的功能。但对于证券市场处于最大多数的个体投资者来说,由于其在证券市场投资经验不足,"大爆炸"的信息披露,表面上给投资者提供了足够多的信息,但是个体投资者缺乏对所获取的信息的甄别和判断能力。投资者一方面对于获取的发行人的财务报告信息不能或者不完全能理解和阅读,另一方面投资者对于获取的非强制披露的信息则很难甄别其真伪性。网上证券信息披露表面上看给投资者带了福音,使得投资者有足够的信息进行证券投资决定,实现了所谓的"有效市场"①,但是这种有效是表面的。实质上,由于个体的证券投资者在证券投资能力方面的限制,投资人在面对浩如烟海的证券信息时,才发现这种网上证券信息披露极具"迷惑性"。

(三)基于证券信息网上披露产生的证券欺诈问题

由于网络所具有安全性和匿名性等特征,通过网络进行的信息披露,使得投资者通过网络所获取的证券披露信息的真实性大打折扣,也即网上证券信息披露在某种意义上具有一定的欺诈性。

首先是基于数据传输产生的证券欺诈。网络在进行数据传输时,其将一个大的文件分成了很多的小的部分,在传输的过程中这些小的部分是分别传送的,因此,在传送的过程中一方面传送丢失的可能性很大,另一方面被篡改的可能性也很大。网络的这种安全性问题,使得接受到披露信息的投资者在很大程度上存在着受欺诈的可能。这种安全性问题,对于强制披露的信息和非强制披露的信息都存在着。

其次是基于网络的匿名性产生的证券欺诈。因特网有几种"匿名"工具可以使得用户在因特网上进行活动时保证其隐私不被泄露。这些匿名工具允许用户隐藏他们的身份、国籍和住址。例如,用户可以在因特网上下载一个名为"匿名者"的软件,当用户发送信息时,这个软件可以起到中间人的作用,掩盖用户身份和信息来源。匿名性对那些希望做生意而又保持隐私的人来说是一个很有吸引力的特征。然而,"匿名者"可能被用于非法目的。例如,非法闯入者可能会利用"匿名者"冒名顶替,或是篡改电子邮件的信息。此外,资

---

① 最近十年里,评论者以"有效市场理论"为公理。该理论认为一般而言,无论来源为何,影响证券市场价格的公开信息将会迅速反映在价格上,如果证券交易市场是发育良好的。因此普通的投资者在这种股票上不能期望使用这种公开消息获得利益。这种有效性可以分为三个层次:一是弱(股价仅反映历史价格的模式)、中强(所有的公开信息都反映在股价中)、强(价格反映所有的公开信息和可获取的私人信息)。Robert Norman Sobol,The Benefit of The Internet:The World Wide Web And The Securities Law,Doctrine Of Truth-On-The-Market,Journal of Corporation Law,Fall 1999.

金可以通过因特网匿名转账,使得调查资金去向和投资人变得非常困难。①
对于强制信息公开的内容,证券投资者可以通过证券监管机构的信息检索系
统获取,这在很大程度上可以避免因为网络的匿名性所带来的信息欺诈问题。
但是对于通过非官方渠道获取的发行人的信息,例如通过电子邮件、第三方论
坛、聊天室等方式获取的证券发行和交易的信息,则很难保证其官方性和真实
性,尤其是在发行人以外的第三方论坛上投资者所获取的信息,其具有迷惑性
和欺诈性的可能性非常之大。

　　最后是基于超链接产生的证券欺诈。由于超链接可以在没有必需的警
告和解释的情况下,将读者从一个网站或一份文件当中带到网站或文件之
外。不适当地使用超链接是监管者关心的一个问题,因为超链接能够给不
合法信息披上一层合法的外衣。例如,一个从事非法或未经批准的证券发
行的网站可能包含着一个连接监管机构主页的超链接。链接的存在似乎隐
含着监管机构已经审核和批准了该证券发行,但事实上却没有。此外,可能
产生的问题还有:是否由一个站点到另一个站点的超链接隐含着被链接的
站点所包含的信息是原站点同意的,等等。② 超链接给信息披露的主体带
来的问题主要体现在发行人或者券商通过超链接引用到第三网站,发行人
或者券商是否应当对超链接的虚假陈述或者遗漏了重大内容承担责任。网
上证券交易对于超链接的利用主要体现在网上证券信息披露中,IOSCO 在
其《网上证券行为的报告Ⅱ》中设专节讨论了超链接给证券信息披露所带
来的问题。

(四)网上证券信息披露监管的管辖权问题

　　网络时代的证券信息披露,节省了成本,跨越了国界和时空,也带来了
证券监管管辖权的问题。通过网络进行的信息披露内容,如果存在欺诈的
内容,如虚假陈述、重大遗漏、市场操纵等,在这种信息披露跨越国境的情况
下,证券执法当局的管辖权如何确定即是一个首先需要解决和明确的问题。
例如甲国的发行人通过网络进行的信息披露,被乙国的投资者获取,该投资
者通过网络进行了证券投资,如果信息披露的内容中含有欺诈的成分,那么

① IOSCO,Report on Securities Activity on the Internet,September 1998,p.12.
② IOSCO,Report on Securities Activity on the Internet,September 1998,p.11.

乙国的证券监管当局是否有权进行监管？如果甲国的投资者在乙国旅行的过程中，通过网络获悉了甲国某发行人披露的信息从而进行了投资，但是该发行人所披露的内容中有欺诈的成分，乙国的证券监管当局是否有管辖权？等等。

IOSCO 在 1998 年的报告提到了关于证券监管当局对于通过网络所进行的跨国界证券活动的监管提出了推荐性的方法①。2001 年，发布了有关网上证券行为的第二份报告，其中对于跨国界的证券监管问题进行了重述和发展。② 2003 年 IOSCO 在其第三份报告中，对跨国界证券行为监管专章进行了系统性的论述。③ 以美国为首的网上证券交易发达的机构，对于跨国界的网上证券行为的监管也相继发布了指令。

网络给证券的信息披露带来的影响是巨大的。可以说技术的发展和进步，在改变着我们的"投资生活"，我们的证券监管体系应该在确保证券市场行为的合法前提下，不是阻挠而是促进网络在证券市场的应用。④ 因此，我们的证券监管的理念、证券监管的原则、证券监管的方式以及证券监管的机构对于技术的发展都应该作出回应和反思。

第二节　"以网络为导向"的证券信息披露监管理念

一、"监管类推"的理论与实践

（一）何为"监管类推"

所谓"监管类推"，就是指将网络信息披露类推或比照现行的或纸质时代的证券监管披露规则来处理，即要求通过网络进行信息披露的义务人遵循现行证券信息披露规则的要求，概言之，即适用传统的监管手段和方式。

---

① IOSCO, Report on Securities Activity on the Internet, September 1998, p. 34.

② IOSCO, Report on Securities Activity on the Internet II, June 2001, p. 5.

③ IOSCO, Report on Securities Activity on the Internet III, October 2003, pp. 27－31.

④ 国际证券委员会组织在其 1998 年的报告中强调，网络时代进行证券监管立法的原则之一就是在符合证券法规的原则下，监管者不应该阻挠市场参与者及市场本身合法使用互联网。IOSCO, Report on Securities Activity on the Internet, September 1998, p. 3.

　　纸质时代和电子时代或者说信息时代的信息披露,从表面上看似乎仅仅是披露介质发生了变化,但是这种变化将是革命性的,这种介质的变化给信息披露监管提出了各种问题。网络允许公司以一种更快、更低成本的方式与股东和投资者进行交流。例如,公司能够在特定的网站上公开招股说明书,从而实现证券的网上直接发行。公司同样也可以通过网络给公司的股东传送财务报告和其他的持续公开的文件,例如可以通过电子邮件或者在网站上公布的方式。① 作为一种通信方式出现的网络给"纸质时代"的监管系统提出了诸如适应性和效率性的问题。②

　　(二)"监管类推"规则适用的实践

　　目前各种证券监管机构应对网络给信息披露所带来的影响时,采用了"监管类推"的方式,即要求通过网络进行信息披露发行人遵守现行证券信息披露规则。"监管类推"又称为"类推纸面",即监管当局为了应对电子技术对信息公开的影响,对其监管方式和策略所作的改良,但是其本质仍然是要求电子信息公开要满足纸质时代信息公开监管的哲学。例如,"发送"、"邮递"、"通知"、"提供"和"置备"文件给股东、投资者和券商。这种基于纸面文件的证券披露监管概念的界定以及构成,在网上证券信息披露时,证券监管机构仍然机械地照搬,仍然要求电子介质的信息披露文件要满足这些要求。但是,这些规定本质上就不是针对电子介质的通信方式设计的。尽管这些概念的定义本身是可以容纳网络时代或者说电子时代的信息披露的,但是普遍接受的证券立法对于证券的信息披露似乎更加侧重于纸质文件的交付等内容。基于对纸质时代的偏爱,监管机构正在试图寻求如何使网络的信息披露监管体系纳入到现存的证券法的概念中去。

　　美国 SEC 在其 1995 年的"电子信息交付规则"中认为,SEC 希望电子信息披露变得更加容易,同时也鼓励网上证券信息披露。1995 年的规则规定:

---

　　① 美国的历史经验表明,"通过公司网站提供的信息公开内容的项目各个公司是不同的,这种不同与公司的行业、公司的大小等因素有关"。Robert A. Prentice, Vernon J. Richardson, Susan Scholz, Corperate Website Disclosure And Rule 10b—5: An Empiracle Evaluation, American Business Law Journal, Summer, 1999, p. 539.

　　② D. A. Brown, Keeping up with a High-Speed Economy: How Regulators Must Adjust to the 21st Century, Canadian Institute Securities Superconference, 9 February 2000, 23 O. S. C. B. 901.

通过电子媒体进行的信息交付应该满足美国证券法所要求的传送义务。①
"通过电子传送信息的方式将会产生能够通过对纸面监管推定的程序进行核
查的问题。如果这种信息的传送范围与以纸面的方式进行信息传递的目标群
体相同,那么通过电子方式进行的信息传输应该满足联邦证券法对于信息传
送的要求。此外,纸质时代还有信息永久保存的要求"。② 但是对于美国
《1933 年证券法》、《1934 年证券交易法》和《1940 年投资公司法》对于信息披
露的特定要求,SEC 不希望其发生改变。基于 SEC 的这种做法,这些立法对
于证券市场主体的信息披露行为的监管仍然发生效力。

英国金融服务管理局和澳大利亚证券投资委员会同样采取了这种"监管
类推"的方式对电子信息公开进行监管。③ 英国金融服务管理局规定:1986
年的金融服务法仍然适用于网络,就像该法适用于其他的媒体诸如信件、传真
和电话是一样的。网络仅仅是多种通讯方式中的一种。④ 类似地,澳大利亚
证券投资委员会发布的政策中也强调:"法律中所有的规定都适用于电视说
明书。"⑤澳大利亚证券投资委员会的这种决定是建立在其认为纸质的公开文
件仍然是大部分投资者获取信息的最基本方式。加拿大证券管理局虽然没有
明确指出类推适用纸质的监管方法。但是,该监管机构也是在不改变实体法
的前提下,对市场主体使用网络进行监管的。⑥

IOSCO 在其 1998、2001、2003 年三个有关网上证券行为的报告中,一直
在强调:当我们讨论适合于互联网的证券监管框架时,必须首先明确:新法
规的制定不能违反制定证券法规的基本原则。证券法规的制定是为了达到

---

① SEC,Release Nos. 33 - 7233,34 - 36345,IC - 21399;File No. S7-31-95 Use of Electronic Media for Delivery Purposes 60 Fed. Reg. 53. 458,53. 460.

② SEC,Release Nos. 33 - 7233,34 - 36345,IC - 21399;File No. S7-31-95 Use of Electronic Media for Delivery Purposes 60 Fed. Reg. 53. 458,53. 460.

③ See Anita Indira Anand,Securities Law in the Internet Age:Is "Regulating by Analogy" the Right Approach? Queen's Law Journal,Fall,2001. pp. 137 - 138.

④ Financial Services Authority,The Perimeter and the Internet,available at http:// www. fsa. gov. uk/enforcement/lcibinternet. html.

⑤ Australian Securities Investment Commission Policy Statement 107,available at http:// www. cpd. com. au/asic/ps/ ps107. pdf.

⑥ Anita Indira Anand,Securities Law in the Internet Age:Is "Regulating by Analogy" the Right Approach? Queen's Law Journal,Fall,2001. pp. 137 - 138.

三个基本目标:(1)保护投资者;(2)保证证券市场公平、有效、透明;(3)减少系统风险。并且指出证券法规的基本原则不因传播媒体的变化而变化。①

(三)我国"监管类推"的实践

我国《证券法》以及中国证监会颁布的《上市公司信息披露管理办法》中对于信息披露的要求也是建立在纸质时代信息管理的基础之上,一个突出的表现是《上市公司信息披露管理办法》第六条。该条规定:"上市公司及其他信息披露义务人依法披露信息,应当将公告文稿和相关备查文件报送证券交易所登记,并在中国证券监督管理委员会(以下简称中国证监会)指定的媒体发布。信息披露义务人在公司网站及其他媒体发布信息的时间不得先于指定媒体,不得以新闻发布或者答记者问等任何形式代替应当履行的报告、公告义务,不得以定期报告形式代替应当履行的临时报告义务。"对于上市公司信息的网上披露,中国证监会仅仅将其列为一种补充的形式,不得早于指定的媒体,这里的媒体一般是指中国证监会指定的三大证券类报纸(《中国证券报》、《上海证券报》和《证券时报》)的纸质版。与其他国家相比,我国首先没有建立由证券监管机构负责的证券登记和检索电子系统,使得向中国证监会登记的文件,基本上仍然使用纸质的方式。对于其他国家网上证券信息披露的适应性规则更是没有确立,我国仅仅将网上证券信息的披露作为一种补充的方式。可以说我国信息披露的监管仍然处于网络信息披露的低级阶段,本质上仍然是纸质时代信息披露的监管哲学。

二、"监管类推"的反思——"监管类推"是一种最优的监管方式吗?

网络的广泛使用,给法律工作者提出了一个根本性的问题,那就是"对网络这种新的空间的监管,是否可以类推使用其他的空间如实体空间的监管规则,换句话说我们是否应当放弃类推而采用一种新的监管理念?"在证券法环

---

① IOSCO,Report on Securities Activity on the Internet,September 1998,p. 27;IOSCO,Report on Securities Activity on the Internet II,June 2001,p. 3;IOSCO,Report on Securities Activity on the Internet Ⅲ,October 2003,p. 3.

境下,这个问题转化为思考我们目前通过使用电话或者邮件通信的监管规则是否也应当适用于网上通信?①

(一)"监管类推"所面临的困难——以"超链接"为例

"监管类推"面临的一个最基本的困难是,网上证券信息披露的某些方面是很难类推纸质文件的要求的。一个非常明显的例子就是信息公开文件或者网站上的"超链接"问题。

为了回应信息披露文件中的"超链接"问题,美国 SEC 发展出了"信封理论"。该理论认为,在同一网站菜单上非常临近的各种文件,被视为一种交付。也即彼此相互超链接的文件被视为一起交付,如同在一个信封内。这些例子的前提已逐渐被称为"信封理论"②。但是"信封理论"对于以下的问题却没有办法回答:如果公布在某一网站上的说明书,是否该网站的所有内容都构成该说明书的一部分? 这种虚拟的信封到底有多大? 对于第三方网站上的信息插入进该说明书的内容是否也应当构成该信封的一部分? 本章第五节还将对此详细介绍。

SEC 已经意识到有关"超链接"问题的模糊性时,其在 2000 年发布了针对"超链接"进行澄清的解释和说明。在这个解释中,SEC 确立一组相应的要件来帮助判断发行人是否应当对"超链接"的信息承担责任。这些要件包括:发行人是否参加了信息的编写,是否明示或者默示批准了该信息;超链接信息布图设计;投资者混淆的可能性等。SEC 同样说明了在何种情况下超链接文件不会被看做招股说明书的部分。③ SEC 关于在信息披露文件中使用"超链接"的指令指明纸质时代监管规则的类推适用不能很好地处理超链接问题。由于纸质和电子介质的本质不同,对于纸质时代监管规则不能够有效地类推。在市场主体使用网络进行信息披露时,监管类推是一种短视的回应。不幸的是,这种基于纸质时代进行监管的规则体系,还将继续适用于电子时代。SEC

---

① L. Lessig, supra note 5 at 1743. See also T. Hardy, The Proper Legal Regime for Cyberspace, (1994)55 U. Pitt. L. Rev. 993, p. 995.

② [美]路易斯·罗思、乔尔·赛里格曼:《美国证券监管法基础(下)》,张路等译,法律出版社 2008 年版,第 108 页。

③ SEC Release Nos. 33－7856,34－42728,IC－24426;File No. S7-11-00 "Use of Electronic Media"(May 4,2000).

也认识到了这种方式的缺点,并且已经开始放松这种类推监管。SEC 规定,发行人向 SEC 登记的信息披露文件(例如招股说明书)中包含着图片、视频、音频或者其他的多媒体文件时,发行人必须对这些材料提供同等的和准确的描述性说明,如表格方式或者文本文件的方式。这些说明性文字或者在文本中该内容缺失的部分,或者以电子文档附件的方式提供。① 但是,SEC 同样规定,这些文件必须要用不同的方式提供,包括包含多媒体的方式和不包含多媒体的方式。不过唯一的要求是公开文件的每种方式必须包括证券监管所要求的必要信息。在纯文本格式中,发行人没有说明多媒体内容强制性要求,但是至少应该给投资者指出获取该文件其他格式的途径。

与美国 SEC 的做法相类似,澳大利亚证券投资委员会同样允许发行人披露包含多媒体内容的招股说明书。但是,这个公开文件必须要包含"与澳大利亚证券投资委员会所允许的其他不同的格式中的所包含的内容具有顺序上的相同性"。这些不同包括对某些特定表述的搜索功能;所提供信息的顺序的无形改变;帮助投资者迅速地发现在电子说明书中的信息,招股说明书中的超链接;放大或者缩小显示信息的缩放功能。② 澳大利亚证券投资委员会并没有像美国 SEC 允许使用多媒体格式走得那么远。然而,澳大利亚证券投资委员会并没有规定,照说明书中应当包括那些对于投资决定的作出具有显著意义的材料应该出现在文本文件中,因为音频和视频性质的文件将会产生其他的问题。

相较于澳大利亚证券投资委员会,加拿大证券管理局对于网上证券信息披露采取了更为严格的限制。例如,该局建议:强制信息公开文件不能够包含多媒体格式的内容,除非通过多媒体提供的内容能够以非电子格式同等地显现。③ 这种要求的潜台词就是如果某些投资者有能力接受到包含音频和视频文件的多

---

① Rule 304 of Regulation S-T, General Rules and Regulations for Electronic Filings. See SEC Release Nos. 33 – 7122,34 – 35113,35 – 26191,39 – 2326,IC – 20783;File No. S7 – 20 – 94 "Rule Making for EDGAR System"(January 30,1995).

② Australian Securities Investment Commission Policy Statement 107,(Issued on 18 September 1996 and updated on 10 February 2000),available at http://www.cpd.com.au/asic/ps/ps107.pdf.

③ 22 O.S.C.B.8156, available at http://www.osc.gov.on.ca/en/Regulation/Rulemaking/Policies/11201199912 15.htm; See Toronto Stock Exchange, Electronic Communications Disclosure Guidelines,March 25,1999,available at http://tsers.com.

媒体内容,而另外一些人没有这种接受能力,这将违反了信息公开的公平原则。

各国之所以会采用"监管类推"作为对网络信息披露监管的基础,其原因首先在于坚守证券信息披露的公平性原则,要为证券市场的投资者提供最基本的信息披露方式,使投资者通过最基本的方式就可以获取相应的证券市场的投资信息,避免使没有能力使用计算机和安装网络的投资者不能够获得同等程度的信息披露;其次在于监管当局对技术发展给证券信息披露所带来的影响还没有足够的认识,依然停留在证券监管法规制定初期的基础之上。

事实上,随着网络技术的普及和计算机技术发展所引起的成本的降低,世界各国具备上网条件的投资者越来越多,在年轻一代里,电脑及网络成了日常生活的一部分,这种客观形势的变化,无疑对于证券信息的披露方式将会带来重大的变化,网上证券信息披露的需求将会越来越大。同样,随着技术的发展,证券信息披露公平性的问题在网上证券信息披露监管中的考量将会越来越少,纸质时代的监管规则终将走入"坟墓",一个基于网络的证券信息披露监管基础的时代必将到来。各国的监管当局也应当随时注意技术发展对于证券信息披露的影响。IOSCO 在其 1998 年的报告中指出,在符合证券法规的原则下,监管者不应该阻挠市场参与者及市场本身合法使用互联网。互联网电子通讯技术为证券市场及其参与者带来了巨大的潜在利益。新技术使他们能够将信息更快、更廉价地传递给更多的人。同时,信息的电子化传播增加了投资者进入、研究、分析证券发行及其他金融服务的潜力,也使他们有可能接受和使用更多的金融产品。这会进一步增加证券市场的透明度和效率。由于这些潜在利益的存在,监管部门不应该设置监管障碍影响证券市场及参与者使用互联网。① 在起草互联网监管的有关文件时,监管机构应该认识到,互联网技术是在不断发展的,因此需要灵活的监管方法和要求。有些监管问题会随着技术的发展而自行解决。另一方面,新的监管问题也会随之产生。② 证券监管机构应该充分认识和估量科技的发展对于证券信息披露的影响,在此基础上,对网上证券信息披露的监管规则作出相应的调整,这种调整应该是基于网络这种介质本身,而不仅仅是对纸质信息披露方式监管规则的类推。

---

① IOSCO, Report on Securities Activity on the Internet, September 1998, p. 28.
② IOSCO, Report on Securities Activity on the Internet, September 1998, p. 29.

(二)对我国"监管类推"的反思

我国《证券法》和中国证监会在这个问题上的态度既落后于国外在该问题上的认识,也远远落后于实践的发展。

首先,我国《证券法》在信息披露问题上,仅在第70条规定了证券信息的披露方式,即依法必须披露的信息,应当在国务院证券监督管理机构指定的媒体发布,同时将其置备于公司住所、证券交易所,供社会公众查阅。而这种信息披露方式,完全建立在纸质方式的基础之上。对于技术发展所引起的证券网上信息公开只字未提。

其次,中国证监会制定的《上市公司信息披露管理办法》对于网络这种信息披露的方式也仅仅放到了补充的地位上,没有认识到网络技术的发展对于信息披露所带来的巨大影响。在《上市公司信息披露管理办法》中提到的指定媒体指的是中国证监会指定的报刊和网站。中国证监会指定的信息披露网站是巨潮资讯网(http://www.cninfo.com.cn/)以及上海证券交易所网站(www.sse.com.cn)。这两个网站发布的内容虽然不是纸质信息披露文件,但是披露的文件格式如采用的PDF格式,其中既没有如图片、视频、音频等多媒体内容,也没有超链接的内容,如果这些文件打印出来,与纸质文件无异。

再次,中国证监会发布的《公开发行证券的公司信息披露内容与格式准则第1号——招股说明书(2006年修订)》中提到:"在不影响信息披露的完整性和不致引起阅读不便的前提下,发行人可采用相互引征的方法,对各相关部分的内容进行适当的技术处理,以避免重复和保持文字简洁。"这种规定,一定程度上可以看做是为在招股说明书中"超链接"出现提供了可能性,但是对于音频、视频等其他的多媒体内容则没有提及。这说明我国证券机构在立法规定上,还基本建立在纸质时代的监管哲学之上。

最后,我国证券市场主体对于强制性的信息披露基本上采用了PDF的格式,也即纸质时代的披露方式,但是对于某些自愿性披露信息,例如公司前景以及业绩报告会等采用了多媒体的方式,可见在某些方面,证券市场主体已经充分认识到了证券信息的网络公开的重大优势。

三、采用一种新的方法:"以网络为导向"的监管

许多专家认为,网络目前的影响还仅仅是冰山一角。因此,监管者很难描

述在接下来的十年里网络将会发展到何种地步。然而,有一些技术的发展将会限制目前监管规则的作用。将来,当网络的接口像电话接口一样普遍的时候,拥有家庭电脑将不再是接入网络的必要条件。事实上,曾有知名网站预测到网络将成为家庭的必备功能,网络接口将会在家庭的任何一个角落出现。

网络对于证券信息披露的影响将出现在所有的信息披露场合,包括发行市场和证券交易市场。

(一)"以网络为导向"下证券发行市场的网上信息披露监管

在发行市场上的信息披露监管,首先要区分网络(Web)和纸质文件两个概念。网络版本(WEBVERSION)在上文中已经作了介绍。最根本的在于通过在 Web 发布的电子说明书能够利用多媒体的优势。电子文件可以是网络版本也可以是仅仅是纸质文件的电子格式,例如 PDF 格式、GIF 格式等。这种区分的重要性在于网络版本不能够很容易地通过电子邮件的方式交付,也不能够很容易地打印出来,但是网络版本可以包含视频、音频等不能够打印出来的文件,而且可以通过浏览器的方式获取和观看。

对于网络版本的招股说明书中是否允许视频、音频、动画等方式的多媒体信息披露格式,一直存有误区,即招股说明书中包含的内容必须通过普通的打印软件在一般的打印机上能够打印出来。实际上包含有各种多媒体材料的网络版本的信息应当被允许。在网络接口普遍发展之前,类推监管的规则应该被看做是一种过渡性的监管规则。如果一个文件包含着图片、音频和视频材料,发行人在可以打印出来的披露方式中对该内容提供一种同等的、准确的说明性文字、表格或者文本式的图像即可。

为了能够促进信息披露实践对于网络文件的使用,监管者可以考虑开发或推荐某些特定的网络招股说明书的模板。一旦发行人使用了这种网络招股说明书,监管当局就要考虑对该网络招股说明书中的内容是否应当进行监管。监管机构应当对特别是建立网络格式的招股说明书公开内容的类型以及这种类型进行公开的方式进行监管,否则投资者对于不同发行人的网络招股说明书的内容不能够很快地获取和检阅,因为这种能力取决于网络招股说明书格式的统一程度和逻辑顺序。虽然网站上的搜索引擎可以帮助投资者迅速定位到感兴趣的内容,但是这种工具始终不如网络证券说明书内容格式的统一性和逻辑性来得快些。

网络形式的招股说明书可以在适当的地方嵌入视频和音频文件。例如在题头"公司简介"中可以插入一幅 CEO 的图片,投资人点击该图片则会听到有关公司的介绍。此外,发行人应该注意到使用流媒体技术、3D 图片、自动弹出窗口、聊天室、链接、触摸屏和电脑自动发音技术的限制。另外,发行人还应该注意在何种程度上可以使用超链接信息的问题。

(二)"以网络为导向"下证券交易市场的网上信息披露监管

网络可以使发行人瞬时向投资者公开大量的信息。网络的这种功能是值得肯定的,但是这种功能的缺陷在于信息本身可能包含着不准确或者误导性的陈述内容。网上的持续性信息公开文件也应当能够使用多媒体材料。尽管在持续性信息公开中有可能会存在潜在的误导或者不准确的信息披露,但是对于证券的投资人、与公司有关的其他人和公司的合作伙伴来讲,这种多媒体的材料能够强化他们对公司公开信息的理解。例如,公司的股东可以通过嵌入的视频文件了解到对公司要约或者合并的在线公告的解释性内容。同样地,目标公司的股东可以通过嵌入视频文件来了解收购方的运作和目标公司如何能够被收购。换句话说,多媒体材料有能力帮助投资者来更好地理解其投资的性质和他们所投资的公司的行为。

要说明的是,如果监管机构允许发行人使用多媒体材料,那么监管机构就必须确保发行人能够承担在这些文件中不实陈述的责任。除非在监管规则中确立了这种责任,否则为了保护投资者,不能够放松对这种信息公开方式的使用。

此外,需要注意的是传统的证券监管的原则仍然需要坚持。因为这些原则能够确保证券市场的投资者在作出投资决定时,以近似相同的时间公平地获取到所需要的信息。这种信息公开方式强化了资本市场的统一性和加强了公众对这些市场的信心。

第三节　网上证券信息披露原则的变化与调适

一、国际证券委员会组织(IOSCO)对网上证券信息披露原则的提示和说明

国际证券委员会组织(The International Organization of Securities

Commissions,IOSCO)针对网上的证券行为发布了三个报告,其中对于网上证券行为的监管原则作了提示和说明。

(一)IOSCO 有关证券网上行为的第一次报告

IOSCO 在 1998 年发布了有关网上证券行为的第一次报告,在这个报告中,IOSCO 确认了网络时代证券监管的一般原则,当我们讨论适合于互联网的证券监管框架时,必须首先明确:新法规的制定不能违反制定证券法规的基本原则。证券法规的制定是为了达到三个基本目标:(1)保护投资者。(2)证券市场公平、有效、透明。(3)减少系统风险。基于以上目标,监管机构在制定对互联网上证券活动的监管法规时,应考虑遵循下列原则:(1)证券法规的基本原则不因传播媒体的变化而变化。(2)在符合证券法规的原则下,监管者不应该阻挠市场参与者及市场本身合法使用互联网。(3)监管者应该努力保持互联网环境下监管法规的一致性,促进证券市场透明度的增加。(4)各国和各地区的监管机构应密切合作、共享信息,以监督发生在互联网上的证券活动。(5)监管者应该认识到电子媒体及其使用是在不断发展的。[1]

基于以上的目标和原则,IOSCO 对网络时代的信息披露也提出了建议性的原则要求:首先,对于通过网络进行的发行广告例如招股说明书、电子路演等,其认为,现有的反欺诈条款应适用于所有证券和金融服务业的发行和广告,无论这种发行和广告所采用的媒体如何,也不管监管机构或自律性组织是否参与并批准这项发行和广告。监管机构和自律性组织应该加强对互联网上的证券发行及广告进行监督,及时发现互联网上的非法活动和欺诈活动。[2]其次,对于通过网络进行的信息披露和其他文件的传递,其认为监管机构应确保互联网上的证券发行者通过互联网提供的发行材料信息与传统的、以书面形式提供的相同,以便于投资者进行风险分析及投资价值的评价。监管机构应该为金融服务业提供指导,告诉他们应该怎样使用互联网进行信息披露材料的发送才能满足法规的要求。[3] 最后,对于网上证券披露信息的保存,IOSCO 认为对金融服务提供者数据资料记录保存的要求同样适用于网上交

---

[1] IOSCO,Report on Securities Activity on the Internet,September 1998,pp. 27 - 29.

[2] IOSCO,Report on Securities Activity on the Internet,September 1998,p. 30.

[3] IOSCO,Report on Securities Activity on the Internet,September 1998,p. 30.

易。不管使用的技术如何,监管机构要求金融服务提供者满足信息保存的标准和要求,这包括需要创造和维护一定的记录,这些记录必须是持久的、不可更改的,并允许监管机构查询。记录的保存政策和要求应强调证券活动中电子邮件的保存问题,因为投资者和金融服务提供者的很多信息来往是通过电子邮件进行的。①

综观以上 IOSCO 有关网上证券行为第一次报告,其对于网上证券行为提出监管的原则性要求,对于网络给证券市场造成的影响进行了估量,为各国网上证券行为的监管提供了基础。在 IOSCO 颁布该报告之后,IOSCO 的成员国对照该报告对其国内的网上证券行为监管规则作了调整。

(二)IOSCO 有关证券网上行为的第二次报告

IOSCO 的第一次报告报告也存在着一定局限性,首先,报告出台的时间在 2000 年以前,网上证券行为的实践是不断发展的,对于在实践中出现的问题,报告未能完全解决。其次,报告由于是 IOSCO 第一次就网上证券行为发布的指南,虽然比较详细,但是对于某些具体的问题的解决尚不尽如人意,例如对于网上证券披露中的超链接问题等。

为了充分反映网络技术发展对证券行为的影响,IOSCO 在 2001 年就网上证券行为发布了第二份报告。在这份报告中,IOSCO 回顾了该组织第一次发布报告以来的网上证券行为的发展,并就网上证券行为监管的某些具体事项进行了讨论,其中涉及到网上证券信息披露的部分,主要是就超链接问题和网络讨论站点(Internet Discussion Sites,IDS)提出了监管的规则和建议性的要求。该报告坚持了第一次报告中提出的有关网上证券行为监管的原则性要求,但是对于网络证券行为实践的发展,提供了针对性方案。例如对于网上证券信息披露的超链接问题,IOSCO 认为,在某些情况下,监管者在确认发行人或者证券中介机构是否"备有"、"批准"或者"采用"了超链接信息时,要考虑以下的因素:(1)超链接的内容——市场主体对于超链接的说明,例如是否其中包含了关于超链接问题的免责性声明等。(2)有关浏览者将离开市场主体网站的明显的提示。(3)嵌入技术。(4)市场主体是否已经对第三方就其所公布的信息作了支付或者补偿。(5)是否第三方向市场主体作了支付或者补

---

① IOSCO,Report on Securities Activity on the Internet,September 1998,p. 31.

偿。(6)市场主体向证券监管机构报送的文件或者向投资者公开的文件中是否嵌入了超链接。(7)市场主体是否对投资者指明该链接作了努力。① 对于网络讨论站点中的信息披露,IOSCO 也提出了监管建议,具体内容将在下文关于网络站点的讨论中介绍。

(三)IOSCO 有关证券网上行为的第三次报告

IOSCO 在 2003 年就网上证券行为发布了第三次报告,这次报告中对网上证券行为的发展作出了总结,就网络证券行为的风险作出了提示,此外,该报告还就网上证券行为的跨国监管、投资者教育和网上执法等问题提出了建议性的要求。

其中对于网上证券的信息披露,散见于该报告的各个部分中。随着网络技术的发展,网上证券信息披露的方式更加多样,披露的安全性问题将随着技术的发展逐渐解决。除了技术上的风险外,在信息披露层面上,出现最多的就是网上证券披露的欺诈问题。在跨国界的网上证券行为的监管层面上,如何更好地实现网上证券信息披露的透明性和清晰性,直接影响到各国证券监管当局的协调与合作。对于网上证券行为的执法问题,IOSCO 建议:首先,在数据保存上,特别是对于向网络服务提供商订购的信息以及通信的数据至少应该保存 90 天以上;其次,重申了 2001 年报告中,监管当局要采取更为宽泛的手段改进获取网络服务提供商信息的方法;最后,IOSCO 的成员国的证券监管当局应该在技术层面上对其人员进行培训,以便于调查和起诉通过网络进行的证券欺诈行为。②

(四)小结

综观 IOSCO 对于网上证券信息披露的建议和要求,其基本的出发点是保持这种信息披露监管的原则不变,但是对于网络给信息披露所带来的新的问题,通过发布具体要求的方式予以解决,例如对于超链接问题、在证券发行要约阶段的网站保存问题、网络讨论站点问题、网上的证券欺诈问题、跨国界的网上证券信息披露监管问题等。

IOSCO 各成员国在每次 IOSCO 公告发布后,都会及时地将 IOSCO 的建议

---

① IOSCO,Report On Securities Activity on the Internet II,June 2001,p. 22.
② IOSCO,Report On Securities Activity On The Internet III,October 2003.

反映其本国的证券监管中去,推进了成员国证券监管当局对于网上证券交易以及网上证券信息披露的监管的发展。这种变化,既体现了传统证券交易条件下,对证券信息披露的原则性要求——真实、准确、完整、及时,也发展了网络条件下证券信息披露的监管原则。

二、网上证券信息披露基本原则的反思与重述

确立信息公开基本原则的基础有三:一是基于投资者保护的客观需要,二是便于证券市场主体进行具体的信息披露以及便于证券监管机构确认市场主体是否遵守了证券法所规定的信息披露的强制性要求,三是基于披露技术和证券市场披露实践的需要。美国证券法虽然没有明确指出信息公开的要求,但是在 SEC 的指令性规则中,对于证券信息公开的上述要求,实际上也有所体现,如对于准确性的要求,就通过 1998 年的 Rule421 作了说明。[1] 我国台湾学者也认为证券信息公开应该具备一些基本的条件,例如确保所公开内容之正确性、最新性和易用性。[2] 我国证券法确立了信息披露的基本要求,那就是真实、准确、完整[3]和及时[4]。我国证券法学界将证券法所确立的信息披露要求理解为我国证券信息公开的基本原则[5]。以真实性、准确性、完整性和及时性为特征的信息披露原则适应纸质时代信息披露的特点以及证券市场对投资者保护的要求。但随着网络技术的发展,信息披露的方式发生了深刻变化,以纸质时代所确立的信息披露的原则是否适应电子时代对投资者保护的要求,值得我们反思和重述。

(一)真实性原则的调适

真实性是指公司所披露的信息资料必须真实可靠、符合客观实际、能够反映客观情况,无任何虚假成分。真实性的原则应该适用于公司公开的全部信

---

①　参见赖英照:《股市游戏规则——最新证券交易法解析》,(中国台湾)元照出版有限公司 2006 年版,第 45 页。

②　参见赖源河:《证券法规》,(中国台湾)元照出版有限公司 2007 年版,第 60～62 页。

③　《中华人民共和国证券法》第 63 条。

④　《中华人民共和国证券法》第 67 条。

⑤　例如陈甦认为,我国证券信息公开的基本原则是真实、充分、准确和及时。参见陈甦主编:《证券法专题研究》,高等教育出版社 2005 年版,第 119～126 页。

息,包括描述性信息、评价性信息和预测性信息。真实性原则是一种法律真实,对不同种类的信息,证券法所确立的真实性的判断标准是不同的。

描述性信息,反映的是上市公司经营活动中的既存事实,应以客观事实为依据,检验其真实性。确立其是否具备真实性,取决于固定公开信息和既存事实之间的对比。在纸质时代,由于纸面文件对于披露信息的固定性,对于这种真实性的判断是比较容易了,但是在电子时代,由于网络对其披露信息的易篡改性,这种对于信息真实性的判断就不是那么容易的,必须要对纸质时代所确立的规则进行修改,至少应该对网络时代的披露信息的更改作出限制,否则既不能实现对投资者的保护,也不利于证券监管主体对市场主体是否遵守了证券法的规定作出判断。但是这种限制又需要一定的灵活性,否则网络技术的功能就不能够充分发挥。从国外的经验来看,网上证券信息披露途径主要包括向证券监管机构的电子数据搜集和检索系统进行登记,通过电子方式向投资者传递、在发行人及证券中介机构的网站上公开这些信息。而就其他的方式来说,发行人虽然也基于证券法的要求提供真实的信息,但是其违法的冲动会更大一些。因此,在判断描述性信息的真实性问题时,要注意选择文本。此外,通过 Web 的方式公开的信息,其中可能加入了音频、视频以及 Flash 等多媒体方式,这种公开的方式对于在判断描述性信息真实性时,又增加了困难。因为在纸质时代,对描述性信息真实性进行判断时,主要还是对文字意义的理解,而多媒体格式的使用,将使得这种文字判断规则面临困难。

评价性信息,反映的是已公开信息中的事实与其他事实之间的联系性,是对既存事实的性质、结果或影响的分析和价值判断。评价性信息是一种逻辑真实,在检验评价性信息的真实性时,应在确定描述性信息所反映的既存事实具有真实性的基础上,对评价依据的真实性和评价方法的合理性进行判断。网络技术的发展,使得信息公开的义务主体在作出信息披露时,将会使用新的评价依据和评价方法,并且通过诸如多媒体的方式体现出来,例如 Flash 的方式,以公司 CEO 发布讲话等方式嵌入信息披露中去,这些方式行走在了传统的评价性信息真实性判断的边缘,与纸质时代评价性信息真实性的判断标准不同,给证券信息披露的真实性要求提出了挑战。

　　预测性信息,是对上市公司未来的经营状况(主要是盈利状况)所作的预测,反映的是上市公司经营状况中的既存事实与将来事实之间的联系性。对于预测性信息来说,除了证券法强制要求的披露信息真实性的判断以外,主要是对非强制要求的预测性信息,即软信息真实性的判断问题。最典型的例子是有关讨论站点对公司预测性信息的披露,例如论坛、聊天室等,这种真实性判定将决定着这种披露是否构成虚假陈述或者是否构成内幕交易等证券市场的违法行为。

总体来说,真实性原则的本质在于"有效市场理论"中证券市场价格与证券价格之间关系的原理,当投资者把市场信息作为准备进行证券投资的判断依据时,必然要求证券发行人所公开的信息能够反映其真实状况。这种理论,在网上证券信息披露的时代依然适用,这样才能够充分保护投资者,但是基于网络技术的发展对信息披露的影响,证券市场主体和证券市场监管者在判断真实性的具体标准时需要作出调适。只有这样,才能够实现既保护了投资者的利益,也适应了网上信息披露的新要求。

(二)完整性原则的拓展

完整性是指公司对所有可能影响投资者作出投资决定的信息都必须披露,不得故意隐瞒或有重大遗漏。完整性原则要求所有可能影响投资者决策的信息均应得到披露;在披露某一具体信息时,必须对该信息的所有方面进行周密、全面、充分地揭示:不仅要披露对公司股价有利的信息,更要披露对公司股价不利的、诸种潜在的或现实的风险因素等信息,不能有所遗漏。

纸质时代,投资者获取信息的主要方式是证券发行人根据证券法的要求所做的信息披露的内容,以及投资者在证券监管机构和证券中介机构所获取的信息。这些信息基本上是从公开渠道获取的,并且基本上属于历史信息。因此,发行人只要在公开的渠道公布了所谓"重要的"的历史信息,其信息公开的完整性义务要求就实现了。

网络时代,投资者通过万维网获取的与发行人有关的信息包括:公司主页,其内容有真实的产品信息、营销文件、金融信息、新闻通讯以及链接到外部的、第三方网站的内容;可以获取的第三方网站,获取的方式包括通过超级链接或者直接在第三方网站上,其内容包括特定的公司新闻、一般相关的商业和行业新闻、股票价格、金融信息、分析预测与报告、证监会的文件、监管派出机构和自律监管组织的信息以及有大量匿名的市场参与者发布消息的极为活跃的 BBS 和聊天室。投资者通过网络获得发行人的这些信息包括公开信息和隐蔽信息，历史信息和即时信息。根据"有效市场"理论，证券市场的价格中已经蕴含着历史信息和公开信息的内容，投资者想要通过对历史信息和公开信息的判断，获取利益是不太容易的，当然，"有效市场"理论也是有缺陷的。因此，证券市场的主体都在试图寻求有关发行人的隐蔽消息，以获取非法的证券投资利益。

网上证券信息的披露给证券公开的完整性原则提出了挑战。通过第三方网站获取的证券发行人的信息是否构成对信息的完整性要求的侵犯，如何来判断证券发行人在这种情形下的责任问题，值得反思。① 事实上，对于网上证券信息披露，虽然投资者获取信息的来源更为丰富，投资者作出投资判断时的信息更为充分，但是从披露义务主体角度来看，还是需要提供影响证券市场价格的"重大消息"，这种消息的判断，如果不是基于保护商业秘密的需要，应该体现为公司所知的一切有关公司股票价格的消息，此外，提供的消息要包括历史消息和即时消息。随着网络传输信息速度的大大提高，在纸质时代认为是即时消息的，也许在信息时代则早已成为历史。为了防止其他的市场参与者通过网络给投资者提供虚假的或者迷惑性消息，证券监管机构应该充分确认网络在传递消息层面上的意义，对于历史消息和即时消息所组成的完整消息都要求披露义务主体及时地进行信息披露。

（三）准确性原则的细化

准确性是指公司所披露的财务资料和数据必须准确无误，其计算公式、依据应统一，不得随意改动；在内容的表述上应通俗易懂，不得故弄玄虚或词句晦涩或词义不详，以免引起歧义。

美国 SEC 为了解决招股说明书在内容上复杂、冗长和拖沓的问题，曾专门发布规则要求证券发行人在编制招股说明书时要使用简明、准确的简易英语，以避免上述痼疾的发生。SEC 在 1998 年修订"421"规则，要求发行人使用浅显易懂、含义明确的表达方式，并鼓励以简明的图表或者照片代替冗长的文字说明；内容复杂的招股说明书，要附上内容摘要，在文字方面要遵守以下

---

① Robert Norman Sobol, The Benefit of The Internet: The World Wide Web And The Securities
Law, Doctrine of Truth-on-the-market, Journal of Corporation Law, Fall 1999.

的规则：（1）使用简单的句子，明确、具体的日常用语以及正面、主动的语法。（2）复杂的句子应该尽可能以表格说明。（3）避免使用难以理解的法律、商业术语或者多重否定句。①

信息披露的准确性，有利于投资者充分地理解和利用公开信息，也便于证券市场主体编制信息公开文件以及证券市场监管机构对证券市场信息披露的监管，因此，无论是在纸质时代还是在电子时代，都应该坚持。

网络技术的发展，使得证券信息披露的方式不再局限于文字，图片、视频、音频、动漫等多媒体方式，都可以嵌入披露文件中，作为对文字信息的补充，有时也可能会完全代替文字的表达。在上文已经提到"监管类推"的证券信息披露监管哲学下，各国的证券监管机构对多媒体方式嵌入信息披露文件中，所持的态度虽然不很相同，但是基本上不鼓励。事实上，多媒体方式对于实现证券信息披露的准确性具有重要的意义。因此，以网络为导向的信息披露监管理念应该鼓励这种多媒体方式在信息公开中的应用。但是也要注意到这种方式也有可能会造成新的不准确，例如在视频、音频文件中的信息是用口语的方式表达出来的，由于口语比之书面语言更具模糊性，因此很有可能会给证券信息网上披露带来新的不准确性。此外，为了保证证券信息披露的公平性，在网络的普及率未达到全面化的时代，在提供含有多媒体内容的公开文件时，应该提供同等的纸质文件，在镶嵌有多媒体位置要提供说明性的文字，这种转化本质上也有可能造成证券信息披露的模糊性，给网上证券信息披露准确性带来新的问题。这就要求监管机构在充分认识到网络技术对证券信息披露的影响的条件下，积极寻求对证券信息披露准确性的判断标准，细化网络时代各种披露方式准确性的要求，例如对文字形式、视频、音频以及动漫等各种方式准确性的认定。

（四）及时性原则的发展

及时性原则，是指公司必须在合理的时间内尽可能迅速地公开其应公开的信息，不得有迟延。信息披露及时性的原则主要指向的是持续性信息公开。信息披露的及时性，不仅可保证投资者投资依据的相关性，还可以最大程度地

---

① Louis Loss, Joel Seligman, Fundamentals of Securities Regulation, 5th ed. , Aspen publishers, 2004, p. 185.

缩小内幕人员利用内幕信息进行内幕交易的时间差。

在纸质时代生产经营的连续性与信息披露的间断性是信息披露制度的固有矛盾。公司的经营活动是持续进行的,处于不断的变动状态之中。只要经营状况正常,其信息的生产就必然是连续的、不间断的。但由于受到技术手段和信息生产成本、传递成本的严格限制,信息披露只能是间断的。生产经营的连续性和信息披露的间断性之间的矛盾,使信息披露的及时性受到了严重的挑战,其结果是:一方面,当投资者得到信息时,许多信息已是"遥远的历史"而失去了相关性,该信息反映的经营状况对证券市场价格的影响作用已被新的尚未公开的经营状况所抵消,或者早已被变动的证券市场所吸收,以致不能起到价格信号的作用;另一方面,那些占据信息优势的内幕人员可利用信息披露的时间间隔进行内幕交易,导致了投资者之间的非公平竞争,使证券市场的有效性大打折扣。

网络技术的发展,使得信息披露可以通过网络实时地向证券投资者进行公开,能够将重大事件的发生和信息的公开之间的间隔做到最短,防止了因为不能够及时公开相关信息而导致的内幕交易等问题的出现。因此有人认为在网络时代,信息披露能够实时地向投资者公开,将会最大限度地保护投资者。因此美国 SEC 基于网络的发展和实践,从开始就通过发布指导性、解释性规则的方式促进实时信息的公开,两个最突出的法规就是 regulation FD 和萨班斯—奥克斯利法案的公布。① 因此,有人认为,应该建立一个实时信息披露系统。但也有批评者认为实时信息披露系统,同样也会带来相应的问题,例如有关公司诉讼的实时公开和重大事件的过早公开将造成证券市场的巨大波动,随之而来的将是跟信息公开有关的更多的诉讼;实时的信息公开将会要求发行人对其信息进行随时的更新和更正,这种责任将会增加发行人的成本,这些成本最终将会由股东负担,而这与实时信息公开的目的——保护投资人相背离;发行人的信息技术部门目前的技术和能力尚不能实现实时信息公开;无形资产在公司中的重大性使得无论是历史信息公开还是实时信息公开系统都不能够弥补公司资产在账面价值和市场价值之间的鸿沟;实时信息公开将会增

---

① Aaron J. VanGetson, Real-Time Disclosure of Securities Information via the Internet: Real-Time or Not Right Now? University of Illinois Journal of Law, Technology and Policy, Fall 2003.

加证券市场的欺诈。①

实际上,通过网络进行实时信息披露系统有利于证券市场的发展,也有利于对投资者的保护。大量技术的发展将会为投资者提供可信赖的、及时的、重大的信息。网络技术的发展为实时信息公开系统提供了坚实的物质基础,流媒体技术使实时信息公开系统可以转录和直播各种公司信息,可扩展商业报告语言(Extensible Business Reporting Language,简称为 XBRL)作为一种商业报告语言将会使经审计的金融信息的全球性实时公开成为现实;公司商业情报软件使得公司可以瞬间搜寻自己的相关信息,并进行组织、分析然后通过实时信息公开系统向投资者进行公开。此外,实时的信息公开系统将会改善信息的质量,降低证券欺诈和金融危机发生的可能性。定期的信息公开已经不能够给投资者提供相关、可靠和及时的信息了。证券市场要求投资者至少经过一个季度的时间才能够了解公司的新闻是证券市场功能的一种悲哀。② 通过强化信息披露来实现的证券市场的民主化能够转为对公众公司的更大透明度的要求。事实上,实时信息公开系统已经出现在美国三大证券交易所的上市要求中了。纽约证券交易所、美国证券交易所和 NASDAQ 都要求上市公司能够尽快地公开公司发生的将会影响证券市场价格重大的信息。这种要求将成为公司上市合同的最重要和最基本的合同条款。③

总之,网络技术的发展,为证券信息的及时披露提供了条件,及时性的信息公开要求,对于网上证券信息披露更有意义。

(五)公平性原则的确立

公平披露原则要求上市公司向市场所有投资者或相关人士平等地公开重要的信息,所有投资者和公众均可在同一时间、通过同样的渠道公平地获得上市公司公布的所有信息。公平性信息披露原则是与选择性信息披露相对应的。选择性披露是指将重大的未公开信息仅仅向部分人员或机构(如

---

① Aaron J. VanGetson, Real-Time Disclosure of Securities Information via the Internet: Real-Time or Not Right Now? University of Illinois Journal of Law, Technology and Policy, Fall 2003.

② David B. Harms & Justin Smith, Lawmakers and Regulators Respond to the Enron Collapse: We Need New Rules, 1321 PLI/Corp 39,68 (Apr. 2002), pp. 64 – 65.

③ Aaron J. Van Getson, Real-time Disclosure Of Securities Information Via The Internet: Real-time Or Not Right Now? University of Illinois Journal of Law, Technology and Policy, Fall 2003.

证券分析师、机构投资者等)披露,而不是向市场上所有的投资者披露。选择性披露将直接造成信息获得的不平等,直接或间接地便利了各种内幕交易行为。

公平性信息披露规则来源于美国 SEC 针对选择性披露颁布的规则。2000 年 8 月 18 日,SEC 颁布《公平披露规则》(*Regulation Fair Disclosure*),并从 2000 年 10 月 23 日起正式实施。《公平披露规则》的重点在于禁止公司或其他代表者在对投资者发布重要信息前,先行向证券从业人员(证券分析师、机构投资者与经纪商等)披露重要的非公开信息。[①] 披露的时间取决于这种有选择性的信息披露是否是故意的行为。如果是故意的,则必须同时将这条信息向公众披露;如属于无意中泄露的,也应该迅速向公众披露。《公平披露规则》并没有明确排除向媒体公开将会认为是选择性信息披露。发行人向公众公开责任的方式只要是能够合理地推断为是一种广泛的、非排他性的公开方式就可以。这种方式可以是通过向 SEC 递交 8—K 说明书。但是这个规则也明确其他的公开方式也是可以接受的。唯一的要求就是这种替代性的方式必须从发行人的特定环境能够合理地推断为广泛而有效的公众公开。此外,公司也不能够背离其通常的公开方式,那就意味着公司通常的公开方式必须要同时使用。为了确保规则的弹性,SEC 在规则中没有明确可供替代的公开方式。因此,网络可以成为一种有效的信息公开的方式。但是发行人不能够仅仅将在其网站上公布信息作为唯一信息公开的方式来满足该规则的规定。网络必须要与其他的方式共同使用。其他方式包含受众面广的新闻稿,在有公众参加的新闻发布会上的声明,有兴趣的公众可以参加的电话会议等。公众参加新闻发布会或者电话会议的方式可以是直接参加,也可以是通过电话的方式,还可以是诸如网络之类的其他方式。如果采用新闻发布会或者电话会议的方式,公众必须提前接到通知,并且有足够的时间进行准备。[②]

---

① Selective Disclosure and Insider Trading, Exchange Act Release No. 43154, 65 FED. REG. 51.716.

② Joseph J. Norton, Hansjärg J. O. Heppe, U. S. Securities Regulation And The Use Of The Use Of The Internet In Registered Offering, Law and Business Review of the Americas, Winter/Spring, 2002, p. 107.

IOSCO 在《上市机构持续披露和重大事项报告原则》中指出,信息披露义务人向公众披露之前,不应将信息向特定投资者或关联方透露。但在某些特殊情况下,可以将相关信息披露给咨询公司、评级机构,或在日常业务运作中将相关信息披露给谈判方、投资方等等。在上述情况下,信息接受者有保守秘密的义务。该要求是信息披露公平性的要求。

我国证券法并没有确定证券信息披露的公平性要求,但是其在《上市公司信息披露管理办法》中有所体现。① 随着我国股权分置改革的顺利完成,证券市场逐渐进入全流通时代,部分上市公司通过选择性信息披露吸引机构投资者购买其证券,而不是公平地向市场所有投资者披露,以至于造成大量的小道消息和内幕信息广泛传播。这使得市场的大部分投资者与少数知情投资者站在了不同的起跑线上,加剧了投资者之间的信息不对称,而信息的不对称性严重损害了证券市场的公平性,不利于中小投资者权益保护。不可否认的是,在当前我国证券市场上,一方面,随着价值投资理念的盛行,卖方分析师的重要性不断提高,研究业务正逐渐与国际接轨,其研究报告的价值也正日益得到市场的认同;另一方面,由于当前我国证券市场上诚信理念普遍缺失,发行人和分析师对公平信息披露的意识不强,加之选择性信息披露本身具有的隐秘性,使得上市公司经常会将一些重大未公开的信息私下里向部分分析师透露,这些信息经由各种媒介传播直接影响到投资者的投资决策,甚至引起股价异常波动。由于选择性信息披露的存在,使得市场上重大而非公开信息成为一种有价值的互换商品,成为维系上市公司管理者与个别分析师利益的桥梁。这种关系显然损害了信息披露的公平性原则,又影响了分析师判断的客观性与独立性。② 我国证券市场上违反公平披露规则的案例已经出现了很多。

网络技术的发展,一方面为证券市场主体进行选择性披露提供了新的通讯方式,通过网络便捷的信息传递功能,发行人可以迅速而不留痕迹地将某些

---

① 例如《上市公司信息披露管理办法》第 7 条、第 41 条等。

② 参见上海证券交易所研究中心:《中国公司治理报告(2008)上市公司透明度与信息披露》,http://www.sse.com.cn/sseportal/webapp/datapresent/SSEDisquisitionAndPublicationAct? RE-PORTTYPE=特别报告。

内幕信息传送给某些市场主体。另一方面"公平信息披露原则"要求发行人进行信息披露的时间更短,次数更多。通过互联网技术的支持实现了制度上的创新,用以提高市场的有效性。因此,在电子时代,信息披露的公平原则应该确立,并通过网上证券信息披露的方式充分实现对投资者利益的保护。

网上证券信息披露表面上看虽然仅仅是披露方式的不同,但这种披露方式的变化会给证券披露监管带来深刻的影响,信息披露的真实、完整、准确、及时原则都会有所发展,此外,信息披露公平原则的确立对于网上证券信息披露也具有非常重要的意义。

证券信息的网上披露,给信息披露的监管基础以及信息披露的原则都带来深刻的变化,也必然促进证券市场信息披露监管方式的变化。

第四节　网上证券信息披露监管方式

一、传统证券信息披露监管方式的困难

网络技术的发展给证券信息披露带来了重大的影响,这种影响不仅仅局限于信息披露本身,对于证券监管机构的监管方式也产生了重大的影响。

证券监管机构无论对于发行信息披露还是持续信息披露都要求披露义务主体将相关文件,例如招股说明书、上市公告书、定期报告、临时性报告等文件报送证券监管机构。证券市场发展的初期,由于证券市场的发行人及其他披露义务主体数量比较少,证券市场信息披露所需的文件也不是很多,以纸面的方式向证券监管机构报送相关文件,证券监管机构尚且可以处理。但是随着证券市场的发展,证券市场主体在增加,证券监管中所需要披露的文件也在增加,再以纸质的方式向证券监管机构报送文件,证券监管机构将很难实现对证券市场主体的监管。以我国证券交易所为例,证券交易所的监管职权主要体现在上市公司信息持续披露部分,即对上市公司提供信息的载体——定期报告和临时报告进行审查。由于交易所的人力、物力有限,难以实现认真审核众多上市公司上报的信息披露材料的目标。通过比较交易所对上市公司的公开谴责的时间和谴责的内容,我们发现交易所能够及时对上市公司未能在规定时间内提交定期报告进行公开谴责,但它却不能及时发现并谴责其他不规范

的财务信息行为。这就造成了事实上的审查不严,不能及时发现问题。①

随着网络技术的发展,给这个问题带来了转机。其中以美国的 DEGAR 最具代表性。

二、网上证券信息披露监管方式的调整——以美国的电子信息搜集、分析和检索系统为例

（一）EDGAR 历史及其发展

EDGAR(Electronic Data Gathering, Analysis, and Retrieval system) 全称是电子数据搜集、分析和检索系统,其功能是自动搜集、批准、索引、接受和传送公司和其他市场主体依照法律向 SEC 递交的文件系统②。

1984 年 9 月 24 日上午,SEC 主席约翰·夏德(John Shad)将一个八英寸的"软盘"插入计算机终端,将 85 页的公司数据传输到机构的公共文件夹——这一事件成为证券信息披露体制中"通过哈哈镜走向未来奇境的一步"。利用这一姿态,SEC 通过 EDGAR 系统开创了电子申报的全新世界。③

EDGAR 代表着 SEC 为改进处理和报备数量极为庞大的文件所作的努力。④ SEC 早期总结 EDGAR 具有三大目的:第一,其将向投资者、证券分析师和公众提供及时访问公司披露文件的机会,以便在更知情的情况下作出投资决定。第二,公司将能够总体使用现有的设备以电子方式进行所需要的申报。第三,证券交易委员会的工作人员能够在计算机工作站更有效地处理和分析申报材料。⑤

1992 年 SEC 通过对临时 EDGAR 规则和表格的修正案,以便促进 1992 年夏

---

① 参见上海证券交易所研究中心:《中国公司治理报告(2008)上市公司透明度与信息披露》,http://www.sse.com.cn/sseportal/webapp/datapresent/SSEDisquisitionAndPublicationAct? RE-PORTTYPE＝特别报告。

② http://www.sec.gov/edgar/aboutedgar.htm.

③ Louis Loss,Joel Seligman,Fundamentals of Securities Regulation,5th ed.,Aspen publishers,2004,p.185.

④ 参见[美]路易斯·罗思、乔尔·赛里格曼:《美国证券监管法基础(上)》,张路等译,法律出版社 2008 年版,第 126 页。

⑤ 参见[美]路易斯·罗思、乔尔·赛里格曼:《美国证券监管法基础(上)》,张路等译,法律出版社 2008 年版,第 126 页。

天在法定过渡日之前选择转换到系统的实验参与者转换到该系统中去。1993年4月26日该系统开始运行,1994年12月,SEC对EDGAR的性能表示满意,随后敲定EDGAR的运行规则。向法定EDAGAR系统申报的过渡期于1996年5月6日完成。1997年,SEC要求,需要以电子方式申报的文件若非豁免规定,其纸质格式的申报将不予接纳。2001年10月25日,SEC批准了第一例完全的无纸化变额年金证券发行,该发行人完全通过发行人的网站进行。①

EDGAR的发展并没有如我们想象的那样一帆风顺。自1983年以来,通过对EDGAR系统的运行,美国人发现有很多困难包括成本方面的问题一直超出了当初的预期。1995年发展EDGAR的总成本已经超过了1.11亿美元,其中两个主要的发展合同,已经超出了预算总成本的85%,这两个合同是授权开发最初的试点并最终实现EDGAR运行的。EDGAR的规则和监管要求一般认为出现在S—T条例下,其认为,EDGAR系统包含着三个子系统,分别是向SEC提交文件的子系统;SEC内部用来分析和检索文件的子系统;供金融分析师和投资者直接通过网络获取应公开文件的子系统。此外,美国还尝试在州的层面上建立一个与EDGAR相抗衡的系统项目,该系统可以使参见该系统的州的登记文件同时出现在该系统中,但目前该项目进展不大。许多国会议员敦促重构EDGAR系统,要求对EDGAR的接收和受理系统进行私有化、增加在信息披露系统竞争力以及使EDGAR像其他国家一样脱离SEC等方面进行研究。国会在1996年通过了国家证券市场改进法,要求SEC审查对EDGAR市场化的研究,并向国会报告其研究的结果。SEC在1997年9月向国会提交了报告。国会和SEC共同的目标是利用新技术的优势使EDGAR更加现代化,并且同时使这个系统变得更加低成本、挽回在EDGAR发展过程中的一些成本。在向国会提交报告之后,SEC发布了一个补充要求,要求对该系统进行现代化和强化。随后,SEC授权TRW公司对EDGAR系统进行现代化,时间三年,自1998年7月1日起,总金额为2240万美元,要将EDGAR改造成一个能够供市场主体以HTML语言格式提交正式文件并且可以用PDF文件格式附加一个非官方文本的系统。此外,新的EDGAR信息披露系统能

---

① 参见[美]路易斯·罗思、乔尔·赛里格曼:《美国证券监管法基础(上)》,张路等译,法律出版社2008年版,第126~127页。

够降低该实时数据库进行文件归类的成本。①

如今,EDGAR 上申报的文件经接纳后,可以立即提供给工作人员。注册说明书以电子的方式传递给适当的办公室,经筛选后分发给审查小组。注册说明书和所有补正通过 SEC 的公共文件室的计算机终端或者互联网同时提供给公众,不需要通过 SEC 的网站另行收费。注册说明书在通过私人文件服务机构申报后 24 小时,还可向投资者提供复制服务。美国 EDGAR 系统正在向着更加现代化的方向发展,例如提供实时信息报告公开,采用可扩展性商业报告语言等。②

(二)EDGAR 系统的运行

在 EDGAR 系统下,向 SEC 提交的文件分为了三类,一类是必须使用电子文档形式;第二类是可以使用电子文档或者纸质文档形式,其选择权赋予发行人;第三类是必须使用纸质文档形式。分类的依据在于一是文档的内容,二是文档是否适合采用电子方式等。例如对于向 SEC 报送的登记文件必须采用电子文档形式;向股东提供的年报,则既可以采用电子文档形式也可以采用纸质文档形式,因为传统上该报告都会包括一些照片和其他的图片,而照片和图片是不允许出现在 EDGAR 的电子文档中的,至于另外一些基于文档的内容诸如美国《1934 年证券交易法》要求应提交给市场监管部门的文件等,这些法律强制要求必须要采用纸质文档的,不得采用其他形式。对于具有选择权的部分,SEC 的态度是逐步地削减该选择权,向全面的电子化时代过渡。对于以非英语文字提供的文档,一律采用纸质文档的形式。除了与外国政府债券有关的外国政府的年度预算外,其他所有提交给 SEC 的文件必须翻译成英文,并以英文电子档的方式提交,并且要附上特定公司高管的声明,该声明的目的在于确保该翻译文件的公平和准确。旧的 EDGAR 系统不允许使用图表。现在的 EDGAR 系统允许以 HTML 语言提供的文件中包含数据图表和图像,③但

---

①　Howard M. Friedman, Securities Regulation in Cyberspace, the 3ᵗʰ ed., Aspen Publishers, 2007 Supplement, § 15.03.

②　See Howard M. Friedman, Securities Regulation in Cyberspace, the 3ᵗʰ ed., Aspen Publishers, 2007 Supplement, § 15.03.

③　See Howard M. Friedman, Securities Regulation in Cyberspace, the 3ᵗʰ ed., Aspen Publishers, 2007 Supplement, § 15.04— § 15.09.

是仍然不允许使用音频、视频和动漫图形等多媒体形式的招股说明书,虽然这些招股说明书已经向投资者公开。

为了确保向 EDGAR 系统提交信息的安全性和准确性,发行人在向 EDGAR 系统提交信息前,必须获取该系统的进入口令、确认口令和密码。该口令和密码是通过在 EDGAR 的文件归档管理网站①,填写相应的 ID 表格完成的。其口令和密码获取的安全性都有相应的非电子化的方式进行保障,例如通过传真等方式进行确认等。② 为了防止他人未经授权进入 EDGAR 数据库,同时也为了防止病毒通过 EDGAR 系统进行传播,EDGAR 系统要求无论是提交的文件还是非官方的 PDF 文件都不允许其中包含可执行程序,例如 JavaScript③ 和 ActiveX④。SEC 将会推迟接受任何含有可执行程序的文件,对于任何已经接受的含有可执行程序的文件将会作直接删除处理,并要求提交档案者再次提交不含有可执行程序的文件,因此而造成的后果由提交者自负。

由于 EDGAR 系统具有技术性,发行人等主体在向 EDGAR 提交电子文档的时候,很有可能会遇到各种意外的技术难题,为了确保提交文档的通畅性,SEC 针对这种技术问题出现的情况,特别公布了特定情形下豁免提供电子文

---

① https://www. filermanagement. edgarfiling. sec. gov.

② See Howard M. Friedman, Securities Regulation in Cyberspace, the 3th ed. , Aspen Publishers, 2007 Supplement , §15.09— §15.10.

③ JavaScript 是由 Netscape 公司推出的用于开发因特网应用程序的基于对象的脚本语言。主要用于识别和响应某些用户事件,如鼠标的操作及页面浏览等。JavaScript 程序可直接嵌入 HTML 文档中,而且比较简单,没有 Java 的类和继承的概念,它也不是一种真正的面向对象语言。由于它不经过编译,因此和 Java 相比,它的功能有限。一个 Java 小程序是自包含的程序文件,由网页分别下载,并且在用户的计算机上运行;而一个 JavaScript 程序是包含在网页 HTML 文件中的一系列命令,并且由网络浏览器执行。为了编写 JavaScript 你仅需学习脚本命令并且使用一个编辑器将它们加入到网页文件中;而为了创建一个 Java 程序,你需要的是程序编译器和编程技巧。http://webopedia. internet. com/TERM/J/JavaScript. html。

④ ActiveX 是微软提出的 Internet/Intranet 应用框架,其中包含着一些用于扩展客户机与服务器功能的标准,以及用于建立网络应用的开发工具,还包含了对 Java 和 JavaScript 的支持,向用户和软件开发者提供了一个内容丰富的平台。ActiveX 是一种标准,它提供了一种机制,使控件(Controls)能嵌入到 Web 网页中,并对事件作出响应。它可使用不同语言开发的软件构件在网络环境中相互操作,使得因特网能超越静态文件,利用多媒体效果和可交互的对象,向用户提供更加生动有趣的和更加实用的服务。采用 ActiveX 技术,使台式计算机接口与因特网接口合二为一,消除了如文件之类的本地资源和网络资源之间的差别,对应用程序和最终用户做到网络透明。http://webopedia. internet. com/TERM/A/ActiveX. html。

档的规则。例如可以在该电子文档到期日的不超过一个工作日的时间内,向 SEC 报送相关的材料,但是必须填写该情形下的 TH 表格。并且必须随后在不超过六个工作日的时间内,提交该电子文件。①

此外,由于 EDGAR 系统用户使用的浏览器不同,可能会造成 EDGAR 系统中文件的外表在不同的浏览器中显示不太相同。为了解决这个问题,SEC 针对不同的浏览器采用的 HTML 语言架构的标准不一的问题,对于向 EDGAR 系统提交的文件仅仅允许 HTML3.2 版本和 HTML4.0 版本的部分标记②在发行人制作电子文件时使用的。这就意味着公司不能够仅仅通过 WORD 文档的自处理程序来产生提交的文件,然后以 HTML 语言进行保存,除非这些 WORD 自处理程序仅使用了允许的标记。

(三)EDGAR 系统文档的创建、传送、接受、公开和公众获取

欲向 EDGAR 系统提交文档者,可以通过在 EDGAR 的网页中下载基于 Windows95/NT 的软件程序,然后使用这种程序自行将文档转换为向 EDGAR 提交的电子文档再进行提交。文档提交者可以使用任何一种流行的软件程序创建 EDGAR 的文档,然后保存为 ASCII③ 格式或者保存为 HTML 格式。但是必须要注意的是,这种 WORD 处理程序必须能够确保事实上把该文件转化为完整的可以接受的程序。EDGAR 的系统链接允许提交文档者在提交前检查格式错误问题。此外,很多大公司都会提供由 WORD 文档转换为 SEC 所要求的 HTML 格式。此外,EDGAR 系统为了提交者的方便,还为提交文档者提供了提交模板,只要在提交前进行简单的复制粘贴就可以保证文档在形式上的合格。

文档提交者可以通过网络使用标准浏览器以及 SSL④ 安全技术向

---

① See Howard M. Friedman,Securities Regulation in Cyberspace,the 3th ed. ,Aspen Publishers, 2007 Supplement, §15.10— §15.11.

② 标记在计算技术术语中称为 tag,是 HTML 文档中的一个元素,以起始标记开始(如"<PRE>"),并通常以结束标记结束(如"</PRE>")。在某些 HTML 编辑器中,标记用标记图标表示。http://webopedia. internet. com/TERM/t/tag. html。

③ ASCII 是 American standard code for information interchange 的缩写,即美国信息交换标准码,参见 http://webopedia. internet. com/TERM/A/ASCII. html。

④ SSL 是 Secure Socket Layer 的缩写,SSL 协定(一种加密的通讯协定,用在使用者与网服器之间),参见 http://webopedia. internet. com/TERM/S/SSL. html。

EDGAR 提交文件。此外也可以通过直接拨号进入 EDGAR 系统,使用点对点技术进行申请,当然还可以使用数据专线(例如 ADSL)等进入该系统。SEC 并不要求文档提供者必须获取数码认证。但是,SEC 也指出文档提供者也可以考虑使用代理认证的方式,来确保文件来源的权威性和数据传输的安全性。

当文档进入到 EDGAR 系统时,该系统会自动审核文档是否符合法定的信息内容和格式要求。不符合要求的,EDGAR 系统会暂时搁置和保留六个工作日,以备提交者进行修改。符合要求的,EDGAR 系统接受该文件。无论是否接受该文档,系统都会向提交者及时告知相应的信息。提交的文档还可以通过 EDGAR 系统进行查询。一旦 EDGAR 系统接受了该信息,系统就会自动传送给 SEC 的文档管理部门进行分析和审核,此外还会通过 TRW 所提供的订阅信息公开服务进行信息公开,最后提供给 EDGAR 系统终端,这些终端分别位于 SEC 在华盛顿、纽约和芝加哥的 SEC 公众参考资料室。

对于 EDGAR 系统中的文件,公众可以通过收费和免费两种方式获取。对于免费的方式主要包括 SEC 官方网页接入的 EDGAR 入口,但是这些信息与收费方式获取的信息存在着 24 小时的时差,此外还有一些商业网站所提供的免费的 EDGAR 系统信息,这些网站包括 www. freeedgar. com, www. secinfo. com, www. edgarscan. com, www. pwcglobal. com/servlets/edgarscan. com 等等。收费获取 EDGAR 系统信息的方式中最流行的是通过 LEXIS-Nexis 和 Westlaw,此外还有其他的一些收费网站例如 www. 10kwizard. com 等。①

(四)对我国网上证券信息披露监管方式的启示

网络技术的发展,给发行人及其他义务主体的信息披露方式提供了不同于以往的方式,我们的信息披露监管所做的应该不是去抑制甚至去防止这种方式的改变,而是应该采用合理的监管方式去引导信息披露主体的信息披露行为,充分运用新技术提供的手段和优势,这样才能够使我们的监管方式紧随时代的步伐。美国在这方面走在了世界的前列,但是也并不是一切都是合理的,例如其对"监管类推"理念在监管方式中的运用,导致发行人提交的招股说明书中仍然不能够包含视频、音频以及动漫等多媒体方式,不能不说是一种

缺憾。固然美国的 EDGAR 也存在着缺点,但是其在网上证券信息披露监管方式的步伐仍然引领着世界的潮流。

反观我国的网上证券信息披露监管则依然处于"农耕文明"时代,虽然偶尔也可见现代社会的踪影,例如证监会在指定的公开信息的媒体中,除了三大证券报这些传统的媒体外,还指定巨潮资讯网和上海证券交易所的网站作为信息披露的指定网页,但是这仅仅是指定了信息披露的网络媒体而已,与美国的 EDGAR 系统完全不可同日而语。我们的信息披露监管方式以及监管的基础、原则等依然沿用纸质时代的文件报送和核准的途径进行。究其原因可能在于:一是我国证券市场的发展还处于初级阶段,虽然自 2000 年就出台了《网上证券委托暂行管理办法》,但是实际上,在我国所谓的网上证券交易也仅仅定位为网上证券委托,作为一种与当面委托、电话委托等方式等同的委托方式而已,至于通过网络进行的证券直接发行,网上证券的私募等在我国还处于"概念阶段",这固然与我国证券市场发展时间不长有关,一个更可能的问题就是监管者的态度。实际上,监管者可能一直在研讨如何控制网上证券交易的风险问题。一是技术风险。二是证券交易通过网络进行的所导致的扩张性风险。出于对安全问题的过度考量,证券监管当局在出台了《网上证券委托暂行管理办法》后迟迟不见有新的动作,可见一斑。三是证券监管部门头痛医头、脚痛医脚的习惯性监管思维也影响了网上证券信息披露监管的发展。跟网上证券信息披露最直接相关的问题就是网上证券欺诈问题。自网络在我国起步直至发展过程中,一直就伴随有网上证券欺诈行为的发生,这种行为有的属于传统欺诈的范围,有的则属于信息披露的范畴,监管部门则无视这种差别对于网上证券欺诈采用了传统的反欺诈的策略,并且还为此设立了反网络欺诈的办公室。设立专门负责的机构固然是好的,但是这种网上欺诈所涉及的网上证券的信息披露问题是不是也应该受到重视,目前还看不到监管部门的态度。

第五节　网上证券信息披露监管主要法律制度

网上证券信息披露既包括发行市场的信息披露,也包括交易市场的信息披露,涉及到众多法律制度问题,本节仅就其中的四个主要法律制度进行探讨。

一、电子公开发行说明书的法律监管

公开说明书是指发行人为有价证券的发行或者出售,依法向广大投资者等主体提供的说明文书。公开说明书是证券发行市场最重要的信息披露工具。[1]

对于公开说明书的认定,究竟是依据外观形式还是实质内容? 依照台湾学者的观点,台湾地区公开说明书似乎严格以"证券交易法"所规定的公开说明书为准,其他则不视为公开说明书。[2] 因此,在台湾公开说明书以外观主义为判断的依据。美国《1933 年证券法》则采公开说明书(prospectus)实质认定主义,除依照规定格式编印公开说明书外,尚包括广告、信件、通知以及广播、电视为出售证券之要约口头表述或者书面文件。[3] 美国联邦最高法院在 Gustafson v. Alloyd Co.,513 U. S. 561(1995)案中,虽认为公开说明书不包括私人之间在发行市场为销售证券所作的说明(文书或口头),亦不包括在次级市场所为的陈述,但如系于发行市场向公众提出的文件或说明,即属公开说明书的范围,而不仅指形式意义称为公开说明书的书面文件。可见,美国采用实质认定的见解。[4]

我国《证券法》上公开说明书表现为招股说明书和公司债券募集办法等。公开说明书的编制主体是发行人,即发行证券的公司或者发起人,提供主体有时还包括证券承销商等;编制公开说明书的目的是为了有价证券的募集或者发行;在募集或者发行有价证券时,发行人需要依法将公开说明书连同其他文件,报送主管机关审核,并向投资者提出。[5] 公开说明书是证券发行市场的信息披露文件,所以公开说明书要符合证券信息披露的基本要求:真实、准确、完

---

[1] 参见陈界融:《证券发行论》,高等教育出版社 2008 年版,第 186 页。

[2] 参见赖英照:《股市游戏规则——最新证券交易法解析》,作者发行 2006 年版,第 39 页。

[3] 参见美国《1933 年证券法》第 2 条(a)(10)。

[4] Gustafson v. Alloyd Co.,513 U. S. 561(1995),转引自赖英照:《证券交易法》,作者发行 2006 年版,第 39 页。

[5] 参见陈界融:《证券发行论》,高等教育出版社 2008 年版,第 186 页。

整和及时。此外,还需要考虑公平性信息披露的内容。根据我国《证券法》的规定,发行人在募集、发行有价证券时,必须依法编制招股说明书。① 有价证券在申请上市交易时,要编制招股说明书,其应记载的内容,由证券交易所等机构拟定并经证券监督管理部门审核。② 公司在进行公开收购时,必须事先向国务院证券监督管理机构报送上市公司收购报告书即公开说明书。③ 对于私募发行的证券,在依法申报上市交易时,应当依法向证券主管机构补办公开发行手续,并提供公开发行有价证券的公开说明书,对其内容的要求,与有价证券公开发行时没有区别。公开说明书编制的意义在于,一是公开说明书编制的格式和内容,需依主管机关的规定;二是公开说明书是募集、发行有价证券时必备的文件,除于申请审核时提交以外,并于募集时,先向认股人或应募人交付;三是民事责任之适用,即未向认股人或应募人交付公开说明书或公开说明书之主要内容有虚伪或隐匿者,对于善意相对人因而所受之损害,所应负之赔偿责任;四是刑事责任之适用,即公开说明书之主要内容有虚伪或者隐匿情事者,有关人员应负刑事责任。④

电子公开说明书是指通过网络进行的信息披露的一种,是公开说明书在网络空间的延伸,但这种延伸不仅仅包括形式上的延伸,还将引起内容和效力上变化。简单来说,电子公开说明书是指通过电子方式而不是纸质方式进行的信息披露。这种电子方式包括了通过因特网或者其他计算机网络、CD—ROM 和软盘进行的信息披露。⑤

电子公开说明书是随着技术的发展而逐步引入到证券市场的,随着网络技术的迅猛发展,以网络的方式进行公开和交付的电子公开说明书将会越来越重要。传统上,以纸质方式进行的公开说明书虽然成为现在证券发行市场信息披露监管的基础,但是随着技术的发展,通过网络进行的电子公开说明书占据的地位则越来越重要。虽然目前各国的监管规则仍然采用的是"监管类

---

① 《中华人民共和国证券法》第 12 条、第 14 条、第 17 条。

② 《中华人民共和国证券法》第 52 条。

③ 《中华人民共和国证券法》第 86 条、第 87 条。

④ 参见赖源河:《证券法规》,(中国台湾)元照出版有限公司 2007 年版,第 65 页。

⑤ Australian Securities & Investments Commission (ASIC) , Regulatory Guide 107, Electronic prospectuses , p. 2.

推"的方式,但是不容置疑的是,随着网络技术的发展,网络在各国的普及,电子公开说明书将逐步取代纸质的公开说明书成为证券发行市场信息披露的主要方式,与此相适应的监管规则也会发生变化。

电子公开说明书的使用具有许多优点,例如改善告知投资者的成本效益;提高对投资者和证券咨询机构进行信息公开的速度;通过证券市场进行更广泛的信息公开;对于信息的更有效地使用(例如使用计算机程序来搜索确定概念的能力);改善对参考文件、更新信息和其他相关文件的获取;改善投资者对更广范围的投资产品的获取等。[①]

电子公开说明书在形式上、内容上和效力上与传统的纸质条件下的说明书都有所不同,这都是值得研究的。

(一)电子公开说明书的形式

电子公开说明书与传统的纸质说明书在形式上有着以下的差别,一是编写语言的不同,二是显示的方式不同。

1. 电子公开说明书的编写语言

传统的纸质说明书一般是通过 WORD 文档等办公自动化软件进行编写,然后按照证券监管机构所规定的方式进行排列、打印,以纸质的方式向证券监管机构以及证券投资者提供。

电子公开说明书则不同,有的可能使用 PDF 格式向证券监管机构提供,有的可能通过电子邮件、FTP 或者讨论社区等方式向证券监管机构以及投资者提供。

其中,与传统的公开说明书相比最有特点的就是通过 HTML 语言编写,一般通过电子搜集、分析和检索系统以及通过网页以 Web 方式提供电子公开说明书。这种公开说明书是以 HTML 语言进行编写,与传统上以 WORD 文档处理的纸质说明书相比,其特点在于首先是其中可以嵌入相应的多媒体信息,例如音频、视频或者图片等内容,便于监管机构和投资者对发行人自身以及对与发行信息有关的内容进行充分的了解;其次是以 HTML 语言编写的公开说明书进行公开的方式一般要通过浏览器进行浏览,而且其内容通常情况下很

---

① RG 107.11,Australian Securities & Investments Commission(ASIC),Regulatory Guide 107, Electronic prospectuses.

236

难打印出来。HTML 语言是 Hyper Text Markup Language 的简称,是一种在万维网上编辑文件的语言,HTML 使用各种标记和属性定义文件的结构和布局。一个正确的 HTML 文件结构开始于<HTML><HEAD>(在此嵌入文件的属性)<body>并且以</BODY><HTML>结束。在 Web 文件上的所有信息都应该在<BODY>和</BODY>之间进行标记。在 HTML 语言中有几百个标记用来对 Web 文件上的内容进行格式化和组织结构,同样在其中的是文件中的超链接。这样将会是文件的开发者引导使用者到其他网页上去,方式就是通过在超链接中的地址链接。①

美国的 EDGAR 系统自 1999 年 6 月 28 日开始正式接受以 HTML 语言编写的文件,并且 SEC 希望最终所有提交的文件都应该以 HTML 语言格式编写和提供。但是对于以 HTML 语言编写的文件,SEC 的态度是允许其中含有数据图表和图片内容,但是对于发行说明书中的动漫,例如 flash 等显示的公司的标记等,还没有被允许使用在发行说明书中。一个最直接的原因就是这些文件不能够像 WORD 文档一样被打印出来,SEC 正在寻求对这种动漫图片如何获取和保存的方式。此外,一般来说,对于 HTML 编写文件,SEC 也不允许插入视频和音频。还有,以 HTML 语言编写的公开说明书,基于安全的考虑,即保障数据库的安全和使用数据库的用户不受病毒的侵袭,该网页中不能够含有可执行程序。

澳大利亚证券投资委员会同样允许发行人披露包含多媒体内容的招股说明书。但是,这个公开文件必须要包含"与澳大利亚证券投资委员会所允许的其他不同的格式中的所包含的内容具有顺序上的相同性"。这些不同包括某些特定表述的搜索功能;所提供信息的顺序的无形改变;帮助投资者迅速地发现在电子说明书中的信息,招股说明书中的超链接;放大或者缩小显示信息的缩放功能。②

目前我国证券信息披露的主要方式仍然是纸质方式,我国《证券法》以及中国证监会颁布的《上市公司信息披露监督管理办法》中对于信息披露的方

---

① http://webopedia. internet. com/TERM/H/HTML. html.

② Australian Securities Investment Commission Policy Statement 107, Issued on 18 September 1996 and updated on 10 February 2000, available at http://www. cpd. com. au/asic/ps/ps107. pdf.

式主要还是以传统的媒体为主,这就意味着对于证券发行过程中最主要的信息披露即招股说明书来说,其编写仍然将以传统的纸质的方式。尽管证监会也指定了网上证券信息披露,但那仅是传统纸质媒介的网上公开而已,最多在上交所的网站和巨潮资讯网上放入公司的招股说明书,而其中招股说明书无非就是以 PDF 格式由投资者进行浏览。发行人对于招股说明书的编辑基本上仍然通过传统的办公软件进行。

随着我国证券市场的发展和信息技术以及网络技术的普及,相信在不久的将来通过网络进行的招股说明书将逐渐体现为以 HTML 语言编写,并且可以包含多媒体信息的招股说明书。

2. 电子公开说明书的显示方式

电子公开说明书虽然进行信息披露的方式不同,例如通过 Web、电子邮件、FTP 以及网络讨论站点等。但是总体而言,电子公开说明书目前一般通过 PDF、GIF 和 Web 三种方式显示。

以 PDF(Portable Document Format,便携文档格式)方式显示的电子公开说明书,通过在网站提供链接的方式,使这种文件在披露时,其文件的格式和外表与文件的初始形式相同,例如文件的格式、打印字体、表格、颜色和图形等都没有任何改变。在这种文档中,投资者可以浏览全文也可以通过查找功能定位到某些关键词。此外,还可以通过在该类文档中插入书签、注释等,并且可以通过超链接的方式定位到其他的 PDF 文档和网页上。而使用 PDF 文档的一个主要缺陷是必须要下载专用的软件 Adobe Reader 才可以阅读 PDF 文档,但大部分使用 PDF 文档的网站都提供了下载 Adobe Reader 的地址链接。

以 GIF(Graphics Interchange Format,图形交换格式)方式显示的电子公开说明书,相比较而言,使用的几率很小。以这种方式所披露的电子公开说明书,其形式与原纸面的文件完全相同。这种方式最适合对图像信息进行披露。与 PDF 方式相比,其优点在于不需要下载专用阅读器。但是缺点也同样明显,例如投资者不能够使用查找功能,因此不能够准确定位某一信息,这一点对于少则几十页多则几百页的定期报告来说,是很不方便的。此外,GIF 文档中也不能够使用超链接。

以 Web 方式披露的电子公开说明书,将以更加吸引人的方式显现在投资者的浏览器上,在其中可以镶嵌图表、图画、漫画、视频、音频等,也称为多媒体方式。这种方式与纸面的信息披露方式不同。在纸面时代,信息披露一般用文字写成,其中也许会夹杂一些图片、图表、表格等,但是不会也不可能插入视频、音频、Flash 等。这种文件显示方式也可以通过纸质的方式提供,一般来说,文件的大部分内容都可以显示出来,但是字体和版面设计可能会有所不同。在这种形式显示的电子公开说明书中也可以嵌入超链接,这种超链接既可以指向该电子公开说明书的内部,也可以指向该文件的外部,甚至是其他人的网站内容等。此外,为了保证向证券监管机构报送文件的统一性,也为了投资者在获取电子公开说明书的过程中的安全性,以 Web 方式显示的文件,不能够含有可执行文件。对于 Web 方式显示的公开说明书,可以通过网络浏览器进行在线阅读,例如 IE、Opera、firefox、chrome、遨游等。投资者可以自己选择相应的浏览器。但是有一点需要注意的是,由于各浏览器对于网页的 HTML 语言的要求不同,以 Web 方式显示的电子公开说明书外观可能会有所不同,其根本原因在于 HTML 的不同版本中,其标记的内容是不同的。为了解决这个问题,也为了能够使电子公开说明书最大化地在不同的浏览器中都能够显示出来,一般证券监管机构会要求编写电子公开说明书的 HTML 语言使用较低的版本。例如美国 SEC 并不是要求所有在 HTML 语言 3.2/4.0 版本中的编辑都可以使用在 EDGAR 系统文件中。目前只有 HTML3.2 版本的标记和 HTML4.0 版本的某些属性是允许使用的。这两个版本都不是最近的版本,可以说是通常网络浏览器都兼容的版本,因为 4.0 版本在 1997 年就已经被官方批准使用了。即便这样,SEC 对于 3.2 版本也没有允许所有的标记都可以使用,对于一些标记是排除使用的,这些标记包括产生活动性内容标记、产生嵌套表格的标记、某类超链接标记,以及并不是所有浏览器都支持的扩展标记。在 EDGAR 系统文件中明确列出了允许使用的 HTML 语言标记。这种要求使得发行人在制作电子公开说明书时,不能仅仅通过 WORD 的批处理程序转换为 HTML 格式,除非这种批处理程序完全使用了允许的标记。①

　　我国证券市场发行人提供的公开说明书一般属于纸质的说明书,即便是通过证监会指定的信息披露网站发布的招股说明书或者债券募集办法采用的

---

① See Howard M. Friedman, Securities Regulation in Cyberspace, the 3th ed., Aspen Publishers, 2007 Supplement, § 15.24.

电子方式一般也仅仅是 PDF 方式,巨潮资讯网提供的招股说明书均是以 PDF 方式提供的。对于 GIF 方式以及 Web 方式根本没有涉及。但相信随着网络技术在我国的迅速普及,GIF 方式特别是以 Web 方式显示的电子公开说明书将逐渐进入我国证券信息披露领域。

(二)电子公开说明书的内容问题

电子公开说明书是在纸质说明书的基础上发展起来的,由最初的仅仅是对纸质说明书的全文复制到基于网络技术的发展,电子说明书开始发展出具有自身特色的内容。

美国 SEC 根据《1933 年证券法》和《1934 年证券交易法》的规定,通过制定大量的独立表格,来实现美国《1933 年证券法》中所要求的注册说明书应包含附件 A 所规定的信息并附随所规定的文件的要求,从而使附件 A 的规定与特定类型发行人的具体情况相协调在一起。例如,S—1 表是商业和工业公司未授权或规定其他表格时使用的表格。S—2 表和 S—3 表用于综合披露制度的公司;S—4 表用于企业合并交易中发行的证券;S—6 表用于依据 N—8B—2 表注册的信息的单位投资信托;S—8 表用于某些类型的房地产公司;SB—1 表和 SB—2 表可用于小企业发行人;S—20 表则用于标准化的期权。① 以 S—1 表为例,其内容包括了两部分共十七项内容。(1)注册书之前页及公开说明书之对外封面:发行日期、索引、注册人、发行证券之种类、数量或描述、特殊危险之说明。(2)公开说明书之封面和封底外页:是否为证券交易法上的上市公司,所上市之交易所,对股东报告之性质,是否包括经签证之财务报告,文件之引用,是否进行稳定价格之行为,如对外国私人发行人投资人诉权可能受影响。(3)重要资料:危险因素及盈利对固定负担之比率,风险特大之因素可包括新开业、过去未获利;财务状况,过去无市场之事实,过去五年有关比率之讨论。盈利指税前所得经若干调整,并系来自继续营运者。(4)发行所得款项之使用。(5)发行价格之决定。(6)投资人每股权益之冲淡。(7)出售证券之股东。(8)发行分配之计划。(9)发行证券之描述。(10)签名专家以及律师之利害关系。(11)有关注册人之资料:所营运事业之描述、财产之描述、法

① 参见〔美〕路易斯·罗思、乔尔·赛里格曼:《美国证券监管法基础(上)》,张路等译,法律出版社 2008 年版,第 129 页。

律诉讼案件之描述、股票市价、股利及其他服务事项,特定财务资料,补充财务资料,经营者对财务状况及营运结果只评述,会计师对有关财务会计及财务公开之不同意见,董事主要经理人员、经营者之报酬及交易,若干受益所有人及经营者之股权。(12)证管会对证券法责任、补偿之立场。(13)发行及散布之其他支出。(14)对董事及职员补偿之安排。(15)最近未注册证券之发售。(16)附件及财务表格。(17)承诺。①

我国台湾地区"证券交易法"第三十条规定:募集、发行应加具公开说明书,其记载事项由主管机关以命令定之。台湾"金融监督管理委员会"据此制定了《公司募集发行有价证券公开说明书应行记载事项准则》,其中规定的事项大致包括了以下几个方面的内容:(1)形式上的要求:封面、封里、封底,并详细规定了其中每一项所包含的内容。(2)应行记载的事项:一是公司概况;二是营运概况;三是发行计划及执行情形;四是财务概况;五是特别记载事项;六是重要决议。

我国证监会在《上市公司信息披露管理办法》和《公开发行证券的公司信息披露内容与格式准则第1号——招股说明书》详细规定了证券公开说明书的内容,大致包括以下内容:一是对招股说明书的形式如封面、书脊、扉页、目录、释义等进行了规定;二是对招股说明书的内容作了明确,其中包括了本次发行概况、风险因素、发行人情况、业务和技术、同业竞争与关联交易、董事、监事、高级管理人员与核心技术人员、公司治理、财务会计信息、管理层讨论与分析、业务发展目标、募集资金运用、股利分配政策、其他重要事项、董事、监事、高级管理人员及有关中介机构声明和备查文件等。

从内容上来看,各国的证券监管机构对于公开说明书的内容基本上大致相同,一般都包括两个部分:

1. 形式内容

首先是封面,其内容主要包括本次发行的基本信息,如发行公司的名称、发行证券的种类、发行数量、发行条件等,并加盖有公司印章。同时,还应当提供发行公司对外服务特别是信息披露对外发言人的联系方式,如电子邮件、电

---

① 参见余雪明:《证券交易法(第四版)》,(中国)台湾证券暨期货市场发展基金会2003年版,第292~293页。

话、传真及公司网址等。

其次是扉页,其内容主要包括发行人历史以及承销商、保荐机构、提供财务服务的会计师事务所、提供法律服务的律师事务所、信用评级机构等证券服务相关机构、人员的联系方式(电话、传真、电子邮件、网址)等。

最后是封底,其内容包括发行公司过半数的董事、总经理、筹备处代表人、一定情形下的证券承销商等主体声明相关内容并签名。

2. 实体内容

第一,公司的基本情况,主要包含公司的历史发展、公司的组织情况(含公司组织系统、关系企业或者控股公司、总公司或分公司及工厂、公司的董事、监事、经理人或者发起人的基本情况等)、资本及股份情况(含股份形成过程、股份种类、股权结构或分散情形、近期股份、净值、盈余、股利等资料、员工持股及分红、董事监事薪酬情况、买回股份情形等)、特别股、公司债、员工认股权证、海外存托凭证、公司并购及出让其他公司股份情形等。

第二,发行公司经营情况,主要包括公司资产状况(固定资产及不动产)、资产运作情况(重要资产取得成本及相关情形、资产租赁、担保情形)、公司转投资事业、重要合同事项(如重大买卖合同、技术合同、长期借款合同以及其他足以影响投资者权益的重要合同当事人、主要内容、限制条款和合同期限等)、公司目前的运作状况(产业概况、产业范围、技术及研发情况、市场分析、产品的生产销售、环境保护支出、有无环境污染纠纷、主要客户名单、员工人数、劳资关系等)、行业景气度分析等。

第三,发行公司财务状况,主要包括发行公司最近若干年度内简明财务资料(含简明资产负载表、损益表、财务结构、经营能力、获利能力、现金流量、偿债能力、财务杠杆度、签证会计师审查意见等)、财务报表、财务概况以及其他重要资料状况。

第四,发行计划以及执行情况,包括前次现金增资、发行公司债资金运用计划分析及执行情况、受让他公司股份的执行情况、公司并购情况;本次现金增资、发行公司债或其他有价证券的资金来源、发行计划的内容及可行性、必要性、合理性的说明和分析、价格订定方式、资金运用计划及效益分析(如用以偿债,应说明原借款用途及效益实现情况;如用以转投资或收购其他公司,应说明其预期效益;如用以购买土地或者支付工程款,应说明相关情形等);

本次并购发行新股的或本次受让其他公司发行新股的,其详细计划及相关资料。

第五,特别记载事项,主要包括公司治理情况(含公司对上市公司治理守则的遵守情况、公司治理的相关章程制定和遵守情况、其他有关公司治理的重要资讯等)、公司内部控制执行情况、以往缺失的改正情况或承诺的实现情况、私募情况、公司及内部人受处罚的情况、信用评级机构的评级报告、承销商及律师的意见等事项。

第六,风险提示事项,主要包括外在风险的提示,例如政府政策法令的修改风险,利率、汇率、物价变动风险,产业风险等;内在风险的提示,例如公司投资风险、公司资金借贷风险、公司内部发生财务周转困难或丧失债信对公司财务状况的影响度、公司并购风险、公司新产品或新技术研发风险、董事监事持股转给公司股价带来的变动风险、公司诉讼或者非诉讼事件可能导致败诉结果的风险等。

第七,重要的决议事项,应当包括因为本次有价证券发行而形成的所有相关决议。①

各国对于发行说明书内容的规定,无论是形式内容还是实体内容部分,基本上是以纸质的发行说明书为基础的。证券监管机构基于"监管类推"的基础,一般都会要求电子发行说明书在内容应该与纸质的发行说明书的内容相同。例如美国 SEC 要求电子发行说明书在内容上要与纸质发行说明书的内容一致。电子发行说明书由于编写语言和显示方式等都与纸质的发行说明书不同,内容上也会有所拓展。以 PDF 和 GIF 方式显示的发行说明书基本上就是纸质发行说明书的翻版,因此在内容上纸质发行说明书相比,很少有不同的地方。但是以 Web 方式显示的电子发行说明书在内容上与纸质说明书相比,就要丰富得多了,例如其中插入的视频、音频、动漫等,以及其中的超链接等,都使得电子发行说明书的内容丰富起来。

（三）电子公开说明书的效力问题

电子公开说明书是在"纸质时代"向"网络时代"过渡的过程中出现的,但目前尚且处于辅助的地位。随着网络技术的发展,电子公开说明书将在证券

---

① 参见陈界融:《证券发行论》,高等教育出版社 2008 年版,第 189~191 页。

市场上成为信息披露的主导方式。以目前的制度规范来看,一个重要的问题是如何看待和规范电子公开说明书的效力问题。

1. 电子公开说明书的内容效力问题

内容效力指的是电子发行说明书与纸质说明书相比,内容是否需要完全相同,应该在何种程度上具有一致性,不一致的部分应该如何判定其效力等。

对于发行说明书的内容,上文已经作了讨论,从发行说明书的目的和功能来看,无论是电子说明书还是纸质发行说明书基本上都应该具备这些内容。各国对于电子发行说明书的内容也基本上作了这种要求。但是对于以 Web 方式所体现出来的电子发行说明书由于其显示方式不同,形式内容和实体内容上都有可能有所"创新",例如视频、音频、动漫以及超链接的内容,这些方式所体现出的内容不能通过纸质的方式直接体现出来,其效力主要表现在:

其一,就我国证券信息披露发展的阶段来看,在坚持"监管类推"的基础之上要求电子发行说明书在实质内容应该与纸质说明书相同,对于以视频、音频、动漫以及超链接所显示的内容应该在该位置以文字的方式说明,赋予文字说明和多媒体内容以及超链接的内容以相同的效力。发行说明书在向中国证监会以及证券交易所提交时,电子发行说明书与纸质发行说明书应该同时提交,如果二者不一致的,应该责成发行人修改直至一致,否则应该以纸质说明书的内容为准。

其二,随着网络的普及以及网上证券信息披露的发展,在全面进入网上证券信息披露的时代时,应该坚持"以网络为导向"的信息披露监管原则,逐步实现电子发行说明书的效力优先性,以电子发行说明书的内容作为发行人登记和公开的依据。

2. 电子公开说明书证据效力问题

发行公开说明书是发行人发行证券的必备文件,各国证券监管机构都要求证券发行人在发行证券时要将证券发行说明书向证券监管机构报告并向证券投资者公布。发行公开说明书是投资者认购证券的重要依据,如果发行公开说明书存在着虚伪不实的情形,将给投资者带来投资损失,各国证券法及证券监管机构都对公开发行说明书的虚伪不实的责任进行了规范。

对于电子公开说明书与纸质公开说明书的效力对接来说,主要是在电子公开说明书和纸质公开说明书中如果出现虚伪不实的内容,对其效力的认定问题。在电子公开说明书和纸质发行说明书同时使用的时代,如果两者对同一内容都作了相同的虚伪陈述的内容,监管机构很容易认定证券发行主体应该承担证券虚假陈述的责任。但是在电子发行说明书和纸质发行说明书内容不同时,如果出现了虚假陈述的内容时,证券监管机构应该如何认定则颇为棘手。

美国证券监管机构认为:如果证券发行人对于电子公开说明书中的多媒体内容在纸质发行说明书中已经作了最大努力的澄清和说明时,对于电子公开说明书中该部分内容,证券发行人可以免责。但美国法院的态度是,无论是电子公开说明书还是纸质公开说明书,还是该二者同时,只要其中含有重大遗漏的内容,都应该适用美国《1933 年证券法》第 11 条所规定的责任条款的内容。[①] 因此,美国证券监管机构与司法机构对该问题的态度也是不一致的。

我们认为,基于发行说明书的功能一方面是发行人进行证券公开发行的依据,而另一方面则是证券投资者进行证券投资判断的依据,并且基于证券公开发行说明书的公开性,证券监管机构应该要求,无论是电子证券发行说明书还是纸质发行说明书都应该符合证券法反欺诈的条款,证券发行人对于电子发行说明书或者纸质发行说明书中任何的虚假陈述行为,无论是否由于电子公开说明书的特性所引起,例如由于引用了多媒体的方式,都必须承担欺诈的责任。

3. 电子公开说明书中的超链接问题

电子公开说明书与传统纸质说明书一个最大的不同就是超链接问题。在电子公开说明书中,发行人通过超链接可以使投资者方便阅读相关的文件。电子说明书中的超链接,既可以在电子说明书内部设置,因为电子公开说明书的内容一般都比较多,通过超链接可以使投资者方便阅读;也可以链接到该电子公开说明书的外部,例如向证券监管机构同时报送的其他文件中;还可以链接到发行人在其网站上提供的其他内容,进而帮助投资者进入第三方网站提供的内容,例如证券发行承销人在其网站上提供的报告,包括推介新闻、投资咨询报告等等。

---

① See Howard M. Friedman, Securities Regulation in Cyberspace, the 3th ed., Aspen Publishers, 2007 Supplement, § 3. 42.

　　超链接在给投资者打开方便之门的同时,也会给投资者带来损害。其一,电子公开说明书中出现了超链接将会使投资者对电子公开说明书的内容产生疑惑,投资者需要在不同的文件中进行转换,对于提交给证券监管机构的文件也不能完整地打印出来。此外,数据库中的搜索功能也不能对链接的文件进行搜索。其二,对于超链接的内容,如果属于发行人向证券监管机构提交的内容,则发行人可以保证该内容的完整性和准确性。但是如果该超链接超出了发行人的范围,例如链接到第三方主体提供的内容,发行人将很难保证该内容的完整性和准确性。不适当地使用超链接是监管者关注的问题,因为超链接能够给不合法的信息披上一层合法的外衣。

　　IOSCO 在其《网上证券行为报告Ⅱ》专门讨论了在网上证券信息披露过程中,对使用超链接问题进行监管的原则性建议。IOSCO 认为,发行人或者券商使用超链接链接到第三方的信息包括投资者教育材料、新闻公告和研究报告。一般来说,证券法要求发行人对其向投资者进行的信息公开内容中不能含有虚假陈述、重大遗漏或者误导性陈述。无论信息披露的方式为何,发行人或券商都应对内容的真实性承担责任,这其中当然包括网上的信息披露。这里,关键的问题是发行人或者券商是否应该对超链接内容中虚假的和误导性的信息承担责任。IOSCO 认为,这种责任一般应该取决于对事实的认定,这种事实要考虑个案中的不同因素。在某些情况下,监管者在确认发行人或者证券中介机构是否"备有"、"批准"或者"采用"了超链接信息时,要考虑以下的因素:(1)超链接的内容——市场主体对于超链接的说明,例如是否其中包含了关于超链接问题的免责性声明等。(2)有关浏览者将离开市场主体网站的明显的提示。(3)嵌入技术。(4)市场主体是否已经对第三方就其所公布的信息作了支付或者补偿。(5)是否第三方向市场主体作了支付或者补偿。(6)市场主体向证券监管机构报送的文件或者向投资者公开的文件中是否嵌入了超链接。(7)市场主体是否对投资者指明该链接作了努力。①

　　2000 年,美国 SEC 对于超链接问题提出了具有深远意义的指令,这个指令被称为"信封理论"。这个理论建立在该委员会 1995/1996 年规则之上,是

---

　　① IOSCO,Report on Securities Activity on the Internet II,June 2001,p. 22.

用来描述"发行人或者券商是如何同时进行电子交付——就像一个虚拟的信封一样——销售文件和最终说明书的"。① 这种同时性,体现为或者在同一网站栏目内张贴彼此非常近似的文件,或者相互之间进行超链接。为了避免公布在发行人网站上与发行说明书非常接近的内容被认定为公开说明书的内容,SEC 指出,没有必要把这种文件认定为发行说明书的一部分,除非发行人或者券商的行为表明其内容应该是发行说明书的一部分。例如,如果一个发行说明书中包含了一个超链接,那么这个超链接的内容就被认为是发行说明书的一部分。当在发行说明书中嵌入超链接的内容时,超链接的内容必须要作为发行说明书的一部分进行登记注册,发行人也必须承担《1933 年证券法》11 条项下的责任。相比较而言,当一个外部文件包含着一个超链接并指向发行说明书时,SEC 并不会认为该外部文件将成为发行说明书的一部分。但是发行人仍然有可能对该外部文件承担《1933 年证券法》12 条项下的责任,这取决于该外部文件是否其自身就是发行说明书或者发行说明书的一部分。

为了减少发行人基于"信封理论"承担责任的担心,SEC 对其 2000 年的指令进行了限制,"信封理论"仅限于交付问题。这种担心来自于 SEC1995 年的解释令,主要是 SEC 在其中可能会考虑把在该网站上的任何相似的信息均认为是发行说明书的一部分,而构成了一个销售要约,或者是另外一种形式的发行说明书。但是,无论《1933 年证券法》第 10 条项下的发行说明书何时公开,网站的内容必须要作全面的检查,以决定其中是否含有不允许豁免的书面内容。因此,无论发行人或者券商交付的文件是否关键,SEC 的规则很明显与纸质时代的监管规则作了区分。在这种环境下,SEC 发现网站上的内容不能仅仅被比作书籍、杂志或者文件,超链接信息仍然可以构成邮包或者信封的一部分。② 在发行人向 EDGAR 系统提交的说明书中,不能包含指向外部网站的超链接内容。应当指出的是,发行说明书中可以包含一个指向发行人公司网

---

① Jonathan E. Gottlieb & Diana R. de Brito, The SEC's Long-Waited "Internet Release" Answers Some Questions, But Leaves Others Untouched, available at http://wallstreetlawyer. com.

② Joseph J. Norton, Hansjärg J. O. Heppe, U. S. Securities Regulation and the Use of the Internet in Registered Offerings, Law and Business Review of the Americas, Winter/Spring, 2002, p. 94.

站或者 SEC 网站的非激活的文本网址。如果提交文件者在生成这些文件时，采取了合理的步骤来防止这些网址变为激活地址(例如在删除了 HTML 语言下的<a>href 标记)或者指出这些网址仅仅是文本性质的参考内容，那么在该网站上的内容在证券法的反欺诈条款下也不会被看做是电子发行说明书的一部分，即便在投资者的浏览器中自动转换成了激活性的超链接。如果 EDGAR 系统中的文件包含着一个指向其他网站的非激活性文本性质的参考网址，SEC 的立场是，如果投资者的 WORD 自动处理程序能够自动把这种参考文本变为激活性的网址，发行人要准备对这个网站的内容承担责任。① 显然，SEC 关于在电子公开说明书中使用"超链接"的指令指明纸质时代监管规则的类推适用不能很好地处理超链接问题。由于纸质和电子介质的本质不同，对于纸质时代监管规则不能够有效地类推。在市场主体使用网络进行信息披露时，监管类推是一种短视的回应。不幸的是，这种基于纸质时代进行监管的规则体系，还将继续适用于电子时代。

(四)对我国电子公开说明书法律制度的建议

如前所述，建立一种"网络为导向"的监管规则，是未来证券网上信息披露监管的趋势。但基于我国目前网上证券信息披露所处的阶段，我们仍应寻求一种按序发展的路径，即在网上证券信息披露监管的问题上，首先引入和发展网上证券信息披露，然后在传统纸质监管方式的基础上，逐步地向"以网络为导向"方式的监管迈进。

关于电子公开说明书形式问题，建议逐步引入 Web 方式的电子说明书，其中对于电子公开说明书的编辑语言，可以学习美国 SEC 的做法，对 HTML 语言的版本进行限制，对不同版本中的通用标记予以明确，以保证投资者通过不同浏览器都能够显示相同的结构和内容。关于电子公开说明书多媒体内容的处理，在本章第一节已经作了说明，兹不赘述;对于电子公开说明书中的超链接问题，建议借鉴美国的"信封理论"。

具体来说，对于电子发行说明书可以作如下要求:

1. 电子公开说明书必须保证其完整性，所有文件必须包括在同一网页

---

① Howard M. Friedman, Securities Regulation in Cyberspace, the 3th ed., Aspen Publishers, 2007 Supplement, §15.23.

内,不能把其中的某一部分放到不同网页内部要求网上证券投资者依据该指示去网页上寻找。

2. 电子公开说明书不能与任何有关网络券商或者投资顾问的网页进行超级链接,防止投资者对该信息产生误会,对于其中的超链接内容,一定要作出声明性的陈述。

3. 电子公开说明书不能与同一网站的其他资料混合,要独立存在于网页上的特定区域内。

4. 在网上发布的电子公开说明书应该容易为投资者获取,如果需要特殊软件阅读,发行人要提供该软件,例如 PDF 方式,就要提供阅读器。

二、网上路演及其监管

早在 2001 年,我国证券监管机构就已经认识到网上路演这种推介行为需要规范,这一年,证监会发布了《中国证监会关于新股发行公司通过互联网进行公司推介的通知》,对发行公司在发行前通过网络进行推介活动进行了初步的规范。该通知在《证券发行与承销管理办法》公布施行之后已废止。虽然《证券发行和承销管理办法》对于网上路演作了简要规定,但是面对网上路演中已经出现或者可能出现的问题,这些规则仍然需要完善。

(一)网上路演及其发展

路演(Road Show),也叫路演推介,是股票承销商在发行前帮助发行人安排的调研和向投资者推介的活动。

路演制度发端于美国。美国证券市场上第一次进行路演的是小投资银行在 20 世纪 70 年代选择了集中会议的模式来进行证券要约。[①] 发行人在向 SEC 报备了注册说明书后的等待期内,主承销商经常会组织发行人在全美国范围内进行现场推介会,现场推介的对象包括分析师、基金经理、潜在承销人、承销团成员和机构投资者。之所以被称为路演是因为这些现场推介会是由公司的管理层和主承销商的投资团队以口头的方式在一到两个小时的时间内进行的推介。推介的目的在于激起潜在投资者的投资兴趣。路演推介同样也可

---

① Stephen J. Schulte, IPO Road Shows Today: A Primer For the Practitioner (original source not listed), reprinted in 226th Annual Institute On Securities Regulations 205, 206(1999).

以使用视听性的辅助材料、录影带,甚至是发行人产品的模型。但是美国法律要求在现场推介会的参加人不能获得任何纸质的文件,甚至苛刻到参加人不能记录。① 美国证券市场的路演从开始限定地点、大约持续一周的推介逐步发展到了在美国本土甚至国外持续数个礼拜的推介,并且从使用群体会议的方式逐步发展到了一对一的面谈方式。这种一对一的路演,双方是发行人的主要管理层和主要的潜在机构投资者。一对一式的路演,使得发行人能够更清楚地了解投资者的投资需求,甚至可以为此修改下一场路演的模式。但一对一式的路演也有其缺点,提高了路演计划的难度,增加了发行人和管理层的费用,并且还需要保证信息披露的一致性。也因此,在一对一式的路演中,管理层给机构投资者有可能提供更详细的公司金融规划。② 随着网络技术的发展,在 20 世纪 90 年代后期,路演逐渐发展到通过网络进行。网上路演的优点是其范围的广泛性和低成本性。网上路演是传统路演方式通过网络进行的扩展,使发行人和承销商可以同时向全国范围内的机构投资者和基金经理们同时进行推介。网上路演可以实时播放也可以延缓播放。此外,网上路演可以进行完整的视频和音频传送,也可以放置主持人的照片,招股意向书中的图片、表格,有关发行人的标示和图片。在延迟的播放中,必须要附带书面告知浏览者在现场播放完成后可能会有部分改变。与传统路演相似,网上路演也包括了提问和回答的互动环节。③ 纵观美国的路演,其发展是一个从现场(传统)路演————一对一式路演————网上(电子)路演的逐步发展的过程,体现了网络技术的发展对证券市场的影响。

我国证券市场的路演,其发展与我国证券市场的发展相吻合。我国证券市场上第一次现场路演是 1999 年 5 月 31 日科龙电器在北京中国大饭店举行的。④ 而我国网上路演则几乎同时出现,1999 年 8 月 24 日,清华紫光在全景

---

① Howard M. Friedman, Securities Regulation in Cyberspace, the 3th ed., Aspen Publishers, 2007 Supplement, §3.29.

② Brian C. Eddy, Internet Road Shows: It's Time to Open the Door for the Retail Investor, Journal of Corporation Law Summer 2000.

③ Brian C. Eddy, Internet Road Shows: It's Time to Open the Door for the Retail Investor, Journal of Corporation Law Summer 2000.

④ 参见《科龙 Roadshow 探出新路》,载《中国证券报》1999 年 6 月 5 日。

网上进行的网上路演是中国证券市场上第一次网上路演。① 实质上,我国网上路演的发展从一开始就不是依赖于现场路演发展起来的,而是直接以网络技术和中国证券市场这两个因素进行发展起来的,而且随着中国证监会在2001年发布的《中国证监会关于新股发行公司通过互联网进行公司推介的通知》,要求自2001年3月1日起,新股发行公司在新股发行前,必须通过互联网采用网上直播(至少包括头像直播和文字直播)方式向投资者进行公司推介,现场推介活动可通过电子网络系统上网转播。这就为随后的网上路演的出现打下了基础,并且意味着今后所有的新股发行企业,无论发行规模多大,都必须进行网上路演。网上路演开始成为中国证券市场新股发行的一个必不可少的程序。经中国证监会核准,北京用友软件作为第一家按核准制新要求发行A股的公司,于2001年4月20日在和讯网(www. homeway. com. cn)采用上网定价方式向社会公开发行2500万股,并取得成功。2006年中国证监会公布了《证券发行和承销管理办法》,该规章废止了《中国证监会关于新股发行公司通过互联网进行公司推介的通知》,但对于网上路演同样作了强制性的要求,即发行人应当通过互联网向公众投资者进行推介。

证券市场路演以及网上路演有两方面的功能。其一,推介功能,通过发行人和投资者的亲密接触,使投资者对发行人发行的证券产生极大的兴趣,促进证券的发行和销售,并且这种推介也使发行人和投资者建立了长期的利益关联,有助于发行人后期证券的再次发行。其二,询价功能,发行人在路演期间,根据投资者的投资兴趣和拟投资规模,逐步调整发行规模和发行价格,通过不断地调整,最终形成证券最后的发行价格。我国证券市场在刚刚建立时,采用了定价发行的方式,网上路演的询价功能无处发挥,导致了在我国网上路演一直以来只能承担发行人对证券进行推介的功能。随着我国证券市场的发展,证券发行价格也逐步过渡到了由发行人和承销的证券公司协商确定,《证券发行与承销管理办法》则规定首次公开发行股票的要采用询价的方式确定发行价格,但是询价的程序却与网上推介或网上路演无关,因此,网上路演的询价功能目前在我国仍然无法发挥出来,网上路演只能承担证券发行推介的功能。

---

① 参见金俊峰:《全景网路的"网上路演"》,载《互联网周刊》2000年7月10日。

(二)网上路演监管法律制度的建构

证券市场的监管始终是围绕着信息是否公开、公开方式以及公开限度等进行构建的。路演以及网上路演本质上也是一个信息披露的过程,路演中要引起投资者对发行证券的投资兴趣,需要向投资者详细说明发行人以及发行证券的相关情况,甚至要向投资者展示或者公布招股说明书的部分内容,以确保通过路演的推介和询价,实现证券的成功发行。因此,路演的核心仍然是信息披露问题,对路演中的信息披露的监管涉及到信息披露的对象和信息披露的程度范围两个方面。

1. 网络路演对象的监管问题

美国传统(现场)路演其对象仅限基金经理以及机构投资者,个人投资者是被排除在外的。其原因在于,首先是证券发行市场仅限于机构投资者,个人投资者只能通过购买基金等方式间接地进入证券发行市场;其次,囿于传统(现场)路演方式受到资金、场地等方面的限制,选择机构投资者进行推介,会更有利于询价和证券发行的推介。网络技术的发展一方面降低了路演的成本,其中包括文件的制作成本、路演差旅成本等,网上路演使证券发行人能够低成本地同时向国内甚至是全球的投资者进行推介和询价。此外,随着网上证券直接发行的出现,个人投资者可以直接通过网上进入到证券发行市场,购买首次发行的证券。因此,SEC 面临的一个问题,那就是证券监管所保护的对象——个人投资者在能够进入 IPO 市场时,却没有机会参加网上路演。[1]

1999 年 9 月 15 日,SEC 向 Charles Schwab 公司颁发了特殊许可证,在其进行网上路演时允许其向公众投资者开放。[2] 但是,该特殊许可的范围也仅限于参与了该公司 IPO 的个人投资者。事实上,传统路演推介对象的选择性一直为 SEC 和市场所诟病。原因在于,事实上路演推介行为给机构投资者传递了更多的信息优势。限制路演推介的对象在 IPO 实务中诟病更多。因为 IPO 已经向个人投资者开放,因此越来越多的压力要求放开路演的推介对象。对安全技术的突破,使得越来越多的未经授权个人投资者可以通过网络获取

---

① Adam Lashinsky, It's Time To Open Up the Road Show: What the SEC Doesn't Want You To Know, Fortune, Nov. 8, 1999, p. 338.

② Charles Schwab & Co., Inc., SEC No-Action Letter, Fed. Sec. L. Rep. (CCH) p. 77, p. 650.

路演视频或者通过电话收听路演的广播。SEC 也在考虑构建规则来控制路演。① 但是大部分的证券承销商和发行人都在抵制网上路演向公众投资者开放。这些承销商和发行人抵制的理由有三：首先,证券监管的目标在于保护投资者,网上路演向投资者开放将会给经验不足的个人投资者带来超负荷的信息负担,使其难以消化,反而与保护投资者的目标相冲突;其次,当发行人知道在网上路演过程中披露的信息将会被所有的投资者(无论这些投资者的投资经验如何)知晓,发行人可能会害怕承担信息不实的责任,因而不会向投资者传递重要的信息,仅仅会发布一些不重要的或者是重复的信息,投资者所获取的信息不但没有什么好过滤的,而且都是一些无用的信息;最后,投资者参与路演的最大兴趣在于跟发行人进行一对一的面谈,随着网上路演的出现和发展,一对一的面谈将成为过去时,大的机构投资者如果失去了一对一面谈的兴趣,那么路演这种市场工具的功能也将会消减或者受到限制。② 事实上,这些反对向个人投资者进行网上路演开放的证券承销商和发行人在强调其不能公开的理由时忽视了两个基本的问题:其一,美国证券法的立法之本就在于强制证券有关的信息向潜在投资者进行公开,而其中最有效的一种方法就是在证券 IPO 之前的路演过程中给个人投资者公平的获取信息的机会,业内资深人士认为:"本质上,关键的问题在于信息时代使得所有投资者具有了公平获取信息的机会,这使得许多公司想跟在证券市场占据主导地位的机构投资者进行私下密谈的愿望落空。"③随着信息技术和网络的发展,个人投资者在信息不对称中的弱势地位应当得到缓解。其二,无论网上路演是否对个人投资者开放,公司高管和管理层都必须遵守证券法和证券交易法的反欺诈条款。如果公司高管和管理层在路演的过程中,以口头或者书面提供的信息存在虚假或者重大遗漏的情形,公司高管都要承担相应的民事责任,与参与路演的对象无关。因此,发行人公司高管以个人投资者参与路演将有可能承担民事责任

① Howard M. Friedman, Securities Regulation in Cyberspace, the 3th ed., Aspen Publishers, 2007 Supplement, §3.32.

② Linda J. Yi, Road Shows On The Internet:Taking Individual Investors For A Ride On The Information Highway, Duke Law Journal, October, 2002.

③ See Matt Richtel, In Internet Age, Who Gets "Road Show" Tickets? Int'l Herald Trib., Oct. 27, 1999, pp. 23 – 23.

为由,其目的无非在于为其保持信息不对称提供由头而已。SEC 在其 2005 年的证券公开发行改革中虽然没有要求发行人的证券发行网上路演向所有人公开,但是已经开始鼓励发行人的网上路演向所有投资者公开。[①] 这说明 SEC 的态度,已经趋向于网上路演中的信息应该向所有投资者披露的思路。

自 1999 年网上路演在我国证券市场第一次出现,到目前为止,虽然只有短短十一年的历史,但是发展势头迅猛,以全景网为主的证券服务网站为网上证券路演提供了良好的运作平台。中国证监会自 2001 年开始要求发行人在证券发行前必须以网上直播的方式向所有投资者推介,也可辅以现场推介。网上路演是向所有投资者开放的,并没有区分机构投资者和个人投资者。这种做法客观上保障了中小投资者和机构投资者都能够公平地获取发行人披露的信息,如招股说明书概要或者招股意向书。其中一个很重要的背景是我国证券发行采用定价发行的方式,路演的功能仅限于证券的推介,而由于网上路演与传统路演相比具有的优势,发展网上路演自然成了趋势,对机构投资者和个人投资者实行相同的信息披露制度,避免了在网上路演过程中对个人投资者的信息不对称。

2005 年修改后的《证券法》对证券发行开始采用询价制度,为了能够实现路演的询价功能,《证券发行和承销管理办法》将路演一分为二,对符合特定资格的机构投资者采用现场路演的方式进行推介,并进行证券发行询价。对现场路演之外的投资者(包括个人投资者和未参加现场路演的机构)采用网上路演的方式进行推介,但不通过网上路演进行询价。[②] 因此,我国证券监管机构以不同的路演方式将投资者进行了分类,并对这两类投资者实行了不同的信息披露制度。对于参加现场路演的机构投资者,除了能够公开获取股票招股意向书和发行公告外,还能够获得额外的披露信息,即发行人的承销商要为参加询价的机构投资者编写证券投资价值研究报告。[③] 并且明确投资价值研究报告只能提供给参加询价的机构投资者。参加询价的机构投资者只能通

---

① Broc Romanek, Julie Hoffman, A New Day Dawning For E-Communications During The Offering Process, University of Toledo Law Review Winter 2006.

② 参见《证券发行与承销管理办法》第 5 条、第 13 条。

③ 参见《证券发行和承销管理办法》第 9 条至第 12 条。

过网下配售方式认购股票,其他的投资者(个人投资者和未参与询价的机构投资者)限定通过网上发行的方式进入一级市场。

证监会为了能够发挥路演的询价功能,同时为了避免信息披露上的不公平,可谓用心良苦。但事与愿违,《证券发行和承销管理办法》事实上加重了个人投资者和机构投资者之间信息披露上的不公平。在我国证券市场上,机构投资者相比于个人投资者在信息获取上本已具有非常大的优势,已经造成了信息披露上的不公平,侵蚀了股东平等、同股同权的公平规则。证监会规定的证券投资价值研究报告则又从两方面加重了这种信息不对称:其一,证券投资价值研究报告由证券承销商的研究人员独立撰写,相比股票招股意向书而言,具有专业性和针对性,对证券投资的意义重大。虽然《证券发行和承销管理办法》规定只在发行市场对参加询价的机构投资者发布,但事实上,这些询价对象依然可以在二级市场上使用证券投资价值研究报告,将严重地造成机构投资者和个人投资者之间的信息不对称,有违股东公平原则;其二,由于证券投资价值研究报告披露的对象仅限于参与询价的机构投资者,证监会为了保证证券投资价值研究报告不被泄露给其他的非询价对象,严令发行人、主承销商和询价对象不得以任何形式公开披露投资价值研究报告的内容,并且规定了泄露的责任,这种规定固然可以在一定程度上保障证券信息披露的形式上公平,但事实上证券投资价值研究报告不同于招股意向书,其内容由承销的主承销商撰写,发行人和主承销商为了能够顺利地发行证券并提高证券的发行价格,很有可能会在证券投资价值研究报告中披露招股意向书中未披露的信息,在内容上使询价对象和非询价对象之间形成不公平披露。

我们认为,在证券发行中进行询价,是我国证券市场和证券法律制度的发展与进步,但是为了发挥路演的询价功能,而形成路演过程中信息披露的不公平则值得反思。我国证券市场发展时间短,投资者结构中也以个人投资者为主,机构投资者在最近几年才有了长足的发展,但无论是机构投资者还是个人投资者,其投资经验与美国等证券市场发达国家相比,都存在一定差距。证监会通过实行现场路演和网上路演的分设,实现路演的询价功能,也算是匠心独具。但是,制度的引入也要全面考虑。在美国等发达国家大力发展面向全部投资者的网上路演之时,我国证券监管者却将路演强制性地分为两类,实行不同的信息披露制度,这在信息披露公平原则下,可谓是开历史的倒车。

我们赞同这样的方式:将路演分为现场路演和网上路演,通过现场路演逐步发挥路演的询价功能,并最终过渡到通过网上路演充分发挥路演的询价和推介功能,为全体投资者服务。我们主张,在路演的过程中应该对所有投资者实行公平的信息披露制度,证券发行人公开的招股意向书①,是经过证监会批准的信息披露的法定文件,有关发行人和发行证券所有信息都应该包含在内,并且也将作为证券投资者进行证券投资的依据,在现场路演中完全可以以此作为信息披露的内容进行询价。证券投资价值研究报告除了形成信息披露的不公平外,没有任何意义。这是因为:证券投资价值研究报告是在询价过程中使用的,报告撰写的依据应该限于招股意向书,虽具有一定的价值分析,但事实上,参与询价的机构投资者都是专业的证券分析师,对于发行证券的投资价值完全可以依据招股意向书进行分析,完全没有必要再依靠证券投资价值研究报告;反之,如果证券投资价值研究报告中有招股意向书中未曾披露的信息,那就是违反了强制信息披露制度,造成信息披露的不公平,应该受到法律的制裁。

总之我们主张,在现阶段,路演可以分为现场路演和网上路演两种方式,以现场路演对大的机构投资者进行询价和推介,以网上路演对其他的投资者(包括个人投资者)进行推介,是符合我国证券市场发展的现状的,但随着网络的发展,应该逐步过渡到通过网上路演面对全部投资者进行询价和推介,这样既节约了成本,也保障了信息披露的公平。同时,我们也认为,现场路演中的证券投资价值研究报告非但没有必要,还会造成信息披露的不公,应该考虑取消。

2. 网上路演信息披露范围及欺诈问题

网上路演是发行人及承销商向投资者推介自己的证券,进而实现股票的

---

① 我国《证券法》第 12 条和第 14 条均规定,发行人在向证监会报送的文件中包括招股说明书,发行人向投资者提供的文件也应当是经证监会批准的招股说明书。《公开发行证券的公司信息披露内容与格式准则第 1 号——招股说明书(2006 年修订)》中规定,招股说明书应该包括证券发行价格条款。证券发行实行询价制度后,《证券发行与承销管理办法》第 54 条规定:发行人披露的招股意向书除不含发行价格、筹资金额以外,其内容与格式应当与招股说明书一致,并与招股说明书具有同等法律效力。可见,发行人披露的招股意向书与招股说明书基本相同。在证券投行实务中,证券发行人报送证监会的招股说明书中也是不含证券发行价格的,本质上看,证监会批准的就是招股意向书。

询价和顺利发行。发行人在向投资者进行推介时,能够吸引投资者的最重要的因素是发行人及要发行证券的信息。这些信息从内容上可以分为如发行公告、招股意向书、招股说明书摘要等强制披露的信息,以及法律意见书、律师报告、发行人及承销商简介、发行人及承销人高管介绍等由发行人主动提供的任意披露信息。这些信息公开的方式有书面的,也包括视频、网上互动等。因此,网上路演过程中发行人信息披露的范围及信息披露过程中欺诈性问题将逐渐凸显出来。

在美国,发行人在向 SEC 报备了注册说明书的等待期,主承销商经常会组织发行人在全美国范围内进行现场推介会,现场推介的对象包括分析师、基金经理、潜在承销人、承销团成员和机构投资者。美国《1933 年证券法》规定,在路演现场只能通过口头的方式对机构投资者进行推介,并且讨论的内容应该跟报备的招股说明书的内容一致。路演推介同样也可以使用视听性的辅助材料、录影带,甚至是发行人产品的模型。但是美国法律要求在现场推介会的参加人不能获得任何纸质的文件,甚至苛刻到参加人不能记录。在 2005 年 SEC 对网上路演实行与现场路演相同或者相似的政策,通过网络获取的路演内容无疑构成了在等待期内不被允许的发行说明书。

2005 年,SEC 发布了新的规定,对与路演相关的规则进行了推倒性的解释。其中 2005 年公开发行改革中最重要的就是关于书面通信和图像通信。所谓图像通信是指"所有形式的电子介质,包括但不限于录音带、录影带、传真、光盘(CD—ROM)、电子邮件、互联网网站、在电话应答或语音邮件系统上广泛传播的实质类似信息、计算机、计算机网络和其他形式的计算机数据汇编"。[①] SEC 对于图像通信的定义其目的在于确认图像通信属于口头通信的范畴,从而为网上路演放行。SEC 在随后的一个规则解释中明确,规定图像通信的目的在于无论是通过闭路电视还是通过网络对现场路演的传播都会认定为口头通信,从而获得证券法的豁免。同样地,通过 PPT 幻灯片和其他的视觉教具等提供的路演的一部分也被认定为现场路演的一部分而不会被认定为要约性非法定招股书。网上路演有两种情况,一种是对现场路演的重播,一种

---

① ［美］路易斯·罗思、乔尔·赛里格曼:《美国证券监管法基础(上)》,张路等译,法律出版社 2008 年版,第 97 页。

是在网上制作而没有向现场观众提供,仅仅用来通过网络进行传播,这两种情况都被界定为"图像通信"。① 因此,当这些通信在等待期使用时就构成了所谓的要约性非法定招股书。一般来说,这些要约性非法定招股书都需要在SEC 进行备案。但是,SEC 的规则 433 排除了某些作为路演通信证监会备案的要求。若属于书面通信的路演涉及非报告发行人普通股或者可转换股权证券,在报告发行注册说明书时不需要其报备《1933 年证券法》第 13 条或第 15(d)条项下的报告,则必须报备该等路演,除非发行人至少制作一种版本的诚信电子路演,使该电子路演以图像方式不受限制地向任何人提供,包括证券的任何潜在投资者(若属于书面通信的发行电子路演有一种以上的版本,则不受限制提供的版本要不晚于其他版本提供)。② SEC 的目的在于通过排除性条款提高路演过程中公众的参与性。事实上,发行人可以将信息上传到自己的网站,还可以链接到上传有发行人或发行人发行信息的第三方网站。规则433 认为,包含在发行人网站或者由发行人超级链接到第三方网站的发行人证券要约属于发行人进行的书面要约。发行人的历史信息将不视为发行人证券的现实要约,因此,也不属于要约性非法定招股书。这就是说,除其他事项外,若历史信息认定属实、放置在发行人网站中包含历史信息的独立部分、未以参照方式并入或者其他方式包含于发行招股说明书中、且未以其他方式用于或指向发行,则该等信息将不需要报备证券委员会备案。③

在我国,网上路演与美国相比,有很多的不同。我国《证券法》在证券发行上,与美国实行的体制不同。美国对于证券的发行,实行注册制(也称申报制)即以证券信息的公开实现为原则,发行人无须具备一定的财务、业务条件,但是应依规定申报及公开有关资料,如主管机关于一定期限内未表示异议,即可发行证券。④ 我国对于证券发行,实行核准制,在核准制下,发行人除

---

① Howard M. Friedman, Securities Regulation in Cyberspace, the 3th ed. , Aspen Publishers, 2007 Supplement, §3.30.

② 参见[美]路易斯·罗思、乔尔·赛里格曼:《美国证券监管法基础(上)》,张路等译,法律出版社 2008 年版,第 97 页。

③ 参见[美]路易斯·罗思、乔尔·赛里格曼:《美国证券监管法基础(上)》,张路等译,法律出版社 2008 年版,第 97 页。

④ 参见 Loss & Joel Seligman, Securities Regulation, Aspen Law & Business, 1998, pp. 169 - 177,转引自赖英照:《股市游戏规则——最新证券交易法解析》,作者发行 2006 年版,第 28 页。

依法公开有关信息外,其财务、业务还必须符合一定的标准或条件,并经主管机关核定批准后,才能公开发行有价证券。① 体制的不同,导致美国证券发行人在向证券监管机构报送注册说明书,在注册说明书生效前的等待期内就可以进行网上路演。我国证券法及相关规则,要求发行人只能在取得了证券监管当局的批准后,才可以向社会公众进行路演,推介要发行的证券。美国证券监管机构之所以要在 2005 年就路演规则进行改革,就是由于证券发行申报制下,规范网上路演过程中的证券信息披露乃至防止证券欺诈,同时也要给网上证券路演一定的发展空间,求得二者发展的平衡,进而创造了一个所谓的要约性非法定招股说明书的新名词。我国证券发行实行核准制,证券发行人在网上路演过程中公开的是经过证监会批准的招股意向书或者招股说明书摘要,属于法定的信息披露文件,所以不需要通过规则的扩大解释,创造所谓要约性非法定说明书这样一个概念,但是对于网上路演过程中能够披露的信息的范围以及信息披露过程中的欺诈问题仍然需要重视。

我国证监会在《中国证监会关于新股发行公司通过互联网进行公司推介的通知》规定,网上推介的方式包括了图像直播和文字直播,出席会网上推介的人员包括新股发行公司的董事长、总经理、财务负责人、董事会秘书(其他高级管理人员不限)和主承销商的项目负责人,披露信息包括网上直播推介活动的公告和招股意向书或者招股说明书概要,并且要求参加推介活动的上述人员在推介活动前应进行认真充分的准备,并向中国证监会书面承诺其向投资者发布的信息不存在虚假、误导性陈述或有重大遗漏。《证券发行与承销管理办法》则分散式地作了类似的规定。

网上路演中的信息披露有虚假陈述的可能。事实上,在网上路演信息的单向传递过程中,发行人通过网站公开或者通过视频等方式,公开的内容基本上都属于招股意向书中的内容,只不过转换了公开的方式而已。② 发行人的网上路演所披露的信息,从内容上分为两类,强制性披露信息和自愿性披露信息。强制性披露信息主要指我国证券监管规则要求在网上路演期间公开的法

---

① 参见陈界融:《证券发行法论》,高等教育出版社 2008 年版,第 87 页。
② 关于这一点,我们曾经就全景网上公布的网上路演的内容作了初步的统计,与上述观点是相符合的。

定文件,例如招股意向书、招股说明书概要等,这些内容都是监管机构要求的法定需要披露的信息,自愿性披露信息则是发行人在网上路演的过程中,主动透露给投资者或者在跟投资者网上互动的过程中被动向投资者发布的有关发行人的信息。对于强制性披露信息的内容基本上属于证券监管机构核准过的内容,发行人应该真实、准确、完整、及时地向投资者公开,其中最核心的部分应当是招股意向书,如果发行人公开的招股意向书中存有虚假陈述的内容,可以依据证券法追究发行人以及相关人员的虚假陈述的责任。对于自愿性信息披露内容,例如在发行人和承销商代表跟投资者进行网上交流互动时,随着交流内容的深入,发行人及承销商代表就难以保障其所述内容全部符合招股意向书的规定了,其中某些内容会含有夸大甚至是虚假或者误导性陈述的内容。《中国证监会关于新股发行公司通过互联网进行公司推介的通知》要求,直播内容应以电子方式报备中国证监会和拟上市证券交易所。《证券发行与承销管理办法》则对其没有明确规定。一旦投资者误信了发行人在网上路演过程中以非招股意向书的方式披露的内容,是否构成虚假陈述则成为问题,毕竟我国《证券法》第69条对强制信息披露文件的规定不包括这种方式,但是在网上路演的过程中,发行人及其承销人为了能够保证证券的顺利发行,有可能进行虚假陈述。因此,我们建议,网上路演发行人自愿披露的信息之内容应当与招股意向书的内容保持一致,对于网上路演过程中发行人所披露的内容应当向证监会报备,其中披露的内容如果属于发行人在招股意向书中未披露的内容应构成招股说明书的之组成部分,如果该内容的披露有可能影响证券发行审核的失败,证监会应该撤销该发行,如果证券已经发行,该内容对投资者构成了虚假陈述,投资者有权根据《证券法》的相关规定要求赔偿。

网上路演的过程中也可能会发生证券欺诈。发行人的网上路演,跟投资者之间的网上互动是必备的方式,由于网络的开放性和兼容性,发行人在交互进行运作过程中,各种投资者会从自身利益出发,在双向沟通交流中,往往由于网上身份认证困难,对信息发布的准确性难以及时有效判断甄别。首先,发行人和承销人为了能够顺利地实现证券的发行,有可能会雇佣或者与投资者合谋,以互动的方式公开某些误导或者虚假性的信息,诱导其他投资者进行证券投资;其次,某些庄家也有可能会利用网上路演的机会对证券发行人公开的信息进行所谓的恶意的解读,既包括对发行人及要发行证券的恶语中伤,也包括对发行人及要发行证券的恶意褒扬,使其他投资者对要发行的证券产生误解,以此影响其他投资者购买或者误导投资者放弃购买,最终影响证券发行价格,以便于庄家在二级市场上牟利。对于发行人恶意或者与投资者合谋发布误导性或者虚假信息的行为,应该认定为虚假陈述行为,依照《证券法》关于虚假陈述的规定,追究发行人及其他投资者的责任;对于庄家的恶意炒作行为,发行人在网上路演的过程中有澄清的义务和责任,如果发行人没有对庄家的恶意炒作行为进行澄清,事实上是以不作为的方式对投资者构成了虚假陈述,应依照《证券法》虚假陈述的规定追究责任,对于庄家的恶意炒作发行人及发行证券信息的行为,由于发行人和专家之间不存在共谋的情形,可以考虑依照《证券法》第77条第4款"以其他手段操纵证券市场"认定为属于广义操纵市场的行为①,依照《证券法》第77条、第203条和第182条追究相应的责任。

三、定期报告的网上披露监管——以可扩展商业报告语言(Extensible Business Reporting Language,XBRL)为中心

(一)XBRL 在国外证券定期报告网上披露监管制度中的引入和发展

XBRL(Extensible Business Reporting Language,可扩展商业报告语言,简称XBRL)是一个开放式的不局限于特定操作平台的国际标准,通过它可以实现财务和商业报告数据及时、准确、高效和经济地存储、处理和交流。② XBRL 的研发历史可追溯至1998年。1998年4月,美国注册会计师霍夫曼(Hoffman)等对用于电子财务报告的 XML 技术进行了研究,后在1998年7月就财务报告中使用 XML 技术的潜力向 AICPA 进行了汇报,并于1999年6月得到了AICPA 正式资助。1999年8月 AICPA 与12个公司一起成立了 XBRL 指导委员会(XBRL Steering Committee),并于1999年10月举行了第一次会议。2000年4月,XBRL 指导委员会举办了第一次记者招待会,正式揭开了 XBRL 的

---

① 广义操纵市场是指任何人实施的任何方式的操纵市场的行为。参见叶林:《证券法(第三版)》,中国人民大学出版社2008年版,第317页;周正庆、李飞、桂敏杰主编:《新证券法条文解析》,人民法院出版社2006年版,第195页。

② Bergeron B. Essentials of XBRL,John Wiley&Sons. 2003,22.

面纱。①

XBRL 在证券监管中的应用得益于 SEC 在 EDGAR 系统中的引入和推广,并借助于一位热心于在上市公司报告中应用 XBRL 的 SEC 主席使得 XBRL 语言在全球证券监管中被广泛地引入。

SEC 以法规的形式要求所有上市公司,包括在美国上市的外国公司,必须向 EDGAR 报送包括年报、季报、收购兼并、资产重组、高级管理人员更换、分红方案和重大项目进展情况等各类法定披露信息,并把这一要求列入上市公司信息披露义务的范畴。但是向 EDGAR 系统提供的文件一般使用的是 PDF 方式或者 HTML 方式,这些通过网络提供的电子文件对证券信息公开起到了重要的作用,但是,PDF 方式或者 HTML 方式只能规定网页上的内容如何显示而无法表达数据的内容,提供的数据不可直接利用,不能将数据灵活地导入分析软件并完成多种形式的输出,因此不利于投资者进行对比和分析。此外,美国每年平均新增 13000 多个机构需要向 EDGAR 上报信息,即使按照要求每 3 年对上述报告审阅一次,也需要花费大量的人力和时间,故 SEC 一直致力于寻求新的监管方法,使审查机构能够直接提取相关数据进行审查、分析。XBRL 可扩展性标记语言,具有网络化、多元化、规范化的特点,通过对数据的准确标记,可以满足上述需要。2001 年 12 月,EDGAR 开始提供用 XBRL 形式发布的上市公司财务报告。从 2004 年报开始,证监会考虑上市公司提交基于 XBRL 的财务报告,并在 9 月 27 日发布自动填报系统。上市公司可以自愿选择是否采用 XBRL 填报披露信息。② 事实上,SEC 一直不遗余力地推动 XBRL 在证券信息披露领域的应用,突出表现为:SEC 主席克里斯托弗·考克斯(Christopher Cox)对互动数据的重要性有深刻认识,十分重视 XBRL 技术的发展,并带头全力推进互动数据的应用;2006 年 SEC 出资 5400 万美元应用 XBRL 技术重建其公共信息披露系统(EDGAR),加大对 XBRL 的应用投入;2007 年 10 月 9 日 SEC 成立互动信息披露办公室,共 12 位工作人员,考克斯为其赋予的使命是:"通过低成本、更快更有效的信息帮助我们提升资本市场

---

① 参见何玉、张天西:《XBRL 理论研究综述》,载《世界科技研究与发展》2008 年 6 月。

② 参见牛艳芳:《EDGAR 对 XBRL 信息的验证:借鉴与启示》,载《财务与会计》2007 年 1 月。

的效率和质量";SEC 通过在互联网上建立专栏、举办公共论坛、在网上向公众提供上市公司和基金公司实例文档等方式加强宣传;利用网站、会议等多种方式听取来自市场各方及公众的呼声和建议;鼓励和引导上市公司用 XBRL 语言编写财务报告,并提交 SEC,积极推进 XBRL 语言在证券监管领域的试点。① 2008 年 5 月 30 日,SEC 公布了 140 多页厚的议案,开始广泛征询意见。SEC 计划在 2008 年底强制 500 家大公司用互动数据格式报送财务报告,计划在 3 年内强制全美上市公司用 XBRL 标准报送财务报告。

XBRL 语言在世界其他国家的证券信息网上披露和证券监管中也得到了广泛的运用。日本成功研发"投资者网络电子披露系统"(EDINET),并要求日本大部分上市公司和基金公司在 2008 年 7 月 1 日以后将强制性披露 XBRL 方式的财务报表,其运用范围也从原来的年报扩大到了半年报、季报和证券登记说明。2007 年 1 月 19 日,加拿大证券委员会启动了 XBRL 方式财务报告自愿报送计划,并从 2007 年 5 月份开始,所有参与该计划的公司可以通过电子文件分析与检索系统(SEDAR)进行 XBRL 方式的信息披露。此外,加拿大证券委员会宣布,加拿大将不加修改地完全采用国际财务报告准则,预计具体实施日期为 2011 年 1 月 1 日。印度证券交易委员会(SEBI)在 2007 年 12 月 27 日修改了上市条例,其中规定包括募集资金的使用、监控以及利用 XBRL 方式向公司报送和发布系统(CFDS)进行信息披露。以色列要求所有上市公司一致采用 XBRL 方式进行财务信息披露,并且已经从 2008 年 1 月 1 日起开始执行。另外,以色列证券局计划于 2008 年与国际会计准则委员会接轨,采用国际财务报告准则(IFRS)进行定期和不定期信息披露。②

(二)XBRL 在我国证券定期报告网上披露领域发展的现状

早在 2002 年,我国证券监管机构就开始 XBRL 的证券信息披露应用研究。在中国证监会的领导下,深沪证券交易所、深圳证券信息有限公司、上证所信息网络有限公司等抽调专人组成上市公司信息披露电子化工作小组,着

---

① 参见李为:《XBRL——监管的革命》,载《证券市场导报》2009 年 1 月号;Howard M. Friedman,Securities Regulation in Cyberspace,the 3th ed. ,Aspen Publishers,2007 Supplement,§15. 26— §15.32.

② 参见李为:《XBRL——监管的革命》,载《证券市场导报》2009 年 1 月号。

手制定信息披露的行业标准。工作小组根据国内上市公司信息披露的需求，借鉴国际商业报告领域出现的最近技术标准，历时两年完成了《上市公司信息披露规范》(以下简称《规范》)的制定。2004年1月，经全国金融标准化技术委员会审批通过，确定采用 XBRL 的技术规范，并且依据国际最新的 XBRL2.1 规格书和 FRTA(Financial Reporting Taxonomies Architecture,财务报告分类框架)的相关规定编写。该规范于2005年6月正式颁布实施。目前沪深两市的所有上市公司已实现了用 XBRL 对定期报告的全文和摘要进行披露。上海证券交易所和深圳证券交易所在 XBRL 语言在信息披露领域的应用和试点，对 XBRL 语言在我国证券信息披露和证券监管领域的发展，功不可没。我国 XBRL 语言在基金信息披露领域的发展已经走在了世界的前列。2008年9月1日，中国证监会发布了《基金信息披露 XBRL 标引规范》和《基金信息披露 XBRL 模板第1号〈季度报告〉》，这标志着 XBRL 将在基金行业得到全面推广和运用，此举将有助于提高基金信息的使用效率，规避风险，进一步提升基金业规范运作的水平。[①]

(三)XBRL 语言在定期报告信息披露监管中的功能

定期报告的网上披露，以往采用的主要格式是 PDF 或者 HTML 格式，但是这些方式有其缺点。相比之下，在定期报告的网上信息披露领域引入 XBRL 语言具有无可比拟的优势，例如可以使信息公开更透明、在不同上市公司和行业中更具有可比性以及可以更容易被各类使用者(包括投资者、公司和执法机关成员等)所接受等。

1. XBRL 语言的使用可以使定期报告更加透明和更具有可比性

与传统的信息公开方式相比，XBRL 语言会使公司提交的信息披露文件更透明。在 GOOGLE. COM 上使用"XBRL"和"transparent"进行搜索，所有查询结果几乎没有反面的结论。[②] XBRL 语言下的证券定期报告变得更加易懂、真实和准确。用户(个人投资者、分析师、公司和监管机构) 可以使用 XBRL

---

① 参见邹胜、苏梅、苗咏、张兴东、秦宁:《XBRL 在中国证券行业的应用与推广》,载《计算机系统应用》2007年第6期;姜彤彤:《中国证券业应用 XBRL 的现状及相关建议》,载《财会研究》2008年第5期;李为:《XBRL——监管的革命》,载《证券市场导报》2009年1月号。

② http://www. google. cn/search?%20hl=en&q=XBRL+transparent&btnG=Search.

更迅速地对定期报告进行搜索。例如,用户通过使用标记(tag)而不再使用关键词对近六个月内发布的定期报告中上市公司期权进行搜索。XBRL 将会大大降低用户目前使用关键词进行搜索的时间,同时也将是投资者能够准确定位,避免进行无效的搜索。由于以 XBRL 语言提交的文件具有格式化的特征,使得这些提交的文件类似于一个数据库,文件的每一个部分可以更容易地记录真实的内容,也因此,在标注数据提供的情况下,这些内容类似于会计准则的会计科目,XBRL 描述这些内容就像税法中税目一样清晰,投资者、分析师和监管当局可以很容易地识别和理解。此外,用户为了使用某些内容还可以就某些项目进行扩展和限缩。因此,XBRL 语言通过给用户提供更容易识别、理解的信息,使得公司披露的定期报告更加透明。①

XBRL 使用户更容易接受和使用它们获取的公司披露文件。事实上,XBRL 最直接的、最迅捷的便利是这种格式可以使用户对不同的数据进行对比。证券行业已经允许投资者就不同时间和不同行业公司披露内容进行对比,这是一个巨大的进步。但 XBRL 更允许用户通过一个单一文件以特定的时间或者对特定的公司甚至是对整个行业的发展趋势进行对比。② 例如美国证券监管机构就通过使用 XBRL 对股票期权倒签迅速地进行了调查。使用 XBRL 可以很容易地对发生股票期权倒签问题的公司信息披露文件进行对比,对比的内容包括该公司的数据和以往的信息披露文件、该公司跟其他公司之间的关系以及对文件不同项目进行对比。使用 XBRL 我们可以很容易地对该公司的上述问题进行对比和复查。总之,XBRL 赋予投资者可以通过其屏幕对证券信息披露文件进行复查和对比的能力是一个巨大进步,尤其是 XBRL 的引入使得投资者可以迅速而方便地对跨公司或者跨行业的披露文件进行对比。

2. XBRL 可以使定期报告的语言更加简明易懂

为了能够提供更加透明、更具有可比性和实时性的数据给投资者,各国的

---

① See Notes and Management's Discussion Analysis, available at http://www.standardadvantage. com/vfp/data/xi-fy02-2003-02-01/index. html.

② Christopher Cox,Chairman,SEC,Opening Remarks at the Interactive Data Roundtable (Mar. 19,2007),available at http:// www. sec. gov/spotlight/xbrl/xbrltranscript031907. pdf.

证券监管机构都在鼓励能够帮助投资者、公司和监管者获取更加简洁和易懂的披露文件。XBRL语言通过使用标准的分类法,使披露义务人避免了使用易于混淆的语言。披露义务人对于最后的报告文件语言进行撰写和修改时,将在他们的报告中使用相同的概念。监管机构的披露系统只需要复制这些公司的披露文件,剩余的工作交给XBRL去做即可,XBRL可以使注册公司和行业的财务报告进行标准化和流水作业。这就意味着,一旦公司使用了相同的信息披露语言,披露义务人不需要对某些概念再作解释,这样就可以给投分析师、投资者和监管当局提供更短、更简明的报告。基于XBRL流水作业式的报告将会减少监管机构的工作量,因为披露义务人都是用XBRL下的相同的分类法,监管者复查的工作量就会降低。理想状态下,使用XBRL的公司也会意识到他们给监管者的报告时如此透明,以至于不得不更好地遵守证券法。因此,使用XBRL这种交互式的语言使得定期报告更加简明和标准化,同时也减少了注册公司、投资者和监管机构对财务报告进行解读的难度。这种简明的数据反过来也会减少监管机构对证券市场的干预。

3. XBRL可以防止强制信息披露中的虚假陈述

为了能够提供更加透明、更具有可比性和简明的文件,XBRL引入了新的披露义务标准。XBRL格式及其标记使披露公司很难在其披露文件中进行虚假陈述。由于使用了交互式的数据标记,XBRL增加了披露义务人在披露文件中进行虚假陈述的难度。如果披露义务人不能提供XBRL标记所要求的信息,将构成重大遗漏。披露义务人在使用XBRL时如果提供了错误的标记或者对标记的内容提供了虚假的信息,构成证券欺诈。当然,上述行为还需要证券监管机构对信息披露义务人主观过错的认定,方可构成证券欺诈或者虚假陈述。[①] 事实上,各国证券监管机构为了推动XBRL语言在证券信息披露领域的使用,对于信息披露义务人的上述行为,只要不是故意的行为一般都不会认定为虚假陈述。

4. XBRL将有助于保护投资者利益目标的实现

各国证券法和证券监管机构无不将保护投资者利益作为其首要的目标。XBRL语言将从两个方面实现对投资者的保护,一是给投资者提供简明、易懂

---

① John C. Coffee,Jr. & Joel Seligman,Securities Regulation 1128 - 29 (9th ed. 2003).

和具有可比性的报告有助于投资者进行投资和自我保护;二是由于证券监管机构对证券市场的有效监管间接实现对投资者利益的保护。

在证券市场上,投资者尤其是个人投资者在面对操纵市场行为时总是脆弱的,例如公司高管为了虚报薪酬操纵股价就会损害投资者的利益。XBRL可以向投资者提供其所需要的信息。如上所述,XBRL的出现给包括投资者在内的用户提供了易懂、透明的数据,即便XBRL不能完全防止证券欺诈行为的发生,至少可以给投资者的投资行为提供易懂、具有对比性的数据。更重要的是,这种交互式的数据可以惩罚信息披露中的不合法的动机。公司高管的任何基于自利动机而不披露某些信息的行为,XBRL都可以发现。从整个证券市场来看,转向XBRL披露的信息会使证券的价格更加准确,进而将会对证券市场资源进行重新分配。例如,分析师和投资者根据公司高管获得的股票期权可以更准确地给股票定价。此外,XBRL的引入使得股东可以自己调查公司治理情况从而降低了代理成本。XBRL可以向投资者提供比证券报刊和杂志上的专栏和研究文章更易懂的数据,这些数据反映了公司的治理状况和公司高管的薪酬。因此,XBRL的引入推动了经济的发展、变革和投资。XBRL使强制披露报告更易于接受、易懂、更具有可比性。这一切虽然不能够直接推动经济发展,但是却建立了一个有效的证券市场,间接促进了经济的发展。

(四)对证券定期报告网上披露监管引入 XBRL 质疑的回应

对于在证券定期报告网上披露监管中引入XBRL一直存在反对质疑的声音,其理由是XBRL的引入和推广将会带来三个方面的缺陷。首先,会增加信息披露义务人的成本;其次,信息披露义务人有可能会挖掘XBRL分类法漏洞;最后,加大对交互数据的分析有可能会造成过度监管。这些疑问,表面看来很有意义,但仔细分析,却都不成为问题。

一些公司担心XBRL的成熟度和成本问题。[①] 实施XBRL技术的成本和对员工的训练表面看来会妨碍XBRL的发展,但事实远非如此。早期引入

---

① Karey Wutkowski, Interactive Data Helped U. S. SEC Uncover Backdating, Reuters, Feb. 9, 2007, available at http:// www. reuters. com/article/idUSN0936619020070209.

XBRL 的美国联合技术公司为了在定期报告中使用 XBRL 仅仅花费了 4 万美元①,与其 430 亿的销售额相比,这点成本可以说微乎其微。到 2006 年百事可乐公司在其第一次使用 XBRL 制作定期报告时,包括就定期报告 XBRL 的程序命令外包也只花费了 5000 美元。而有关的时间和人力成本在初期可能会大一些,但是随着 XBRL 的长期使用和公司规模的扩大,这些成本也会变得相对很小。② 此外,允许公司使用 XBRL 制作定期报告也将有助于公司对其财务报告进行弹性控制。

对引入 XBRL 技术担心的第二个问题是信息披露义务人有可能会挖掘 XBRL 分类的漏洞并利用之。交互式数据在给市场带来透明度的同时,也有可能会带来新的证券欺诈。例如,披露义务人可能会在某些标记上过度陈述,更坏的是,一些无德的公司可能同时会故意漏掉某些标记。这确实是一个值得关注的问题。事实上,这并不是一个新问题,其本质是信息披露义务人无非在寻找机会以免于承担法定的信息披露义务而已。无论是重大遗漏还是误导性陈述都是法律所禁止的,与使用的技术无关。这跟盗窃行为是一个道理,盗窃行为始终是犯罪,与被盗住宅是否安装了报警系统无关。此外,在各国证券监管机构正在努力推行 XBRL 技术时,都已经就 XBRL 下的违反证券法的行为加大了执法人员和资金的投入,以确保 XBRL 下证券信息的真实、准确、完整、及时。

对引入 XBRL 持反对意见的人担心的最后一个问题是证券监管机构将会加大对 XBRL 文件的监视,导致监管机构的过度监管。毋庸置疑,即便是合法的公司也害怕证券监管机构的调查。事实上,各国证券监管机构对于信息披露义务人的行为作了区分,对于普通的登记和记录的缺失以及会计标准的简单误用等错误不会被认为是证券欺诈,对于这些普通的错误,即使通过 XBRL 可以很方便地发现,证券监管机构也不会惩罚,证券监管机构只会对存在故意或者过失的极少数的信息披露义务人的行为感兴趣。证券监管机构基于 XBRL 下的定期报告调查某个公司也并不意味着调查将会发展到民事赔偿、行政处罚或者刑事犯罪的程度。

---

① Marie Leone,10 – K's,8 – K's a Thing of the Past? CFO Sept. 25 ,2006.
② Sarah Johnson,The Good and Bad About XBRL's Future,CFO,Oct. 4 ,2006\.

总之,守法的公司没有必要害怕或者反对证券监管机构推行 XBRL。XBRL 试点已经说明公司使用 XBRL 制作定期报告包括时间在内的成本都是相当小的。一些信息披露义务人挖掘 XBRL 语言的漏洞是不可避免的,但是证券法和证券监管机构对于这些行为是有能力及时发现并处罚的。最后,这种规范化的更加透明的数据系统使证券监管机构有能力在短时间内对大量上市公司的披露信息进行调查,但是,这些公司没有必要担心,这种初步调查既不是最后的处罚也不惩罚他们的错误。因此,反对引入 XBRL 语言的理由都是不成立的。①

(五)进一步推动 XBRL 在我国定期报告网上信息披露监管中发展的建议

在证券监管领域尤其是网上信息披露监管中引入 XBRL 语言,具有重大的意义。中国证监会正在推动 XBRL 技术的引入和发展,并且也取得了一定的成果,但是依然存在一定的问题,例如缺乏熟知 XBRL 的专家和权威、XBRL 分类标准不完善、与国际组织的联系和交流较少、证券行业内对于 XRBL 的认识还欠深入,法律法规尚未要求强制报送 XBRL 形式的报告、报送主体的参与性和自主性较弱、国内两个交易所 XBRL 分类标准不统一等。

1. 加强对 XBRL 的宣传和教育

中国证监会和沪深证券交易所应该积极开展对市场主体进行宣传和教育,特别是针对上市公司、证券公司、证券中介机构以及软件开发商的宣传和培训。以各种方式的研讨、论坛等吸引更多的主体使用和开发 XBRL,使已经转化为 XBRL 形式的披露文件在市场主体之间流转,使市场主体从感性和理性两个层面对 XBRL 进行了解和使用;同时也要加强对社会其他人士的通过各种培训班、研讨班、会议或网站宣传的形式,提高各类人员对 XBRL 的学习力度,促进广大投资者和普通老百姓了解 XBRL。熟知的社会环境和市场环境将有利于 XBRL 语言在中国的进一步发展。

2. 成立证券行业 XBRL 专家委员会

在中国证监会和沪深证券交易所的推动下,吸收高等学校、监管机构、证

---

① Susan M. Brunka, XBRL And The SEC: How The Commission Uses Interactive Data To Investigate Illegal Stock Options Backdating And What Interactive Data Means For The Future Of Federal Securities Law Enforcement, California Western Law Review Fall 2007.

券交易所以及上市公司的法律、会计及计算机行业的专家人士,成立证券行业专家委员会,全面负责发展战略规划、分类标准的制定和认证,并全面负责XBRL项目在发行、上市、机构、期货等业务部门应用与推广中的指导、协调、管理与监督;负责 XBRL 项目在中国及国际市场的应用与推广。[①] 委员会成立后的最重要的一项工作是定义分类标准,XBRL 分类标准对表达企业财务信息的标签进行统一定义,要求每个项目的标签必须唯一。在《上市公司信息披露电子化规范》中,只定义了工业企业的财务报表科目,对金融企业、房地产等其他行业还没有制定出对应的分类标准。因此,应参考基于 GAAP 的美国工商企业的分类体系和基于国际会计准则的分类体系来加快我国 XBRL分类标准的构建。与此相适应的有关会计准则的制定和国际协调也是此过程中重要的一个环节,希望有关政策制定机构能将两者结合起来考虑,以促进我国财务报告信息的国际化。[②]

3. 加大对 XBRL 语言开发的投入,设立 XBRL 项目基金

XBRL 对于证券行业乃至国家经济的发展都具有深远的意义。从国家层面推动 XBRL 项目具有迫切性和必要性。为了能够推动该项目的顺利进展,国家有必要设立 XBRL 项目基金,该基金一方面将用于 XBRL 的研究、推广和应用,另一方面将用于资助相关开发软件的开发。

XBRL 项目基金的设立,有助于科研机构投入更多的科研力量,对 XBRL语言及在证券行业的应用进行充分而深入的研究,为 XBRL 的广泛推广和应用提供智力支撑。

资金对于软件的开发同样有着重要的意义。目前国际上能够提供 XBRL实际技术并开发出实用产品的软件公司并不多。在美国,和微软合作的埃德加(Edgar)公司为 SEC 提供 XBRL 的服务;德国证券交易所的 XBRL 业务则由Software AG 公司完成;韩国科斯达克(KOSDAQ)的 XBRL 系统由美国公司Ubmatrix 公司提供;我国上海证券交易所的 XBRL 系统则由新利多公司提

---

① 参见李为:《XBRL——监管的革命》,载《证券市场导报》2009 年 1 月号。

② 参见姜彤彤:《中国证券业应用 XBRL 的现状及相关建议》,载《财会研究》2008 年第 5 期。

供。① 为了提高我国证券业应用 XBRL 标准的水平和范围,应通过 XBRL 项目基金的支持,吸引软件行业内的知名软件公司和工程师,不断强化 XBRL 相关支持软件的开发。

4. 强化 XBRL 语言在信息披露监管规则中的应用,适时修改法律法规要求上市公司强制报送 XBRL 形式的定期报告

XBRL 形式的定期报告是全球证券监管领域的发展趋势,已为世界各国家和地区的证券监管机构所认同。但是,证券市场和证券监管的发展水平不同,要结合一国证券市场的发达程度逐步发展 XBRL 语言在定期报告信息披露中的应用。目前,世界上完全强制性要求报送 XBRL 语言的定期报告的国家还不是很多,典型的如以色列,包括美国在内的大部分国家还处于监管机构鼓励上市公司自愿报送的阶段。我国目前也处于这样一个阶段。相信通过一段时间的试点和推广,我国证券市场将迎来 XBRL 在信息披露领域的全面适用。在这样一个过程中,法律的推动将会起到重要的作用,因此,首先要通过证监会的行政规章的方式,积极推进 XBRL 在证券行业的发展,再适时修改《证券法》,全面进入信息披露的 XBRL 化阶段。

四、临时报告网上披露监管——以实时信息披露(Real Time Reporting)为中心

(一)网络技术的发展促成了临时报告的实时披露

上市公司定期报告制度的缺陷是信息披露滞后,不能满足公司信息公开最新性和迅速性的标准,年度报告、中期报告由于其固有的特性,在反映公司经营发展情况方面缺乏及时性,往往不能适时报道影响股价的重大事件、及时公开发行公司的重大信息,以利投资者作适时适当的判断。随着经济现代化、国际化进程加快,技术开发、产业结构调整处于急速变化之中,企业在激烈的竞争中为求发展,必须适应外部环境而有可能开拓新事业、开发新产品,而投资者必须掌握企业随时发生变化的情况才能作出合理的投资判断。临时报告弥补了定期报告滞后的缺陷,是向大众投资者传达信息最迅速的方法,可有效地弥补定期披露之不足。另外,临时披露还能避免投资者获得信息资料的不

---

① 参见姜彤彤:《中国证券业应用 XBRL 的现状及相关建议》,载《财会研究》2008 年第 5 期。

平等,有效防止不公正交易行为,维护投资者对证券市场的信心,促进证券市场健康发展。因此,它满足了投资者对公司信息披露及时性与迅速性的需要。①

临时报告制度虽然一定程度上解决了投资者对信息披露即时性和迅速性的需要,但是受到技术手段和信息生产成本、传递成本的严格限制,信息披露只能是间断的,而企业只要经营状况正常,其信息的生产就必然是连续的、不间断的。生产经营的连续性和信息披露的间断性之间的矛盾,使信息披露的及时性受到严重挑战。

网络技术的发展,使得信息披露可以通过网络实时地向证券投资者公开,能够将重大事件的发生和信息的公开之间的间隔做到最短,防止了因为不能够及时地公开相关信息而导致的内幕交易等问题的出现。所谓的实时信息披露制度,也就是在上市公司发生法定的重大事件时,利用网络等技术手段,使有关该事件的信息能够在接近于事件发生的同时向投资者及证券监管机构进行披露,以实现对投资者的最大保护。

实时信息披露制度在美国第一次出现源于《萨克斯法案》(*Sarbanes-Oxley Act 2002*)的颁布,在《萨克斯法案》中第一次提到了实时信息披露制度(Real Time Issuer Disclosure),要求发行人应该以简易的英语快速、及时地向公众披露与其财务状况或者运营重大变化有关的、证券交易委员会通过规则确定对保护投资者和维护公共利益属必要或有用的附加信息,该信息可能包括趋势、定性消息和图表说明。② SEC 随后对其有关临时报告的披露规则 8—K 进行了修改,将重大事件发生后的信息披露时间缩短为事件发生后的两个营业日,③但是提交前的时间耽搁必然也会导致信息在披露时已经过时的风险。纽约证券交易所为了改变这种情况,特别在其上市规则中要求:期待上市公司迅速向公众公布任何被合理预期将会对其证券行情产生重大影响的消息或者

---

① 参见朱信、杨广涛:《上市公司临时信息披露的比较研究》,载《黑龙江科技信息》2003 年第 10 期。

② 参见张路编译:《美国上市公司最新立法与内部控制实务》,法律出版社 2006 年版,第 51 页。

③ Jennifer B. Lawrence, Jackson W. Prentice, the Sec Form 8—K: Full Disclosure or Fully Diluted? The Quest for Improved Financial Market Transparency, Wake Forest Law Review, Fall 2006.

信息,这是该公司与交易所达成的上市协议的一个最重要和基本的目的。①
美国会计师协会的审计专业委员会认为,将来公司可以通过网上向投资者、债
权人和分析师提供其财务数据库的登录端口的方式使他们能够实时地获取公
司的信息,这种方式将取代年报或者其他形式的定期报告。②

证券信息的网上披露在临时报告迅速披露上具有重大优势,美国证监会
前主席史蒂芬·沃尔曼(Steven Wallman)认为,可以开发一种满足投资者对
财务报告要求的软件,用户可以进入上市公司的数据库在实时信息中搜寻其
感兴趣的财务信息。③ 美国财务会计标准委员会主席罗伯特·赫兹(Robert
Herz)在向国会报告时,曾明确指出支持实时披露报告,但指出实时信息披露
报告的基础设施还没有建好。④

我国证券市场上的临时报告制度在1999年证券法颁布时,就已经确立,
但对于实时信息披露的要求则始于2007年的深圳证券交易所《关于在中小企
业板实行临时报告实时披露制度的通知》,其中最关键的原因就在于网络技
术的发展带来的网上证券信息披露的引入和发展。深圳证券交易所在2009
年《深圳证券交易所创业板股票上市规则》中重申,创业板股票临时报告实行
实时信息披露制度。⑤

(二)对我国实时信息披露制度的初步建议

目前我国有关实时信息披露制度的规范性文件有《关于在中小企业板实
行临时报告实时披露制度的通知》和《深圳证券交易所创业板股票上市规
则》,它们都是深圳证券交易所颁布,在一定程度上满足了证券市场实时信息
披露制度的需求,对我国证券市场整体实现实时信息披露起到了试点的作用。
但随着网络技术和证券市场的发展,我国证券市场有必要在主板市场建立实

---

① 《纽约证券交易所上市公司手册》第202.05段(活页)。转引自[美]路易斯·罗思、乔
尔·赛里格曼:《美国证券监管法基础(上)》,张路等译,法律出版社2008年版,第369页。

② American Institute of Certified Public Accountants, Report of The Special Committee On
Assurance Services(1997).

③ Howard M. Friedman, Securities Regulation in Cyberspace, the 3th ed., Aspen Publishers,
2007 Supplement,§15.25.

④ Howard M. Friedman, Securities Regulation in Cyberspace, the 3th ed., Aspen Publishers,
2007 Supplement,§15.25.

⑤ 《深交所:创业板临时报告实行实时披露制度》,载《上海证券报》2009年7月21日。

时信息披露制度。

主板市场应该在以往两个试点的基础上进行构建,我们就此提出以下初步建议:

1. 关于重大性标准问题。实时信息披露制度是临时报告公开的方式,法律对于证券信息是否具有重大性的理解和认识,构成了实时性息披露制度的基础。各国司法实务界对于重大性标准的理解,一直在"影响投资者决策"和"价格敏感度"上徘徊,我们倾向于以"影响投资决策"作为确立重大性的标准。①

2. 实时信息披露的审查。基于实时信息披露的特性,为了能够充分实现信息的即时性披露,可以采用日本及英国的做法,在事件发生后即时性的向证券市场进行公开,并同时向证监会和证券交易所报告。

3. "安全港"制度的建立。为了充分发挥上市公司对于实时信息披露的积极性,避免对上市公司在合理的商业判断规则的基础上信息披露及行为进行诉讼,法律应该规定"安全港"制度,保证上市公司在对信息是否需要披露以及何时披露尽了善良注意义务的基础上可以免责。

4. 关于实时信息披露制度的法律责任。我国《证券法》仅就违反信息披露真实性和准确性规定相应的民事责任,对于信息披露义务人违反信息披露即时性也即信息披露不适当并没有具体规定民事责任,此外在违反信息披露及时性的责任性质、责任主体、举证责任、赔偿范围以及免责事由方面均处于空白。

在构建我国实时信息披露制度民事责任时,既要充分考虑到实时信息披露制度的特点,也要对投资者利益予以充分保护。

---

① 参见张瑞彬:《上市公司临时报告披露制度研究》,载《证券市场导报》2002 年 2 月号。

第五章　网络证券欺诈及法律监管

第一节　网络证券欺诈的界定、
成因及对监管的挑战

一、网络证券欺诈的界定

(一)网络证券欺诈的概念

证券欺诈是伴随着证券市场产生而产生的,其客观根源在于证券市场资本的虚拟性运作。证券市场资本的虚拟性运作,使得证券市场具有复杂性、高风险性、寄生性等特点,从而使证券市场不可避免地存在着欺诈;同时,信息的不对称和外部制约的不足也成了证券欺诈的温床;此外,证券欺诈的高赢利性也是证券欺诈大量存在的原因之一。各国的法律都试图制定一套完整的制度来禁止证券欺诈行为的发生,如信息披露、禁止内部交易制度、禁止买空卖空和操纵市场等制度。这些制度在一定程序上阻止了欺诈,但都无法完全地阻止欺诈。

信息网络技术革命带来了网络金融尤其是网上证券交易的繁荣和发展,同时也为欺诈者散布虚假信息欺诈投资者大开方便之门。① 网络证券欺诈是指网络证券市场的参与者在网上证券发行、证券交易以及相关活动中违背证券市场的公平合理和诚信原则,利用网络开放性、分散性、匿名性等特点,通过

---

① 参见范黎红:《网络证券欺诈的国际监管经验及借鉴——以亚太地区为中心的研究》,载《亚太经济》2002 年第 5 期,第 11 页。

隐匿重要事实,或者故意作出不实的、严重误导的或有重大遗漏的虚假陈述,使线上投资者产生错误认识并做出一定的行为,从而损害在线投资者利益的行为。① 从某种意义上讲,网络证券欺诈是传统证券欺诈在网络环境下的延伸和发展。网上欺诈几乎是同互联网同时诞生并发展的,在互联网上,既处处是黄金,也处处有陷阱。由于互联网是一个几乎完全开放、自由的世界,它很容易被不法分子利用,成为违法犯罪的工具。

(二)网络证券欺诈的特征

网络证券欺诈与互联网密切相关,互联网作为一种媒体,是一个高度分散、匿名的、灵活的系统,这一特征使得网络证券欺诈表现出以下特点:

第一,高蒙蔽性。因特网作为一种媒体,成本较低,开放性较强,具有发布和交换信息的作用,使投资者以相对较小的成本获得大量的国内外信息,这有利于信息的流动,但同样也容易使证券欺诈滋生、繁衍,它为证券欺诈者提供了一个有效欺诈投资者的利器。在网络世界里,信息量急剧增加,种类多样、真假难辨。证券欺诈者可以建立表面可信的网页,并在网页上设立一些有关证券的信息,这些信息鱼龙混杂,加上一些别有用心者所发布的误导信息,个人投资者往往无法判断真伪,从而作出错误投资判断。

第二,强隐蔽性。因特网是一个高度分散的系统,具有高度的分散性,从物理空间分布来看,它是由分布在全球各地的数以万计的网络终端(计算机、信息家电等可以接入互联网的终端)、线路网络及交换设备组成;不同组成部分的物理性能存在着差异,这一差异必然导致信息在不同组成部分传送时存在着连接延误甚至失败的风险。因特网是一个开放的网络系统,这意味着没有一个可以控制因特网的中心;同时意味着无法对信息的发布者进行监管,容易产生虚假信息。因特网又是一个匿名系统,出于网上交易的安全或出于保护用户隐私权的需要,互联网技术提供者提供了几种可以使用户在互联网上进行活动时保证其某些特征不被发现的工具,但这一工具大大方便了某些"匿名者"出于非法目的而使用互联网。当某些别有用心的使用者通过互联网匿名转账,调查匿名者或资金去向却相当困难;再者,匿名者发出一些虚假信息,操纵证券市场,很难查出操纵者的身份。因而,网络证券欺诈行为较一

---

① 参见王瑜:《网络证券欺诈及其监管》,载《理论月刊》2005年第3期,第104页。

般的证券欺诈行为更为隐匿。

第三,有效证据搜集的困难性。因特网是一个灵活的系统,网站的后台管理人员很容易实现对网站内容的增加与删减。网站管理人员可以在几分钟之内廉价且很容易地向网站添加新的内容,也很容易地将网站内原有的内容删除或更新。发布信息者可以自由控制发布的信息内容,可以在很短的时间内更新或删除信息,再加上欺诈者可以掩饰自己的真实姓名或盗用他人的身份进行欺诈行为,因而很难针对欺诈者收集有效的证据。此外,网络的匿名性与网络无国界的特点,使得利用网络进行证券欺诈行为不易追查;网络上还有一些所谓的转信(remailer)网站,可以将电子邮件发信人的相关资料加以隐匿,由此不法之徒可以隐藏真实身份从事违法活动。纵使追查,也很难找出相关事实;即便查处相关事实,由于涉及到管辖权、准据法等问题,也很难有效地进行跨国执行。

二、网络证券欺诈的形成原因

对网络证券欺诈的形成原因进行分析具有重要意义,可以帮助我们针对具体的欺诈行为采取有针对性的反欺诈措施,加强对网络证券欺诈的监管。从宏观上看,我国证券市场的违法行为相当猖獗,究其原因,一是法制不健全,主要表现为证券市场存在法律真空,既有的一些规定又欠科学,证券法规的效力层次较低;二是执法不严格以及网络欠安全。[1] 网络证券欺诈行为属于证券违法行为范畴,其形成原因与这些因素密切相关,但是由于网络证券欺诈与网络这种信息媒体或载体密不可分,又有其具体形成的原因。我们认为,网络证券欺诈的具体产生原因可以归纳为如下几点:

第一,因特网具有发布和交换信息的作用。如前所述,与其他信息载体相比,网络载体提供了诸多的发布和交换信息的处所,如页面、数据库、搜索引擎、BBS、实时视频交流等等。这些网络载体有利于信息的流动,同样也便利了欺诈的滋生、繁衍与传播。网络为证券欺诈者提供了一个有效欺诈投资者的工具与环境,美国 SEC 在 1998 年每日都能收到有关网络证券欺诈的投诉。证券欺诈者可以建立表面可信的网页,并在网页上设立一些有关证券的信息,

---

① 参见齐爱民、冯兴俊、周平、崔聪聪:《网上证券交易法律问题研究》,武汉大学出版社2004 年版,第 140~141 页。

例如有人就利用因特网最基本的功能之一——超链接功能将证券主管机构、著名的证券分析机构、具有公信力的期刊报道等信息与自己所吹嘘或操作的证券结合,让投资者产生误解认为其所吹嘘的投资信息有一定的公信力与价值,从而作出了错误的投资判断。

第二,因特网的分散性、灵活性等也增加了证券欺诈的可能性,同时也增加了立法监管的难度。因特网是一个开放的网络系统,分散在世界各地,这意味着没有一个可以控制因特网的中心,对信息的发布者进行监管非常困难,虚假信息极易产生。网络本身所具备的基本功能,反而使某些虚伪不实信息通过适当的包装,例如张贴在讨论区而在表面上被合理化,这就直接影响了投资者的决策,同时也给监管工作带来一定困难。另外,网络世界突破了地域范围的限制,欺诈者可以通过因特网实施跨国界欺诈,对其进行监管需要国际社会的共同努力才能解决相关案件的管辖权、法律适用问题。网络无国界的特点使得对证券欺诈行为纵使能够追查,也难以有效地跨国执行。

第三,因特网是一个匿名系统,欺诈者可以掩饰自己的真实姓名或盗用他人的身份进行欺诈行为,使得利用网络从事违反证券法规的行为不易被追查,很难收集到针对欺诈者的有效证据。例如,现在有许多网络服务供应商免费提供电子邮件信箱或网站,许多人可以使用假名或假的资料获得电子邮件信箱或设立网站以达到不法目的,即使事情败露,除非网络服务供应商与电信机构合作,否则几乎不可能查出幕后人的真实身份。网上证券市场的发展使得信息的制造、传播更加容易和不可控制。只要某公司或个人利用互联网匿名发布消息,就有可能使公司的股票暴涨或暴跌。

三、网络证券欺诈对证券监管提出的挑战

证券欺诈行为伴随着证券市场的诞生、发展而产生、发展。随着法律对证券市场进行管制,证券欺诈作为证券违法行为的重要组成部分,一直成为证券法规制的重要对象。各国的证券法为维护正常的证券市场秩序,保护投资者的合法权益,都对证券欺诈行为进行相应的法律规制。互联网在为证券业提供新机会、给证券市场的发展带来积极影响的同时,网络通讯的超链接性、分散性、匿名性等特点也给世界各证券监管机构带来了一系列的难题和挑战:证券欺诈者借助网络操纵市场、虚假陈述、欺诈客户、内幕交易等证券违法行为

较之过去传统的证券交易环境,完全可能掀起更大的波澜,给投资者和证券市场造成更大的危害;同时,网络交易系统自运行以来一直存在着信息安全问题。交易媒介的变化使得证券监管出现了新的空白和盲区。① 具体而言,比较突出地表现在以下几个方面:

第一,欺诈手段花样翻新、形态各异、不计其数,对每种新的诈骗形式、手段的认识和把握需要具有充分的专业与技术知识、经验,这对监管人员的素质提出了相当高的要求,相关人员的培训应当持续性进行。

第二,网络上信息变动的匿名性、灵活性、分散性、开放性要求现行法律作出相应规定,避免监管空白和盲区的出现与扩大。

第三,正确处理网络上的言论自由与欺诈的区分,以及如何正确处理网上讨论区的消息、传闻与相关人的责任承担等问题,随着网络的兴起,而显得愈发紧迫,急需理论作出相应的回应。

第四,内幕交易中"重大信息"以及"时效"的界定在网络环境中也成为一个不易确定的问题。

第五,网络的影响程度之大使得证券集团诉讼的启动与操作变得更加便利,是否允许律师在网上进行招揽集团诉讼业务取决于一国的立法政策判断。

第六,诉讼管辖与执行问题,如诉讼管辖如何确定、国际协作与合作如何进行等,也因网络证券交易的发展而显得更为复杂。

总体而言,网络技术在证券市场的快速运用,对证券市场的影响是不言而喻的,证券欺诈及其防范将面临着诸多新的样态和难题,证券欺诈无疑成为网络背景下证券监管的一大重点和难点。基于此,本章将从网络证券欺诈的典型形态的研究入手,立足于国内外的监管实践,就其中的重要法律问题作出相应的分析和评判,以期我国的监管立法进一步完善。

第二节　网络证券欺诈主要形态及其规制

证券欺诈行为是指在证券发行、交易及相关活动中,当事人违反法定义

---

① 参见钟巍:《网上证券交易违法行为及其监管》,四川社会科学院硕士论文,第1页。

务,或者违反公平合理、诚实信用的原则,侵害他人合法权益的行为。① 欺诈者明知陈述、许诺或预测是错误、虚假、欺诈的,或者陈述、许诺或预测属于粗心大意制作的,或者不诚实地隐瞒了重大事项的各种陈述、许诺或预测,引诱他人买卖证券,这种行为就构成了证券欺诈。证券欺诈通常包括内幕交易、操纵市场、虚假陈述、欺诈客户等情形。

证券欺诈行为,在网络成为证券交易的主要载体之前就一直存在,进入网络时代后,它们又出现了一些新的形态。在网络环境下,投资者获取信息更为便利和直接,这使得投资者与发行人信息不对称的状况应该会有所改观,但事实上网上交易却使投资者之间的信息的不对称性进一步加剧,使得投资者之间的欺诈更加难于防范。在网络环境下,信息传播速度极其迅速,复制成本几乎为零,一些虚假信息借助网络快速并大面积传播,完全可以影响投资者的心理和投资决策,进而引起证券价格的暴涨暴跌,导致整个股市的动荡。毫无疑问,证券欺诈行为借助网络会给证券市场的稳定与健康发展带来更大的危害。

在证券市场上,常见的网络证券欺诈手段是发布一些误导性或欺骗性的信息。如1996年美国一家名为奥泰冈科技集团的公司被SEC指控建立假网站进行欺诈。该公司网站上声明旗下一家子公司将发行证券,并保证有若干收益,但实际上该网页的内容纯属虚构。后来该公司遭到发布禁令与缴纳罚款的处罚。② 除此之外,利用网络募集或销售有问题的股票或其他有价证券,或是提供不实或错误的投资建议等,在近年来也纷纷出现,显示出在证券期货交易网络化后可能发生的负面影响,并成为各国证券管理机构试图防止的目标。

证券欺诈行为,在网络成为证券交易主要载体之后,其发展速度非常惊人。根据SEC的统计,仅1998年SEC所接收的网上证券欺诈或操纵市场的申诉案件每日达到120件之多,与1997年全年只有250件相比增加的幅度高达330%,其中又以资本额极低的网络相关公司问题最为突出,可见网上证券欺诈问题之严重。③ SEC首先在1998年9月24日针对利用网络散布不实信息之欺诈行为起诉38人。紧接者,SEC又在1998年10月28日针对网络上

---

① 参见杨峰:《证券欺诈群体诉讼制度研究》,中国社会科学出版社2007年版,第12页。
② 参见王文宇:《民商法理论与经济分析》,中国政法大学出版社2002年版,第327页。
③ 参见沈恒亮:《网上证券欺诈及其监管》,华东政法大学硕士毕业论文,第24页。

各种的欺诈形态,包括垃圾邮件(spams)、在线新闻(onlinenewsletter)、留言板留言(message boardpostings)以及各种投资网站进行审查。在23件诉讼案件中,对44位被告提出控诉。随后,在1999年2月25日,又再度起诉13名利用网络从事欺诈的被告。①

就国外证券市场实践来看,利用网络媒体的证券欺诈一般而言主要有两大类:一类是直接出售无价值的投资证券或者超高价出售投资证券,另一类则是在交易市场操纵证券价格。但是,其他网络证券诈欺类型也是层出不穷。据有关资料,我国证券市场出现的违法违规现象主要有:利用网络、电话等方式,以提供投资咨询为名,编造虚假信息影响股价并从中获利;利用重组、投资等重大事项影响股价,通过内幕交易从中获利;利用资金优势,制造股价变动的虚假信息,引诱投资者买卖并从中获利。② 可见,我国利用网络编造虚假信息操纵市场、进行内幕交易等网络证券欺诈并不鲜见。

下面结合国内外证券市场的实践,对几种突出的网络证券欺诈行为予以简析。

一、通过网络推销虚假证券

在证券市场上,证券欺诈者散发证券要约的虚假信息,向公众销售虚假证券,这种形式在我国证券市场上已不罕见,比如媒体披露的"美国第一联邦集团里通外应非法兜售原始股"案③以及金园汽车案。在金园汽车案中,北京美中融公司在2006年2月至5月的短短三个月期间,通过非法传销的形式,向公司员工及家属共320人兜售金园汽车子虚乌有的股权300余万股,非法募集人民币1500万元。北京美中融公司指示他人在全国各大著名网站、国内某些知名财经媒体不断发布金园汽车将在海外上市、公司业绩良好等虚假消息,公开进行欺诈宣传。④而证券市场发达的国家出现的实例则更具有警示性,对

---

① 在审查中,SEC指出此等人士共诈骗了投资人2500万美元,http://www.sec.gov/news/extra/microcap.htm。

② 参见《证监急务》,载《财经》2007年第17期。

③ 《美国第一联邦集团里通外应非法兜售原始股揭秘》,载《北京青年报》2009年2月23日。

④ 参见肖渔:《美中融原始股传销案真相大起底,2700人受骗》,载《证券时报(深圳)》2009年2月24日。

其进行研究有助于证券市场欠发达国家防患于未然,加强相关法律监管。

（一）通过多样化的投资工具进行虚假销售

相对而言,证券欺诈者通过因特网散发证券要约的虚假信息向公众销售证券这种证券欺诈形式在国外发达证券市场上的具体形态复杂多样,对于我们充分认识各种具体网络欺诈并采取反欺诈措施更具有积极意义。在美国,许多种投资工具都被在网上用于欺诈性销售:①(1)诸如通过金字塔销售计划在世界范围内推销电话摇奖从 20000 名投资者手中融资 300 万美元。(2)一种养鳗计划,欺诈性地向投资者兜售 50 万美元债券,声称风险极低并允诺获得 20% 的回报。(3)销售所谓主要银行工具(Prime Bank Instrument)②,允诺在至多 4 个月时间使投资者的资金翻倍。(4)允诺对两家哥斯达黎加企业的投资取得无风险利润与超平均数的回报。(5)某一屡次违反证券法的要约发售期票,保证投资者每年获得 12% 至 22% 的回报,声称以政府证券与其他资产作担保。(6)涉及到投资于非属于银行的自动提款机的销售与回租的庞氏骗局(Ponzi scheme)③,允诺每年 17.4% 的回报。(7)销售一加拿大公司的股份,该股份未依加拿大法律发行、未经 SEC 登记而且通过虚假和误导性陈述进行销售。(8)劝诱投资于多米尼加共和国的一家乙醇工厂,虚假允诺给投资者至少 50% 的回报。(9)通过万维网精心策划虚假销售国外债券。(10)通过强行推销的电话销售手段销售一减肥医疗机构的股份,包括在网站张贴美国卫生总署(Surgeon General)前医师 C. Evertt Koopy 的照片与引用语以进一步假称他属于该公司。(11)在线销售虚构的高科技风险公司的股票,发起人不遵守将销售收入根据协议由第三者暂为保管直至筹集到特定数目资金的要求,只是简单地中饱私囊据为己有并用于食品杂货、衣物和立体声设备。(12)网站提供一项投资项目的利息(interests),在该项目中,投资者贷款给

---

① Howard M. Friedman, Securities Regulation in Cyberspace, the 3th ed., Aspen Publishers, 2007 Supplement, §13.01.

② 该词为国际贸易与融资领域金融欺诈的术语。主要银行工具被认为是主要世界银行发出信用证或其他银行票据或证明的义务。实际上,并没有此类金融工具。所谓"世界主要银行"是指一种"前 50 或 100 名"的国际银行,被认为是发出主要世界银行的金融工具,用作贴现或担保。实际上,并没有此类定义的银行。

③ 一种骗局,指骗人向虚设的企业投资,以后来投资者的钱作为快速盈利付给最初投资者以诱使更多人上当。我国发生的传销类似此种骗局。

"很有前途"的公司,该公司发行股票给投资者作为担保,然后在借款问题上故意违约,由此推测付给投资者股票以便立即变现,允诺年回报率在 17.5% 至 35% 之间。(13)一位 17 岁高中生创办并运行的网站,允诺一投资项目每周 250% 的"无风险"回报,该项目集合投资者的资金用于对体育项目下"安全注"。(14)通过网站、电子邮件以及公告板留言销售一个并不存在的 Enenkio 王国的 10 亿美元的"战争债券",该国对 Wake 岛和 Mashall 群岛的珊瑚岛主张祖先权利。

在美国,投资者由于网络欺诈证券销售而造成损失的准确数字难以确定,但可以确定该种具体欺诈形态危害性最大。不难确定的是,一些最大的损失源于"主要银行"欺诈。在此种骗局中,发起人(有时在国外运作)对投资者提供虚假的高回报金融产品。他们声称该投资产品将在一个"秘密的"二级市场被购买,通常该二级市场只对少数特定的优秀银行开放。[1] 在 2001 年 9 月,SEC 对一家公司 Tri-Investment Club(Tri-West)提起诉讼,指控该公司通过网络销售经主要银行保证的高收益银行债券交易计划(bank debenture trading programs),该计划保证每年的收益可达 120% 以上,后经 SEC 调查根本没有这种高收益银行债券交易计划,也没有主要银行保证,但是居住在墨西哥的被告已经吸收了 3000 万美元的资金。[2]

(二)几种特别需要注意的欺诈情形

在这类网络证券欺诈中,有三种情形特别需要引起监管机构与投资者注意:[3]

第一,向亲密团体销售证券,用电子方式寻找购买者(Affinity group sales-locating buyers electronically)。所谓向亲密团体销售,是指将证券卖给那些对某公司产品或服务有特殊兴趣的个体,从而达到融资目的。例如,一家提供艾滋病治疗的公司利用其网络主页确定对其服务感兴趣的人,然后采用传统的方式接近这些人推销欺诈性股票。

---

① John Reed Stark & N. Blair Vietmeyer, The SEC and Prime Bank Securities Frauds: Past, Present and Future, Securities Regulation Law Journal, Vol. 31, p. 4, pp. 12 - 16.

② 参见钟巍:《网上证券交易违法行为及其监管》,四川社会科学院硕士论文,第 17 页。

③ Howard M. Friedman, Securities Regulation in Cyberspace, the 3th ed., Aspen Publishers, 2007 Supplement, §13.01.

第二,复制合法经纪商的网站,只是修改名称与地址,然后将该网页置于因特网上。这些复制的假网站通常用来发布假网页向外国投资者销售无价值证券并要求其将资金汇往发起人(promoter)。① 由于计算机软件技术的进步,网络编辑软件的出现使得复制现存的网站易如反掌,从而通过这种复制假网站进行欺诈的现象大量涌现。当然,虚假网站也可以用来操纵市场,如国际市场上经常发生的"网络钓鱼"(fishing fraud)欺诈行为②。

第三,号称出售公司内幕信息以获取投资者的资金。推销人经常发明新的网络手段以得到投资者的资金。2003年美国一家公司向其出版的15份多业务通讯的订户发送非劝诱性电子邮件。该电子邮件要约出售每份报告副本1000美元,该报告的内幕信息乃关于政府与一家纽约证券交易所上市公司之间数十亿美元的合同得到批准有待公布,该公司身份将在报告中披露。电子邮件声称:该信息来源于该公司一高级管理人员。大约有1000名投资者购买了这一假报告。2003年4月SEC对该公司提起诉讼寻求禁止令。

(三)监管思路与模式需作出相应的调整

通过网络虚假销售证券这类证券欺诈案是网络背景下出现的新证券欺诈形式,其样态具有多样性的特点,而所涉公司的证券也不独限于上市公司所发行的证券。从SEC对证券销售中的欺诈行为的披露和查处来看,美国证券监管机构对于该类证券欺诈的具体形态的多样性的了解是比较充分的,处理也是比较及时的,不管是对上市公司还是非上市公司证券的欺诈都给予了高度的重视。尽管这类虚假销售在我国还没有过多披露,但上述的美中融案已经向我们昭示这类欺骗呈增加之势,同时也反映出我国立法及监管上存在的盲区。目前我国证券监管部门监管重心集中在上市公司证券发行及交易上,而对非上市公众公司和非公众公司股东及其股权变更的登记还缺乏明确的法律规定。为此,有法律界人士建议,证券监管部门对非上市公众公司的监管,还

---

① 关于该种欺诈情形,请参见本章本节第四小节"冒用名义"。

② 所谓"网络钓鱼",是指通过大量发送声称来自于银行或其他知名机构的欺骗性垃圾邮件,意图引诱收信人给出个人信息(如用户名、口令、银行账号或信用卡密码)的一种攻击方式。最典型的网络钓鱼攻击是将收信人引诱到一个通过精心设计与目标组织的网站非常相似的钓鱼网站上,并获取收信人在此网站上输入的个人敏感信息,通常这个攻击过程不会让受害者警觉。

需要工商部门的大力配合。同时,立法机关也应对非上市股份公司股东及其股份登记以及国务院规定的其他方式转让股份问题予以考虑,尽快出台相应规定。① 我们认为,网络背景下的证券销售中的欺诈行为已对传统的证券监管思路和模式提出了挑战,我们应积极扩大监管的范围,填补现有的立法空白,并加强监管合作。

二、操纵市场

操纵市场是指行为人以不正当手段,影响证券交易价格或者证券交易量,扰乱证券市场秩序的行为。通常,市场操纵者利用资金、信息等优势,人为地变动或固定证券交易价格,以引诱他人参加交易。这种行为实际是制造虚假的证券交易量和证券交易价格,是对不特定投资者的欺诈行为。操纵市场行为的认定是一个世界性难题,对此各国一般通过法律法规予以规范。根据我国《证券法》,操纵市场主要表现形式有:通过单独或合谋集中资金优势、持股优势或者利用信息优势联合或者连续买卖以操纵证券交易价格、与他人串通以事先约定的时间、价格和方式相互进行证券交易以影响所交易证券的价格、以自己为交易对象进行自买自卖以及其他形式。2007 年 3 月,中国证监会制定《证券市场操纵行为认定指引(试行)》。根据《证券市场操纵行为认定指引(试行)》,操纵市场行为手段包括:连续交易操纵、约定交易操纵、洗售操纵、蛊惑交易操纵、抢帽子交易操纵、虚假申报操纵、特定时间的价格或价值操纵、尾市交易操纵等。由此可见操纵市场形态之繁杂,必将给相应的监管增加难度。

(一)利用网络散布虚假信息操纵市场

网络的发展使原本就很难防止的操纵市场行为变得愈发难以应付。一方面,证券欺诈者在网络这个虚拟的空间中可以轻易地隐藏身份,黑客、商业间谍以及其他别有用心的人可利用网络这一不太透明的环境从事非法活动。另一方面,电子布告栏系统(BBS)是一个完全自由开放的空间,虚假信息的传播速度之快,传统媒体不可同日而语,迅速传播的虚假信息很可能会影响个股行

---

① 参见肖渔:《美中融原始股传销案真相大起底,2700 人受骗》,载《证券时报(深圳)》2009 年 2 月 24 日。

情,甚至大市走向,操纵市场者从中获利,其他投资者受到损害。① 如何规范所谓的解盘行情、热门股推荐或其他内部消息与不实信息的传播,以及如何加以监控以免发生炒作或内线交易,对主管机关构成极大的挑战。②

在网络时代,利用网络的特性进行市场操纵的案件层出不穷,无论是在发达的美国证券市场,还是在新兴的中国市场。欺诈者利用因特网发布虚假信息操纵市场已经成为网上证券欺诈的主要方式,通常情况下,欺诈者试图通过发布虚假信息抬高证券价格卖出证券或压低证券价格买入证券。

美国 NEI Webworld 公司股价操纵案即很能说明问题。该公司的股价在某周五收盘时为 0.13 美元,两个大学生在周末利用学校图书馆的计算机大肆散布假消息,宣称该公司将为另一个公司所收购。由于网络通讯的及时性和广泛性,很快这个消息就为众多投资者所知,以致在周一开盘时该股票涨至 15 美元。当即两人抛售所持股票赚得 364000 美元,幸好执行部(Enforcement staff)及时发现、采取相应措施才避免了更大损失。③ 还有几个法学院的学生创立了一个网站,每周一早上推荐一个本周热门股。他们极力怂恿投资者购买他们推荐的股票,哄抬股价,然后借机抛售从中赚得 350000 美元。SEC 以不披露已拥有被推荐公司的股票并以股价上涨时高价抛售为名对他们进行了起诉。④ 雅虎所设的财经聊天室也多次被人以匿名方式散布不实消息,造成

---

① 境外操纵证券行为主要有三种:A. 虚买虚卖或假装买卖,即不转移受益所有权的买卖;B. 合谋买卖,行为人以引诱他人进入证券市场买卖股票为目的,与他人同谋,由一方作出交易委托,另一方按照已经知悉的对方委托内容,在同一时期,以相同数量、价格委托证券商,并达成交易的行为;C. 连续交易,指为达到诱使他人买卖该证券的目的,单独或与他人一起就在国家证券交易所注册的证券进行一系列交易以制造该证券实际上或表面上积极交易现象或者抬高或压低该证券价格。美国证券交易法第 9 节和第 10 节 b 款规定禁止操纵证券行为。参见顾肖荣:《证券犯罪与证券违规违法》,中国检察出版社 1998 年版,第 155 页。

② 例如一些投资理财网站采用会员制或收费的方式,必须加入会员方能取得信息。另外,有些人利用网络匿名的特色,故意隐藏自己的身份而传播不实信息,事故若要有效地加以规范,实非主管机关力能所逮。因此,美国 SEC 乃在该会网站 http://www.sec.gov/上特别设检举信箱,鼓励投资人检举不法,成效显著。我国可以考虑采取此种方式,以有效对抗利用网络所为的操作市场或炒作行为。

③ Laura S. Unger, Empowering Investors in an Electronic Age, available at http://www.sec.gov/news/speeches/spch380.htm.

④ Laura S. Unger, Empowering Investors in an Electronic Age, available at http://www.sec.gov/news/speeches/spch380.htm.

被中伤公司的股票大幅波动的事件,为此,雅虎多次成为被告。①

在我国,从2006年下半年以来,某些人利用网络进行了一系列网络非法证券活动,炒股博客大量兴起,网络论坛、QQ、MSN等网络传播平台被广泛运用,其文章中都有自称的"小道消息"、"内幕信息"或"精确的市场预测"、"强力的个股推介"等,并进而吸收会员、收取费用,严重侵犯投资者合法权益。根据《证券市场操纵行为认定指引(试行)》的规定,利用网络散布虚假信息操纵市场行为应当属于蛊惑交易操纵。

蛊惑交易操纵股价是指操纵市场行为人故意编造、传播、散布虚假重大信息,误导投资者的投资决策,通过恶意渲染、蛊惑使证券市场出现预期中的变动并影响股价而牟利的行为。对于重大信息的范围,《证券法》在第67条中作了明确规定。根据规定,散布巨额再融资的市场传闻的行为,如果结合交易价/量影响因素,便有可能被认定为蛊惑交易操纵股价的行为,受到监管部门的查处和法律的制裁。如果满足下列条件,蛊惑交易操纵股价行为即告成立:编造、传播、散布虚假信息;在虚假重大信息发布前后买卖或者建议他人买卖相关证券;相关证券的价格或成交量受到影响;虚假重大信息是有关股票价格或成交量变动的重要原因。② 2008年2月25日在部分网站上出现了中国联通公司将在证券市场巨额融资600亿元的市场传闻,受此市场传闻的影响,中国联通A股25日以11.98元低开,在上午10点左右跌停,随后又被打开,但在上午收市前被大笔卖单封在跌停位置,最后以10.92元跌停价报收。联通A股全天成交量较前一交易日大幅放大,换手率为4.44%。受A股拖累,中国联通H股(0762.HK)收于17.34元,下跌5.04%。此次中国联通股价大幅下跌,损失市值被认为主要是市场有关公司计划增发融资600亿元的传闻。③中国联通受谣言影响仅三天,总市值就损失353亿,成为2008年证券市场蛊惑交易操纵第一案。④

---

① Commissioner Laura S. Unger. Securities Law and the Internet, Speech at Practicing Law Institute, San Francisco, CA, July 28, 2000, p. 55.

② 参见宋一欣:《市场传闻与蛊惑交易操纵股价》,载《上海证券报》2008年3月6日。

③ 参见《融资600亿元为假消息 中国联通:没有再融资计划》,载《中国证券报》2008年2月26日。

④ 参见宋一欣:《2008年蛊惑交易操纵第一案?》,载《每日经济新闻》2008年3月3日。

（二）我国相关法律法规检讨

我国《证券法》第 77 条规定了操纵市场的若干形式,如单独或者通过合谋,集中资金优势、持股优势或者利用信息优势联合或者连续买卖,操纵证券交易价格或者证券交易量(第 1 款),以及其他操作手段(第 4 款),应承担相应的行政责任和民事责任,情节严重的,根据《刑法》及其修正案,将承担刑事责任。2007 年证监会出台的《证券市场操纵行为认定指引(试行)》将操纵市场行为规定为八大类,其中,蛊惑交易操纵市场是在《证券法》第 77 条第 4 款基础上修订而成。根据《证券市场操纵行为认定指引(试行)》的规定,证券市场传闻中某些影响较大"小道消息"、"内幕信息"的博文、网帖都有可能被纳入该行政规章的管制范围。

虽然利用网络散布虚假信息操纵市场的形式广泛存在,但我国《证券法》第 77 条仅列举了三种操纵市场手段,即通过单独或者合谋集中资金优势持股优势或者利用信息优势联合或者连续买卖操纵证券交易价格、与他人串通以事先约定的时间价格和方式相互进行证券交易或者相互买卖并不持有的证券影响证券交易价格或者证券交易量、以自己为交易对象进行不转移所有权的自买自卖影响证券交易价格或者证券交易量,并未明确规定以制造并散布虚假信息为操纵市场之手段。当然,在第 4 款中以其他方法作了概括、第 72 条规定了国家工作人员、新闻传播媒介从业人员和有关人员不得作出虚假陈述、传播虚假信息影响证券交易,但显然《证券法》没有将网上证券交易中可能出现的而且也是最常用的操纵市场的手段考虑在内。

需要说明的是,1993 年《禁止证券欺诈行为暂行办法》的确禁止以散布谣言等手段影响证券发行交易,进而操纵市场,2007 年《证券市场操纵行为认定指引(试行)》规定了蛊惑交易操纵市场的具体形态,但这些都是由证监会颁布的行政规章,立法层次低。我国台湾地区和美国的立法都明确将散布虚假信息作为操纵市场的手段之一。台湾地区"证券交易法"第 155 条第 5 款规定,对于在证券交易所上市之有价证券不得散布流言或不实资料而意图影响集中交易市场有价证券交易价格。美国的《1934 年证券交易法》用了两个条文对故意散布足以影响市场行情的流言和不实资料等行为作了明确的规定。由于大部分网上证券欺诈案件都是通过散布虚假信息借机操纵市场达到欺诈目的的,因此,我们支持在修订《证券法》的时候,应该将利用虚假信息和不实资料达到操纵市场目的作为操纵市场的手段之一的主张。① 只有如此,才能真正做到与时俱进,使法律适应证券市场发展的实践。另外,可以考虑制定《电子交易法》时,对利用网络散布信息的具体形态进行规范。

(三)群发电子垃圾邮件操纵市场与立法规制

现代计算机技术、网络技术飞速发展,人们利用网络发送电子邮件进行交流、沟通非常方便并且成本几乎为零。计算机软件技术的发展以及网络技术的成本优势同样为证券欺诈者给潜在的投资者通过群发电子邮件寄送"垃圾邮件"来操纵证券市场提供了有利的条件。因为群发垃圾邮件成本几乎为零,故经常为欺诈者利用。

1. 垃圾邮件的界定

虽然我国《互联网电子邮件服务管理办法》(以下简称《办法》)没有对"垃圾邮件"一词进行直接定义,但是第 11 条至第 14 条结合电子邮件的客观内容和垃圾邮件的常用发送方式,作出了几种禁止性规定。凡是违反这几条规定所发送的电子邮件,都属于垃圾邮件,具体包括:未经接收者明确同意而向其发送的包含商业广告内容的电子邮件;没有在邮件标题前面标注"广告"或英文"AD"字样,以便于接收者区分鉴别的广告类邮件;接收者之前同意,但一段时间后表示拒绝继续接收,之后发送者继续向其发送的广告类邮件;没有在邮件中提供发信人真实有效的联系方式,以便接收者能够表达拒绝继续接收要求的广告类邮件。除了上述具有骚扰性质的商业广告类邮件外,垃圾邮件至少还包括:故意伪造或隐匿发送者电子邮件地址、传递路由等真实信息的电子邮件;采用黑客、木马程序、匿名转发等技术控制、利用他人的计算机系统所发送的电子邮件;通过字母/数字随机组合、网上自动搜索等方式获得他人的电子邮件地址并向其发送的电子邮件;传播色情、恐怖、民族歧视等国家法律明令禁止的违法有害信息的电子邮件;蓄意进行欺诈、窃取信息等违法活动的电子邮件;故意传播计算机病毒或进行网络攻击等破坏他人电信网络或计算机系统的电子邮件。

2. 群发电子邮件操纵证券市场已成为现实

现代计算机技术发展的一个重要结果就是邮件提取软件(exractor

---

① 参见沈恒亮:《网络证券欺诈及其监管》,华东政法大学硕士毕业论文,第 30 页。

software)的出现,该软件可以迅速地从网站上搜索到成千上万个邮件地址并将编制出相应邮件地址目录。例如,一家公司出售该种基本包软件价格只为139美元,最高级的版本仅售499美元。① 另外,有些公司只是对外出售电子邮件地址,这为进行电子邮件欺诈人提供了很大的便利条件,他们自己无须进行电子邮件的搜索,只需支付少量费用,即可得到大量潜在被欺诈人的电子邮件地址。为减轻群发电子邮件带来的投诉,一些承销公司只保留那些访问网站时选择接收电子邮件的个人的电子邮件地址。当然,需要说明,群发电子邮件者不能确定哪些人收到了他所寄发的电子邮件。

由于上述两个因素,群发电子邮件操纵证券市场成为现实。在该类操纵市场的手段中,特别需要注意故意写错地址群发电子垃圾邮件这种形态。这是一种更为复杂的群发垃圾邮件型诈骗,诈骗者专门利用了因特网技术的特性,欺骗潜在的投资者,使他们错误认为:他们所接收到的包含公司重要内幕信息的邮件本来是发给另外一个其他人的。承销人写出一份电子邮件消息,写上一个虚构收件人的姓名,然后发送给成千上万个潜在投资者。承销人通过各种途径包括通过使用软件搜索邮件地址获得投资者的邮件地址。收到电子邮件的人发生错误认识,认为他无意中收到了本来应当发给另外其他人的内幕信息。推销人通过将所兜售的公司证券卖给许多这种"写错邮件地址的"电子邮件消息的接收人得以实施证券欺诈行为。这种欺诈形式近来更多地出现于将欺诈信息发送到留言机、有声邮件信箱以及传真机上而不是使用因特网,这应该引起人们的关注。特别需要注意,在实践中,许多"垃圾邮件"来自国外,给监管带来很大的困难。

3. 境外的经验

从实际来看,各个市场经济发达的国家一般均通过出台《反垃圾邮件法》对利用因特网群发垃圾邮件进行规制,并作出比较严厉的责任规定。② 美国、澳大利亚、日本、新加坡、欧盟等都出台了相关法案进行规制,下面进行简要介绍。

美国是世界上最早试图通过立法解决垃圾邮件泛滥问题的国家之一。在

---

① See www. email-marketing-easy. com.

② 我们认为,该种立法当然同样适用利用垃圾邮件操纵证券市场这一网络欺诈情形,为受害人提供一定意义上的救济。

州立法方面,自1997年7月内华达州率先对电子邮件的服务和使用行为进行立法以来,截至2003年11月,美国已有36个州出台了规范电子邮件服务和使用行为的立法。在联邦立法方面,从20世纪90年代后期开始,美国参、众两院开始关注电子邮件扰民与垃圾邮件泛滥的问题,并先后推出了《1999年收件箱免受干扰法》、《1999年网民保护法》、《未经请求淫秽作品的攻击及销售控制法》、《电子邮件用户保护法》、《2000年反未经请求电子邮件法》、《2000年无线电话传递垃圾邮件控制法》、《2001年反垃圾邮件法》(*Anti-Spamming Act of 2001*)、《2001年未经请求淫秽作品的攻击及销售控制法》、《2001年反未经请求商业电子邮件法》等多项法案,以期对垃圾邮件进行控制,保护电子邮件用户的正当权益,促进电子邮件服务业的健康发展。2004年1月1日,《2003年美国反垃圾邮件法》即《2003年未经请求的色情与行销消息攻击控制法》的颁布实施,标志着美国反垃圾邮件立法工作取得新突破①。《反垃圾邮件法》规定,任何人未经授权向多人(达到24小时发100条、30天发1000条或1年发1万条)发送含虚假商业信息的电子邮件均为违法,可受到罚款或关押最高不超过5年的处罚,或两罚并用。但是美国的《联邦反垃圾邮件法》没有严格垃圾邮件的内涵,只是精确地给出了13项外延,如隐藏发件人身份、地址、标题等信息的电子邮件、收件人无法拒收的邮件等等。

2003年澳大利亚联邦政府在全世界率先制定了《反垃圾邮件法》(*Spam Act 2003*),从2004年4月开始,任何从澳大利亚境内发送电子垃圾邮件的公司或者个人一旦被查获就有可能受到严厉的惩罚。澳大利亚的《反垃圾邮件法》吸收了各国不同的经验,形成了自己比较鲜明的特点②:(1)严格划定垃圾邮件的范围。澳大利亚的《反垃圾邮件法》把垃圾邮件严格限定为商业性质。有关当局在给电子垃圾邮件下定义的时候,根据的是两个关键因素:一个是这些邮件的商业性质;二是未经用户准许而主动提供。这两个因素加在一起,才能称之为电子垃圾邮件。也就是说,只有那些"不请自来"的商业信息才被视为是受该法约束的垃圾邮件,而非营利性组织发送的即使是未经用户准许而主动提供的信息并不在法律的限制范围内。《反垃圾邮件法》在第6条用大量的篇幅不厌其烦地对所谓的商业电子邮件作了详细的界定,如报价提供货物或服务、为货物或服务做广告或推销、为土地或土地上的收益做广告或推销、为商业机会或投资机会做广告或推销等等,都强调了信息的商业性质。据此标准,在垃圾邮件中应该排除私人函件,那些含有色情、病毒内容的邮件由其他法律来调整规范。(2)倾向保护公民的个人权利。《反垃圾邮件法》规定,从2004年起,所有进入澳大利亚互联网络的商业广告都必须先获得用户的准许才能进入用户的邮箱,否则就是非法行为,要受到法律的追究,那些发送电子垃圾邮件的人们一旦被抓获并被定罪最高可以被判罚款100万澳元。(3)调整的范围更加广泛。随着科技的发展,垃圾邮件不仅仅只是在网络上传播,而且还向手机等现代通讯工具蔓延。但是大多数国家还是习惯性地把垃圾邮件限定在互联网的范围内,对计算机与其他信息设备之间传播的垃圾邮件给忽略掉了。澳大利亚《反垃圾邮件法》突破了传统的立法认识,把所有涉及电子通信领域包括电子邮件、短信、彩信、即时通信以及传真等范围内的垃圾邮件统统囊括了进来。该法第5条明确规定:本法所称的电子信息是指用互联网或用其他注册运营服务使用的信息,信息是被发送到连接着电子邮件号码的电子地址、连接着直接信息账号的电子地址、连接着电话号码的电子地址以及类似账号当中去的。该条甚至规定,只要行为人发送了这样的信息,就算触犯了法律,而不管发送的电子地址是否存在、信息是否到达了指定地址。从整部法律来看,澳大利亚把"link"作了一个广义的理解,即不仅仅是理解成"互联网",而更多的是"通讯链路"。这样不仅是计算机网络上的垃圾邮件受到约束,手机短信、彩信、传真等范围当中的垃圾邮件都被纳入到了法律的监管范围之内。(4)惩罚措施的宽与严。澳大利亚的《反垃圾邮件法》在对违法者的处罚上体现了与其他国家不同的特点,即"宽"——不规定人身刑,"严"——财产刑数额大。澳大利亚的立法模式完全排除了个人接受身体刑的可能,而仅仅是处以罚款的处罚方法。该法第27条明确规定,如果是个人违反了规定,则仅仅适用民事惩罚条款,而不能追究其刑事责任。这可能与该法强调垃圾邮件的商业性质有关——商业电子邮件一般由企业或由企业雇佣、委托的个人来发送,而且通常情况下只是浪费用户的时间和资源而不会有意地去对用户搞什么破坏,因此要处罚也主要是处罚那些发送垃圾邮件的最大收益者,手段也只限于经济惩罚。对于那些传播病毒或者是窃取用户信息、破坏用户资源的垃圾邮件,则是由相关的其他法律如刑法、民法等来调整。但没有人身刑并不意味着澳大利亚对垃圾邮件的态度比较宽容,实际上政府对垃圾邮件的态度是相当严厉的。比如该法规定的处罚范围就比较大,不仅包括本国人,还包括那些向澳大利亚发送垃圾邮件的外国人。对于涉嫌参与大规模制造垃圾邮件的外国人,在进入澳大利亚境内时也会被逮捕法办。澳大利亚《反垃圾邮件法》由澳大利亚通信部门负责实施,对于严重的垃圾邮件制造者和屡教不改者要由法院处理,法院将根据违反法规的程度给予不同程度的处罚,最高每天可处 100 万澳元(相当于 80 万美元)的罚款。

　　为解决电子垃圾邮件问题,日本经济产业省于 2002 年 4 月颁布出台《特定电子邮件法》,该法于 2002 年 7 月起施行。该法采取了"选择退出(opt-out)原则",规定滥寄广告信的人必须尊重收信人表示不愿再收信的除外要求,必须在每封广告信中说明是广告信,并且说明是在未经同意下寄出,每封垃圾信都必须在主题栏直接写明主题,并且提供有效的回信地址,同时规定行销者不得使用随机产生的邮件地址滥寄广告信。该法规制的对象包括网络上的电子邮件与手机收发的电子邮件。根据日本《反垃圾邮件法》,任何违反该法的企业最高可罚款 256 万日元,个人可被判处最高为两年的有期徒刑。该法同时要求电讯业者采取积极办法减少滥发的广告垃圾邮件。

　　韩国是世界上垃圾邮件问题最为严重的国家之一,目前已经成为世界第二垃圾邮件大国。2001 年,韩国制定出台了《信息与通信的传播、通信网络的应用以及信息保护法》,对电子邮件服务行为和使用行为进行了规范。此后,2002 年 11 月 8 日,韩国国会在对上述立法进行修正的基础上,发布了《促进信息通信网络利用及信息保护等修正法》,该法自 2003 年 1 月 19 日起实施。《修正法》在 2001 年的立法基础上,对某些制作和发送垃圾邮件的行为作了补充规定,并进一步加大了对垃圾邮件的处罚力度。例如,该法规定:未经请求商业性电子邮件的发送者应当公开收件人电子邮件的收集渠道,禁止通过电子邮件向未成年人发送成人广告,等等。[①]

　　2007 年 4 月 13 日新加坡国会通过《垃圾邮件控制法案》,该法案自 2007

---

　　①　参见张志利:《国外反垃圾邮件的立法应对》,载《人民邮电报》2006 年 3 月 7 日。

年 6 月 15 日正式开始生效。根据该法案,垃圾电子邮件是指未经许可,在 24 小时内发送逾 100 次,30 天内发送逾 1000 次或一年内发送逾 1 万次的内容相同或相似的商业电子邮件。该法案规定,公司不能未经许可将电子邮件、文字或多媒体信息发送给消费者;所有广告类电子邮件在发出时,必须清楚标明其广告性质,并注明发送人的真实电子邮件地址;消费者可无须付费退订这类邮件;消费者可要求违反规定的垃圾电子邮件发送人赔偿损失,赔偿费为每条垃圾电子邮件 25 新元(约合 16.5 美元),赔偿总额最高不超过 100 万新元(约合 66.2 万美元)。

欧盟先后出台了一些指令,就电子商务、电子通信、数据保护等问题作出规范和指引。在上述指令中,不少规定与电子邮件服务与使用行为有着密切甚至是直接的联系。如《欧洲个人数据保护指令》、《电子通信和数据隐私指令》等等。2002 年 7 月 12 日,欧盟议会通过了《欧盟隐私与电子通信指令》,该《指令》规定,自 2003 年 10 月 31 日起,在欧盟范围内向个人发送商业、宣传性的电子邮件时,必须得到接收方事先同意;如果违反了此项规定,应当由成员国制定的相关法律予以惩罚。继欧盟对电子邮件服务与使用作出规定后,意大利、英国、丹麦、西班牙等欧盟成员国纷纷响应,通过国内立法规范电子邮件的服务与使用行为,遏止垃圾邮件的泛滥。

4. 我国立法

针对互联网上电子邮件相关问题,信息产业部于 2005 年 11 月 7 日通过《互联网电子邮件服务管理办法》,自 2006 年 3 月 30 日起施行,这是我国反垃圾邮件立法进程中的一件大事。《互联网电子邮件服务管理办法》虽然在法律效力上仅仅是一部行政规章,但它是今后制定法律层次的反垃圾邮件法的基石。可以说,《互联网电子邮件服务管理办法》的出台,标志着我国反垃圾邮件立法迈出了坚实的一步、关键的一步。

《互联网电子邮件服务管理办法》确定了互联网电子邮件服务管理的基本措施:第一,对提供互联网电子邮件服务实行市场准入管理。第二,建立了电子邮件服务器 IP 地址登记制度。第三,要求互联网电子邮件服务提供者按照技术标准建设服务系统,采取安全防范措施。第四,对电子邮件服务进行了具体的规范。例如,互联网电子邮件服务提供者向用户提供服务,应当明确告知用户服务内容和使用规则;互联网电子邮件服务提供者对用户的个人注册信息和互联网电子邮件地址,负有保密的义务。互联网电子邮件服务提供者及其工作人员不得非法使用用户的个人注册信息资料和互联网电子邮件地址;未经用户同意,不得泄露用户的个人注册信息和互联网电子邮件地址,但法律、行政法规另有规定的除外,等等。该《办法》建立了垃圾邮件的举报机制;规定了互联网电子邮件服务提供者违反本规定的管理措施和义务的处罚。对违反规定发送电子邮件制定了相应的处罚措施,最高可处以 3 万元以下的罚款;吊销电信业务经营许可证;构成犯罪的,依法追究刑事责任;尚不构成犯罪的,由公安机关、国家安全机关依照有关法律、行政法规的规定予以处罚。

当然,《互联网电子邮件服务管理办法》只是一部行政规章,在对违法者的处罚种类、力度方面受到局限。另外,对于有些问题也未能规范,比如邮件地址列表的贩卖问题的合法性问题以及法律适用问题。有业内人士指出,在邮件技术上存在"道高一尺,魔高一丈"的情况,所以业界认为完全靠技术治理垃圾邮件是不可能的。他提出,如果能够把贩卖邮件地址列表界定为非法,将会对发送垃圾邮件起到致命的打击。此外,在正式的法律颁布前,反垃圾邮件在实施中可以适用现行法律等相关法规,如《广告法》等。[①] 我们认为,我国应当积极吸收、借鉴发达国家的经验和教训,结合我国国情,进行相应立法,即出台《反垃圾邮件法》,对利用群发电子垃圾邮件行为规定严格的法律责任;将来在《电子交易法》或者专门的反网络证券欺诈法中对利用群发电子垃圾邮件操纵市场的行为最好予以明确规定。[②] 在正式法律出台前,在实践中对待反垃圾邮件可以适用现行法律等相关法规,如《广告法》等。

三、非法劝诱

对于证券市场上的非法劝诱行为,尤其是利用网络技术的非法劝诱行为在各个不同国家可能会呈现出不同的形态,究其具体原因系与一国之经济发展水平、立法政策、习惯等因素密不可分,在本小节仅以美国和我国的证券市场实践为对象予以分析。

---

① 参见《〈反垃圾邮件法〉有望出台,概念之争惹思考》,载《21 世纪经济报道》2004 年 2 月 25 日。

② 需要明确,利用电子邮件不是操纵市场而只是非法劝诱,也可以由该种法律进行规制。

(一)美国的非法劝诱行为

与操纵市场相似,承销人可以假装以无关第三者的身份对其发行的证券进行大肆宣传。根据美国法律的规定,承销人可以对承销行为获得报酬,但报酬的数量应该进行披露,同时承销人还应遵守联邦证券法的反欺诈条款,不得发误导信息。承销人经常的策略是"愚弄策略"。"愚弄策略"是指承销合同中规定,一旦其承销的证券价格上涨,承销人可以提高报酬,这就刺激承销人以误导信息提高证券的价格。①

美国《1933 年证券法》第 17 条 b 款规定,任何人通过州及贸易中的交通或通讯手段或工具,或者通过邮政工具或手段,以出版、公布或者传播任何通告、通知、广告、报纸、文章、信件、投资服务,或者那些并非意在提供证券销售,但却描述了直接或间接地从发行人、承销商或交易商那里得到或将得到的对这种证券的对价的通讯,却没有充分披露这种接受的对价——无论过去的还是预期的——及其数量。据此,推介或劝诱投资者投资某种股票时,必须充分揭露其因推介或劝诱所可取得的利益,否则即属违法,此即所谓的反劝诱条款。以下为三个典型案例。②

案例一,美国与澳洲共同合作将吹嘘一家美国科技公司 RenTech 的两名澳洲人起诉。这两名澳洲人利用网站与散发数以百万计的垃圾邮件,鼓励投资者购买 RenTech 的股票,但却未揭露其从 RenTech 获有股份,导致该股票大涨,而两名被告则趁机抛出所持股票。二人因此被 SEC 起诉。

案例二,Yun Soo Oh Park 自称为在线选股专家,利用其线上投顾公司 Societe Anonyme 招募会员并要求支付先是 100 美元/月最后为 200 美元/月的咨询费。他以 Tokyo Joe 的名义,在所开设的聊天室中向会员提供投资建议、分析市场行情并提供会员电子邮件以便其获得股票推荐建议。但是,Tokyo Joe 却于推介前先行买入所推介股票,然后再行推荐,待价格上涨至适当价位后即行卖出以获利,因而被 SEC 依照违反《1933 年证券法》第 17 条 b 款、《1934 年证券交易法》第 10 条 b 款及 Rule10b—5 等法规起诉。

---

① 骆旭旭:《因特网上的证券欺诈及美国证券委的对策》,载《法律适用》2002 年第 7 期,第 76 页。

② 参见沈恒亮:《网络证券欺诈及其监管》,华东政法大学硕士毕业论文,第 30~31 页。

案例三,Luers 利用网站 www.BigPlayStocks.com 向收费用户与其他投资者推荐号称经过专家选择的股票,宣称一旦购买了推荐股票便可获利云云,还推出实时观看系统以便客户可以随时了解公司下单获利的情况。SEC 于 2001 年 9 月对 BigPlayStocks.com 公司与其总裁 John R. Luers(号称 Stock Jock)提起诉讼。SEC 在指控书指出,该公司根本不存在任何操盘专家,所有推荐均出自其手;该公司也从不按照其所建议进行交易。所谓的实时系统纯属子虚乌有,只是一些超链接而非公司真正的交易情况。SEC 还指出,公司所谓的成交价格从未在近期市场上出现过,因此,以其违反《1934 年证券交易法》第 10 条 b 款与 Rule10b—5 对其提出指控。

一般地,只要有足够多的被劝诱人购买劝诱人推荐的股票,该股票的价格就会上涨,劝诱人就能从中渔利。在网络环境下信息的传递速度极快,只要信息具有足够的诱惑力,很快就会为大众所知,市场也会立刻对所推荐股票作出反应,故而非法劝诱型欺诈是网上证券交易中一类比较常见的欺诈类型。有鉴于此,SEC 在 1998 年 10 月 28 日针对网络上各种的欺诈形态包括垃圾邮件(spams)、在线新闻通讯(online newsletter)、留言板留言(message board postings)等进行的首次扫荡中,就在 23 件诉讼案件中对 44 位被告以违反第 17 条 b 款于推介时未揭露其因推介该股票所获得的利益提出控诉。[①]

(二)抢帽子交易操纵市场

在我国,与美国非法劝诱相似的操纵市场行为是抢帽子交易操纵市场。根据《证券市场操纵行为认定指引(试行)》规定,抢帽子交易操纵是指证券公司、证券咨询机构、专业中介机构及其工作人员,买卖或者持有相关证券,并对该证券或其发行人、上市公司公开作出评价、预测或投资建议,以便通过期待的市场波动取得经济利益的行为。

北京首放投资顾问有限公司及其法定代表人汪建中的操纵市场案与武汉新兰德案是国内证券市场上颇具影响的案例,两者皆利用互联网进行市场操纵。在前一案例中,北京首放的法定代表人、执行董事、经理汪建中利用北京首放及其个人在证券投资咨询业的影响,借向社会公众推荐股票之机,通过"先行买入证券、后向公众推荐、再卖出证券"的手法操纵市场,并非法获利。

---

① http://www.sec.gov/news/press/98-117.txt.

　　根据调查,汪建中在 2007 年 1 月至 2008 年 5 月期间,通过上述手法交易操作了 55 次,买卖了 38 只股票或权证,累计获利超过 1.25 亿元。中国证监会决定撤销北京首放的证券投资咨询业务资格,对汪建中没收违法所得逾 1.25 亿元,处以等额罚款,并对其采取终身证券市场禁入措施。由于汪建中的上述行为情节严重,已涉嫌触犯刑法,构成犯罪,证监会将此案移送公安机关,依法追究刑事责任。从上述案情看,北京首放投资顾问有限公司及汪建中实施的市场操纵行为类型系抢帽子交易操纵。

　　武汉新兰德案是证监会查处的首起咨询机构操纵市场案件。调查发现,作为全国知名的证券投资咨询机构,武汉新兰德董事长兼总经理朱汉东代表公司向陈杰提供股票买入建议,待陈杰利用其控制的账户买入后,由朱汉东署名,以新兰德名义通过网络媒体和报纸等公众传媒公开推荐相关股票。陈杰则利用公开推荐所造成的市场影响,在推荐后的下一个交易日卖出股票牟利。在 2007 年 1 月 1 日至 4 月 26 日期间,陈杰通过上市建议、买入、推荐、卖出的方式交易操作了 37 次,武汉新兰德收取咨询费用非法获利 735 万元。经过调查和审理,证监会认定武汉新兰德和陈杰的上述交易操作行为,违反了证券法关于禁止操纵证券市场的规定。证监会作出行政处罚决定,没收武汉新兰德违法所得 735 万元并处以等额罚款,对朱汉东给予警告并处以 30 万元罚款,没收陈杰被冻结的股票。对朱汉东采取证券市场禁入 5 年处罚。

　　(三)我国法律法规检讨

　　从某种意义上说,非法劝诱性欺诈可以归入操纵市场型欺诈。如在美国《1934 年证券交易法》第 9 条证券市场的操纵第 a 款第 1 项规定了不得以虚假信息操纵证券价格,而同款第 3 项则规定不得劝诱他人购买某种股票以便通过这种行为操纵市场。两者不同之处在于:非法劝诱型欺诈的构成要件为劝诱人在劝诱他人购买所推荐的股票时未向他人披露其直接或间接地从发行人承销商或交易商处得到或将得到的对价;而通过劝诱达到操纵市场的目的的欺诈须具备两个要件,即劝诱他人购买证券该证券的价格,由于任何一个或者更多的个人为提高或者压低此种证券的价格而进行的市场经营将要或者可能要上升或下降。[①]

---

　　① 参见沈恒亮:《证券欺诈及其监管》,华东政法大学硕士毕业论文,第 32 页。

　　从比较的视角看,美国式的非法劝诱在我国立法中也可以找到相似规范条文,如《证券法》第77条第1款第4项"以其他手段操纵证券市场"、第79条第1款第5项、第6项规定禁止证券公司及其从业人员为牟取佣金收入,诱使客户进行不必要的证券买卖;利用传播媒介或者通过其他方式提供、传播虚假或者误导投资者的信息,第171条第1款第4项规定投资咨询机构及其从业人员从事证券服务业不得利用传播媒介或者通过其他方式提供、传播虚假或者误导投资者的信息以及《证券市场操纵行为认定指引(试行)》规定的抢帽子交易操纵。其中,证券公司及其从业人员为牟取佣金收入,诱使客户进行不必要的证券买卖、利用传播媒介或者通过其他方式提供、传播虚假或者误导投资者的信息属于"欺诈客户型"证券欺诈,需满足以下条件:(1)主体限于证券公司及其从业人员。(2)主观上为故意,即"为牟取佣金收入"或者从"利用传播媒介或者通过其他方式提供、传播虚假或者误导投资者[①]的信息"可以推知为故意。(3)客观方面为"诱使客户进行不必要的证券买卖、利用传播媒介或者通过其他方式提供、传播虚假或者误导投资者的信息"。而第171条第1款第4项则主要规范了投资咨询机构及其从业人员的提供、传播虚假或者误导投资者的信息的行为,其条件包括:(1)主体限于投资咨询机构及其从业人员。(2)提供、传播虚假或者误导投资者的信息的行为。抢帽子交易操纵属于《证券法》第77条第1款第4项"以其他手段操纵证券市场"的范畴,但是其主体范围为"证券公司、证券咨询机构、专业中介机构及其工作人员,买卖或者持有相关证券"。

　　由上可知,我国对类似美国非法劝诱的行为分为两类,即操纵市场和客户/投资者欺诈,两者的区别有:(1)前者没有主体限制,后者则要求主体须为证券公司及其从业人员或者投资咨询机构及其从业人员。(2)前者要求"操纵证券交易价格或者证券交易量",后者则无此要求。(3)两者的客观行为表现不同。(4)从行为结果上看,都有赔偿损失的后果:"操纵市场行为给投资者造成损失的,行为人应当依法承担赔偿责任";证券公司及其从业人员利用传播媒介或者通过其他方式提供、传播虚假或者误导客户的信息而给客户造成损失的,应当依法承担赔偿责任;投资咨询机构及其从业人员的提供、传播

虚假或者误导投资者的信息给投资者造成损失的,依法承担赔偿责任。① 这里可能出现的问题显然与网络环境无关,即:该部分所述的"证券公司及其从业人员或者投资咨询机构及其从业人员的欺诈客户或者投资者的行为",如果同时符合"以其他手段操纵证券市场"的情形,应当如何处理?恐怕对投资者举证更有力的方式是对证券欺诈的指控,因为要证明"操纵证券市场"还是有一定的难度,尤其对于我们这样的新兴证券市场国家的投资者或客户而言。但是,法律规定还是明确更好,比如根据我国香港地区《证券期货条例》第 278 条:任何意图诱使他人买卖证券而该交易可能影响该证券价格的行为就是操纵市场行为。② 对此,将来《证券法》修改时,或之前中国证券监督管理委员会的行政规章可以作出明确的规定。(实际上,北京首放投资

---

① 该处法律责任的条文表述没有像《证券法》第三章第四节"禁止的交易行为"中对证券欺诈行为人的赔偿责任中"应当依法承担赔偿责任"的文字表述。参见《证券法》第 76 条、第 77 条、第 79 条等。

② 香港地区《证券及期货条例》第 278 条"操纵证券市场":

(1) 如任何人(a) 意图诱使另一人购买或认购或不售卖某法团或其有连系法团的证券, 而在香港或其他地方直接或间接订立或履行 2 宗或多于 2 宗买卖该法团的证券的交易, 而该等交易本身或连同其他交易提高或相当可能会提高任何证券的价格(不论后述的证券是在有关认可市场或是透过使用认可自动化交易服务交易的);(b)意图诱使另一人售卖或不购买某法团或其有连系法团的证券, 而在香港或其他地方直接或间接订立或履行 2 宗或多于 2 宗买卖该法团的证券的交易, 而该等交易本身或连同其他交易降低或相当可能会降低任何证券的价格(不论后述的证券是在有关认可市场或是透过使用认可自动化交易服务交易的);或(c)意图诱使另一人售卖、购买或认购,或不售卖、不购买或不认购某法团或其有连系法团的证券, 而在香港或其他地方直接或间接订立或履行 2 宗或多于 2 宗买卖该法团的证券的交易, 而该等交易本身或连同其他交易维持或稳定或相当可能会维持或稳定任何证券的价格(不论后述的证券是在有认可市场或是透过使用认可自动化交易服务交易的), 则操纵证券市场的行为即告发生。

(2) 如任何人(a)意图诱使另一人购买或认购或不售卖某法团或其有连系法团的证券, 而在香港直接或间接订立或履行 2 宗或多于 2 宗买卖该法团的证券的交易, 而该等交易本身或连同其他交易提高或相当可能会提高在有关境外市场交易的任何证券的价格;(b)意图诱使另一人售卖或不购买某法团或其有连系法团的证券, 而在香港直接或间接订立或履行 2 宗或多于 2 宗买卖该法团的证券的交易, 而该等交易本身或连同其他交易降低或相当可能会降低在有关境外市场交易的任何证券的价格;或(c) 意图诱使另一人售卖、购买或认购,或不售卖、不购买或不认购某法团或其有连系法团的证券, 而在香港直接或间接订立或履行 2 宗或多于 2 宗买卖该法团的证券的交易, 而该等交易本身或连同其他交易维持或稳定或相当可能会维持或稳定在有关境外市场交易的任何证券的价格, 则操纵证券市场的行为即告发生。

(3) 在本条中(a)提述交易之处,包括提述要约及邀请(不论实际如何称述);及(b)提述订立或履行交易之处,如属(a)段提述的要约或邀请的情况,须解释为作出该项要约或邀请(视属何情况而定)。

顾问有限公司及其法定代表人汪建中的操纵市场案与武汉新兰德案就是如此处理的。)

四、冒用名义

网络信息来源广泛,但难以辨识其真正来源是否真实。如果信息是一般民众所张贴,可能无法使广大投资者信服,因此,许多诈骗者就运用冒名顶替的方法传播虚假信息。例如,信息提供者以超链接方式连接到其他具有公信力的信息来源或是冒用较具知名度的人士或机构的名义发布信息。这种网络诈骗行为即所谓冒用名义或冒名顶替。这种欺诈行为容易使投资人产生误解,认为该投资信息有一定的公信力与价值,从而上当受骗、造成损失。

在美国证券市场中,冒用名义有两个为人熟知的网络证券欺诈案例。最有名的冒用名义案例是 Emulex 案。一位名为 Jokob Mark 的投资者想从 Emulex 公司的股票中获利,因此采取各种措施来做空 Emulex 的股票,但是 Emulex 的股票却不断上涨,在不堪损失的情况下,Jokob Mark 开始假冒新闻机构 Internet Wire 的名义,发布 SEC 要求该公司重编过去数年的财务报表以及该公司董事长已经辞职的不实信息。此信息在其他新闻机构未做仔细查证的情况下,快速在网上散布开来,使得 Emulex 的股票在开盘的 15 分钟内大跌 60%,该公司股票市值缩水达 22 亿美元。后虽然在对该股停止交易后查证此信息系虚假信息,公司股价旋即恢复正常,但仍然给许多相信该信息而卖出股票的投资者造成重大损失,于是这些投资者向法院提起了诉讼。[①] 另一个著名案例是 SEC 诉 Cary Dale Hoke 案。Cary Dale Hoke 为 Pair Gain Technologies 公司的一名员工,他在雅虎消息板上张贴了一则假消息,声称该公司同意被一家以色列公司 ECI Telecom Ltd. 并购,并将该消息发布到他制作的一个假 Bloomberg Top Financial News 网站网页上(这是一个著名的金融门户网络)。信息在网上迅速传播后,Pair Gain 科技公司的股价迅即上涨达 32%,不过在谣言被更正后又下跌 20%。该事实直接导致 SEC 对 Cary Dale Hoke 提起民

---

① 参见冯震宇:《论网路证券欺诈之问题与因应》,载《证券暨期货市场发展研讨会论文集》1999 年第 1 期,第 24 页。

事指控和刑事指控。①

这类证券欺诈行为一度在美国证券市场非常猖獗,以至于 SEC 不得不提醒投资者:网络欺诈者通常使用化名隐瞒真实身份,以目标公司未来发展计划等所谓"内幕消息"为诱饵,在公共 BBS、在线论坛和聊天室散布虚假信息以鼓动投资者购买股票。而在法律实践中,对这类冒用名义的证券欺诈行为,SEC 通常以违反《1934 年证券交易法》第 10 条 b 款及 Rule10b—5 等规范进行起诉,同时按照法律规定由 SEC 执行。

从 Emulex 案和 SEC 诉 Hoke 案的案例内容看,这两个案例都可以归入操纵市场型欺诈,但美国《1934 年证券交易法》将其单独列举,其原因在于,正如大卫·L. 拉特那(David L. Ratner)教授所说,该款内容是一个概括性规定,违反了 SEC 为了公共利益或者保护投资者利益而必须适当地规制的规则和规章,"对任何证券,无论在证券交易所登记或注册与否,使用操纵和误导的手段和方法就是违法"。其目的旨在将第 9 条和第 10 条 a 款未加规范的内容全部概括其中,而且法律也不是禁止所有的行为,而只是禁止规则所禁止的行为②。《1934 年证券交易法》第 10 条 b 款禁止任何对证券买卖构成或可能构成欺诈的行为,而依据《1934 年证券交易法》第 9 条的规定,对证券使用操纵和误导的手段构成或可能构成欺诈则按照第 10 条 b 款。若这种行为违反了规则,同时,又使用操纵和误导的手段,则该行为违法。

在我国证券市场上,类似冒用名义的情形也日益增多。在实践中,各个被冒用名义的机构、公司纷纷通过在媒体上发表声明进行自我保护,比如国金证券公司发布《关于警惕冒用国金证券名义开展非法证券活动的提示声明》③,声称有人在网上冒用国金证券股份有限公司的名义从事非法证券活动,损害投资者利益。国金证券公司郑重声明:除本公司依法设立的研究所、证券营业部及服务部外,本公司未授权任何机构和个人发布证券信息或进行证券投资咨询服务;任何冒用本公司名称、标识、证书或公司历史沿革介绍等内容进行虚假宣传的机构或个人均系仿冒。指出国金证券唯一合法网站为 http://

---

① SEC v. Gary D. Hoke, Jr., Litigation Release No. 16117; Edward Wyatt, Fake News Account On Web Site Sends Stock Price Soaring, New York Times, April 8, 1999, p. A1.

② 参见沈恒亮:《网络证券欺诈及其监管》,华东政法大学硕士毕业论文,第 35 页。

③ http://www.cnstock.com/paper_new/html/2008-07/17/content_64153972.htm.

www. gjzq. com. cn。又如国联证券股份有限公司也发布《国联证券关于不法
人员冒用我公司名义设立网站的严正声明》①，声称公司发现有不法人员屡次
冒用国联证券股份有限公司或类似相近名称，非法设立证券投资咨询网站。
这类网站制作假冒证监会证书图片骗取投资者的信任，以推荐黑马股票为诱
饵提供有偿服务，收取高额的会员费或直接骗取投资者资金，严重损害投资者
利益，危害社会和证券市场的健康和稳定，影响我公司声誉。严正警告不法人
员应立即停止各类违法、侵权活动，公司将追究假冒者的法律责任。同时公司
敬告投资者国联证券公司的唯一网站地址为 http://www. glsc. com. cn/。

其实这种非法证券机构欺诈情形在我国发达地区非常猖獗，单是广东省
证券监督管理局处理的案件数量就很惊人。② 2009 年 3 月份，广东证监局根
据投资者投诉和调查的情况，在该局互联网站上公布了辖区第三批 42 家不具
有合法证券经营业务资质的机构名单。截至 2009 年 3 月 24 日，该局合计公
布了近 100 家经有关部门查处、取缔的非法证券经营机构和不具有合法证券
经营业务资质的机构名单。据广东证监局相关负责人介绍，目前广东辖区非
法证券投资咨询机构大多是无工商登记、无固定办公地点、无固定联系电话的
"三无"公司；还有的机构假冒知名的证券公司、基金公司或证券投资咨询机
构招收会员，开展非法证券经营业务。这些机构为规避监管，经常变换营业场
所，且主要以外省市投资者为行骗对象，仅凭小灵通电话、手机短信、QQ 即时
通讯工具等方式以假姓名与投资者联络，以传真方式与投资者签订虚假的
《软件销售协议》或证券电子信息刊物销售协议，要求投资者将费用打入个人
账户。一旦投资者买卖所推荐股票发生亏损，他们聘用的业务员往往巧舌如
簧，以更换指导老师、升级为 VIP 客户等名目哄骗投资者继续追加费用。投资
者一再上当受骗，表示要向媒体投诉或报案，不法证券投资机构或改换门庭，
或玩起"人间蒸发"。广东证监局提醒广大投资者，应当自觉抵制不当利益的
诱惑，对非法证券咨询机构所谓"免费荐股"、"推荐黑马"、"提供内幕信息"、
"合作操盘"、"保证盈利"等虚假宣传信息保持高度警惕，一概置之不理，更不
要轻易将投资资金打入他人或非法机构的账户，参与他们的违法行为，一旦造

---

① http://www. glsc. com. cn/news/2009/3/2/1235971478984. shtml.
② 参见《广东证监局曝光第三批非法证券机构名单》，载《证券时报》2009 年 3 月 24 日。

成投资损失,将咎由自取。

鉴于该类证券欺诈行为的猖獗及其危害性,我们认为,必须加大惩罚力度,完善相关法律规定,建议将来修改法律时,可参考美国证券法律的规定,对此种情形设置专门条款予以规制。

五、内幕交易

(一)一般内幕交易的立法规制

内幕交易,是指知悉证券交易内幕信息的知情人员或者非法获取内幕信息的其他人员,买入或者卖出所持有的该公司的证券,或者泄露该信息或者建议他人买卖该证券的行为。内幕交易是一种滥用信息、滥用优势的表现。依法禁止内幕交易,可以达到信息资源共享最大化,确保投资者平等知情权的实现,增强投资信心,有助于证券合理价格的形成和证券市场功能的发挥。根据各国的证券立法和司法实践,一般均对内幕交易予以禁止,违反者要承担相应的法律责任。本小节主要结合我国相关立法予以阐述。

根据《证券法》第 75 条的规定,内幕信息是指证券交易活动中,涉及公司的经营、财务或者对该公司证券的市场价格有重大影响的尚未公开的信息。证券交易的内幕信息,必须具备两个基本条件:(1)尚未公开。信息尚未公开是指发行人未向公众投资者公开其信息,具体而言,就是未将信息在证监会指定的报刊上公布,也未将载有信息的文件置备于指定场所供公众阅读,或者尚未通过中央、地方认可的其他信息披露方式向社会公布其信息。内幕信息不包括投资者根据自己的能力和知识,对投资公众可以自由取得的有关资料进行分析而得出的结论,即运用公开的信息和资料,对证券市场作出的预测和分析不属于内幕信息。(2)对证券的市场价格有重大影响,是指信息可能会对发行人的证券价格产生实质性的重大影响。对证券的价格有重大影响的信息,是针对该信息公开时对投资者的投资判断可能产生的影响而言,而不考虑该信息所涉及的事情在以后是否真正实现。

根据《证券法》规定,下列各项信息皆属内幕信息:

第一,《证券法》第 67 条第 2 款所列重大事件。这些重大事件包括:(1)公司的经营方针和经营范围的重大变化。(2)公司的重大投资行为和重大的购置财产的决定。(3)公司订立重要合同,而该合同可能对公司的资产、负债、权益和经营成果产生重要影响。(4)公司发生重大债务和未能清偿到期重大债务的违约情况。(5)公司发生重大亏损或者遭受超过净资产10%以上的重大损失。(6)公司生产经营的外部条件发生的重大变化。(7)公司的董事长、1/3以上的董事,或者经理发生变动。(8)持有公司5%以上股份的股东,其持有股份情况发生较大变化。(9)公司减资、合并、分立、解散及申请破产的决定。(10)涉及公司的重大诉讼,法院依法撤销股东大会、董事会决议。(11)法律、行政法规规定的其他事项。第二,公司分配股利或者增资的计划。第三,公司股权结构的重大变化。第四,公司债务担保的重大变更。第五,公司营业用主要资产的抵押、出售或者报废一次超过该资产的30%。第六,公司的董事、监事、经理、副经理或者其他高级管理人员的行为可能依法承担重大损害赔偿责任。第七,上市公司收购的有关方案。第八,国务院证券监督管理机构认定的对证券交易价格有显著影响的其他重要信息。

内幕人员的范围如何界定,各国的规定略有不同。我国《证券法》和原《禁止证券欺诈行为暂行办法》将内幕交易的主体分为两类:一是"知悉证券交易内幕信息的知情人员";二是"非法获取内幕信息的其他人员"。

对于第一类主体,《证券法》第74条规定,下列人员为知悉证券交易内幕信息的知情人员:(1)发行股票或者公司债券的公司董事有关的高级管理人员。(2)持有公司5%以上股份的股东。(3)发行股票公司的控股公司的高级管理人员,控股公司的高级管理人员主要包括:公司董事、监事、经理、副经理及有关的高级管理人员。(4)由于所任公司职务可以获取公司有关证券交易信息的人员,如秘书、打字员等。(5)证券监督管理机构工作人员以及由于法定的职责对证券交易进行管理的其他人员。由于法定职责对证券交易进行管理的其他人员,主要指证券交易所的工作人员、工商税务等有关经济管理机关的工作人员等。(6)由于法定职责而参与证券交易的社会中介机构或者证券登记结算机构、证券交易服务机构的有关人员。由于法定职责而参与证券交易的社会中介机构的有关人员,主要指发行人聘请的律师事务所、会计师事务所、资产评估机构及投资顾问机构的有关工作人员。(7)国务院证券监督管理机构规定的其他人员。

第二类主体,就是《证券法》第73条所规定的"非法获取内幕信息的其他人员"，原《禁止证券欺诈行为暂行办法》①第 4 条第 3 项将其界定为"通过不正当手段或者其他途径获得内幕信息"的"非内幕人员"。具体而言，非法获取内幕信息的其他人员包括：(1)以骗取、窃取、窃听、监听等非法手段获取内幕信息者。(2)通过私下交易等不正当途径获取内幕信息者。(3)利用各种手段从知情人员处套取、索取内幕信息者。(4)使用其他方法或手段等获得内幕信息者。由于上述人员知道或者应当知道证券内幕交易是非法的，却仍然通过各种手段和途径获取内幕信息，因此，可以认定为非法获取。

内幕交易行为的成立，不仅是内幕人员知悉了内幕信息，而且还必须得有一系列因内幕信息而发生的客观行为。根据《证券法》第 67 条、第 70 条的规定，内幕交易在客观上表现为如下行为样态：(1)证券交易内幕信息的知情人员利用内幕信息进行证券交易活动。(2)知悉证券交易内幕信息的知情人员或者非法获取内幕信息的其他人员，买入或者卖出所持有的该公司的证券。(3)知悉证券交易内幕信息的知情人员或者非法获取内幕信息的其他人员，向他人泄露内幕信息。(4)知悉证券交易内幕信息的知情人员或者非法获取内幕信息的其他人员，建议他人买卖该证券。

内幕交易是一种证券欺诈行为。在私法领域中，所有的欺诈行为都必须具备故意这一主观要件。我国原《禁止证券欺诈行为暂行办法》第 3 条规定：禁止任何单位或者个人以获取利益或者减少损失为目的，利用内幕信息进行证券发行、交易活动。《证券法》与原《禁止证券欺诈行为暂行办法》的规定不同。首先，《证券法》在内幕交易主观方面要求行为人可以是故意，也可以是过失。该法第 73 条禁止证券交易内幕信息的知情人员"利用"内幕信息进行证券交易活动，此时，行为人是一种在明知自己知悉的是内幕信息并且还利用了内幕信息的情况下进行证券交易的，心理状态是明显的故意。《证券法》第76 条规定知悉证券交易内幕信息的知情人员或者非法获取内幕信息的其他人员，不得买入或者卖出所持有的该公司的证券，或者泄露该信息或者建议他人买卖该证券，这里并没有要求行为人要有故意的心理状态，所以，此时行为人的故意或者过失两种主观状态都可以成立内幕交易。其次，《证券法》并没

---

① 该办法已废止，见 2008 年 1 月 15 日中华人民共和国国务院令(第 516 号)《国务院关于废止部分行政法规的决定》。

有明确要求内幕交易行为人在主观上要有获取利益或者减少损失的特定目的。因为,特定目的的要求反而会成为逃避法律责任的借口。虽然大多数内幕交易的目的都是为了获取一定的利益或者减少损失,但获取利益或减少损失不成为构成内幕交易的必要条件。可以推知,《证券法》对行为人的主观方面没有作太多限制,可以是故意,也可以是过失,也没有特定目的的要求,这必然会扩大内幕交易规范的行为范围,这与国际上内幕交易的调整对象不断扩大的趋势是一致的。

(二)网络环境下内幕交易的特殊问题

在网络环境下,证券市场上内幕交易依然存在,同时新问题也开始出现,即内幕信息在网络时代如何界定? 如何界定信息的"披露"与"公开披露"? 如何界定信息的"重大"性? 网站及其工作人员是否属于内幕人员? 诉讼时效的起始时间从何时开始等。

对于涉及内幕交易这种证券欺诈的诉讼而言,确定某行为是否构成内幕交易时常与信息、信息公开披露相关。相关责任承担问题的焦点时常在信息是否已经公开披露或者已经广泛地散布以至于可以假设投资者已经知道该信息之上。然而,许多问题即便在网络证券环境发达的美国也存在着不少争议。下面就美国监管与司法实践中若干重大争议问题加以介绍。①

1. "披露"及"充分披露"的界定

目前,美国法院开始正视如何对待主要通过网络得到的信息这一关键问题。详言之,包括:发行人在网站上发布一条新闻消息是否等于公开披露? 在网上获得信息是否可以视为"公开披露"? 一个理智的投资人能否被期望在网上进行冲浪以搜索有关投资信息? 有效市场中的证券价格是否主要通过网络获得的信息来反映呢? 对于上述问题,至少有一名联邦上诉法院的法官持肯定态度。在当今社会,随着"信息高速公路"的出现,可以很容易地获得美国联邦与各州的立法、管理法规以及有关产业趋势信息。在美国司法实践中,已经有法院认为,可以假设一个理性的投资者能够在公共领域获得信息。

证券欺诈索赔请求产生的许多问题引起了这样的疑问:如何明确采纳

---

① Howard M. Friedman, Securities Regulation in Cyberspace, the 3th ed., Aspen Publishers, 2007 Supplement, §13.05.

"一个理性的投资者能够在公共领域获得信息"这一观点以及这一观点适用于所有网络上可得信息的成本。在这个问题的认识上,法院和监管部门之间存在着较大的差异。

SEC 倾向于采纳这一立场,即单纯地在一个网站上发布信息本身并不构成公开披露。为了使披露有效,仍然需要一个传统的新闻发布会或者新闻会议。采取这一立场的正当理由似乎是:许多家庭现在还没有因特网络接口。然而这一理论被指责与 SEC 所采取的许多管制性措施不一致,SEC 所采取的许多管制性计划基础在于这种理论,即美国重要的证券市场是有效率的。

在有效的市场中,只要相当数量的投资者知道相关信息,该信息就会迅速地反映在人们交易的证券价格中。为此,美国最高法院已经采纳了这种理论:"在非常发达的市场上,股票市场价格反映了所有可得的公开信息";并认为,事实上投资者可以获取 SEC 的档案——完美的公开信息——的重要手段是通过因特网门户 EDGAR 数据库。对此,SEC 则持不同的看法。SEC 公司财务部前主任布恩·雷恩(Brane Lane)在离开其岗位时,就对上述说法进行了回应:"SEC 已经准备好了说公众可以获得甚至可以利用委员会公共参考室的任何东西,但是我们不准备说在网络上获得这些东西是一种公共途径。"

随着法院开始面对迫使他们研究网络获悉信息的可能性的这些问题时,许多令人心烦的措施可能成为必要。各种搜索引擎,诸如 Yahoo!、Lycos、Magellan、Alta Vista、Excite、Web Crawler 以及 Inforseek,都可以用来帮助计算机用户在网络空间寻找信息。正像法院传统上在足以使信息为公众所获得的公开模式与那些不为公众获得的公开模式之间进行认真区分一样,也很有必要对可以通过广泛使用搜索引擎容易查找到的网上信息与难以检索的信息进行区分。

当然,这并不是一个简单的工作。尽管我们在网上不难找到信息,甚至可以论证消息通常会引起投资者注意,但是公司主页的改变则通常不会引起投资者注意。问题是,大量免费的在线服务,诸如地址为 www.trackengine.com 的追踪引擎,会提示投资者所有追踪的任何网页的改动。比如,在追踪引擎网站或者想要查看的通过其一个个网页的链接,人们可以创建一个个性化的最终服务。大家可以标示出哪些网页应当被监视以及准确地标示出哪种类型内容的改动应当引起警示。当指定的网页更新时,追踪引擎会发送一封电子邮件通知有关人员,或者,如果其愿意,通过其可以访问的网络帖子通知他。显然,虽然困扰依旧,但法院的态度似乎越来越明朗,即认为一个理性的投资者是能够在公共领域获得信息,且其获取信息的成本十分有限。

目前,美国法院已经将《1934 年证券交易法》规则 10b—5 解释为禁止内幕人员从事基于重大的、非公开信息进行交易。"披露或者禁止交易"已经成为禁止内部人员交易的简单描述。更为复杂的问题是什么构成披露。传统上最广泛使用的公开披露形式是发布给有声服务、全国性报纸以及当地消息媒体(公司经营或者股东主要集中地)的新闻稿。没达到这种程度的传播通常不足以构成公开披露,但是只将新闻稿置于万维网上进行披露是否足以使内幕人员以后可以进行交易仍是未决问题。SEC 认为,只在因特网上发布网络文章并不等于适当的披露。在 1999 年 1 月,SEC 同意了由 NASDAQ 提议的一项规则变动,该规则变动均需 NASDAQ 发行商通过因特网公开信息,但只是作为传统新闻服务的补充形式。

SEC 强调:为了维持所有投资者公平竞争并且为了避免潜在的选择性披露,新的政策同样也禁止在通过传统信息渠道获得信息之前通过因特网发布信息。这意味着,单纯在因特网发布只能被视为有选择性地发布,而不是公开披露。多伦多(Toronto)证券交易的立场与此相似:因为电子通讯并没有影响到所有投资者,单纯的因特网记录就不符合公司披露要求。

SEC 在 1999 年 12 月的有关提议条例 FD(该条例旨在防止公众公司对财务分析人及其他可能利用该信息进行交易的人有选择性披露信息)的新闻稿中再次强调该立场:单纯的网络发布并不是全面的公开披露。该规则要求同时公开披露那些有意对各种外部人员发布的重大的非公开信息,并且该规则要求迅速公开披露任何这种已经无意披露的信息。接下来的新闻稿阐明:网络文章本身并不是公开披露的充分手段。

然而,到 2000 年 8 月 SEC 实际通过条例 FD 时,有迹象表明 SEC 正在重新考虑自己的立场:网络披露是否足以使信息公开。在通过条例 FD 时,SEC 承认:

在所提议的新闻稿中(The Proposing Release),我们声明:发行人在其自己网站上发布新信息行为本身并不认为是一种公开披露的充分方法。然而,随着技术的发展以及更多的投资者访问和使用因特网,我们相信:一些其网站被投资群体广泛使用的发行人,可以使用这种方法。而且,虽然在发行人网站发布信息本身不是一个公开披露的充分手段,但是我们同意发行人的网站可以成为有效披露过程中的一个非常重要的组成部分。

虽然只在网站披露并不充分,但是网站可以充当弥补传统新闻发布稿的一个重要的披露工具。特别是对小公司而言,它们的新闻发布公告可能不被新闻媒体广泛传布,在自己网站上发布新闻稿会有助于确保对重大发展进行了适当披露。

当然这种披露有其不足之处。一些观察人士设想:计划利用内幕信息进行交易的人会利用因特网"掩盖他们的行踪"。他们会在公告板或者在网络群组中匿名发布它们的内部信息。如果后来他们被监管者指控进行了内幕信息交易,他们就可能指向网络文章作为他们交易判断的来源。

依据盗用理论,根据规则 10b—5 利用未经披露的重大信息进行交易的外部人员可能要承担责任。然而,根据规则 10b—5,外部人员在其行为构成欺诈性之前,必须违犯了信息来源的信托义务。对发行人没有义务的外部人员或者被卷入的公司执行人员,例如他拦截了公司官员的秘密电子邮件并且利用该邮件进行交易,就不可能违反规则 10b—5(虽然交易人可能已经违犯了其他禁止性规定,诸如《联邦电子通讯隐私法案》中禁止性规范)。

值得注意的是,网站披露是否是充分的公开传播这一问题由于 2003 年 9 月根据盗用理论提起的一系列指控而重新引起人们的关注。美国财政部在该月某天上午 9 点钟的一个新闻发布会上宣布:试图终止发行 30 年的国库债券。这一信息的发布会引起已经发行的这种债券价格的急剧上涨。因而,在上午 10 点前禁止公开这一公告。Davis(参加这一新闻发布会的会计师)明确同意遵守这一禁止性条款。然而,他盗用了这一披露信息并且在上午 10 点之前告诉了他的各种客户。当天,财政部在上午 9 点 43 分(比禁止的时间早 17 分钟),无意识地在其网站上发布了这一禁止性信息。这一消息的发布导致了每百元的债券价格上涨了 15 美分多。在上午 9 点 57 分,路透社发布了这一消息,又引起这些债券价格迅速上涨了 65 美分。在接下来的 3 小时内,债券价格又上涨了 5 美元 18 美分,后来当天收盘时价格下降了一些。

显然,那些知道或者应当知道该信息秘密性的人透露禁止的信息已给利用信息进行交易提供了帮助。在财政部上午9点43分在其网站上发布该信息之前违反了规则10b—5。然而,在上午9点43分之后10点之前透露信息以及进行交易是否违法? SEC起诉指控:Davis甚至在9点43分到10点之间透露信息,也由于挪用非公开信息而违反了规则10b—5。SEC同样也指控Stevenson Nothern利用Davis透露的信息进行交易,不仅在9点43分之前,而且在9点43分到10点之间,也违反了规则10b—5。Johon Youngdahl,Davis的另一个客户,他将该信息透露给他的公司使用;然而,对他,SEC只是就9点43分前他的公司进行的交易被指控为违法,尽管该公司显然在10点这个禁止期限前也进行了系列交易。随后,Youngdahl对指控进行了和解,与此同时SEC撤销了对Nothern的指控。

通过以上介绍,我们不难看出美国证券监管机构态度的变化。但这一改变也确实引发披露效率与公平披露之间的冲突,实践中的关键点仍在于公众知晓的程度,即信息的内部性是否丧失。

2."重大性"与网络披露的关系

《1933年证券法》的反欺诈条款只适用于重大错误陈述与重大误导性遗漏。如果一种实质性可能存在——理性的投资者认为遗漏的事实的披露能够大大改变可能获得信息的"总合"(total mix),判例法就把这一事实界定为重大。因此,信息是否重大取决于该信息是否已经为投资者所知晓或者已经反映在市场价格中。当信息已经为公众所知并且反映在股票价格中时,对该信息的重新披露不会大大改变可以获得信息的混合。至少对广泛交易的股票而言,投资者一般依靠专业交易商确定的市场价格来有效反映公开披露信息。新的信息是重大的,但是早已经反映在市场价格中的众所周知的信息则不重要。

在美国法院审理的一些案件中,法院认为:在其他地方公开披露信息抵消了送达给投资者文献中甚至被证实为误导性陈述的效果。如何对待网站上披露信息对在其他地方的遗漏与错误陈述被视为重大的影响? 这确实是一个需要认真考虑的问题。对此,可以就网站的不同而采取不同的态度或处理方法:如果在万维网的信息被视为公开获得的"信息混合"的一部分,那么在其他文献中的遗漏通常不会被起诉;如果在发行人网站上披露,则该披露的信息终究会被认为是发行人现行信息混合的一部分;隐藏在第三者当事人网站上的相同信息则不会被视为误导性陈述从而被起诉。

3. 网站及其工作人员是否为内幕人员

网站及其工作人员是否属于内幕人员呢？一般的网站，通常不可能接触到证券内幕信息，因而将其列为内幕人员有些牵强。但是，随着互联网的发展，网络的触角可以说是无处不在，证券的发行、交易、清算、交割等都越来越多地借助于网络进行，有些网站本身就从事证券中介服务，有些网站通过为发行人、券商提供服务，完全有可能获得内幕信息，因此，在美国内幕交易中的内幕人员已有扩大到掌握内幕信息的网站及其工作人员的趋势。

（三）美国立法与实践对我国的启示

通过上述对美国相关网络证券欺诈的立法与司法实践的论述，可以得知在网络环境下必须要正确处理好以下几个方面的问题：

1. 应当对"披露"及"充分披露"进行科学合理的界定

从美国证券市场实践和司法实践来看，单纯地将发行人消息公布于因特网上并不等同于完全披露，即不是充分地披露，只是传统信息媒体披露的补充形式。在美国这样证券市场和证券法律发达的国家尚且如此，新兴证券市场的国家的立法和时间更应当采取保守的态度，虽然随着网络技术的飞速发展以及投资者投资知识、经验日益增加、丰富，网络披露制度越来越完善。

2. 对信息的"重大性"与网络披露的关系要有一个比较明晰的标准

如上文所述，美国《1933 年证券法》反欺诈条款只适用于重大错误陈述与重大误导性遗漏。如果理性的投资者认为遗漏事实的披露能够大大改变可能获得信息的"总的混合"，判例法就把这一事实界定为重大。因此，信息是否重大取决于该信息是否已经为投资者所知晓或者已经反映在市场价格中。在英美国家，对信息重大性的评判主要由陪审团决定。重要性的一个概括的标准是"一个有理性的人在作决定时可能或将会认为是重要的信息"。但是无论是"可能"或"将会"，消息是否重要完全视环境而定。① 在此问题上，英美法系法律的灵活性、实用性得到充分体现。相形之下，我国相关证券法律法规对此采用了列举式立法模式，固然有其具体明确、便于操作的优点，但其挂一

---

① 参见冯果：《内幕交易与私权救济》，载《法学研究》2000 年第 2 期，第 94 页。

漏万的缺陷显而易见,导致"规定越具体,妥当性越差"的问题。[1]

就网站上披露信息对在其他地方遗漏与错误陈述被视为重大影响的问题,美国司法实践可资借鉴:如果在万维网的信息被视为公开获得的"信息混合"的一部分,那么在其他文献中的遗漏通常不会被起诉;如果在发行人网站上披露,则该披露的信息终究会被认为是发行人现行信息混合的一部分;隐藏在第三者当事人网站上的相同信息则不会被视为误导性陈述从而被起诉。

3. 网站及其工作人员应当确定属于内幕人员范畴

根据上文所述可以得知,我国证券法律中的内幕人员应当包括两类人员:实际意义上的内幕人员与非法获取内幕信息的其他人员。内幕人员包括:(1)发行股票或者公司债券的公司董事及有关的高级管理人员。(2)持有公司5%以上股份的股东。(3)发行股票公司的控股公司的高级管理人员,控股公司的高级管理人员主要包括:公司董事、监事、经理、副经理及有关的高级管理人员。(4)由于所任公司职务可以获取公司有关证券交易信息的人员,如秘书、打字员等。(5)证券监督管理机构工作人员以及由于法定的职责对证券交易进行管理的其他人员。由于法定职责对证券交易进行管理的其他人员,主要指证券交易所的工作人员、工商税务等有关经济管理机关的工作人员等。(6)由于法定职责而参与证券交易的社会中介机构或者证券登记结算机构、证券交易服务机构的有关人员。由于法定职责而参与证券交易的社会中介机构的有关人员,主要指发行人聘请的律师事务所、会计师事务所、资产评估机构及投资顾问机构的有关工作人员。(7)证券监督管理机构规定的其他人员。非法获取内幕信息的其他人员包括:以骗取、窃取、窃听、监听等非法手段获取内幕信息者;通过私下交易等不正当途径获取内幕信息者;利用各种手段从知情人员处套取、索取内幕信息者;使用其他方法或手段等获得内幕信息者。显然,在网络交易过程中,网站及其工作人员完全有可能构成《禁止证券欺诈行为暂行办法》所规定的"其他可能通过合法途径接触到内幕信息"的内幕人员。

---

[1]　参见齐爱民、冯兴俊、周平、崔聪聪:《网上证券交易法律问题研究》,武汉大学出版社2004年版,第129页。

六、侵入他人计算机系统进行证券欺诈

(一)侵入他人计算机系统进行证券欺诈概述

在网络时代,黑客问题层出不穷。黑客问题,是指计算机与网络安全技术高手利用其所掌握的网络技术,通过非法手段接近或进入他人电子计算机系统,篡改资料、窃取机密等,或者在网络上截取他人正在传输的账号、密码和交易信息等。无论国外还是国内,随着计算机与网络技术的发展,黑客问题呈现出越来越多的趋势,但在证券市场上相关证券欺诈行为形态相比之下种类比较少。

在美国,黑客进行证券欺诈主要有两种①:随着在线交易账户数量的增长,具有计算机专业知识的人发明了一种新的欺诈方法,即非法侵入他人证券经纪账户进行证券交易。一个最精心策划的案例涉及到一名19岁的大学生Van T. Dihn,他设计了一种方法将自己的损失转嫁于他人承担。Dihn购买了Cisco Systems股票的卖出期权/认沽期权。如果Cisco股票价格下跌,这些卖出期权(认沽期权)会获利。为避免资金损失,Dihn设计了一个骗局将卖出期权卖给无疑心的第三人。首先,Dihn使用假名字在StockCharts网站的电子论坛发布帖子,取得了对该帖子进行答复的投资者的电子邮件地址。然后,他使用另外一个假名字向这些人发送电子邮件,邀请他们测试一种股票价值走势程序。事实上,该程序暗中在邮件接受人电脑上安装了按键监视程序。这使得Dihn发现最终受害人的TD Waterhouse(华浩理财公司)经纪账户和口令。然后,Dihn利用其在另外一家公司的账户将其"虚值"Cisco卖出期权以每份合同5美元要约出售。当无人购买时,Dihn就进入他发现的TD Waterhouse账户并用尽账户上的资金购买Cisco卖出期权,否则这些卖出期权就会一文不值。尽管Dihn利用的服务允诺隐藏/掩盖电子邮件的来源,政府调查人员最后还是查处了消息来源。最终,Dihn承认犯有欺诈罪,被判13个月的监禁,然后是三年的监督释放。他还向其受害人全额返还近47000美元,接受3000美元罚款以及800美元的特殊评估费。

另一种黑客案件是2005年SEC对一爱沙尼亚财务服务公司Lohmus

---

① Howard M. Friedman, Securities Regulation in Cyberspace, the 3th ed., Aspen Publishers, 2007 Supplement, §13.02.

Haavel & Viisemann 及其两名员工提起的诉讼。该公司成为新闻传播商 Business Wire 的客户,唯一目的在于有权使用 Business Wire 的安全客户网站。SEC 声称,Lohmus Haavel & Viisemann 公司员工那时能够进入 Business Wire 客户的电子计算机并使用"网络蜘蛛"程序①获取 200 多家公众公司没有公开发布的 360 份不同的新闻稿。电脑黑客同样能够发现每份消息项目的计划好了的发布数据。被告通过预知其所获取的秘密消息的发布而采取长期、短期或选择持有证券资产,利用这种信息进行证券交易获利。

　　我国网络证券欺诈也已经出现了黑客现象。② 截至 2004 年 10 月,我国的主机被用于进行各类网络欺诈的事件就有 110 起。这迫使进行网上交易的用户不得不对其安全性心存疑虑。例如,2004 年 11 月,四川广汉的投资者陈先生,在毫不知情的情况下,其账户中的股票"动力源"被卖掉,并以 8.33 元买入了阳光发展,给他造成了上万元的损失。陈先生询问开户营业部——华西证券广汉营业部,才知道这是由于网络病毒"证券大盗"造成的。原来 陈先生登陆了域名为 www.shoufan.com 的网站后,只看到一个列有一些财经、证券网站链接的简陋页面,署名却是"北京首放公司",比业内知名的"北京首放投资咨询公司"的网站 www.shoufang.com.cn 只少了一个字母"g"。随后,他发现,自己的电脑中多了一个名为 system32.exe 的程序,任务管理器显示该程序正在运行,而且无法删除。这正是有关防毒软件公司提示的中毒迹象。在陈先生登陆该网站之后,病毒就自动安装到了他的电脑中。而陈先生并不是唯一的受害者。据了解,全国有同样遭遇的投资者达数十人。他们都是登陆了 www.shoufan.com,感染了"证券大盗"。病毒感染后,会收集用户的账号密码等信息然后发往 webmaster@shoufan.com,黑客就有可能恶意操纵被盗的账户,将其股票以低价卖出,然后自己买进后再转手卖出,或是用投资者的账户高价买进其持有的股票,从而赚取中间差价。在早上开盘时,黑客的这种操作比较容易撮合成功。任务完成后,病毒就将自己完全删除,不留任何痕迹。这些"网络钓鱼"骗术,具有很大的迷惑性,广大投资者在交易过程中应当密切

---

　　① 网络蜘蛛(spider),又称漫游者(Wanderer)和爬虫(Crawler),是指某个能以人类无法达到的速度不断重复执行某项任务的自动程序。

　　② 参见 http://www.antivirus-china.org.cn/content/diaoyu_02.htm。

注意自己计算机系统的安全性,及时进行防病毒软件升级、杀毒,防止黑客攻击,保障网络证券交易安全。

(二)我国相关立法评介

我国关于网络安全的相关规定散见于一些法律、行政法规、部门规章和司法解释中,主要有:全国人大常委会制定的《电子签名法》、《全国人民代表大会常务委员会关于维护互联网安全的决定》;国务院颁布的《中华人民共和国计算机信息系统安全保护条例》、《商用密码管理条例》;公安部制定的《计算机信息网络国际安全保护管理办法》、《金融机构计算机信息系统安全保护工作暂行规定》和《计算机病毒防治管理办法》;司法解释有最高人民法院出台的《最高人民法院关于审理扰乱电信市场管理秩序案件具体应用法律若干问题的解释》等。

《电子签名法》,设"电子签名与认证"专章,规定了可靠的电子签名应具备的条件;规定了数据电文符合法律、法规规定的"书面形式"、"原件形式"、"文件保存"的条件、数据电文证据的真实性,发件人多样性、数据电文收发时间、地点等;规定了电子认证机构的法律地位及认证程序;规定了电子认证服务机构市场准入制度、认证机构暂停、终止认证服务的业务承接制度。在"法律责任"一章中规定:伪造、冒用、盗用他人的电子签名,构成犯罪的,依法追究刑事责任;给他人造成损失的,依法承担民事责任。

《全国人民代表大会常务委员会关于维护互联网安全的决定》规定,故意制作、传播计算机病毒等破坏性程序,攻击计算机系统及通信网络,致使计算机系统及通信网络遭受损害,构成犯罪的,依照刑法有关规定追究刑事责任;非法截获、篡改、删除他人电子邮件或者其他数据资料,侵犯公民通信自由和通信秘密,构成犯罪的,依照刑法有关规定追究刑事责任;利用互联网侵犯他人合法权益,构成民事侵权的,依法承担民事责任。

《中华人民共和国计算机信息系统安全保护条例》规定了计算机病毒的定义:计算机病毒,是指编制或者在计算机程序中插入的破坏计算机功能或者毁坏数据,影响计算机使用,并能自我复制的一组计算机指令或者程序代码。同时规定了相关责任:故意输入计算机病毒以及其他有害数据危害计算机信息系统安全的,或者未经许可出售计算机信息系统安全专用产品的,由公安机关处以警告或者对个人处以 5000 元以下的罚款、对单位处以 15000 元以下的罚款;有违法所得的,除予以没收外,可以处以违法所得 1 至 3 倍的罚款。

《商用密码管理条例》规定,泄露商用密码技术秘密、非法攻击商用密码或者利用商用密码从事危害国家的安全和利益的活动,情节严重,构成犯罪的,依法追究刑事责任。有前款所列行为尚不构成犯罪的,由国家密码管理机构根据不同情况分别会同国家安全机关或者保密部门没收其使用的商用密码产品,对有危害国家安全行为的,由国家安全机关依法处以行政拘留;属于国家工作人员的,并依法给予行政处分。

《最高人民法院关于审理扰乱电信市场管理秩序案件具体应用法律若干问题的解释》规定,盗用他人公共信息网络上网账号、密码上网,造成他人电信资费损失数额较大的,依照刑法规定,以盗窃罪定罪处罚。

从我国相关立法上看,对于利用非法侵入计算机系统更多是采取刑事制裁的方式,由此推知,侵入计算机系统进行证券欺诈也会构成犯罪并得到相应制裁。国外针对该问题,也有大量刑事法律规范予以规制;除此之外,对于黑客证券欺诈问题,也有比较专门化、集中化的相关立法规定,更具有针对性。例如 1999 年美国国会通过了《电子证券交易法》,主要确定了电子签名在证券交易中的法律效力,解决了在线交易中电子信息的归属和安全问题,是针对在线证券交易的特殊性订立的法律;1999 年美国国会制定了《在线投资者保护法》,该法旨在针对在网络环境下,建立信息披露、公示新规则,防止欺诈交易。另外,美国对证券欺诈认定方法和体系上,SEC 制定的规则 10b—5 适用范围非常广泛;美国作为判例法国家,通过判例对非法侵入计算机系统欺诈进行认定具有很大的灵活性。

从法律适用以及更好解决该类证券欺诈的角度进行考虑,我国应当在完善相关电了证券交易基本法律的同时,将上述法律、规章中的内容吸纳进去,从而使法律更具针对性,更能解决侵入计算机系统的网络证券欺诈问题。

第三节 网络证券欺诈的民事责任及其承担

从我国有关证券欺诈的立法体系来看,相关刑事责任、行政责任的规定比较详细,在某种意义上体现了我国重视公法轻视私法的传统。公力救济与私力救济的不协调,也说明了立法者对法律责任的片面认识:崇尚公法责任的威慑力,认为借助于严厉的公法责任就可以威慑、制止、惩罚证券违法行为,而没有正确认识民事责任的机理和功用。当然,由于证券市场高度复杂和技术化,参与交易的人数众多,影响证券价格以及投资者决策的因素也很多,因此,当不法行为造成损害以后,很难判断该违法行为与受害人所受损失之间的因果联系,以及该行为对受害人损害的影响程度,在一些情况下,甚至连受害人是谁都难以确定,因此,立法者就选择了回避这一棘手的问题。[1] 另外,从证券欺诈法律责任的相关理论研究来看,有关刑法理论和行政理论的研究已经比较丰富,有鉴于此,本书中有关网络证券欺诈的法律责任部分主要阐述相关的民事责任内容。

一、网上证券争议有效解决的前提——证券欺诈民事责任的完善

民事责任是各国证券法体系普遍重视和广泛使用的一种责任制度。以民事损害赔偿为主要形式,对于维护当事人合法权益、保护投资者具有重要意义,是保护投资者利益的具体表现和实现投资者权利的最根本途径。《证券法》的威严在于其应有的内容公平、条款细致、便于操作的法律责任制度。其中,民事责任制度的主旨在于修复被破坏的投资者与责任主体之间的民事法律关系,为遭受损失的投资者挽回损失,维护受害投资者的民事权利和微观个体利益。民事责任制度通过对受害人遭受的损害予以充分的补救,从而能有效地保障投资者的合法权益。民事责任尤其是损害赔偿责任可以有效地制裁不法行为人,预防与遏止违法违规行为的发生。通过完善民事责任制度,通过股民的监督方式,可以有效地加强对证券市场的监管以及对违法行为的惩罚。通过强化民事责任的作用,也可以充分发挥司法在最终解决纠纷中的功能。强化民事责任而不是行政责任也有利于减少政府的职能,充分发挥司法在最终解决纠纷中的作用,这也是符合中国加入 WTO 的要求的。WTO 的有关协议对成员国的司法救济提出了明确的要求,它要求纠纷应当由司法进行裁判,从而要求进一步发挥司法最终解决的职能。因此,健全证券民事争讼的解决

---

[1] 参见齐爱民、冯兴俊、周平、崔聪聪:《网上证券交易法律问题研究》,武汉大学出版社2004 年版,第 147 页。

机制,完善证券争议解决的程序,对于保障证券市场的健康发展,维护投资者的权益具有非常重要的作用。

我国证券欺诈民事赔偿责任的立法和司法环境尚不能令人满意。首先,立法技术尚不完善。尽管修改后的《证券法》完善了证券市场侵权民事责任体系,细化了上市公司虚假陈述民事赔偿制度,也确立了内幕交易、操纵股价和证券欺诈行为给投资者造成损失应当承担赔偿责任的法律原则,使多年来争议较大的证券法法律责任失衡问题,通过《证券法》的修改而有所改变,①但应该看到,修改后的《证券法》也仅限于对现有司法解释中规范虚假陈述部分的民事责任予以吸纳,对内幕交易和操纵市场民事责任仍奉行"宜粗不宜细"的模式,仍有法难依。其次,立法权限配置不当,民事责任具体规则立法缺位、回避,留给司法解释解决,使市场主体无所适从,破坏了法律的权威性、协调性,立法的惩戒和阻吓功能也无法发挥,给市场的运行带来不确定性。再者,在证券司法上,关于证券欺诈损害的司法救济,面临着社会高度关注与司法资源严重匮乏的矛盾,既缺乏集团诉讼等制度安排,又缺少高素质司法队伍,还要面对地方保护、行业保护、执行难的困境等。因此,完善证券民事责任立法体系,不仅对虚假陈述行为明确民事责任,而且对内幕交易行为、操纵市场行为、欺诈客户行为也应全面规定民事赔偿责任的操作规则,包括要件判断规则、因果关系判断规则、损害赔偿计算规则、举证责任规则、诉讼程序规则等。②

民事责任制度是一个相对独立的制度体系,但不同法律上民事责任制度的具体内容有所不同。证券法中的民事责任包括违约责任和侵权责任。具体

---

① 修改后的《证券法》,对于因造成投资者损失而应当承担民事赔偿责任的情形主要有以下十种:证券信息披露义务人的虚假陈述行为;内幕信息知情人利用内幕信息进行交易;操纵和影响证券交易价格和交易量;证券公司及其从业人员欺诈客户;投资咨询机构及其从业人员违法经营;证券服务机构未尽"勤勉尽责"法定义务,出具虚假报告;证券公司承销或代理买卖擅自公开发行证券;证券公司违反证券承销业务规定承销证券;证券公司违背客户的委托和意愿;收购人利用上市公司收购,损害被收购公司及其股东的合法权益。上述十种证券民事赔偿责任的法律规定为投资者遭受损失后,可以通过民事诉讼的方式获得法律救济和弥补经济损失提供了法律依据。对稳定投资者的投资信心、规范和推动证券市场的发展、有效保护投资者合法权益等起到了推动作用。

② 参见吴弘:《证券民事立法司法环境亟待完善》,http://www.news.cn,2006年7月26日。

而言,证券违约责任是指在证券发行、交易、委托、代管、认购、取息等过程中,当事人不履行或不适当履行合同义务而产生的民事责任。违反证券合同关系的民事责任主要可以归纳为以下几种:(1)违反证券权益合同关系的民事责任。(2)违反证券承销合同的民事责任。(3)违反证券上市协议的民事责任。(4)违反证券买卖委托合同的民事责任。(5)违反证券交易买卖合同的民事责任。(6)违反证券交易买卖合同的民事责任。证券侵权责任是指违反证券法规定的义务而产生的侵权损害赔偿责任,这些责任具体包括如下几类:(1)发行人擅自发行证券的民事责任。(2)虚假陈述的民事责任。(3)内幕交易的民事责任。(4)操纵市场行为的民事责任。(5)欺诈客户的民事责任。[①]从法律关系上来看,证券欺诈的民事责任无疑属于证券侵权责任范畴,虽然有些时候也会出现民事责任竞合的现象。

我们认为,设计具体的民事责任法律规范,作出适当的技术选择,必须遵循以下原则:(1)确定性原则。证券法上的民事责任制度首先要具有确定性,这是有效实施民事责任制度的先决条件。证券法应当将民事责任制度确定化,明确规定承担民事责任的归责事由、归责原则及免责事由等。(2)合理性原则。在证券法当中,许多制度是对民法一般原则和一般规定的变通运用,其根据是这些变通运用在保护投资者权益和维护证券市场公正性方面具有合理性。在完善证券法上的民事责任制度方面亦要贯彻这种合理性,在市场利益和个体利益之间寻求合理平衡。(3)系统性原则。证券法中要系统规定民事责任制度,要分别明确规定信息公开的民事责任、内幕交易的民事责任、操纵行情的民事责任和欺诈客户的民事责任等。同时要注意违约责任和侵权责任的制度协调性和可选择性。(4)可预测性原则。法律如果为投资者提供一个可以主动维护自己权益的制度,就应当是一个投资者经过理性分析后可以预测制度运用结果的制度,因此,必须增强证券法民事责任制度实施上的可预测性,以鼓励和保障投资者合理适当地运用证券法上的民事责任制度。

二、网络证券欺诈民事责任的归责原则

如上所述,证券欺诈责任属于证券侵权责任范畴,而证券侵权又属于特别

---

① 参见李东方:《证券监管法律制度研究》,北京大学出版社 2002 年版,第 202 页。

侵权行为,这是分析网络证券欺诈民事责任归责原则的前提。目前学界普遍认为,单一的归责原则已被历史证明不再符合社会经济发展的需求,无论是过错责任原则还是无过错责任原则,抑或其他归责原则,都不能单独解决侵权行为的责任承担问题,侵权行为责任归责原则已经成为一个体系问题。对于侵权行为的规则原则,归纳起来主要有以下观点[①]:(1)单一规则原则说。认为过错责任原则是侵权行为的唯一归责原则,至于无过失责任和公平责任只是过错责任原则的例外与补充,不能作为独立的规则原则。(2)二元制归责原则说。认为过错责任与无过失责任原则是侵权行为的规则原则。(3)三元制归责原则说。该学说又分为不同的观点:一是认为过错责任原则、无过失责任原则和公平责任原则是我国侵权行为的归责原则;二是认为过错责任原则与无过失责任原则是相互排斥的,我国目前无过失责任原则作为一项规则原则的条件尚不具备,人们所说的无过失责任原则实际上过错推定原则,因而我国侵权行为的归责原则由过错责任原则、过错推定原则、公平责任原则组成;三是认为过错责任原则、过错推定原则和无过错责任原则为我国侵权行为法的归责原则。(4)四元制归责原则说。认为过错责任原则、过错推定原则、无过失责任原则和公平责任原则共同构成侵权行为依法的归责原则体系。

在证券领域,证券侵权行为人承担的欺诈民事责任到底是过错责任、过错推定责任、无过错责任还是公平责任? 从法律发展历史和各国立法的现状看来,过错责任原则是一般侵权行为的归责原则,处于基础地位;无过错责任原则适用于特殊的侵权行为,是对过错责任原则的补充;而公平责任原则只是在既不能使用过错责任原则,又不能使用无过错责任的情况下才能加以使用。所以它们的使用顺序应该是过错责任原则——无过错责任原则——公平责任原则。广泛地适用无过错责任与公平责任会削弱民事责任的评价功能,也有悖理性原则,因为每个人只应为其过错负责。侵权责任之所以强调过错责任,是因为生活在社会中的每一个人都有追求自己利益的自由,权利冲突在所难免,只有对权利冲突造成的损害按照过错追究责任,才不至于不适当地限制人们的行动自由,从而有利于社会发展。因此,我国证券侵权责任法应采纳过错

---

① 参见马俊驹、余延满:《民法原论》,法律出版社 2007 年版,第 989~990 页。

责任原则和过错推定原则为主,以公平责任原则为补充的归责体系。①

由于证券市场的高度复杂化和证券行为的高度专业化,加上电子网络参与交易过程的隐蔽性,受害人对侵权人的过错往往难以证明,因此,各国证券法中大多规定了过错推定原则。实际上,我国证券法也采纳的是过错责任与过错推定责任。例如在证券发行中,对证券发行人、承销商就是使用过错推定原则,只要发行人和承销商违反了相关规定,就必须承担相应责任,而不要求受害人举证证明发行人主观上是否有过错。在专业中介机构虚假陈述的问题上则要求“弄虚作假”,在利用交易与操纵市场行为中都要求故意,实际执行的是过错原则。依据大陆法系的侵权行为理论,在实行过错推定的情况下,原告无须证明被告是否存在主观过错,相反,由被告举证证明自己没有过错,否则就要承担相应责任;但是在使用过错责任原则的诉讼中,原告对侵权行为与损害事实之间的因果关系负有证明责任。由于证券交易的专业性强、技术性高、透明度差,加上电子网络参与交易过程的特殊性,其法律关系远非一般投资者能力所及,违法行为的隐蔽性更让投资者鞭长莫及。因而,在众多证券违法行为中,如果让投资者去证明违法行为与其所受损害之间有因果关系,则无异于否定了投资者要求法律救济的正当要求。因此,在证券违法行为的界定方面,考虑到证券违法行为的特殊性,应扩大过错推定原则适用范围,对适用过错原则的场合进行明确规定。这样,这不仅体现了法律对证券交易中弱势一方的保护,更是对法律所追求的实质正义价值观之彰显。②

三、网络证券欺诈民事责任的承担

网络证券违法行为的民事责任的承担涉及以下几个问题:第一,救济途径,即受害人要求违法行为人承担责任的途径;第二,救济范围,即具体损失赔偿金额的确定;第三,具体的责任承担方式。③ 本小节主要就网络环境下证券

---

① 参见齐爱民、冯兴俊、周平、崔聪聪:《网上证券交易法律问题研究》,武汉大学出版社2004年版,第156页。

② 参见齐爱民、冯兴俊、周平、崔聪聪:《网上证券交易法律问题研究》,武汉大学出版社2004年版,第157页。

③ 参见齐爱民、冯兴俊、周平、崔聪聪:《网上证券交易法律问题研究》,武汉大学出版社2004年版,第158页。

欺诈紧密相关的证券诉讼和执行问题、责任承担方式的创新进行论述,同时鉴于虚假信息伴随因特网络技术对证券欺诈的巨大影响,也对网络讨论区这种信息源相关当事人的责任划分这一复杂问题从比较法的视角进行较详细地阐述。

(一)网络讨论区相关当事人的责任

网络讨论区与信息的传播密切相关,由于其涉及当事人的复杂性、各国立法、传统等等因素的影响,使得相关责任的认定比较棘手。美国在此方面的实践为其他国家对此问题的处理提供了很好的范例,而国际证券监管机构对于该问题的建议也具有重要的价值。我们认为,通过比较法视角的分析,能够从其中有所启迪和收获。

1. 美国立法及司法实践考察①

因特网技术为秘密消息与传闻的传播提供了新平台,实践中,有三种手段为信息在投资者间更为广泛地传播提供了可能,即用于投资讨论的公共用户群网络群组、参与人可以在其上发布有关投资消息的公告板或讨论小组以及投资者之间可以实时互动的聊天室。当消息板、网络群组或者聊天室的帖子经证实为不准确时,人们最关心的就是信息发布人、消息所指的发行人与提供在线讨论的网络服务商的潜在责任以及发行人是否有义务对发布的信息作出反应或者予以改正。

(1)信息发布人的责任

信息发布人可以使用假名来掩盖其真实身份,虽然通过相关因特网服务提供商的传讯记录以及对标题信息解密可以最终查到其真实身份,但是通常要确认在网络群组或者消息板上的信息发布人很困难或者不可能。一种极为精巧的程序使得追踪发布人真实身份非常困难,即通过匿名的隐蔽通道发布电子邮件、公告板或网络群组消息,而连锁隐蔽通道的使用则使得确认身份成为不可能。匿名意味着浏览人不可能判断消息发布人的动机是否意在操纵股票价格。一评论家认为,SEC 应当采取这种立场:如果讯息被发送至用于讨论证券价格和价值的聊天室或者网络群组,通过隐蔽通道以匿名形式发送违反

---

① See Howard M. Friedman, Securities Regulation in Cyberspace, the 3th ed., Aspen Publishers, 2007 Supplement, §13.04.

证券法的讯息构成教唆行为。①

在 John Doe v. 2TheMart. com Inc. 案中,联邦地区法院认为,在因特网投资者公告板上通讯的权利受宪法第一修正案的保护。原告要求法院传讯记录 Silicon Investor 寻求 23 名消息发布人的身份信息。法院对该要求予以拒绝,并认为要求确认那些非基础诉讼当事人的匿名网络用户的信息需要经过仔细审查,法院只考虑对于关键诉求或者辩护密切相关信息所要求的善意传讯记录以及从其他来源获得的信息是否可以替代使用。②

新泽西上诉法院为审判法院制定了指导纲要以决定是否支持寻求强制因特网络服务提供商披露确认因特网匿名发布人身份的传讯记录。原告必须尽力通知匿名发布人将会提起披露其身份的诉讼,并且必须给予其合理机会进行反驳,同时也必须确认并标明每个匿名发布人的准确陈述(statement)。原告必须让法院相信,每个诉讼理由因素表面上证据确凿。这种表面上证据确凿的案件一旦提出,法院必须对被告人享有的宪法第一修正案匿名言论的权利与原告要求披露发布人身份的权力进行衡平。③ 2005 年特拉华州最高法院通过了类似新泽西法院确立的标准。要想获得披露诽谤案中匿名在线发布人的信息,寻求披露的当事人必须试图通知该匿名发布人,并且给予其机会提出反对。该通知必须在所称诽谤语言的同一消息版上发布。此外,在法院命令披露之前,原告还必须提出支持每个诉讼理由因素的表面证据确凿的诉讼。

信息发布人有时要承担不得匿名的法律义务。《1934 年证券交易法》第 17(b)禁止从发行人、承销商或者交易商处直接或者间接取得报酬的任何人,未经充分披露其得到的或者将要得到的对价,利用任何州级通讯手段公开证券信息。在实践中,SEC 就信息发布人违反第 17(b)条的信息发布行为提起诉讼。未能披露因推荐公司股票所得报酬也可以违反第 10b—5 规则,比如 US v. Melcher 案中,股票通讯的出版商因为通过因特网传播讯息,根据第

---

① John C. Coffee, Jr., Brava New World? The Impacts of The Internet on Modern Securities Regulation, Business Lawyer, Vol. 52, p. 1195, pp. 1225 – 1226.

② John Doe v. 2TheMart. com Inc., 140F. Supp. 2d 1088. (W. D. WA., 2001).

③ Robert Weigel & Lee G. Dunst, Suing "John Doe": Guidelines For Piercing the Veil of Online Anonymity, Wallstreetlawyer. com, Nov. 2001, p. 1; Victor H. Polk, Jr., Internet Defamation Unmasked, Wallstreetlawyer. com, Nov. 2001, p. 8.

10b—5 规则被判有罪。①

通常在投资讨论消息板上发布的信息涉及到预测公司未来或其产品或服务需求,显然由那些与发行人或者经纪商无关的投资者发布。这种事实、传闻及想象的混合体有时称之为"网络闲聊",通常发布人并非有意发布虚假信息。然而,如果一个人完全疏忽信息事实或者错误发布传闻,就有可能违反第10b—5 规则,即使该信息发布人并不购买或者出售公司股票,特别是该网络群组或者消息板面向投资者,其他人仍可能在买卖该公司股票时信赖该传言。

(2)发行人对第三人的责任

发行人对于与其相关的传闻应当对第三人承担何种义务? 是否应当予以纠正或发表声明? 就司法实践、立法以及市场实践的发展来看,根据具体情形要承担一定的义务似乎占了上风。

多数法院赞同第二巡回法院对 State Teachers Retirement Board V. Flour Corp. 案的判决:根据联邦证券法,"公司没有义务去纠正或核实市场传闻,除非这些传闻可归因于该公司"。② 然而,股票交易所与 NASDAQ 规则要求上市公司承担更为广泛的义务,对传闻作出回应,而不管其来源如何。③ 根据联邦证券法律,如果公司承认某传闻或者与该传闻有牵连,该行为可使该传闻归因于公司,否则该公司必须对不准确传闻予以澄清。④ 一旦传闻可归因于公司,公司也必须承担义务确保信息的准确性。如果公司在其网站上设置超链接将投资者指引到与公司事务相关的公告板或者讨论群组,则公司对传闻的承认或者与传闻的牵连会成为一种特殊风险。

现在发行公司越来越倾向于与特殊服务商签约监视网络上对发行人的评论,一旦公司开始监视网络空间讨论,法院就更有可能让发行人承担纠正传播中的无根据传闻的义务。如果对错误传闻有选择性地反应,对网络讨论予以监视的发行人可能冒更特殊的风险。例如,对针对公司否定性的错误传闻作

---

① US V. Melcher,SEC Litigations Release No. 15490(E. D. Va. ,Sept. 12,1997),1997 SEC Lexis 1888.

② State Teachers Retirement Board V. Flour Corp. ,654F. 2d 843,850(2d Cir. 1981). Accord Electronic Specialty Co. V. International Controls Corp. ,409F. 2d 937,949(2d Cir. 1969).

③ NYSE Listed Company Manuls §22. 03;AMEX Company Guides §401—405;NASD Manul (CCH)Rule 4301(a)(15)—(16).

④ See Elkind V. Liggett & Myers Inc. ,635F. 2d 156,163 (2d Cir. 1980).

出反应,而对错误的乐观性传闻不予纠正,就会单方增加责任承担的风险。

(3)发行人对其雇员发布信息的责任

当雇员明知信息或观点实质性错误或误导而仍然发布时,则雇主公司承担联邦证券法律反欺诈条款的责任,特别是第10b—5条款的责任。如果雇主事实上准许发布信息,则其必然承担责任。根据《1934年证券交易法》第20(b)条,任何人直接或者间接通过或者依靠他人违犯该法都属违法。如果雇员发布信息未经发行人同意或者事实上违反了公司禁止职工参与在线讨论本公司的政策,对此如何处理? 如上所述,雇主因为其雇员违反第10b—5条款承担责任的直接依据是《1934年证券交易法》第20(b)条,该条规定任何控制违反第10b—5条的人都要承担连带责任。但发行人公司可以提起抗辩,其具体理由是控制人行为诚实并且没有直接或者间接诱导违反该款的行为。因此,如果雇主制定并实施了政策禁止其员工在线发布有关雇主事宜的帖子,而雇主不知或者没有理由相信其雇员违反了该禁止行为,则雇主就能很好地进行善意抗辩。

实施禁止发帖政策的雇主是否仍然要对其雇员违反第10b—5条,根据雇主责任原则承担连带责任? 巡回法院对是否可以利用普通法的雇主责任原则来规避《1934年证券交易法》第20(a)中的善意抗辩这一问题存在分歧。多数法官认为,第20(a)条并不限制这种索赔要求。[1] 美国最高法院1994年对Central Bank of Denver v. First Interstate Bank of Denver 案[2]的判决导致了对一些巡回法院的支持,这些法院拒绝未经第20(a)条的善意抗辩而根据雇主责任原则使当事人承担责任。即使在 Central Bank 之后,低等法院对投资者基于不准确信息买卖股票而提起的第10b—5条损失索赔案件中雇主责任原则的适用问题仍有分歧。[3]

(4)网站创办人对讨论群组与聊天室的责任

固然投资传闻的来源很难找出,但公告板或聊天室的创办人却容易确认。

---

① See Louis Loss and Joel Seligman,Securities Regulation,Vol. IX,pp. 4475 – 4479 (1992).

② 511U. S. 164,(1992).

③ See,e. g. ,Seolas V. Bilzerian,951 F. Supp. 978 (D. Utah,1997);ESI Montgomery Country Inc. V. Montenay International Corp. ,1996 U. S. Dist. LEXIS 592(S. D. N. Y. ,1996).

公告板或聊天室的创办人(特别是公告板或聊天室被管制时),对于发布于这些论坛上的信息是否承担责任? 许多大中财经和投资公告板与聊天室的创办人使用一些精巧的弃权与警示条款,使得该问题难以解决。迄今为止,关涉这种网站创办人的责任的问题主要为诽谤与版权侵权。1996 年《通讯规范法案》(以下简称 CDA)的部分规定使该问题复杂化,该法案保护任何"交互式计算机服务提供者或使用者"不"被视为另外信息内容提供者所提供的任何信息的出版人或发言人"。在制定该法案时,国会主要关注在线色情与诽谤问题。迄今为止,所涉诉讼主要是诽谤或者版权侵权责任问题。这些先例如何适用于证券法责任,确实是个复杂的问题,涉及到 CDA 的适用范围以及其与规则 10b—5 的关系,下面进行简要阐述。

第一,CDA 的适用范围。

CDA 出台前的诽谤诉讼主要针对商业在线服务商,当时诽谤言论出现于服务用户的公告板或商业通讯上。法院区分独立信息来源(只根据合同通过商业服务设施提供信息)与其他来源(其中商业服务对在其公告板上发布的消息内容予以编辑控制)。在前种情形,在线服务商只被视为发行人而非出版人,不对诽谤承担责任,除非知道或者应当知道该诽谤言论。① 后种情形,商业在线服务商对其内容予以指引或者进行筛选,纽约审判法院将该服务商视为出版人,并可能要对消息的诽谤内容承担更广泛的责任。②

美国国会认为,服务提供商的潜在责任可能会阻碍因特网发展以及服务提供商筛选出淫秽、暴力、骚扰或其他有伤风化的资料。因此,国会试图推翻那些判处承担责任的先例,③转而鼓励在线服务商筛选和阻止侮辱性在线资料④。与此政策一致,在 1999 年参议院审理网络证券欺诈案时,参议员苏珊·M. 柯林斯(Susan M. Collins)对 Motley Fool(投资网站)共同创办人的积极态度进行了评价(其中,网站监视其公告板和聊天室以防止无投资价值

　　① Cubby Inc. v. CompuServe Inc. ,776F. Supp. 135(S. D. N. Y. 1991).

　　② Stratton Oakmont v. Prodigy,1995 N. Y. Misc. LEXIS229 (May 26,1995).

　　③ See Telecommunications Act of 1996,House Conf. Report No. 104—458,104 Cong. ,2d Sess. (1996).

　　④ 47 U. S. C. §230,(c)(2).

的投机股票信息的发布),并批评了其他未采取类似措施的在线财经论坛。①

在几起对因特网服务商或者商业在线服务商的诉讼中,几个联邦法院判决皆主张,这些服务商属于 CDA 保护的当事人范畴。该法实施后的三个判决将其解释为保护美国在线(American Online,以下简称 AOL)免遭诽谤之诉——尽管 AOL 已经被通知了该诽谤材料②并且该材料出现在一份在线出版物上(AOL 为此支付报酬、进行推销以及保留审查权利)。③ 在最近 AOL 胜诉的一个案件中,第十上诉巡回法院根据 CDA 维持了某发行人由于其股票价格(由第三方提供)在 AOL"行情与投资"区显示的错误行情而对 AOL 提起的诽谤与疏忽的索赔要求之诉予以撤销的判决。法院认为,不能只因为 AOL 用电子邮件发送了行情提供商相关错误信息以及为纠正错误行情而从安装在 AOL 设施的一个服务器上的销售商数据库中删除股票代码和其他信息,就认定 AOL 为信息内容提供商。④

由上可知,似乎 CDA 对那些只是使大众在其网站使用消息板论坛的公司采取了相似保护。CDA 对第三人内容的责任保护适用于任何信息服务或系统的"提供商或者用户",这些服务或者系统"提供或者使多个用户能够利用计算机进入计算机服务器"。⑤ 在线公告板也应属于这一范畴。然而,从一起加州上诉法院案件看,联邦诉讼案件保护因特网提供商的方式自相矛盾。⑥ 制定法给予用户以及交互式计算机服务的提供商以 CDA 保护。在一起通过网络群组转发诽谤信息给他人的诉讼中,法院认为,CDA 不能使因特网用户或者网络提供商重新公布(republish)第三方原来公布的诽谤资

① US General Accounting Office,Securities Fraud:The Internet Poses Challenges To Regulators And Investors,Statement of Richard J. Hillman, Associate Director, Financial Institutions and Market Issues, GAO, in US Senate Committee on Governmental Affairs, Permanent Subcommittee on Investigations,Securities Fraud On The Internet,March22—23,1999,pp. 27－28,p. 81.

② Zeran v. American Online,129F. 3d 327 (4ᵗʰ Cir. 1997).

③ Bluementhal v. Drudge,992F. Supp. 44 (D. D. C. 1998).

④ Ben Ezra,Weinstein and Co. v. America Online Inc. ,206 F. 3d 980 (10ᵗʰ Cir. ,2000).

⑤ 47U. S. C. §230,(c) (1) and (e) (2).

⑥ Barrett v. Rosenthal,9 Cal. Reptr. 3d 142(Cal. App. 1ˢᵗ Dist. ,2004) ,corrected by 2004 Cal. App. LEXIS 139 (2004);review granted and depublished by 87 P. 3d 797 (Cal. Sup. Ct. ,2004).

料而豁免普通法责任,只要再公布该资料者知道或者应当知道其诽谤内容。①

第二,CDA 与规则 10b—5 的关系。

《1934 年证券交易法》规则 10b—5 禁止任何人对重大事实作不真实陈述或者由于省略作出实质性误导陈述。CDA 排除将交互式计算机服务提供商或用户作为第三人提供信息的公布人或发言人。如果某人不是该"陈述""公布人或者发言人",似乎不可能"作出"该陈述,因此,也不可能违反规则 10b—5。公告板或者聊天室创办人是否由于其在线设施而成为违反规则 10b—5 的协助犯与教唆犯? 在 Central Bank of Denver v. First Interstate Bank of Denver 一案中②,最高法院主张,对协助和教唆违反第 10b—5 条规则,投资者没有提起私人诉讼的权利。然而,1995 年国会修改《1934 年证券交易法》增加第 20 (f)条规则,授权 SEC 对任何人"故意为他人提供实质性协助"违反第 10b—5 条规则都可以提起诉讼予以禁止令或处以金钱处罚。协助和教唆责任通常要满足以下三个条件:(1)主要违法行为的存在。(2)协助人与教唆人实际知晓主要违法行为以及自己的作用。(3)被告在主要违法行为实施中提供了实质性协助。无须被告说出或者公布误述或遗漏,这些条件就可以使行为人承担责任。因此,CDA 规定的责任是否适用则难以回答。

论坛或公告板创办人通常并不具备在其设施上实施证券欺诈的必要知识,当该网站访问人将问题帖子通知创办人时,则出现了一个更棘手的解释问题。第四巡回法院认为,基于第三人帖子通知的潜在责任正是 CDA 所要预防的问题。这只会诱导讨论论坛创办人在收到通知时删除问题帖子,因而阻碍了网络言论自由。③ 第四巡回法院对自我审查的担心已经在创办因特网股票论坛的公司实践中有所反映。E-Trade Securities Inc. 宣布将创办受监视的聊天室和公告板讨论区,公司强调禁止讨论低市值股票,因为操纵少量不流通股票可能性更大。与此相似,Motley Fool 创办了投资公告板,不会为股票每股低于 5 美元的新公司创设文档,并且,如果公司股票价格原来较高,但后来降到

---

① Doe v. America Online,Inc. ,783 So. 2d 1010,1018－28 (Fla. Sup. Ct. ,2001).

② 511 U. S. 164(1994).

③ Zeran v. America Online,129F. 3d. 327,333(4ᵗʰ Cir. ,1997).

每股低于 3 美元,就会删除该公司消息板文档。Motley Fool 还雇用了 25 名管理人员巡视聊天室防止对低市值公司股的炒作或劝诱。①

如果 CDA 对协助和教唆的指控不提供保护,接收通知的论坛创办人就可能成为协助犯和教唆犯。特别是在对公告板、聊天室或者电子邮件群(列表服务器)进行管理的情形下,法院可能会认为:创办人为主要违法人提供了实质性协助。在 Religious Technology Center v. Netcom On Line Communication Services Inc. 案②中,法院面临的问题是:网络使用提供商是否是原告版权的共同侵权人。通过适用共同侵权标准——类似于证券法中的协助与教唆标准,法院发现:网络使用提供商实质上参与了通过网络群组进行的侵权行为,尽管提供商对所发布消息的内容没有控制权。由于故意允许侵权消息保留在其系统上,并且进一步转发给世界各地其他网络服务商,该服务提供商协助了这一侵权行为。

2. 国际证券监管组织的建议

IOSCO 第二次网络报告的建议主要针对网络讨论区的监管问题。IOSCO 研究发现,网络证券欺诈的成因及所利用的工具主要是允许多数讨论者参与的网络讨论区,如聊天室、BBS、电子邮件等。针对各国政府对网络讨论区采取不同的管理措施,IOSCO 提出了一些明确而具体的管理建议。从这些管理建议中,主要是向对网络讨论区实行直接管制的国家的建议中,我们可以推导出国际证券管理机构对于网络讨论区相关当事人的责任承担的精神。

对网络讨论区实行直接管制的国家,一般均要求网上讨论区的经营者和发帖人必须具备投资顾问、经纪商等相关从业资格。为了有效打击网上证券欺诈与操纵市场,IOSCO 建议,对网络讨论区的经营者要求其应有投资顾问或是经纪商或营业员的资格,同时这些证券管理公司也可选择在符合一定揭露、记录保存或自律要件的条件下,免除对网络讨论区的严格规范,对浏览网络讨论区的使用人与在网络讨论区张贴文章的使用人分别就网络讨论经营者所应揭露的事项加以规范,从而使网络讨论区(IDS)避免因为要符合一定的规范

---

① Aaron Lucchetti,Some Web Sites Getting Tough On Stock Chat,Wall Street Journal,May 28, 1998,p. C1.

② 907F. Supp. 1361,1373 - 75(N. D. Cal. 1995).

而增加额外的费用。① IOSCO 建议,对仅浏览网上讨论区的使用人应强制揭露的事项包括:(1)要求浏览人清楚地知晓网上讨论区的发帖人并非都是已登记或拥有执照的投资顾问。(2)警告浏览文章者在依据网上信息进行投资前,应先考虑请教有执照的投资顾问。(3)如若浏览文章者发现或怀疑网上讨论区中张贴的信息中有不正确、内幕交易信息或有误导、欺诈情形等情况,应鼓励浏览人及时向证券监管机构举报。对于在网络讨论区张贴文章的使用人,IOSCO 建议他们应当强制披露下列事项:(1)告知其应对所张贴文章的正确性与真实性负责。(2)应警告张贴文章者,网络讨论区在证券监管机构请求时可披露其身份。(3)应告知发帖人及时披露其个人有无从其所张贴的特定证券信息中取得利益。

IOSCO 建议应当对网上讨论区经营者规定一定的义务。例如,要求经营者对在其网上张贴的具有误导性或欺骗性以及可能成为欺诈投资者或操纵市场计划一部分的信息予以审慎的监管,若发现有散布不实信息的情况,经营者应立即采取措施,删除不实内容并立即终止发帖人使用该讨论区的资格;并要求经营者在合理时间内通知主管机关;要求经营者应对张贴文章者的身份存盘保存一定期间;要求经营者应于一定期间内保存网络讨论区上刊登过的文章。

由上述可知,如果网上讨论区的经营者和发帖人不具备投资顾问、经纪商等相关从业资格,则对网络讨论区传播的信息要承担责任,构成证券欺诈的,要依法承担相应的法律责任;如果国家规定了网上讨论区经营者要承担的义务,网上讨论区经营者对这些义务的违反,同样可导致其承担一定的法律责任。如果对浏览网络讨论区的使用人与在网络讨论区张贴文章的使用人违反了应当强制披露的事项,则同样构成证券欺诈,要承担相应的法律责任。

3. 我国对网络讨论区的管理以及当事人的责任的确定

强化对提供信息服务的网络信息供应商,尤其是网络讨论区的监管,是对虚假信息的主要源头的监管,有利于从源头上遏止网络证券欺诈行为的发生。我国对网络讨论区进行规范的相关法律性文件主要有 1997 年 12 月 12 日中国证监会、新闻出版署、邮电部、广电部、国家工商行政管理局、公安部发布的

---

① 参见王瑜:《网络证券欺诈及其监管》,载《理论月刊》2005 年第 3 期,第 105 页。

《关于加强证券期货信息传播管理的若干规定》、1997 年 12 月 30 日公安部发布的《计算机信息网络国际联网安全保护管理办法》、2000 年 9 月 20 日国务院通过的《互联网信息服务管理办法》以及 2005 年 1 月 28 日信息产业部发布的《非经营性互联网信息服务备案管理办法》。

从上述法规、规章内容看,《关于加强证券期货信息传播管理的若干规定》第 2 条规定,下列传播媒体有资格刊发和传播证券期货信息:(1)经新闻出版署批准公开发行的证券期货专业报刊,(2)经新闻出版署批准公开发行的综合类、经济类报刊,(3)各类通讯社,(4)经广播电影电视部批准设立的广播电台、电视台、有线台,(5)经邮电部门批准设立的电话信息服务台、寻呼台,(6)依法登记注册的计算机信息服务公司,(7)中国证券监督管理委员会会同有关部门认定的其他传播媒体。第 5 条规定,任何单位和个人未经工商行政管理部门核准不得从事证券期货计算机信息服务。第 3 条规定了可能会对市场产生影响的信息,包括:(1)国家颁布的法律、法规及政策性信息,(2)证券期货主管部门发布的规章、规范性文件,发言人谈话,以及其他政策性信息,(3)交易所、上市公司等按照法定程序发布的信息,(4)有关证券期货市场的研究、报道等信息,(5)分析并预测证券、期货市场及个股、期货品种或合约的行情走势,提供具体投资建议的分析文章、评论、报告等信息,(6)中国证监会会同有关部门认定的其他信息。《计算机信息网络国际联网安全保护管理办法》第 10 条规定,互联单位接入单位及使用计算机信息网络国际联网的法人和其他组织应当建立计算机信息网络电子公告系统的用户登记和信息管理制度。《互联网信息服务管理办法》第 4 条规定,国家对经营性互联网信息服务实行许可制度;对非经营性互联网信息服务实行备案制度。所以,对于提供有偿证券信息服务的网站,应实行严格的审批制,对不符合管理、人员、资金、技术要求的网站不予批准;对于提供无偿证券信息服务的网站,可以实行相对宽松的备案制。这两类网站在提供信息服务时必须说明信息发布的时间、来源等等。最重要的是,证监会应向社会公众公开许可及备案网站的名单,并确立权威网站,出现差异时,以权威网站为准,可以考虑以证监会或两个证交所的网站为权威网站。《互联网信息服务管理办法》第 9 条规定,从事互联网信息服务,拟开办电子公告服务的,应当在申请经营性互联网信息服务许可或者办理非经营性互联网信息服务备案时,按照国家有关规定提出专项申请或者专项备案。《互联网信息服务管理办法》第 14 条规定,从事新闻、出版以及电子公告等服务项目的互联网信息服务提供者,应当记录提供的信息内容及其发布时间、互联网地址或者域名;互联网接入服务提供者应当记录上网用户的上网时间、账号、IP 地址、主叫电话号码等信息。互联网信息服务提供者和互联网接入服务提供者的记录备份应当保存 60 日,并在国家有关机关依法查询时,予以提供。《非经营性互联网信息服务备案管理办法》具体规定了在我国境内提供非经营性互联网信息服务、履行备案手续以及备案管理等具体事宜。

　　由于网络的匿名性,网络讨论区用户在登陆时,完全可以隐藏自己的真实身份和网上方位,同时网络讨论区具有广泛的开放性,可能拥有大量的国际用户,因而,对网络讨论区用户的直接管制是非常困难的。网络讨论区用户登记制度并不能从根本上解决网络讨论区言论监管问题。有学者认为,为建立一套系统完善科学合理的网络讨论区监管制度,应该实行如下措施:①(1)网络讨论区设立应实行登记制。目前,我国对网络讨论区的设立缺乏必要的监管。应该采取一项折衷的措施,既便于实施又不会妨碍言论自由,即登记制,网络服务提供商可以自由开设网络讨论区,但必须在公安机关登记备案。(2)确立网络讨论区的合法运作制度。网络讨论区经营者应按照表面合理原则对用户转载上传的信息内容进行审查,如发现明显不当的言论,应予以删节或删除,同时应在合理时间内运用一切合法手段对信息进行核实,发现有虚假的影响证券交易的信息应予以删除。(3)公安机关应对网络讨论区实施监管,非经登记备案不得擅自开设。对已登记在案的,应进行一定监管,主要措施有审核和评级。审核制的主要内容有公安机关应对备案的网络讨论区进行定期的审核。公安机关虽不对网络讨论区的设立进行审核,但仍需对它的日常运转进行监管,主要审查网络讨论区在信息发布传播方面的活动是否符合监管规定。如果违反,则应立即取消其资格。违反规定的情况很多,归结为一点就是,未能在合理时间内将可能影响证券交易的信息消除致其继续传播并产生严重后果的。由于取消网络讨论区经营资格的处罚手段只适用于某些违法情节严重的网络讨论区,对于大部分的网络讨论区而言,由公安机关按其经营状况进行评级是一个比较有效的监管的手段,比如可以设定若干级别授予不同

①　参见沈恒亮:《网络证券欺诈及其监管》,华东政法大学硕士毕业论文,第 57~58 页。

网络讨论区。对于多次评级不理想的网络讨论区,可责令其进行整顿甚至取消其经营资格。

上述观点有其合理之处,诸如登记备案制度、表面合理原则和合理时间原则的确定、公安机关的监管等等。但是,上述观点显然没有考虑到网络讨论区的经营性问题。对于经营性网络讨论区和非经营性网络讨论区不加区分、一视同仁,不利于对问题性质的界定,不利于网络讨论区相关当事人责任的区分和承担,故不可取。我们认为,正确的做法是将两者区分开来进行相应的规制。国内已经有人就证券网络讨论区的监管进行了相应论述,分为证券公司开办的在线论坛的监管和公共 BBS、在线论坛和聊天室发布的证券信息的监管,这些研究具有一定的启示意义。

对于证券公司开办在线论坛的一个重要的问题就是:证券公司是否应该为其开办的在线论坛上交流的信息的真实性负责? 我国证券监管机关目前尚未对这个问题进行规制。从理论上讲,如果证券公司积极参与到所办论坛的信息交流中,那么毫无疑问,它应当对其就证券产品和服务所提供信息的真实性负责。同时,证券公司应监控其员工在论坛上的行为,在张贴文章之前应进行严格的事前审查。如果证券公司邀请嘉宾参加论坛的讨论,应充分披露嘉宾的身份、从业经历以及双方是否存在有偿服务关系,并提醒投资者对嘉宾言论的参考价值作出合理判断。如果在证券公司开办的论坛上发布信息的人是与公司无关的第三人,证券公司是否要为在其论坛上发生的欺诈行为负责? 有学者认为,在回答这个问题之前,首先必须给设立在线论坛的证券公司一个准确的法律定位。欧美国家的法律通常把信息流动过程中的当事人分为"发布者"和"传播者",发布者可以对其所要发布的信息享有充分的编辑控制权,而传播者只能在信息发布后,在自己可以控制的范围内扩大或阻止信息的传播,所以只有传播者在明知其所传播的信息违法而仍予以传播时,才承担法律责任。在线论坛很显然是一个"传播者",而证券公司作为其开办的在线论坛的管理人,有义务和责任对论坛上出现的虚假或错误的信息作出及时的更正或加以删除,如果证券公司不尽到足够的注意和管理义务,就要为其论坛上发生的欺诈行为负责。[1]

---

[1]　参见钟巍:《网上证券交易违法行为及其监管》,四川社会科学院硕士论文,第49页。

此外,我国专家还建议为证券公司设定如下几项监管义务①:(1)风险提示义务。证券公司应在论坛入口处以显著方式标明论坛中的部分内容可能存在欺诈,建议投资者不要以论坛中的信息作为投资唯一或主要参考。(2)主动审查和及时报告义务。在信息发布后,证券公司应在合理时间内,按照合理的标准进行审查,如有不当应及时删除。这里的合理应理解为及时,判断标准应是专业人士的识别能力,而非一般公众的水平,否则就失去了审查的意义。另外,当证券公司不能确认可疑信息是否存在欺诈或违法时,应立刻向证监会报告。(3)请求中止传播的义务。即证券公司在接到权利人或证监会的通知时,应立即中止违法信息的传播。事后如构成欺诈或侵权,由上载信息的用户承担责任。(4)协助调查的义务。证券公司应当记录信息发布的时间和内容,以及发布者的IP地址。备份应当保存,供证监会或权利人查询。

对于公共BBS、在线论坛和聊天室发布的证券信息的监管,根据《关于加强证券期货信息传播管理的若干规定》的规定,可能会对市场产生影响的信息,包括:(1)国家颁布的法律、法规及政策性信息。(2)证券期货主管部门发布的规章、规范性文件,发言人谈话,以及其他政策性信息。(3)交易所、上市公司等按照法定程序发布的信息。(4)有关证券期货市场的研究、报道等信息。(5)分析并预测证券、期货市场及个股、期货品种或合约的行情走势,提供具体投资建议的分析文章、评论、报告等信息。(6)中国证监会会同有关部门认定的其他信息。第(1)、(2)、(3)种信息是国家颁布的法律、法规、规章、政策性信息,刊发它们就是在广泛传播国家的律法,这符合我们建设社会主义法治社会的愿望。所以,不应该限制第三方网站传播这类信息的资格。由于第(4)、(5)、(6)类证券信息对投资者利益以及证券市场的稳定具有重要的意义,应对其在网络的刊发和传播进行限制。而根据《互联网信息服务管理办法》的规定,对于提供有偿证券信息服务的网站,应实行严格的审批制,对不符合管理、人员、资金、技术要求的网站不予批准;对于提供无偿证券信息服务的网站,可以实行相对宽松的备案制。这两类网站在提供信息服务时必须说明信息发布的时间、来源等等。最重要的是,证监会应向社会公众公开许可

① 参见齐爱民、冯兴俊、周平、崔聪聪:《网上证券交易法律问题研究》,武汉大学出版社2004年版,第47页。

及备案网站的名单,并确立权威网站,出现差异时,以权威网站为准,可以考虑以证监会或两个证交所的网站为权威网站。①

目前,在我国利用公共 BBS、在线论坛和聊天室散布虚假信息影响证券市场的违法行为可以说已经屡见不鲜。虽然《互联网信息服务管理办法》规定了从事互联网信息服务,拟开办电子公告服务的申请制度或者专项备案制度,并且要求从事新闻、出版以及电子公告等服务项目的互联网信息服务提供者,应当记录提供的信息内容及其发布时间、互联网地址或者域名;互联网接入服务提供者应当记录上网用户的上网时间、账号、IP 地址、主叫电话号码等信息。互联网信息服务提供者和互联网接入服务提供者的记录备份应当保存60 日,并在国家有关机关依法查询时,予以提供。但是,制定该办法的目的更多是为了保护国家安全和国民身心健康,并不是专门考虑保护证券市场的安全。因此,建议证监会针对证券信息在公共 BBS、在线论坛和聊天室的传播作出具体规定②:(1)对以投资和证券为主题的公共 BBS、在线论坛和聊天室的设立,必须事先在证监会备案,未经备案,不得设立。(2)开设公共 BBS、在线论坛和聊天室的网站负有提示义务,应在网站主页的显要位置提醒投资者,在网站上张贴的证券信息可能是虚假或是带有误导性的,不能轻信。(3)为了便于监管机关在网络上追踪欺诈者,开设公共 BBS、在线论坛和聊天室的网站以及互联网接入服务商负有提供信息内容、发布时间、IP 地址、上网者上网时间、账号的义务,并对上述信息备份保存,供证监会依法查询。

其实,上述的有关完善对网络讨论区监管的建议从实际效果来看,应当说与国际证券监管机构、美国的网络证券监管的实践理念基本一致。

(二)网络证券欺诈民事责任形式的创新

证券欺诈责任是指证券市场主体基于其实施的证券欺诈行为而应依法承担的责任,包括网络证券欺诈民事责任,属于证券侵权责任。证券欺诈行为包括擅自发行证券、内幕交易、操纵市场、欺诈客户、虚假陈述以及其他违法行为。证券欺诈行为,作为一种侵权行为,侵害的是当事人的财产权,而不包括人身权和其他权利。因此在证券民事责任形式中主要有赔偿损失、恢复原状、

---

① 参见钟巍:《网上证券交易违法行为及其监管》,四川社会科学院硕士论文,第50页。
② 参见钟巍:《网上证券交易违法行为及其监管》,四川社会科学院硕士论文,第51页。

停止侵害、返还财产、支付违约金几种形式,而最重要的责任形式是赔偿损失。证券欺诈民事责任可以通过民事诉讼与非诉讼(协商、调解、仲裁)两种方式来实现。但是由于民事责任的专业性、复杂性以及责任后果重大性等特征,大多数证券民事责任都通过诉讼方式来实现,即通过法院判决、裁定、决定等形式,强制责任人通过赔偿损失、恢复原状等其他责任形式给予受害者以救济,从而实现证券民事责任。①

当然,由于网络证券欺诈的特殊性,有时候传统救济措施不足以弥补网络欺诈造成的损害,因而实践中出现了一些新的救济措施,这在证券市场发达的美国更为典型。Omni Gene Diagnostics 的股票由于被在网络上炒作,SEC 中止了该股票交易,与此同时 SEC 在同一个美国在线公告板上发布消息宣布中止 Omni Gene Diagnostics 股票的交易,该公告板一直为散布有关 Omni Gene Diagnostics 股票信息的重要载体②。同样,SEC 在临时中止 Rock Mountain International Ltd. 公司股票时,也在 AOL 和硅谷投资者上发布在线公告。在一起针对在线投资咨询商起诉的非常有影响的案件中,SEC 采取的措施中就包括要求被告在其主页发布一个超链接,链接到和解令,该链接要保持 30 日。这些创新性救济措施对于正确告知投资者有关欺诈性销售行为的信息很有必要。SEC 已经表态:将来会继续采取类似措施以通过因特网就某些特定证券的问题提醒投资者。

美国法院也创新了一些救济措施。例如,在 Gary Dale Hoke 精心设计的网络欺诈骗案③中,法官判处的缓刑条件具有创新性,禁止 Hoke 未经其缓刑监视官同意从事在线金融交易;在将来任何在线活动中,Hoke 必须使用真名字。

美国执法实践和司法实践对于我国网络证券的执法和司法具有重要的借鉴意义,我国证券监督委员会和法院在执法和司法适用也可以考虑采用上述创新性救济措施。

---

① 参见杨峰:《证券欺诈群体诉讼制度研究》,中国社会出版社 2007 年版,第 36 页。

② Commission Posts Omni Gene Notice On American Online,SEC News Release 96 - 133(Nov. 21,1996)1996 SEC NEWS LEXIS 2702.

③ SEC v. Gary D. Hoke, Jr. , Litigation Release No. 16117; Edward Wyatt, Fake News Account On Web Site Sends Stock Price Soaring, New York Times, April 8,1999,p. A1.

四、网络证券欺诈诉讼与执行制度改革

除了信息可以广泛散布之外,因特网技术给证券欺诈的证券诉讼与执行带来了许多问题。为此,国际社会作了不少努力。下面着重对美国网络证券欺诈诉讼与执行问题进行简要的分析,并在此基础上对我国网络证券欺诈的诉讼与执行问题进行必要的探讨。

(一)美国实践与经验[①]

1. 美国对网络证券网欺诈的管辖

网络空间中世界性链接产生了这种可能性:在国外发起的证券欺诈行为会通过因特网进入美国。美国现行法律充分灵活,可以适用于产生与起源于外国计算机终端而对美国领土内具有欺诈性影响的通讯,不管这些消息通讯事关要约发售、委托书争夺还是收购。美国公司可能因为与卷入欺诈的外国分支机构密谋或者对他们的欺诈进行帮助而遭到起诉。

《外国关系法重述(第三版)》具体规定了美国证券法域外适用问题。美国政府可以管理以下发生在美国境外的行为:在主要位于美国境内有组织的证券市场或者其他市场中,如果某行为已经或试图在美国国内有实质性影响,那么这种发生在美国境外的行为与进行或试图进行的证券交易将有重大关联。通过特别指向美国的电子邮件进行的欺诈性错误陈述如果会影响美国境内的证券交易,则同样符合这一标准。在美国境内可以访问的外国网站上发布的欺诈性资料也会符合这一标准,如果这些资料已经或者试图对美国国内证券交易产生实质影响。

一些评论家甚至认为,没有对外国网站进行编程程序控制以至于他们阻止来自美国因特网地址的访问请求足以表明:网络运营商试图使该网站信息在美国境内产生实质性影响。[②] 然而,法院在 Burke V. China Aviation Oil (Singapore) Corp. Ltd. 案[③]中采用了极其狭窄的观点。在该案中,集团诉讼原

---

① See Howard M. Friedman, Securities Regulation in Cyberspace, the 3th ed., Aspen Publishers, 2007 Supplement, §13.06.

② Daniel E. Troy and David J. Goldstone, Foreign Entities Whose Web Sites Violate U. S. Laws Relating To Prosecution, National Law Journal, Nov. 18, 1996, p. B9.

③ 2005 U. S. Dist. LEXIS 30124, Fed. Sec. L. Rep. (CCH) 193,621 (S. D. N. Y., Nov. 29, 2005).

告主张外国公司网站包含错误与误导性财务报表而提起诉讼,但法院对此拒绝管辖,其理由是:没有证据表明该网站是在美国境内维持,也没有任何证据表明 China Aviation Oil(Singapore) Corp. Ltd 的任何行为导致该网站信息被传入到美国投资者。然而,事实是美国投资者点击 China Aviation Oil (Singapore) Corp. Ltd 网站的行为导致了该信息被传送到美国。换个角度考虑,任何拥有网站的外国公司在美国境内都应该受到证券欺诈起诉,如果一名美国居民从该国境内一些市场做市商购买了该公司股票。

根据《1934 年证券交易法》第 27 条对审判管辖的规定,在任何行为和交易构成违法行为时,在该地区内就可以提起民事诉讼或刑事诉讼,这显然便于对外国违法者提起诉讼。在 Texas Gulf Sulf Sculph Co. 诉 Ritter 案①中,法院发现:通过证明误导性新闻消息经由《华尔街日报》和道琼斯行情显示屏已经被传入该管辖区域,就可以确定规则 10b—5 的诉讼管辖。与此相似,可以证明通过因特网传入该管辖区欺诈性错误陈述也可以使该地区成为违法行为地之一。

对于外国境内被告送达传票问题,美国《1934 年证券交易法》允许对"无论是任何地方被发现的被告"进行传票送达,不过要遵守普通的正当送达限制。换句话说,被告必须有与美国最低的联系从而支持法院管辖。如果对某个被告不能实行个人管辖,那么法院就必须在个案分析的基础上进行判断:在外国网站发布信息或者从国外发送电子信息到美国的人是否形成了与美国充分的联系从而使该人接受美国法院管辖是公正的。

大量诉讼案件体现了这样一个指导思想:长臂管辖原则应当适用于通过网站或电子邮件同该州发生电子联系的被告。当被告不在某州居住并且在该州内没有实质性或者持续性、系统性的行为时,该州对该被告不能实施一般管辖。然而,当被告有意识地在论坛所在州获得从事该行为的优惠措施,并因而获得了该州法律的优惠与保护,该州可以就被告在本周的行为主张特定管辖。

第九巡回法院在审查了这些原则在网络环境下的适用后,提出了更为明确的观点:单纯地维护一个被动的网页,即能够为该州内的人所访问利用,其本身并非个人管辖的充分基础。当网站具有互动性时,即用户可以同网站创

① 371F. 2d 145,149(10th Cir. 1967).

办商交换信息时,判断是否有充分联系从而确定管辖则取决于互动水平以及信息交换的商业性质。当电子行为是有意针对论坛所在州并且可以预见在该州引起侵权损害时,就可以主张个人管辖。明确而言,为达到销售证券目的,向某个特定投资者发送电子邮件或者即时消息就足以构成充分的联系,从而可以对销售证券者主张个人管辖。

SEC 也加大了对欺诈者的执法力度,如果欺诈者利用网站和电子邮件进行证券销售,当被告(欺诈人)逃避个人传票送达时,SEC 通过电子邮件进行了传票送达。[①] 这无疑加强了证券执法机构的权威。

2. 证券集团诉讼与诉讼改革

《1995 年私人诉讼改革法案》的制定目的之一就是鼓励最大股东(尤其是机构投资者)根据联邦证券法律控制投资者集团诉讼。与此一致,《1934 年证券交易法》第 21D(a)(3)与《1933 年证券法》第 27(a)(3)对任何根据联邦民事诉讼程序法提起证券集团诉讼的人要履行通知义务。这些要求旨在通知诉讼的大股东,以便他们能够请求成为主原告。

这些条款要求集团诉讼通知要"在广泛发行的面向商业的全国性出版物上公布"。该立法的会议报告很明确:这种公开不限于报纸和杂志,而是"包括系列媒体,包括电信、电子或计算机服务"。这使得集团诉讼可以基于网络公布,相对于在《华尔街日报》等传统出版物上发布的昂贵的法律通知而言,这无疑是一个经济替代物。

加州北部地区法院采纳了一项原则,要求重要证券集团诉讼的起诉书与其他文档要发布在"指定的因特网站"。指定的网站要免费对公众开放——允许免费下载所有发布的文献,并且要求网站向任何要求网络文章的人发送电子邮件通知帖子发布情况。[②] 2001 年一件大规模多方当事人法律诉讼中出现了另一种通过因特网技术促进证券诉讼的方法,该案件指控重要投资银行公司的 IPO 行为。当事人的律师发明了一种安全的内扩网,根据联邦民事诉

---

① See SEC Gains Asset Freeze, TRO Against Alleged Internet Fraudster, Securities Regulation & Law Report (BNA), Vol. 33, Pg. 1009(2001); MPS IP Services Corp. v. Modis Communications Inc., 2006 U. S. Dis. LEXIS 34473 (M. D. Fla., May 30, 2006).

② Civil Local Rule 23—2; Kimberly Weasel, Securities Class Actions To Be Posted On Internet, Investment Dealer's Digest, Dec. 9, 1996, p. 17.

讼程序法,利用该内扩网上传 PDF 文档的诉状和其他文献彼此提供服务。①
斯坦福法学院开发了名为"证券集团诉讼交换所"的指定因特网网站,在线地
址是 http://securities. stanford. edu,包括了 1995 年后期以来全国提交的联邦
集团诉讼诉状全文、联邦诉状的总结和分析、美国地区法院和上诉法院的观
点和指令、加州北区法院的法院日程表、和解通知和相关文献以及州法院指称
证券欺诈的诉讼文书相关信息(特别强调加州法院的案件)。此外,还有一个
由 Milberg Weiss Bershad Hynes & Lerach 律师事务所创办的网站,主要是为集
团诉讼原告方服务。

　　对于网络滥用问题,美国法院也给予了一定关注。实践中,一些集团诉讼
律师利用因特网来寻找客户。例如,律师可以向问题公司的股东发送电子邮
件,这些律师在因特网公告板上发布消息主动要求代表那些股东进行诉讼。
因特网也可以用来回答集团诉讼和解中集团成员可能提出的问题。提出或批
准大规模集团诉讼和解时,如果集团诉讼成员有问题,因特网也可以用来回答
这些问题。由于法院不接受在集团诉讼中因特网的某些使用,实践中也出现
了两个律师事务所联合起来劝诱集团成员退出集团诉讼并聘用两个律师事务
所在私人诉讼中代表每个成员,该项事务由一个原告指导委员会予以指导。
虽然劝诱是通过电子邮件进行的,但是可以通过多个网站进行访问授权律师
事务所劝诱成员退出集团诉讼的协议或签订协议。尽管没有完全排除这类劝
诱,但法院命令额外披露和其他限制,声称"当通过大规模发送邮件以及通过
网络进行劝诱时,并且当聘用各自的律师如同在网页上点击'点击此处'按钮
一样容易时,滥用就很有可能"。②

　　3. 利用因特网反驳侵权索赔要求

　　在美国,因特网也成为原被告当事人表述自己主张的主要平台。SEC 网
站和其他管理机构及公诉机构网站上的新闻稿一般会介绍政府对证券欺诈案
的基本立场。2003 年,被告 Martha Stewart 效仿这些官方网站创办了自己的
网站发布自己诉讼的相关信息。网站上最早发布的文章是 Stewart 宣布自己

---

　　① See Massive Secure Extranet Being Build For In Re: Initial Public Offering Securities
Litigation, Cyber Securities Law Tribune, Vol. 3, Issue 10(Dec. 17, 2001).

　　② 126 F. Supp. 2d 1244 (N. D. Cal. 2000).

无辜的一封信、收到的支持自己的电子邮件副本以及律师创制的称为"确保事实得到如实报道"的网页(在该网页中他们指出新闻媒体对该案报道的错误)。随着案件审理的进行,该网站变得越来越完善,发布的内容包括了Stewart律师提交给法院的文献和审判进展的新闻声明、为Stewart所作的总结辩论副本,并且网站的一个页面链接到大量有利于被告的新闻特写稿。当准备上诉时,网站发布了该案上诉代理律师的视频声明,并可以在线观看。① 由Stewart公关代理人和律师合作创建的这一网站,声称已经获得3400万次点击并获得17万封电子邮件支持。该网站已经成为特定案件中审理博客的一个重要模范。②

4. 网络环境下时效开始时间的界定

美国《1933年证券法》法定时效条款(第十三节)与《1934年证券交易法》为使规则10b—5所规定的时效期间开始于投资者发现重大错误陈述或者遗漏或者从该投资者尽到合理注意应该发现之后。如果原告在发现或者应该发现该欺诈之后没有在特定时间提起诉讼,该诉讼就被禁止。法院一般认为:一个认真的投资者会迅速获得全国公开发行报纸上的公开信息,因此时效期间从公开时间开始或者稍微错后一点时间。③ 我们猜想,法院是否也会认为,在尽到合理注意后,投资者也会迅速地获得发布在因特网上的信息呢?

在司法实践中,这通常被认为是一个比内幕交易或者重大性等更困难的问题。在这些情形中,对于广泛交易的股票而言,市场作为一个整体,即一个由专业投资者组成的关键群体,不仅会发现这一信息,而且其影响也会反映在股票价格中。对于时效目的而言,通常不会认为个体投资者具有人们对证券专业人士所期望的注意水平。相反,重点在于一个"普通智力"的人何时应当知道相关事实。因此,如果事实仅仅表明因特网上的信息可能已经被大量熟练的证券专业人士发现,那么并不足以禁止个体投资者提起的诉讼。只有当普通投资者可以在网页上发现该信息,且尽到了合理的注意,时效期间才

---

① www. marthatalks. com.

② See Gail Diane Cox, Web Logs Now Part of Litigation Landscape, The National Law Journal, July 19, 2004, p. 1.

③ See Eckstein v. Balcor Firm Investors, 58F. 3d 1162 (7th Cir. 1995).

开始。

在 Bilbeaut 诉 Advanced Health Corp. 案①中,导致法定时效开始的相关事实在公司 S—1 登记表中。法院认为,因为原告已经被实际通知:S—1 已经提交给 SEC,因此,时效应当开始于该文献出现于 EDGAR 系统时,而不是后来原告实际阅读招股说明书副本与登记表副本的当天。原告承认缺少访问该系统的接端并且忽视了可以在 SEC 因特网站获得该项文件并不能使其豁免于这种预期:一个具备普通智力的普通投资者可以得到作为公开记录的材料。没有任何事物阻止他咨询 SEC 获得该种文献的各种手段,或者利用私人信息检索服务。然而,在 Deveny 诉 Entropin Inc. 案中,加利福尼亚上诉法院认为,单纯地将潜在的投资者一般地指引到公司网站并不等于使他们能够注意到该网站发布的特定报告的信息,除非能够证明投资者实际看到了该信息。在拒绝了被告的主张——时效从该州与联邦证券索赔诉讼提起开始,法院说:"允许公司只是通过网站发布信息进行通知的规则……可能会导致实际隐匿损害性信息。"②

（二）我国立法与司法之改进

证券欺诈诉讼在我国处于刚刚起步阶段,许多技术性问题尚未得到解决。美国证券欺诈的诉讼与执行根据网络化的新特点所作的上述探究,对我国监管及司法实践当具有积极的借鉴价值。我们认为,应该从以下几个方法改进我国的立法与司法,以遏制网络证券欺诈的泛滥:

1. 修改法律规定,扩大国内证券法对发起于国外的证券欺诈的适用

随着网络技术与计算机技术的发展,我国国内证券市场受到境外证券欺诈行为的影响也必将进一步加大,扩大国内司法机关对境外证券欺诈行为的管辖应当符合保护证券市场投资者合法权益与证券市场秩序的需要。我们认为,美国立法和司法的实践具有借鉴意义:通过因特网欺诈性错误陈述传入的地区构成违法行为地之一,法院可以行使司法管辖权。电子邮件的传入亦具有相同的意义。

在网络环境下,依据网站的互动性(即用户可以同网站创办商交换信息)

① 1999 U.S. Dist. LEXIS7173 (S.D.N.Y.,1999).
② 2006 Cal. App. LEXIS 693 (Cal. Ct. App.,4th Dist.,May 10,2006).

判断是否有充分联系从而确定管辖,将主要取决于互动水平以及信息交换的商业性质。如果某电子行为有意针对我国国内的网络论坛并且可以预见能对我国引起侵权损害时,就可以主张管辖。对于利用网站和电子邮件进行证券销售的欺诈者,可以通过电子邮件进行传票送达。

2. 应当完善证券群体诉讼制度

证券欺诈案件具有与一般民事案件不同的特点。第一,在当事人中侵害者往往为确定的少数人,而受害者通常为不确定的人数众多的证券投资者。从单个的投资者角度来看,因为损害额度不大,出于经济的考虑于是不诉诸法律;而从受害者的整体来看,损害的额度往往相当巨大,如侵害者因为无人起诉而逍遥法外,将更加肆无忌惮地侵害投资者的利益,危害证券市场秩序,同时对整个社会的利益造成损害。第二,如果让股东单独起诉往往会产生"赌注"现象,因为许多违法的公司所剩的资产不多,起诉越早得到赔偿的可能性就越大,而后来起诉的原告往往无法公平地获得赔偿,这对后起诉的股东来说很不公平。第三,除原告身份不同之外,被告、案件事实都具有统一性。如果法院分别审理,费时费力,法院会被重复主张相同问题的诉讼所压垮,还可能对同一事实的案件形成多个有歧义的判决。第四,由于证券案件专业性强、比较复杂,同时受害者人数众多且遍布全国各地,牵涉面广,对纠纷处理不善很容易影响社会安定。因此,为了保护广大投资者的合法权益,公平、公正、及时地解决证券纠纷,对证券侵权诉讼不能采用一般的诉讼制度,应采取特殊诉讼程序和制度——群体诉讼制度。① 国外对人数众多的证券侵权纠纷一般都采取群体诉讼制度。但在各个国家和地区,群体诉讼制度的表现形式不一样。英国等英联邦国家主要采用代表人诉讼;美国采取集团诉讼;德国采取团体诉讼;日本、法国主要采取选定当事人制度;我国台湾地区也主要采取选定当事人制度来解决人数众多的证券侵权纠纷。我国的代表人诉讼制度也属于群体诉讼制度。

一般而言,证券群体诉讼制度具有如下功能:第一,解决证券欺诈纠纷,为受害者提供救济,使其损害得到补偿;第二,通过解决小额多数纠纷,维护公共利益;第三,减少诉讼成本,实现诉讼效益最大化;第四,适当体现司法的社会

---

① 参见杨峰:《证券欺诈群体诉讼制度研究》,中国社会出版社 2007 年版,第 37~38 页。

功能。正因证券群体诉讼制度具有以上之制度功能，所以群体诉讼制度得以在各国产生和存续。虽然国内学界对于我国证券欺诈群体诉讼模式选择存在争论，但是毋庸置疑，网络技术的发达使得证券欺诈的影响进一步扩大，受害投资者的人数更多、涉及的地域范围更广、案件的审理之影响也会更大，构建和完善我国的证券群体诉讼制度已经成为当务之急，而在执法和司法实践中借鉴上述美国经验，诸如允许利用因特网履行通知义务、承认群体诉讼当事人内部利用内扩网相互提供 PDF 诉状及其他文献、承认证券群体诉讼律师在因特网上进行客户代理诉讼的劝诱等等。

3. 允许证券欺诈当事人利用因特网维护自己权利

在我国，网络对司法的影响越来越大。对此，不少人持担忧态度，唯恐影响了司法的独立审判。我们认为，对于媒体代替审判的问题应当予以避免，但也应当看到证券欺诈诉讼的当事人通过建立自己的网站或者开设博客，将有关信息予以公布，这一定有助于案件事实的澄清以及社会舆论的监督，在某种意义上可以达到促进司法公正的效果，也符合宪法言论自由的权利保障。因此，我们认为当事人应有权利利用因特网维护自己的权利。当然，如果当事人捏造虚假事实，损害他人利益，也应当承担相应的法律责任。

4. 网络环境下时效开始时间的界定

网络环境下时效开始时间的界定，也是我国司法实践无法回避的问题，如何确定时效起始点，应该予以明确，以免受害人无法得到应有的司法救济。我们认为，应以普通投资者能够合理注意之时作为时效开始时间为宜，即注意标准应该建立在普通投资者能够尽到的合理注意义务这一标准基础之上。

结语:构筑网上证券交易的良好法治环境

——电子化时代的资本市场监管及其创新

20 世纪 60 年代末期发生于美国华尔街的纸面作业危机(paperwork crisis,也称证券洪流危机)①,彻底击垮了传统的以纸和笔为基础的证券转让和记账机制。为真正化解证券洪流所带来的操作危机,美国开始了证券的非移动化和无纸化的改革,即将实物证券集中存放在中央证券存管机构,并由中央证券存管机构通过计算机系统设立证券账户以电子形式记录持有人证券保管信息,从而避免实物券转移交割的繁琐手续和相关成本,开创了计算机技术和资本市场有机结合的历史先河。随后网上证券交易的出现,使资本市场与计算机技术更加紧密地联结在一起。现如今网络技术已经从证券市场行情信息和上市公司信息的发布和传播,渗透到通过网络提供证券投资咨询服务、在网上直接开设证券交易账户,直至证券发行和交易以及交割等各种环节。网络对资本市场的渗透可以说是全方位的,现代资本市场正在步入一个无可争议的网络化或电子化的崭新时代。网络时代的资本市场将会呈现出什么样的特征,资本市场的监管规则又应该作出怎样的调整,是我们必须认真研究的重大课题。

---

① 美国证券市场在 20 世纪 50 年代早期最终走出了 1929 年大衰退的阴影,高红利与低利率诱惑并刺激着投资者源源不断地进入市场,证券交易量成倍增长。1952 年只有 650 万美国人拥有股票,1965 年达到 2000 万人,到 1970 年则攀升至 3200 万人。证券交易量也随之急剧膨胀,在纽约交易所交易的股票换手数也从 1964 年每天不到 500 万股增加到 1968 年的每天 1200 万股。急剧膨胀的交易量使当时以传统的人工操作为基本手段的中介机构,无法在规定的时间内完成纸质证券凭证的交割,最终导致了市场的瘫痪,这次危机被称为证券洪流。

一、互联网技术带给资本市场的深刻变革

实践表明,互联网技术在证券市场的运用降低了企业的融资成本,提高了证券市场信息的透明度,增强了证券的流动性,促进了证券业的发展和资本市场的繁荣。但是,如果我们仅将互联网作为信息交流的一种媒介来看待,将其单纯地视同为诸如电报、电话新兴通讯手段在资本市场的运用,而没看到其给资本市场带来的更为深刻的变革,那我们可能就大错特错了。在某种意义上,互联网对资本市场的影响是颠覆性的。

(一)互联网与资本市场的结合颠覆了传统的证券学说和理论

互联网技术与资本市场的结合首先带来的是投资权利表彰形式的改变,即由传统的纸质证券转变为电子数据信息。在"证券"无纸化后,所谓的"证券"就以电子化的形式发行、交易、分类、存储,它们在簿记形式中由比特和字节组成,这些电子数据信息,也称数据电文,从而证券集中登记机构电子登记系统中所存储的投资者投资账户中电子记录取代了传统纸质证券。那么这些电子信息究竟还是严格意义上的证券吗?对此,有学者作了否定性的回答,并发出了"证券死了"的感慨①。尽管该观点可能略嫌武断或绝对,因为既然证券是证明权利的凭证,而凭证恐怕就不能简单地宣称就是"纸面凭证",并将其作为论证上述电子数据是否属于证券的前提,但对其所提出的因电子时代投资权利表彰形式改变而引发的游戏规则的转变我们则不能视而不见。如果从这个角度看,我们关于证券转让、证券出质,甚至证券及券商分类等一系列建立在纸面操作语境下的传统证券法理论恐怕真的需要作出全面的检视。

(二)互联网与资本市场的结合改变了资本市场不同主体之间的相互关系

就其本质而言,资本市场就是一个关于证券买卖的市场。而资本市场之所以在投资者(证券的买方)、发行商(证券的卖方)之外衍生出包括承销商、做市商、证券交易所等庞大的中介主体,皆源于解决资本流动性和信息不对称问题的需要。通常情况下,有资本需求欲发行股份的公司遭遇到的一个巨大

---

① 参见范中超:《证券之死——从权利证券化到权利电子化》,知识产权出版社2007年版,第53页及其后相关章节。

困难就是难以寻求到足够的投资者。因为投资者在对发行人不了解,且对自己所认购的证券随后能否自由出售没有把握的情况下,其对证券的认购就会犹豫不决。此即所谓的市场流动性及信息不充分的问题。因此投资银行长期扮演的一个角色就是证券发售的保荐人、承销商,待发行完毕后再作发行公司证券的做市商,其基本功能就是通过自己的行为提供和制造证券的流动性。这样,一方面可以增加和提升投资者的投资信心,另一方面,也可以满足发行者及其管理层通过自身证券流动性的形成和提高,实现证券价值的增值。简言之,在信息不畅通、流动性不强的时代里,普通企业很难直接面对社会公众发售证券。然而,在电子化的网络时代,上述情形发生了重大变化,从而使发行人、投资者对券商和交易所的传统依赖关系发生了根本性的改变。

首先,互联网技术的运用,信息披露与传递的电子化,不仅使投资者可以通过企业的网站充分了解发行企业的业绩及资本发募信息,在很大程度上解决了寻求投资信息无门的难题,也可以使发行人与投资者之间通过电子信息的交流建立直接的关系,这样企业和投资者之间必须依赖中介机构的局面就被彻底改变了。其次,也更为重要的是,随着替代性交易系统的建立,证券发行后的交易也可以通过互联网直接实现,这样其流动性不足的难题也就迎刃而解。由此一来,证券的发行乃至交易,都可能通过互联网这一媒介在发行人和投资者之间进行,中介机构显得无足轻重,市场结构在减少了中间层级之后回归简单。也就是说,在资本的寻求者和资本的提供者可以更容易地直接接触之后,"和谁接触、如何接触及何时接触"等曾经令无数资本使用者和资本提供者双方头痛的问题已经不那么突出。当然,发行商、投资者和承销商等资本市场主体关系的这种转变,表面上看,似乎会给传统的证券服务业带来致命的一击,但证券商等并不会消失,只不过会迫使其在服务质量和服务特色上不断地提升,并催生一些新的服务领域和内容,如信息验证、智能代理人设计、谈判技巧及投资顾问、财务分析等。未来的证券服务业也必将凤凰涅槃、浴火重生。

(三)互联网与资本市场的结合瓦解了传统的证券市场结构

证券交易电子化、网络化的直接后果,是摆脱了投资者对券商等中介机构的依赖,投资者可以直接入市进行交易,从而使券商的生存和发展面临严重的挑战,不得不拓展新的服务领域,实现业务创新和提升服务质量。而基于 ECNs 产生的另类交易系统(Alternative Trading Systems,ATSs)已经向传统证券交易所的垄断地位发出了有力的挑战,成为交易所的强劲对手,迫使证券交易所的组织机构进行调整。其中一个最为重要的变化就是交易所的非互助化 (demutualization)改革,即传统的互助性的会员制交易所纷纷向商业化运作的公司制转变,以改变自己互助性的会员制治理结构,实现交易所交易权、经营权与所有权的分离,交易资格与所有权剥离。① 交易所的商业化改革给传统的证券交易体制带来了强有力的冲击和挑战,如何对待与解决交易所营利需求与交易所肩负的自律监管职能之间固有的利益冲突,成为一个广泛争论的话题。此外,众多独立于证券交易所之外的承担着交易所职能的另类交易系统的存在,在给交易所带来竞争压力的同时,也造成了市场的肢解,使不少国家为建立全国集中交易市场的努力毁于一旦。譬如,美国 NASDQ 的建立就是基于提高效率的考虑而将分散的场外交易集中在一起。建立集中而富有竞争的市场是美国政府自 1975 年以后所一直致力的目标,并为此作了不懈的努力,而分散的网上证券交易系统的发展,导致了新的市场分割,甚至被视为无政府的表现。如何避免市场的再度分解,成为新的课题。为了解决新的市场分割,SEC 和 NASD 提出了不少方案,但围绕这些方案的争论却不绝于耳。②

(四)互联网与资本市场的结合影响着公司的治理模式

通讯技术的进步正在戏剧性地影响和改变着股东的通讯和决策方式,进而对公司治理产生深刻的影响。在传统条件下,股东之间相互交流及参与公司事务都极为不便且成本昂贵。而网络技术的普及,股东之间及股东与公司之间通过互联网这一廉价媒介进行及时而有效地沟通成为现实。股东相互之间可以通过网络论坛等形式对公司经营、人事任免及未来发展等进行充分的讨论,投资者参与公司治理的热情得以激发。公司股东会议的召开方式也由

---

① Roberta S. Karmel,Turning Seats into Shares:Causes and Implications of Demutualization of Stock and Futures Exchanges,Hastins Law Journal,Vol. 53,p. 367.

② Division of Market Regulation,Response to Frequently Asked Questions Concerning Rule 611 and Rule 610 of Regulation NMS(Jan. 27,2006).

单一的现场会议形式向电子通讯会议等多种形式转化,网络投票可以使更多的投资者及时行使股东权利,由此也将引起代理权授权规则的一系列变化,控制权的争夺也将更加激烈,这些变化对于公司民主的实现有很大的助益,从而会更深层地影响公司的治理结构。

(五)互联网与资本市场的结合对监管者的监管策略和监管能力提出了挑战

互联网的使用给整个证券市场带来的这场革命,正在重置证券商和客户的关系、消融对证券市场管辖的地域界线,也给监管者提出了强有力的挑战。传统的证券发行和交易体制下,通常是由证券发行人和承销商相互配合共同完成证券的发行任务,但在网络技术运用到证券市场后,证券发行人可以利用互联网绕开证券承销商而直接向投资者发售证券,由此产生证券发行市场非中介化的问题。证券发行市场的非中介化带来的负面影响不容监管机构忽视。首先,由于缺少专业机构的参与,网络信息披露的真实与否不易甄别,证券欺诈行为更加有机可乘,投资者的投资风险增加,投资者权益保护的难度急剧提高。其次,由于缺乏承销商的监督,发行人可以在未经证券监管机构核准的情形下直接向投资者发行证券,从而规避监管部门对证券发行的监管,进而对证券发行监管体制造成冲击。再次,由于市场分散,投资者的交割缺乏足够的制度保证,一旦发行人不履约将会损害投资者的权利,甚至引发混乱。因此,监管的难度大为增加。最后,网络的无国界性,也与现行的证券发行的地域性特征产生了冲突,使各国的证券监管机构不得不面临证券发行管辖权的困扰。① 技术进步带来的监管难题,必将迫使监管者重新审视自己的角色和定位,最终进行监管体系的进一步调整。

二、疏胜于堵:欧美各国应对变革的共识

当网络技术开始向资本市场渗透,进而对已有的交易规则构成挑战时,监管部门本能地会作出排斥性的反应,并力图使脱缰之马重回既定轨道。1996年"春街啤酒"成功建起自己的 Wit-Trade 网站,为自己发行的股票搭建交易

---

① 参见齐爱民、冯兴俊、周平、崔聪聪:《网上证券交易法律问题研究》,武汉大学出版社2004年版,第22页。

平台之初,就遭到了 SEC 的制止。① 然而,技术的更新并不会因人的不解和反对而停止,市场总是在急速地吸收那些能够提高市场效率和增进信息流动效率的新技术。面对蜂拥而至的技术革新,监管者只得不断地调整自己的心态。SEC 于 1997 年 10 月形成并发表了长达 140 页、题为《新技术对证券市场的影响》(*The Impact of Recent Technology Advances On The Securities*)的研究报告,分析了计算机技术对证券市场的影响。面对网络技术与资本市场不可避免融合的大势,SEC 及时调整了方略,开始对信息技术的运用作出相应的引导,并强化监管,以使资本市场监管的基本理念和目标不至于因信息技术的出现而被颠覆。国际组织也充分意识到了计算机网络技术对资本市场的影响,IOSCO 于 1997 年在其技术委员会(Technical Committee)下专门设立了一个互联网任务小组(Internet Task Force,后改为 Internet Project Team)研究互联网上证券活动,为世界各国证券监管机构应对网上交易活动提供建议。该小组先后于 1998 年 9 月、2001 年 6 月和 2003 年 10 月出具了三份关于互联网上证券活动的报告,提出了证券监管机构应对网上证券交易的几条原则。② 欧盟国家等也开始改变原有的态度。这种转变主要体现在以下几个方面:

第一,对电子技术持更加务实和开放的态度。在长期的市场培育和发展探索的过程中,西方国家清晰地认识到,市场是推动技术更新的原动力,而政府这只有形之手无法遏制技术更新的步伐。因此,SEC 明智地提出:政府"要密切留意新技术的增长给投资者和市场带来的益处,同时要通过对证券法采取灵活的解释来鼓励试验和创新";IOSCO 也将"不应当阻止市场和市场参与者合法地使用互联网"作为一项基本原则。在上述原则的指导下,西方国家对电子技术在资本市场的运用都采取了较为宽容甚至鼓励的态度,通过对原有立法作出新的解释或者调整已有的交易规则,给新技术在资本市场的采用提供制度上的空间。如面对替代性交易系统所引发的券商和交易所界限模糊的难题,SEC 并没有简单地发一纸禁令予以取缔,而是通过对原有规则作出新的解释,使其在纳入监管的前提下合法地存在。而对于证券招募文件电子送

---

① Spring Street Brewing Co. (No-Action Letter, April 17, 1996), Federal Securities Law Report (CCH), 77, 201.

② IOSCO, Securities Activity On the Internet, Report by the Technical Committee, p. 2, September 1998, available at http:// www. iosco. org/library/pubdocs/pdf/IOSCOPD83. pdf.

达的合法性问题,也采用类似的做法。电子传送和发布证券招募文件的合法性得到了 SEC 的承认,SEC 特别于 2005 年再次修改要约格式等,为电子文本的推行创造条件。再如,美国标准公司法第 141 节同样将通过电子邮件等电子通讯形式传送给股东的会议通知视同为书面通知(Written Notice),这一规定被绝大多数的州立法所采用。① 同时,SEC 和全美证券商协会(NASD)还不遗余力地推动电子技术的运用。如为了增加自律监管组织规则的透明度,SEC 修正了其备案制度,要求必须采用新的技术以公开其规则。在 2004 年修正案中,SEC 提出了自律监管组织交易规则修订的电子备案要求,并建立了19b—4 电子备案系统(The Electronic Form 19b—4 Filing System,EFFS),凡新制定的或修订的规则都必须通过该系统报呈 SEC,并在 SEC 的公开网站及自律组织自己的网站上公布,而不是以前的有选择性地予以公开;同时,SEC 和NASD 也通过自身的网站建设和系统改造为投资者提供更多的信息,并为企业和投资者进行相关培训(E-learning)。② 为了推动证券的无纸化进程,2004年 7 月美国证券业协会(Securities Industry Association,SIA)发布了"证券行业实施非移动与无纸化纲要",制定了消灭证券凭证的计划,美国财政部也鼓励持有人将持有的纸质债券转化为簿记式或者因特网账户形式。

第二,开始注重在发挥技术革新优势和有效监管之间寻求平衡。技术在价值倾向上永远是中立的。互联网的快速兴起及在资本市场领域的广泛运用,在推动市场繁荣的同时,也极有可能为不良之徒所用。信息的高速流动使互联网潜在地成了欺诈和市场操纵者的乐园。如何在繁荣市场和实施有效监管之间求得平衡,需要监管者的悉心考量。在美欧国家,不管是从事网络证券的替代交易系统注册为交易所接受各国监管机构的监管,还是注册为经纪交易商接受监管机关和自律组织的监管,对网上交易系统的监管并没有放松。以美国为例,SEC 一方面通过灵活适用和解释《1933 年证券法》与《1934 年证券交易法》,加强对网上违法活动的监督和惩罚;另一方面,发布了包括《指令

---

① Howard M. Friedman, Securities Regulation in Cyberspace, the 3th ed. , Aspen Publishers, 2007 Supplement, §3.05, §11.

② Howard M. Friedman, Securities Regulation in Cyberspace, the 3th ed. , Aspen Publishers, 2007 Supplement, §16.01.

处理规则》、修订《规则 3b—16》和《替代交易系统条例》等大量的执行规则和有关的解释(rules and releases),以适应监管的需要。此外,SEC 的投资者教育与帮助事务办公室(OIEA)在 SEC 的官方网站中专门建立了一个网页,提供关于公众公司提交给委员会的报表、SEC 的相关信息及近期采取的有关监管措施,还通过网站链接提供关于投资知识的一些电子手册,并且和执行部门合作在网页上公布关于证券欺诈的警告信等。除了在自己的网站上外,SEC 还通过执行部在新闻组及与证券相关的在线商务服务领域发布有关的风险警告;在线监控方面,SEC 建立了一支经过专门培训的网上执法队,每周定期开展专门针对网上非法证券活动的监控,使得委员会对网上潜在的严重的欺诈活动能够采取适时的应对措施。美国参议院为了加强网上证券交易有关的信息披露,防止在线证券欺诈等目的,也曾于 1999 年审议了《在线投资保护法》(*Online Investor Protection Act of 1999*)。该法第 2 条对《1934 年证券交易法》作了修改,在 35A 条后增加 35B 条"在线交易信息公示"条款。虽然该法在参议院两读后被银行委员会搁置,但其中的立法思想后被 SEC 通过解释令、不采取行动函以及其他规范文件的形式加以落实。欧盟证券管理者委员会于 2002 年 7 月也发布了《替代交易系统标准》,以控制替代交易系统所引起的潜在风险,维护系统使用者及投资者的利益等等,①不一而足。

第三,开始强调监管机构间的国际协调和合作。网络技术将整个世界联系在了一起,地球从未变得这么小过。通过网络的跨国证券交易已经带来了大量的监管冲突,这就要求各监管机构通力合作彼此协调,尤其是 ICSCO 作为国际证券监管机构的合作组织在网上证券交易兴起以来一直都在致力于促进应对网上证券交易活动领域的国际合作,并且已经取得了一定的成绩。

尽管网络证券问题已经引起了国际社会的关注,并在某些方面达成了一些共识,取得了一些进展,但严格来讲,各国的监管机构目前在应对网上证券交易的过程中基本上采取的是"兵来将挡,水来土掩"的策略,尚未形成明确的监管目标体系,即主要在依循原有的交易规则基础上就网上证券交易出现的问题进行特别的处理,处理的方式也是在原有的监管机制下作出的,区别在

---

① See Policy Statement: Financial Services Authority Alternative Trading Systems Feedback on CP153 and made text. www.fsa.gov.uk.

于仅仅是将网上证券交易活动作为个案来处理。① 不过,随着网络技术对资本市场渗透的加剧及对金融服务业务影响的加深,近几年,不少国家的政府监管部门已经开始从更深的层面来考察资本市场及金融业法制的重构,并对传统的证券制度进行系统的调整。诸如以美国为代表的欧美诸国正在进行的发行制度与交易方式的改革,信息披露规则的调整、交割与清算制度的修订及监管体制整改,包括在国际合作及投资者教育等方面的努力已经反映出国际社会态度的一个悄然变化,即不少国家的政府及民间社会已经开始以更加全面的角度去检视新技术对资本市场的影响。对于互联网技术带给资本市场的变革,欧美各国监管者们的态度从最初的堵塞制止转变为后来的宽容引导,疏胜于堵,已经成为欧美各国应对资本市场电子化变革的共识。

三、中国监管实践:谨慎有余,开放不足

中国资本市场是在 1978 年改革开放之后才逐步恢复和发展起来的,虽然起步较晚,但具有后发优势。早在 1991 年,上海、深圳两个证券交易所刚刚处于筹备阶段,就各自建立了电子化的簿记系统,1993 年底基本上实现了股份的无纸化。在证券无纸化进程方面实际上走在了欧美诸国的前面,甚至令西方艳羡。② 中国开始网上证券交易业务尝试的时间和西方国家也相差无几。③ 电子通讯技术在我国民间的发展速度同样惊人,截至 2008 年 2 月中国网民数达 2.21 亿人,超过美国居全球首位。④ 据中国互联网信息中心于 1 月 13 日发布的统计数据,截至 2008 年,手机网民数达 1.176 亿人,而随着 3G 时

---

① 美国证券交易委员会(SEC)较早明确的一个原则就是,联邦证券法的义务性规范平等的适用于电子和纸质媒介的证券交易。See Roberta Prentice, The Internet and It's Challenges for the Future of Insider Trading Regulation, Harvard Journal of Law & Technology, Winter 1999, 12 Harv. J. Law & Tec 263.

② 关于中国证券无纸化进程,参见范仲超:《证券之死——从权利证券化到权利电子化》,知识产权出版社 2007 年版,第 95 ~ 105 页。

③ 我国券商早在 1996 年年底和 1997 年年初就开始了开办网上交易业务的尝试,最早是闽发证券和中国华融信托投资公司于 1997 年推出的网上交易系统。其中,闽发证券深圳营业部在 4 个月内的网上交易开户数到 1000 多人,而中国华融信托投资公司湛江营业部 1998 年末的网上委托交易占到总交易额的 20%。

④ 参见冯晓芳、周丹丹:《我国网民数达 2.21 亿人 超过美国居全球首位》,http://tech.qq.com/zt/2008/cnnic21/。

代的到来,手机上网会有更迅速的发展。① 快速发展的电子通讯业对中国资本市场预示着资本市场网络化时代的到来。

然而,与现实形成巨大反差的却是学界的冷漠和监管部门的矜持。与境外学术界如火如荼的激烈的交锋相比,我们理论界则基本上可以用一片沉寂来形容,迄今为止这方面的研究成果寥寥无几。政府监管部门对网上证券业务的态度则更是值得令人品味。仅从中国证监会对网上证券交易发展的态度就可窥见一斑。

20 世纪 90 年代末,当网上证券委托交易业务在中国内地刚一出现,监管部门就作出了异乎寻常的反应。1999 年 4 月 19 日,中国证监会颁布了《关于进一步加强证券公司监管的若干意见》(以下简称《意见》)。该《意见》规定,未经中国证监会批准,证券公司不得利用因特网进行证券交易。随后于次年 4 月颁布了壁垒森严的《网上证券委托管理暂行办法》(以下简称《办法》),《办法》表现出监管机构对网上证券委托行为进行严格控制的以堵为主的指导思想。《办法》不仅将"互联网"作了狭义上的限定,②而且严格限定网上证券业主体资格,禁止非证券公司从事网上证券交易服务业务,从而将一大批IT 公司挡在市场大门之外,而 IT 公司恰是推动网上证券发展的重要推动力量。此外,《办法》将券商的业务范围极其严格地限定于网上委托业务,这同样不利于网上证券服务业的发展。因为网上证券活动绝不仅仅局限于狭义的交易委托业务,还包括通过互联网提供证券信息服务、投资咨询服务、个性化的投资理财服务等,也就是说,在网上委托业务基础上衍生出来的一系列信息增值服务都可以被认为是网上证券交易活动的一部分。另外,网上交易的内涵从来就不是一成不变的,网络技术的不断发展决定了网上证券交易活动的内容会越来越丰富,作为市场的管理者,证券监管机构应该对网上证券交易的发展给予适时的关注。证监会的上述文件显然已经无法满足引导和规范多种

---

① 参见《手机网民数量增长翻番达 1.176 亿人》,http://tech.sina.com.cn/i/2009-01-13/14082745137.shtml。

② 《办法》第 3 条规定:"本办法中的互联网是指因特网或其他类似技术形式的通用性公共计算机通信网络,不包括证券公司租用公共通信设施建设的专门用于委托业务的电话拨号网或其他形式的计算机网络。"监管机构通过网络形式的限制将我国的网上证券交易的界定在一个比较狭窄的范畴内,不利于网络技术的推广和资源的共享,也不利于证券业的健康发展。

多样的网络证券活动的需要及复杂多样的市场需求。更为糟糕的是,该《办法》一试行就是 10 年,而无丝毫修改和调整的迹象。

就市场层级来看,基于互联网的网上证券交易活动实际上包含了三个层次:互联网股票交易经纪、互联网上直接公开发行股票(即 DPO,Direct Public Offer)和网上直接撮合证券买卖(相当于网上股票交易所的电子通讯网络,即 ECNs,Electronic Communications Networks)。由于受制于现有国情和监管体制,我国法律既不允许直接发行也严禁证券场外交易,从而使证券场外交易的灵活优势无法发挥,而集电子商务和场外交易优点于一身的替代交易系统也就无从得到法律的认可,结果我国的网上证券交易只能仅仅局限于证券交易网上委托和咨询服务业务,其始终在低级的阶段停留徘徊,与境外替代交易系统所提供的完全网上交易有本质的不同。但是,由于具有无中介、高效率、低成本等优势,替代交易系统代表着未来证券市场和证券交易模式的发展趋势,因而属于场外交易范畴的替代交易系统在我国取得合法地位只是时间的问题。①

从中国证监会对网上交易活动的监管来看,我们不难发现,对于网络技术究竟会给我国资本市场带来什么样的影响,如何借助网络技术的推广发展我们的资本市场,重构合理的市场体系及监管体系,有效推进公司治理,我们监管部门显然还没有足够的心理准备,也缺乏通盘的考虑。

四、未雨绸缪:以开放的心态和务实的态度应对挑战

基于资本市场高度敏感性的考虑,对网上证券活动持谨慎态度固然是必要的,但过于谨慎未免会扼杀新生事物的生命力。事实上,美国的网上交易发展的初期也曾经历过无序发展过程,这段时期 SEC 还没有制定出相关的法律

---

① 事实上,对于建立场外交易市场的呼声在我国一直不绝于耳。我国历史上的一个官方证券交易市场——成都红庙子市场在深圳、上海证券交易所已经存在的情况下仍能吸引大量的投资者,交易极度活跃的事实说明了场外交易市场存在的合理性。对于黑市交易的取缔和打击是在"规范化"和"防止金融危机"的名义下进行整顿市场的重要举措。可这一行为的合法性和正当性都遭到了学界的不少质疑。其中质疑最强烈的当属方流芳教授。详见方流芳:《实事求是,放松管制,发展我国股票市场——2000 年 1 月 3 日在北京大学光华管理学院的演讲》,转引自沈鹏:《证券监管的限度——从法学角度的介引性分析》,中国政法大学博士论文 2003 年电子版,第 73~74 页。

法规给予规范。然而这段时期恰恰是一个新兴行业发展的最佳时期,因缺少相关的法律规制,从业者可以发展一切其认为可以获得利益的业务形式,这些业务形式往往具有自发性,能够给参与者带来巨大的利益,当这些形式发展到一定程度,市场监管者再将之纳入法律的框架内,针对其制定相关的法律规范予以规制。正是基于此,IOSCO 针对网上证券交易这一新兴事物,特别提醒各国政府监管机构应认识到电子媒介及其使用仍然还在不断发展中,应该尽可能地保持其规则的应有弹性,并尽可能地保障和促进网上证券交易的发展。就中国的资本市场的法制建设而言,我们也同样应该立足于资本市场网络时代的新特点,着眼未来,做到未雨绸缪,通盘考虑资本权证电子化、信息传递网络化及交易模式多样化的特点,重构新时代的证券交易法制体系。就证券监管交易监管法律制度的变革而言,主要包括:

(一)监管理念的更新

网络技术对资本市场的影响并非单一的交易方式改变,而是对整个交易及监管体制的全方位冲击。因此,资本市场法制的现代化进程也必然是一个系统的工程,而非简单的“头疼医头、脚疼医脚”的小修小补。我们需要对投资权益凭证电子化、发行与交易的网络化、交收的非移动化等相应环节作出系统的检视。从未雨绸缪的角度出发,我们还应针对信息传递网络化、交易无国界化及交易中介角色多样化、金融产品综合化、交易所非互助化等新的趋势,作出通盘的预测和评估,对我国的多样化的资本市场体系、多层级的金融监管体制作出长远的布局和规划。

实践证明,证券市场的发展本身就是一个自我发育、自我纠错、自我改进的过程。在演进的过程中很多制度创新都是市场自身作出的有效率的选择。网上证券交易活动作为伴随着计算机互联网技术的发展而产生的一种新兴的证券交易方式,改变了传统的证券交易模式,将计算机网络技术广泛应用于证券交易的各个环节,为证券市场参与者带来了各种便利和好处。借助于网络进行证券交易,不仅不违背证券交易的法律原则,而且体现了技术改革带来的证券交易制度的进步,因而对网上证券活动我们应该秉持更为开放的理念,保持规则的相对灵活性,为技术的发展和运用预留必要的制度空间。政府干预市场仅仅是为了医治市场的失灵,政府在对市场进行强制干预时应该做的是仔细观察市场,把握市场规律,而不是在“规范发展”的名义下贸然干预,断然终止市场的自发发展过程。当然,开放不等于放任。电子技术在资本市场的广为运用给监管部门带来的挑战是不言而喻的。这种挑战根源于网上证券交易所具有的虚拟性、开放性、无国界性及由此而带来的交易方式及交易制度的变革。很多网上证券活动是传统证券交易法所无法给予明确规范的,如果没有监管机构的及时应对,很可能造成极大的市场混乱,给一个国家的资本市场带来巨大的负面影响。因此,面对网上证券活动的兴起,我们既不能因网上交易的巨大风险而因噎废食地对之进行阻止或限制,也不能听之任之,而是采取积极的措施加以应对,以控制网上交易风险、促进网上交易发展为基本方向加强对网上证券交易的疏导和监管。

(二)监管制度的重塑

充分保护投资者的合法权益,维护良好的证券市场秩序,是证券法的核心任务,也是网上证券交易监管的重心所在。面对网上证券交易业务的不断拓展,市场准入、信息披露和反证券欺诈规则都需要进行相应的改进,以应对新形势的需要。

第一,健全和改进网上证券交易市场准入制度。网上证券业准入政策既关系到国家金融安全和正常的金融秩序,又涉及金融创新的尺度和金融业竞争力的提升问题。目前,我国的网上证券交易市场准入政策无论是在公平竞争环境的创造还是在安全技术指标的控制等方面都难以适应网上证券交易发展的客观需要。为此,我们在构建网上证券交易准入政策时,需要进一步改变监管理念和改进监管手段,既要鼓励和推动计算机网络技术在证券交易过程中的运用,又要确保交易过程的安全。具体而言,在准入方面应该确立自由竞争的理念,一方面要打破行业壁垒,推动网上证券交易的发展,另一方面,又要制定完善和可行的技术及其他准入标准,不至于使网上证券交易陷入到无序和混乱状态之中。同时为虚拟证券交易所的开设积极创造条件,使我国的网上证券交易能够比较平稳地进入新的阶段。

第二,积极推进网上证券交易信息披露的监管改革。"阳光是最好的防腐剂,灯光是最有效率的警察",信息公开已成为是证券法的制度基石。然而,基于证券纸质时代背景下建立的信息披露监管的理念、手段、原则都不能完全适应汹涌而来的证券电子化时代需求,需要进行相应的调整。包括:(1)对于"类推监管"进行必要的反思,要适时地推进和建立"以网络为导向"的监管理念。(2)在监管原则方面,需要对于真实性原则的判断标准作出相应的调适,对完整性原则进行必要的拓展,对准确性原则作出进一步的细化,对及时性原则予以丰富和发展,建立即时披露制度,确立公平披露原则。(3)改进监管方式,推进与网络时代相适应的现代信息披露手段和方式。(4)强化对网络公开说明书、网上路演、定期报告的网上披露的监管,建立实时信息网上披露及监管制度。

第三,应在现有的行政监管措施的基础上,着手制定《网上证券发行与交易预防欺诈法》,填补网络证券欺诈责任追究方面的空白,并建立因技术性风险而带来的意外损失责任承担规则,鼓励券商和系统集成商共同对系统的可靠性进行投保,当交易系统出现问题导致投资者损失时,由多方共同承担责任。同时加强对网络讨论区的监管,针对网络证券欺诈的新特点,积极完善相关立法和司法规则,构建投资者权益保护的有效机制,打击证券欺诈。

第四,网络时代资本市场法制构建是一个系统工程,涉及到多方面、多层次的法律问题,并与网络技术、网络立法与执法等外部环境密切相关。网上证券交易规范发展还需要一系列配套的制度和改革,包括:建立与电子证券相适应的证券存管、结算、出质及交易规则,强化证监会及其派出机构的证券监管组织体系,完善证券自律监管,加快电子商务基本法的立法进程,提供网络交易安全法律保障,利用网络特点加强投资者教育,增进国际间的合作与协调,健全证券争端机制,扩大争议解决渠道等。

主要参考文献

一、中文部分

（一）著作类

1. 高富平、张楚：《电子商务法》，北京大学出版社 2002 年版。

2. 阚凯力、张楚：《外国电子商务法》，北京邮电大学出版社 2000 年版。

3. 张楚：《电子商务法初论》，中国政法大学出版社 2000 年版。

4. 齐爱民、冯兴俊、周平、崔聪聪：《网上证券交易法律问题研究》，武汉大学出版社 2004 年版。

5. 齐爱民：《网络金融法》，湖南大学出版社 2002 年版。

6. 王远均：《网络银行法律监管制度研究》，法律出版社 2008 年版。

7. 中国证监会、深圳证券交易所：《中国证券市场发展与创新》（上册），中国财政经济出版社 2001 年版。

8. 阿拉木斯：《网络交易法律实务》（上），法律出版社 2006 年版。

9. 于绪刚：《交易所非互助化及其对自律的影响》，北京大学出版社 2001 年版。

10. 周友苏：《新证券法论》，法律出版社 2007 年版。

11. 陈甦：《证券法专题研究》，高等教育出版社 2006 年版。

12. 李东方：《证券监管法律制度研究》，北京大学出版社 2002 年版。

13. 傅一江：《证券投资学》，高等教育出版社 1999 年版。

14. 齐绍洲：《欧盟证券市场一体化》，武汉大学出版社 2002 年版。

15. 范中超：《证券之死——从权利证券化到权利电子化》，知识产权出版社 2007 年版。

16. 陈界融:《证券发行论》,高等教育出版社 2008 年版。

17. 杨峰:《证券欺诈群体诉讼制度研究》,中国社会科学出版社 2007 年版。

18. 赖英照:《股市游戏规则——最新证券交易法解析》,(中国台湾)元照出版有限公司 2006 年版。

19. 王文宇:《民商法理论与经济分析》,中国政法大学出版社 2002 年版。

20. 曾宛如:《证券交易法原理》,(中国台湾)元照出版有限公司 2006 年版。

21. 赖源河:《证券法规》,(中国台湾)元照出版有限公司 2007 年版。

22. 余雪明:《证券交易法(四版)》,(中国)台湾证券暨期货市场发展基金会 2003 年版。

23. 周正庆、李飞、桂敏杰:《新证券法条文解析》,人民法院出版社 2006 年版。

24. 叶林:《证券法》,中国人民大学出版社 2008 年版。

25. 杨峰:《证券欺诈群体诉讼制度研究》,中国社会科学出版社 2007 年版。

(二)译著类

1. [美]路易斯·罗思、乔尔·赛里格曼:《美国证券监管法基础》,张路等译,法律出版社 2008 年版。

2. [德]彼得·马丁、布鲁诺·霍尔纳格:《资本战争》,王音浩译,天津教育出版社 2008 年版。

3. [英]霍德华·戴维斯、大卫·格林:《全球金融监管》,中国银行业监督管理委员会国际部译,中国金融出版社 2009 年版。

(三)论文类

1. 曾冠:《替代交易系统监管法律制度研究》,武汉大学 2005 年硕士学位论文。

2. 郑旭:《银河证券网上交易的现状、问题及对策》,东北财经大学 2007 年硕士学位论文。

3. 谢增毅:《证券交易所自律监管的全球考察:困境与出路》,载王保树主编:《商事法论集》第 11 卷,法律出版社 2006 年版。

4. 周峰:《试论网上证券经纪公司的设立与监管》,载《中国金融电脑》2002 年第 5 期。

5. 李瑞强、邢颖:《美国网络交易系统的法律规范》,载《证券市场导报》2000 年 5 月。

6. 汪家磨、王平:《美国网络证券交易系统评析》,载《福州大学学报(哲学社会科学版)》2002 年第 1 期。

7. 陈加赞:《我国证券无纸化的回顾和建议》,载《中国证券》2007 年第 1 期。

8. 杨思斌、王学忠:《试论虚拟网上证券交易场所的法律监管》,载《财贸研究》2006 年第 1 期。

9. 牛艳芳:《EDGAR 对 XBRL 信息的验证:借鉴与启示》,载《财务与会计》2007 年 1 月。

10. 姜彤彤:《中国证券业应用 XBRL 的现状及相关建议》,载《财会研究》2008 年第 5 期。

11. 骆旭旭:《因特网上的证券欺诈及美国证券委的对策》,载《法律适用》2002 年第 7 期。

12. 王瑜:《网络证券欺诈及其监管》,载《理论月刊》2005 年第 3 期。

(四)报告类

1. 孔翔:《网上证券交易与监管》,深圳证券交易所综合研究所 2000 年研究报告。

2. 贺金凌:《网上证券交易及其发展模式研究(内容提要)》,深圳证券交易所综合研究所 2002 年研究报告。

3. 李兆麟、闫宇虹:《证券交易商业务活动 6 年调查的比较》,香港证监会研究报告,2003 年 4 月。

4. 中国证监会长沙特派办机构监管处课题组:《网上证券交易发展调查报告》,载《求索》2002 年第 1 期。

5. 北京大学光华管理学院、上海证券有限责任公司联合课题组:《证券交易所管理市场职能的法律性质研究》,载《上证研究(二○○三年法制专辑)》,复旦大学出版社 2003 年版。

6. 上海证券交易所研究中心:《中国公司治理报告(2008)上市公司透明

度与信息披露》。

7. 国通证券有限责任公司:《网上交易发展与监管》,2001 年 9 月。

二、英文部分

(一)著作类

1. Howard M. Friedman, Securities Regulation in Cyberspace, the 3th ed. , Aspen Publishers,2007 Supplement.

2. Robert E. ,Litan and Anthony M. Santomero, Brookings-Wharton Papers on Financial Services,Brookings Institution Press,2002.

3. Louis Loss, Joel Seligman, Fundamentals of Securities Regulation, the 5th ed. ,Aspen pubishers,2004.

(二)论文类

1. Alexander C. Gavis, The Offering And Distribution of Securities In Cyberspace:A Review of Regulatory Initiatives,Business Lawyer,Vol. 52.

2. John G. Moon, The Dangerous Territoriality of American Securities Law:A Proposal for an Integrated Global Securities Market,Journal of International Law & Business,Fall 2000,21.

3. Arthur B. Laby,Looking Beyond National Bound Aries Models of Securities Regulation in the United States,Fordham International Law Journal,2000,23.

4. Robert A. Prentice, The Internet and It's Challenges For The Future of Insider Trading Regulation,Harvard Journal of Law & Technology,Winter 1999,12.

5. Jonathan R. Macey,Maureen O'Hara,Regulation Exchange and Alternative Trading Systems:A Law and Economics Perspective,Journal of Legal Studies,Vol. 28,1999.

6. Christine T. Jarmer, International Internet Securities Fraud and SEC Enforcement Efforts:An Update,Tulane Law Review,May/June 1999,73.

7. Jason F. Bedell,Web Site Outages:Isn't It Time to Do More ? Oregon Law Review,Spring 2003. 82.

8. Robert A. Prentice,Vernon J. Richardson,Susan Scholz,Corporate Web Site Disclosure and Rule 10b—5:An Empirical Evaluation, American Business Law

Journal, Summer, 1999.

9. Anita Indira Anand, Securities Law in the Internet Age: Is "Regulating by Analogy" the Right Approach? Queen's Law Journal, Fall, 2001.

10. Robert Norman Sobol, The Benefit of The Internet: The World Wide Web And The Securities Law, Doctrine of Truth-On-The-Market, Journal of Corporation Law, Fall 1999.

11. Robert A. Prentice, Vernon J. Richardson, Susan Scholz, Corporate Web Site Disclosure And Rule 10b—5: An Empirical Evaluation, American Business Law Journal, Summer, 1999.

12. Aaron J. VanGetson, Real-time Disclosure of Securities Information Via The Internet: Real-time Or Not Right Now? University of Illinois Journal of Law, Technology and Policy, Fall 2003.

13. Joseph J. Norton, Hansjärg J. O. Heppe, U. S. Securities Regulation and the Use of the Internet in Registered Offerings, Law and Business Review of the A-mericas, Winter/Spring, 2002.

14. Linda J. Yi, Road Shows On The Internet: Taking Individual Investors For A Ride On The Information Highway, Duke Law Journal, October.

15. Susan M. Brunka, XBRL And The SEC: How The Commission Uses Interactive Data To Investigate Illegal Stock Options Backdating And What Interactive Data Means For The Future of Federal Securities Law Enforcement, California Western Law Review, Fall 2007.

16. E. Richie Reyes, Can America Escape the Cloud of Corporate Corruption with the Sarbanes-Oxley Act of 2002? A Proposal to Restore Efficiency and Integrity Into The Capital Markets By Mandating Corporate Disclosures of Real-Time Information And Encouraging Investor Education, Hamline Journal of Public Law and Policy , Fall 2002.

17. John Reed Stark & N. Blair Vietmeyer, The SEC and Prime Bank Securities Frauds: Past, Present and Future, Securities Regulation Law Journal, Vol. 31.

18. William Pearson, Demutualization of Exchanges-The Conflicts of Interest (Hong Kong), in Shamshad akhtar, ed. Demutualization of Stock Exchanges-

Problems, Solutions and Case Studies, Asian Development Bank, 2002.

19. Maricel E. Estavill, Online Stock Trading Touted, Business World, 2006, 3.

20. Brian C. Eddy, Internet Road Shows: It's Time to Open the Door for the Retail Investor, Journal of Corporation Law, Summer 2000.

21. Broc Romanek, Julie Hoffman, A New Day Dawning For E-Communications During The Offering Process, University of Toledo Law Review, Winter 2006.

22. Roberta S. Karmel, Turning Seats into Shares: Causes and Implications of Demutualization of Stock and Futures Exchanges, Hastins Law Journal, Vol. 53.

（三）调研报告

1. SEC, Report To the Congress: The Impact Of Recent Technological Advances On the Securities Markets.

2. SEC, Final Report: 2003 Conference on Federal-State Securities Regulation, June 2003.

3. SEC: Office of Compliance Inspections and Examinations: Examinations of Broker-Dealers Offering Online Trading: Summary of Findings and Recommendations, January25, 2001.

4. IOSCO, Report On Securities Activity On The Internet Ⅲ, October 2003.

5. IOSCO: Objectives and Principles of Securities Regulation, May 2003.

6. Hong Kong Securities and Futures Commission: A Consultation Paper On the Regulation of On-line Trading of Securities and Futures, December 2000.

三、主要参考网站

1. SEC: http://www. sec. gov

2. 国际证监会组织: http://www. iosco. org

3. 美国金融业监管局: http://www. finra. org

4. 香港证监会: http://www. sfc. hk

5. 中国证监会: http://www. csrc. gov. cn

6. 多伦多证券交易所: http://www. tsers. com

后　记

本书是国家社科基金项目"网上证券交易法律问题"的最终研究成果,历时 7 年方得以完成。

本研究成果于 2009 年 8 月向全国哲学社会科学规划办公室提交申请鉴定,2010 年 3 月以良好成绩通过验收。在组织鉴定的过程中,专家们对本研究给予了充分肯定,认为"该成果在我国具有填补研究空白的学术价值。不仅对于证券法学和经济法学研究的深化和视野的拓展有重要意义,而且对于我国证券交易法治的完善有重要的参考价值";"成果结构安排合理、中心突出、分析问题有深度和逻辑性,结论可靠可信,反映了作者对课题研究的理论准备充分、积淀厚实";"它是一项原创性突出的成果,在理论和制度设计等方面的建树明显";"从成果资料占有的范围和时间跨度看,其分析结论是可靠的;从技术和证券法的融合程度看,其结论和分析是有深度的,可以认为该成果不失为该领域的一部佳作"等。同时,专家还对研究中的不足提出了许多中肯而有价值的意见和建议。针对这些意见和建议,我们又对书稿进行了认真修改。在本书付梓之际,我们尽管不知各位专家的名讳,但衷心感谢他们对本研究成果所提出的评议。同时衷心感谢全国哲学社会科学规划办对本项目的资助,感谢人民出版社李春林先生为本书出版所给予的热情支持,感谢证券法和电子商务法先行的研究者为我们所提供的启迪。

本书是一项集体研究成果,凝聚不少人的心血。第一章、第二章、第三章和结语由冯果撰写,第四章和第五章分别由武汉大学经济法方向博士研究生武俊桥和赵金龙撰写。在课题前期研究过程中,武汉大学民商法博士廖焕国、徐亮、田春雷,经济法硕士葛音、万江等做了不少辅助性工作,经济法硕士生袁康参与了书稿的最后校对工作,在此一并表示感谢!

网上证券交易是一种新兴的交易方式,其对证券市场究竟会带来什么样的影响尚有待时间来检验,因此,我并不认为本书的研究结论无懈可击。作为一个新兴的市场类型,因技术性问题和法律问题交织,网上证券交易带来的技术风险和市场风险样态多样而复杂,无论是对其监管还是研究,难度均超乎想象。为了突出重点,我们并没有就监管中所涉及的所有法律问题进行全面研究,而是有所取舍。这种取舍是否得当,也有待读者加以评判。

我们期待本书的出版能够抛砖引玉,推动中国证券法学的深入研究,促进证券交易市场的健康发展。对于书中的谬误和不当之处,敬请读者批评指正!

冯　果

2011 年 3 月

责任编辑:李春林　申　超(实习)
装帧设计:周涛勇
版式设计:程凤琴
责任校对:吕　飞

图书在版编目(CIP)数据

网上证券交易法律监管问题研究/冯果 等著. —北京:人民出版社,2011.8
ISBN 978 - 7 - 01 - 009967 - 5

Ⅰ.①网…　Ⅱ.①冯…　Ⅲ.①互联网络-应用-证券交易-金融监管-证券法-研究-中国　Ⅳ.①D922.287.4

中国版本图书馆 CIP 数据核字(2011)第 106854 号

网上证券交易法律监管问题研究
WANGSHANG ZHENGQUAN JIAOYI FALÜ JIANGUAN WENTI YANJIU

冯　果　等著

人民出版社 出版发行
(100706　北京朝阳门内大街 166 号)

北京新魏印刷厂印刷　　新华书店经销

2011 年 8 月第 1 版　2011 年 8 月北京第 1 次印刷
开本:710 毫米×1000 毫米 1/16　印张:23.25
字数:366 千字　印数:0,001-3,000 册

ISBN 978 - 7 - 01 - 009967 - 5　定价:50.00 元

邮购地址 100706　北京朝阳门内大街 166 号
人民东方图书销售中心　电话 (010)65250042　65289539